权威·前沿·原创

皮书系列为
“十二五”“十三五”国家重点图书出版规划项目

中国社会科学院创新工程学术出版项目

德国蓝皮书
BLUE BOOK OF
GERMANY

德国发展报告
（2017）

ANNUAL DEVELOPMENT REPORT OF GERMANY
(2017)

大选背景下的德国

同济大学德国研究中心
主　编／郑春荣

社会科学文献出版社
SOCIAL SCIENCES ACADEMIC PRESS (CHINA)

图书在版编目(CIP)数据

德国发展报告.2017：大选背景下的德国 / 郑春荣主编. --北京：社会科学文献出版社，2017.6
（德国蓝皮书）
ISBN 978-7-5201-0965-9

Ⅰ.①德… Ⅱ.①郑… Ⅲ.①社会发展-研究报告-德国-2017 ②经济发展-研究报告-德国-2017 Ⅳ.①D751.6 ②F151.64

中国版本图书馆CIP数据核字（2017）第141140号

德国蓝皮书
德国发展报告（2017）
——大选背景下的德国

主　　编 / 郑春荣

出 版 人 / 谢寿光
项目统筹 / 祝得彬　王晓卿
责任编辑 / 王晓卿　于静静　李秀梅

出　　版 / 社会科学文献出版社·当代世界出版分社（010）59367004
地址：北京市北三环中路甲29号院华龙大厦　邮编：100029
网址：www.ssap.com.cn
发　　行 / 市场营销中心（010）59367081　59367018
印　　装 / 北京季蜂印刷有限公司

规　　格 / 开 本：787mm×1092mm　1/16
印 张：25.25　字 数：380千字
版　　次 / 2017年6月第1版　2017年6月第1次印刷
书　　号 / ISBN 978-7-5201-0965-9
定　　价 / 79.00元

皮书序列号 / PSN B-2012-278-1/1

主编简介

郑春荣 教授、博士、博士生导师，同济大学德国研究中心主任，德国问题研究所/欧盟研究所所长，《德国研究》杂志副主编、《德国发展报告》（“德国蓝皮书”）主编，学术兼职：中国欧洲学会常务理事、德国研究会副秘书长、欧盟研究会理事，上海欧洲学会副会长、上海国际关系学会常务理事。研究方向：德国政治制度、外交与安全政策、欧洲一体化、中德与中欧关系研究。主持国家社会科学基金、上海哲学社会科学规划项目，以及外交部、教育部等委托课题多项，迄今在国内核心期刊发表论文80余篇，出版专著、编著3部，主编4部，参与主编3部，另有译著2部。

摘 要

2016 年以来，英国公投脱欧和特朗普当选美国总统是全球瞩目的两个“黑天鹅事件”，对德国的内政与外交带来了诸多深刻的挑战。2017 年 9 月，德国将迎来联邦大选，这又给德国政府应对德国以及欧盟所面临的危机增添了不确定性。有鉴于此，本书重点关注这些不确定性给德国政治、经济、社会等方方面面带来的影响。

2016 年德国政界的主导议题仍然是围绕难民问题的讨论，但是来德国寻求避难的难民人数与 2015 年相比已有大幅度的减少，从 2015 年的 89 万人减少到了 28 万人。2017 年是德国的大选之年，德国政府面临的挑战包括：能否重聚德国民众的欢迎难民政策的共识，解决宗教极端分子发动的恐怖主义袭击问题，保证国内社会安全，应对民粹主义思潮的泛滥和右翼民粹政党的崛起，以及最终确保德国社会的稳定与繁荣。社民党推出舒尔茨作为总理候选人，挑战决定竞选连任的默克尔，迅即形成了巨大的“舒尔茨效应”，致使 2017 年的德国政坛不确定性增多，选情和组阁结果难料。2017 年联邦议院的选举结果将尤其取决于德国另类选择党和社民党的表现。由于社民党似乎并不希望与安格拉·默克尔领导的基民盟第三次组成大联合政府，因此三党联合执政可能会成为必要之选。本书的政治篇评述了现今大联合政府执政第三年的情况，分析了难民危机对德国社会，尤其是对德国政治生态的影响，并重点展望了 2017 年联邦议院选举可能的结果以及组阁形势。

2016 年德国经济表现良好，国内生产总值增长 1.9%，失业率降至 6.1%。但从供应侧看，制造业回升乏力，仅增长 1.0%；从需求侧看，私人需求增长 1.1%，低于国内需求平均增长。2016 年德国公共财政连续三年实现盈余，为实施积极的财政政策赢得了空间。面对来自国内外多方面的挑战，德国政府提出了以包容性增长、社会参与和生活质量为导向的一系列政策，以期对促进经济增长、保证社会公平、维护欧盟团结和稳定国际秩序发挥积极影响。2017 年德国经济表现将主要取决于需求侧，预计国内生产总值增长率为 1.7% 至 1.8%。本书的经济篇还有专文分析德国国家创新体系以及创新政策、能源转向与气候保护、数字化转型的新动向。2016 年以来德国在创新体系的建设方面出现了新的趋势，包括大力推进各领域的数字化、改善高校科研人才的晋升环境以及提出更加具体的产业促进政策。德国国家创新体系的建设体现出德国关注全球产业发展趋势的变化，及时调整政策导向，以保证本国创新能力和国际竞争力的不断提高。德国将提高能效作为实现能源转向和气候保护目标的最重要途径，但是效果并不理想，德国政府如果不加大力度制定更为严格、更为具体的措施，加强政策的实际贯彻力，那么德国在一些领域有可能无法按期达到自设目标，德国作为能源转向和气候保护先行者的国际形象正受到挑战，国际示范作用也会继续削弱。“数字议程”实施两年来，德国数字化转型进程仍然面临一些挑战。2016 年德国联邦经济部提出了《数字化战略 2025》及具体的“数字化行动计划”，德国政府在促进经济社会数字化方面的思路更加清晰。但德国的数字化转型未来能否顺利进展，还要看 2017 年 9 月即将上任的新一届政府的能力和决心。

本书的社会文化篇首先关注德国高等教育发展的新动向。2016 年 6 月 16 日，德国联邦政府与各州政府共同签署并决定实施“精英倡议计划”的后续资助计划——“精英战略”，通过资助“精英集群”“精英大学”两条资助主线，尤其是不设期限、长期资助德国大学或大学联盟发展的“精英大学”资助主线，以期进一步强化德国科研要地、增强德国科研的国际竞争力、提高德国大学和科研领域在国际上的知名度。该篇的另一文则是聚焦分析女作家尤莉·泽的一部结构精妙的“社会小说”《人中村》，其中的故事是近年德国社会的全景观照。它旨在告诉人们，也许，现实的荒谬已经让位于后真相，以自我意志为中心的德国社会正徘徊在自我放逐和注定失败的融入渴望之间。

本书的外交篇首先聚焦德国安全政策的新动向。2016 年，一份 10 年来最新的《安全政策与联邦国防军未来白皮书》与一份 13 年来欧盟最新的《全球战略》的出台，使从 2014 年 1 月慕尼黑安全会议开始的、有关德国应推行积极有为外交政策的讨论达到了一个新的高潮。德国联邦政府明白，它必须接手欧洲领导责任及进一步强化德国军事实力，不过，实施之路仍困难重重。该篇的第二篇文章则聚焦英国脱欧的影响。英国脱欧已成定局，其对欧盟、德国及英国自身的经济影响在很大程度上取决于脱欧谈判的最终结果，即脱欧后英国与欧盟之间的新关系。由于这种不确定性，目前无法对英国脱欧的经济影响做出具体、准确的测算。在已经危机重重、疑欧主义泛起的欧盟，英国脱欧最令人担心的还是其示范作用。但是，如果英国脱欧能以警示促进（缩小后的）欧盟自我完善，那么英国脱欧也就具有了某种正面的意义。该篇的第三篇文章聚焦美国特朗普总统上台后的德美和欧美关系。过去的 70 年里，德美两国一直享有共同的利益和目标，德美伙伴关系也是跨大西洋关系框架的基石。可如今，特朗普政府对欧洲倍加指责，其推行的外交政策又是交易式的，加上民粹主义思潮在整个欧洲泛滥，德美关系前途未卜。但是也必须看到，双方所关切的许多共同议题仍然迫使它们加强合作。该篇的第四篇文章则探讨的是德国外交政策“欧盟化”会给中德关系带来怎样的影响。德国外交政策正加速“欧盟化”，拒绝与欧盟之外的重要贸易伙伴建立“特殊关系”的诱惑。这意味着地区安全、人权保护、公平贸易等欧盟层面的关切在德国对外政策中的权重将越来越大，德国传统上以经济利益为主轴的务实对华政策会逐渐改弦更张，这对于中国而言是一个真实的挑战。但这也为中国突破和拓宽中德利益的固有边界，以德国为杠杆伙伴国，塑造一个符合中国利益的欧盟带来了机遇。最后，为了更全面地呈现德国的亚洲政策，该篇还有一篇文章专门论述德国与东南亚国家近年开展的政治与经贸活动，从中也可反映出德国对亚洲地区的日益关注。

关键词： 德国　国内政策　外交

目　录

Ⅰ　总报告

Ⅱ　政治篇

Ⅲ 经济篇

Ⅳ 社会文化篇

Ⅴ 外交篇

Ⅵ 资料篇

皮书数据库阅读使用指南

总　报　告

General Report

B.1

不确定之年德国面临的内外挑战*

郑春荣**

摘　要：2017 年对于全世界以及欧洲包括德国依然是一个有着许多不确定性的年份。德国不仅将在 9 月 24 日迎来联邦大选，而且在国内、欧盟和国际层面依然面临着诸多严峻挑战。在国内层面，难民融入是德国社会未来的最大挑战，德国的反恐形势也依然严峻，右翼民粹势力在此背景下的上升也给德国政治生态带来了一个新变量。在欧盟层面，不确定因素在于荷兰与法国大选是否会飞出“黑天鹅”，在荷兰大选中虽然主流政党涉险过关，“非左非右”的独立候选人马克龙在法国

* 本文为国家社会科学基金一般项目“德国外交政策新动向及我国对策研究”（项目编号：14BGJ009）的相关成果。

** 郑春荣，教授、博士，同济大学德国研究中心主任，同济大学德国问题研究所/欧盟研究所所长。

大选中大获全胜，但右翼民粹势力并未偃旗息鼓；在英国启动脱欧进程的背景下，欧盟急需确定未来的发展方向，“多速欧洲”虽然看来成为大多数成员国的共识，但其实施依然存有很大的变数和挑战。在国际层面，美国特朗普总统的上台及其所推行的孤立主义政策使跨大西洋关系的价值基础受到侵蚀，德国需要在推进全球化进程中寻找新的伙伴，而且必须提高德国自身的军力及推行欧洲共同外交与安全政策，以便承担起欧洲自身乃至全球的安全责任。

关键词： 德国 内政 外交

德国总理默克尔在2017年的新年贺词中提到，2016年是各种“严峻考验”交织的一年，其中最严重的考验是恐怖主义，尤其是维尔茨堡、安斯巴赫和柏林圣诞集市发生的攻击和恐袭案。默克尔指出，当这些恐怖袭击是由那些在德国寻求庇护并得到了德国人帮助的人实施的，这就特别“令人感到苦涩与厌恶”。另外，默克尔在贺词中批评了许多人所持有的对2016年的扭曲认知。例如，悲观地表示整个世界已经四分五裂，或是认为长期以来取得的成就如今遭到了质疑，如鉴于英国脱欧而认为欧洲工程已经失败。默克尔在贺词中也明确提醒人们，不能退回到民族国家的单干中，相反，德国在欧洲面临的诸如全球竞争加剧、欧洲外部边界保护以及移民与难民等问题的应对过程中，应该扮演领导角色。①

进入2017年，默克尔提到的上述挑战依然存在，而且并没有缓解的迹象。例如，英国虽然于2017年3月29日已经启动脱欧进程，但是为期两年的“离婚”谈判究竟会达成怎样的结果，会给欧盟27国包括德国带来怎样

① Angela Merkel, “Neujahrsansprache”, 01.01.2017, http://www.tagesschau.de/neujahrsansprache-merkel-105.pdf.

的影响（英国是德国的第三大出口目的国和第二大海外直接投资地），仍然是个很大的未知数。美国总统特朗普近期在采访中对欧盟的论调有所缓和，认为欧盟已经跨过“那道坎儿”，但是，人们不会很快忘记，特朗普在就任总统前的采访中称英国脱欧是件“了不起的事情”，认为还有其他国家会效仿。因此，特朗普的反复无常所带来的外部不确定性将长期存在。

2017 年德国自身也将迎来联邦议院选举，在社民党推选原欧洲议会议长舒尔茨出任总理候选人之后，竞选的帷幕已经拉开。虽然在德国不用去担心德国另类选择党这样的右翼民粹政党会上台执政，但是德国另类选择党有望进入联邦议院，由此会使未来的政府组阁形式变得复杂。应该说，德国另类选择党的崛起得益于社会的不确定性和不安全感，而其自身就是构成德国社会不确定性和不安全感的一个重要元素。

本文旨在梳理和分析德国在 2017 这个不确定之年的内外挑战：在国内层面，本文主要关注难民危机、反恐和右翼民粹势力这三个相互关联的要素；在欧盟层面，本文主要分析在英国脱欧背景下欧盟未来的走向；在国际层面，本文则重点关注美国特朗普总统上台执政后的跨大西洋伙伴关系中的新挑战。

一　国内层面的挑战：难民融入、反恐和右翼民粹势力的上升

德国经济在 2016 年依然表现良好。根据联邦政府 2017 年的《年度经济报告》，2016 年德国国内生产总值增加了 1.9%，这是 2011 年以来的最高值；对于 2017 年，联邦政府也预期会有 1.4% 的增长。此外，德国的失业率降至两德统一以来的最低点，从业者人数也在继续增长，2016 年达到了 4350 万人，2017 年还将增加 32 万人。另外，多年来持续增加的实际工资也使职工的可支配收入显著提高。[①] 根据联邦统计局的数据，德国 2016 年的

① BMWi, *Jahreswirtschaftsbericht 2017. Für inklusives Wachstum in Deutschland und Europa*, Berlin, 27.01.2017.

进出口双双创下新纪录：2016 年，德国企业出口的商品总额达到 12075 亿欧元，进口则达到 9546 亿欧元。

与此相应，在大选之年，德国民众对默克尔政府的经济治理能力表示满意，唯一不满的是其难民政策。德国的欢迎文化也远不如两年前那样浓烈。根据贝塔斯曼基金会 2017 年 4 月的一份有关欢迎文化的研究报告，德国目前有超过一半的人（54%）认为德国已经达到其负荷的极限，两年前只有 40% 的人持此观点。另外，37% 的人如今认为德国出于人道主义原因，能够和应该接纳更多难民，而两年前有 51% 的人这样认为①。民意的反转不仅是因为难民涌入的数量，也是因为难民成为德国的一个安全因素，而右翼民粹政党借此利用和炒作民众的恐惧心理，以达到自己的政治目的。

1. 难民融入是最大挑战

2016 年，进入德国的难民数已经大幅减少。2015 年到德国寻求避难的人数达到了 89 万人，2016 年已经大幅萎缩到 28 万人。不过，避难申请数在 2016 年达到了 74.5 万份以上（其中 72.2 万份为首次申请），这比 2015 年多近 26.9 万份，之所以出现这样的反弹，是因为这些人中大部分是 2015 年已经入境，但由于联邦移民与难民局不堪重负、处理避难申请有所迟滞而导致他们未能即时提出避难申请。在寻求避难者中，最大的群体仍然是叙利亚人，占 36%；其他的主要来源国有阿富汗（17%）和伊拉克（13%）。

根据联邦移民与难民局的信息，难民数之所以大幅下降，与联邦政府及欧盟所采取的相关措施有关，尤其是因为欧盟与土耳其难民协议的达成及巴尔干线路的关闭。联邦内政部的“移民与融入政策报告”也表明，通过众多的法律修订、国际以及欧盟层面的倡议行动、组织流程上的各种修改，以及人员的大幅增强，德国得以更好地控制和维序难民。例如，联邦政府采取了重要措施，以保证难民有序登记，加快避难程序以及改善遣返的可能性。其中，《数据交换改善法》使避难申请人在避免重复登记的情况下能够得到

① “Flüchtlingspolitik. Willkommenskultur mit Rissen”, http://www.tagesschau.de/inland/fluechtlinge-willkommenskultur-103.html.

迅速登记；联邦移民与难民局在2016年获得了4000个额外的位置，而且做出决定的避难程序是2015年的两倍多。另外，德国在移民遣返方面也取得了进步：相比前几年，遣返的人和自愿回乡的人有较大增加，而且在与各个来源国合作方面也取得了显著进步。[①] 2016年，避难申请中有62%的申请被批准，另有不到40%被拒绝；在过去一年，有总计8万名难民回到母国，其中55000人是自愿的。德国政府计划更坚决和更迅速地遣返被拒绝的避难申请者。

鉴于德国良好的经济状况，难民的涌入对于德国经济的承受力来说并不是大问题，最大的问题在于能否实现这些难民的融入。德国经济专家委员会的2016～2017年度评估报告认为，难民给公共机关带来的短期额外支出仍然是可承受的，它估计，2016年和2017年由于难民移入增加而给德国带来的直接支出分别为130亿欧元和100亿欧元（分别占国内生产总值的0.4%和0.3%）。但是，要让被认可的避难申请者长期为德国的经济增长以及由此为公共财政做出积极贡献，取决于他们能否积极融入劳动力市场。但是，许多避难申请者相对较少的技能以及极高的语言与文化障碍是这个过程中的巨大挑战。[②] 在现实中，通过《避难程序加快法》和《融入法》，德国在与难民融入有关的三个方面都取得了进展，即语言传授、劳动力市场的融入和社会融入。然而，融入方面的挑战依然非常巨大，这是因为难民的融入成功与否与德国的反恐形势也紧密相关[③]。

2. 反恐形势日益严峻

2016年7月13日德国联邦政府发布的新版《安全政策与联邦国防军未

---

① "Integration. Viel erreicht—Weitere Herausforderungen in 2017", https://www.bundesregierung.de/Content/DE/Infodienst/2017/01/2017 - 01 - 12 - integrationspolitische-jahresbilanz/00-migrations-und-integrationspolitische-jahresbilanz.html.

② Sachverständigenrat zur Begutachtung der gesamtwirtschaftlichen Entwicklung, *Zeit für Reformen. Jahresgutachten 2016/2017*, Kapitel 8: Flüchtlingsmigration: Integration als zentrale Herausforderung, Berlin, 2017, pp. 343 - 369.

③ 详见郑春荣、倪晓姗《难民危机背景下德国难民融入的挑战及应对》，《国外社会科学》2016年第6期，第75～83页。

来白皮书》表示，除了传统威胁外，德国也出现了新型威胁，德国的安全环境由此变得更为复杂[①]，在这些新型威胁中，首先被列出来的就是跨国恐怖主义，另外，白皮书也提到了无序移民带来的挑战。

与此相关的一个问题是，难民是否会使德国的恐怖危险上升。联邦政府反复强调的是，难民这个群体的威胁并不见得比其他群体高。联邦政府反对将难民泛化为恐怖嫌疑分子，因为它很清楚，那样做只会进一步毒化德国的国内氛围，助推德国右翼民粹政党德国另类选择党的支持率。然而，德国联邦刑事调查局（BKA）认为，“鉴于持续有移民来到德国，我们必须认为，在难民中也有各种恐怖组织的现在或以前的成员、支持者或同情者，以及有‘伊斯兰’背景的战争罪犯”。“11・13”巴黎恐怖爆炸袭击事件已经清楚表明，“伊斯兰国”蓄意利用难民将刺客混迹于难民之中。[②] 德国也接连发生了数起由难民引发的恐怖袭击事件。[③] 无论如何，德国的恐怖威胁是高企的，这也是联邦内政部部长德迈齐埃反复强调的。联邦宪法保护局也认为，在德国，恐怖主义的危害局势依然很严峻，而且德国有暴力倾向的“伊斯兰分子”的潜在人数在不断增长，2016 年底恐怖主义的潜在人员就已接近 1600 人。[④]

德国民调机构 Infratest Dimap 2017 年 1 月进行的有关德国人安全感变化的民调显示，目前德国人在公共空间仍然总体上觉得是安全的，但是相比于两年前，有 1/3 的人（32%）觉得更不安全了，女性尤其有这种感受。[⑤]

在柏林圣诞市场恐袭案发生后，德国加强了对危险分子的监控，并设法

---

① The Federal Government, *White Paper 2016 on German Security Policy and the Future of the Bundeswehr*, Berlin, June 2016.

② “Regierung zu Bedrohungslage. Erhöhte Terrorgefahr durch Flüchtlinge?”, 25. 07. 2016, http://www. tagesschau. de/inland/fluechtlinge-terrorgefahr-101. html.

③ 《德国安斯巴赫爆炸案被定性为“恐怖袭击”，IS 已认领责任》，澎湃新闻，2016 年 7 月 26 日，http://www. thepaper. cn/newsDetail_ forword_ 1504137。

④ “Gefährdungslage ‘Islamistischer Terrorismus’ in Deutschland”, https://www. verfassungsschutz. de/de/aktuelles/zur-sache/zs-2017 – 002-o-ton-maassen-islamischer-terrorismus.

⑤ Infratest dimap, “Sicherheitsgefühl der Deutschen”, Januar 2017, http://www. infratestdimap. de/umfragen-analysen/bundesweit/umfragen/aktuell/sicherheitsgefuehl-der-deutschen/.

遣返这些危险分子。危险分子是指那些在政府当局看来有可能实施袭击的人员。柏林圣诞市场的袭击者阿穆里（Anis Amri）造成了12人死亡，50人受伤，其中部分是重伤。德国政府虽然此前知道阿穆里是危险分子且有离境义务，但是由于其母国突尼斯未给他出具证件而无法将其驱逐。如今，联邦政府对与联邦刑事调查局相关的法律做了修订，据此，联邦刑事调查局在必要时可下令给危险分子戴上电子脚镣。2017年初，联邦刑事调查局将570人列入了危险分子名单。虽然德国自2001年“9·11”事件以来就有法律上遣返未实施犯罪的危险分子的可能性，但是由于门槛过高，这项规定从未被利用过，而如今已有这样驱逐的先例。①

3. 右翼民粹势力的上升

德国另类选择党以反欧元、排外和反对伊斯兰为其主要特征。在其最新的竞选纲领草案中，德国另类选择党定下的是民族主义的基调，如德国另类选择党表示，德国人民应以英国为榜样，就德国留在欧元区、必要时还要就德国留在欧盟进行全民公投。对于移民，德国另类选择党要求立即关闭边境，以便结束无序的大规模移民。德国另类选择党认为，未来数年内德国必须至少每年减少20万名移民。值得关注的是，德国另类选择党的竞选纲领草案中要求引入对犯罪的移民剥夺其已经获得的德国国籍的可能性，甚至扬言，即使被剥夺国籍者成为无国籍者也在所不惜。另外，德国另类选择党还要求改变国籍法，把出生地原则退回至血统原则。

打着上述旗号，2017年德国另类选择党延续了其连续进入各州议会的势头。在2017年3月26日的萨尔州州议会选举中，德国另类选择党最终获得6.17%的得票率，从而进入了第11个州的州议会。而且，根据民调，在2017年另两场州议会选举，即5月7日的石勒苏益格－荷尔施泰因州及5月14日的北莱茵－威斯特法伦州的州议会选举中，德国另类选择党也有望进入州议会。此外，德国另类选择党在2017年9月24日的大选后进入联邦

① “Wegen Terrorismusverdachts. Erstmals Gefährder abgeschoben”, http://www.tagesschau.de/inland/goettingen-gefaehrder-105.html.

议院也几无悬念，其得票率在民调中一度达到15%左右，然而，最新民调显示，德国另类选择党的民调支持率有一定比例的下降。2017 年 4 月，德国另类选择党在各大民调机构的调查结果中的得票率基本都跌到了10%左右。

德国另类选择党在民调中的支持率略有回落，这一方面与其党内的持久冲突不无关系。党内纷争有损德国另类选择党在民众中的形象，尤其是图林根州德国另类选择党主席霍克（Björn Höcke），他引发了党内的新一轮争论。霍克把柏林犹太人纪念碑称作“耻辱纪念碑”，并要求德国的“记忆政策来一个 180 度的转向”。为此，德国另类选择党联邦理事会以 9 票赞成、4 票反对，通过了对霍克启动开除党籍的程序。但是，围绕霍克展开的党内斗争依然在持续。与此同时，德国另类选择党针对联邦议院选举是推举单一首席候选人还是候选人团队而进行的内部权力斗争也异常激烈，主要是以党主席佩特里（Frauke Petry）为首的现实政治派与以党副主席高兰特（Alexander Gauland）、共同党主席莫伊藤（Jörg Meuthen）和霍克为首的右翼激进派之间的争斗。

但另一方面，德国另类选择党的支持率在民调中的稍许回落也与“舒尔茨效应”有关。在社民党推出前欧洲议会议长马丁·舒尔茨（Martin Schulz）作为候选人参选后，社民党在民调中的得票率一度大幅飙升，达到了几乎与基民盟/基社盟持平的水平，使大选更具悬念，也使基民盟/基社盟与社民党之间的争论增加，这又促进了主流政党之间的立场区分，从而削弱了以抗议“建制派”政党为目标的德国另类选择党的势力。那些原先德国另类选择党的追随者，尤其是那些此前不参加选举的弃选选民转而投票给社民党。一个有趣的现象是，鉴于舒尔茨以打“社会公正”牌而得势，德国另类选择党也在竞选纲领草案中引入了个别社会公正方面的要求，如德国另类选择党要求延长失业保险金 I 的领取时间，甚至还要求提高其后的失业保险金 II 的给付。德国另类选择党之所以有这样的诉求，显然是感受到了来自社民党的压力。①

但是，究竟应如何应对右翼民粹政党德国另类选择党，德国主流政党并

① Severin Weiland,“Wahlprogramm：AfD will mit nationalistischer und sozialer Politik punkten”, http：//www. spiegel. de/politik/deutschland/wahlprogramm-afd-will-kriminellen-migranten-staatsbuergerschaft-entziehen-a-1138035. html.

无良方。例如，基社盟的策略是与德国另类选择党类似，在难民问题上采取强硬立场。虽然默克尔成为联盟党共同的总理候选人，但是基民盟与基社盟这两党之间的争吵并未消停。基社盟主席泽霍费尔（Horst Seehofer）威胁说，如果联邦议院选举后，基民盟不同意引入难民上限，那么基社盟就宁愿成为反对党；他还计划发布一份针对联邦议院选举的“巴伐利亚计划”。基社盟既支持默克尔参选，又公开批评其难民政策的左右摇摆之举，这是否能让基社盟左右逢源或会削弱选民对联盟党的信任还不得而知。无论如何，德国另类选择党的政策主张及其势力的上升导致了主流政党内部的纷争，这无疑是其所乐见的。

二　欧盟层面的挑战：欧盟往何处去？

欧盟内的变数来自两方面，一是荷兰、法国大选是否会导致右翼民粹政党上台执政，然后触发新的国家启动退欧的危险；二是在英国启动脱欧进程的背景下，欧盟 27 国如何保持内部团结，以及如何进一步推进欧洲一体化。

1. 荷兰、法国大选有惊无险？

2017 年欧盟面临 3 个创始国的大选，尤其是荷兰、法国的大选被认为充满悬念，人们担心这会导致右翼民粹政党上台，并触发荷兰与法国举行是否留在欧盟的全民公投。在 2017 年 3 月 15 日的荷兰大选中，现任首相吕特（Mark Rutte）所在的自由民主人民党获得了最多数的选票，在 150 席的下议院中占据 33 席，而选前颇被看好的维尔德斯（Geert Wilders）领导下的自由党则只得到 20 席。吕特表示，大选结果标志着“荷兰已叫停民粹主义”。然而，必须看到，自由党虽然没有获得组阁权，但是它的席位与上届议会相比增加了 5 席，成为议会内最大的反对党，它将继续反穆斯林、反移民和反欧盟的路线，给政府执政添堵。而且，由于多党林立、选票分散，吕特组建联合政府势必须要联合多个政党共同组阁，这就削弱了执政联盟的稳定性。在竞选的最后时刻，吕特在与土耳其的外交冲突中展现出强硬立场，令其获得了部分保守派选民的支持，从而从自由党那里抢得了更多议席，但余下的问题是主流政党通过右倾来抢占右翼民粹政党的地盘是否总能奏效，因为不排除选民会选择“原版”，从而进一步助推右翼民粹政党的势力。

主流政党在荷兰大选中涉险过关，法国大选也曾经充满变数。如果极右翼的国民阵线总统候选人玛丽娜·勒庞（Marine Le Pen）最终胜出，欧元将崩盘，而且勒庞会兑现其承诺，在法国就法国是否应留在欧盟内举行公投，这势必会带来欧盟彻底瓦解的可能。不过，观察家们曾普遍认为，勒庞虽然有望在 2017 年 4 月 23 日的第一轮选举中胜出，但是由于法国社会对极右翼的警惕，因此在 5 月 7 日的第二轮中，勒庞将遭到其他力量的封堵绞杀，换言之，她无论对阵谁，都将落败。最终的结果也证明了这一点：“非左非右”的独立候选人马克龙（Emmanuel Macron）在第二轮总统对决中战胜了勒庞，当选法国总统，但勒庞在第二轮投票中 35% 的支持率远好于其父亲在 2002 年时的表现（18%）；在 6 月 18 日法国国民议会的第二轮选举中，马克龙所属的“共和国前进”运动赢得绝对多数席位，不过，需注意到，勒庞所在的国民阵线选举结果虽然不如其所愿，但议席较以往仍有所增加。因此，虽然法国右翼民粹势力的这一波冲击已经过去，但是，如果马克龙的改革不力或施政结果不理想，右翼民粹力量会积聚更大能量，在下届选举中卷土重来。

2. 德国希冀英国“硬脱欧”后依然与其保持紧密关系

早在 2016 年 9 月，欧盟委员会主席容克（Jean – Claude Juncker）就在他的盟情咨文中表示，“欧盟处在一场生存性危机之中”。事实上，欧盟处在持续的危机应对模式之中，从欧债危机、乌克兰危机到难民危机、反恐危机，再到英国脱欧危机。在所有的危机之中，对于欧洲一体化进程而言，最大的打击无疑是英国脱欧危机。

在初始的试探之后，英国首相特蕾莎·梅（Theresa May）最终选择了“硬脱欧”，她在 2017 年 1 月 17 日的一次演讲中甚至威胁欧盟：如果欧盟阻止英国脱欧使英国成为“真正全球的英国”的计划，英国就会转向与欧盟直接竞争的状态。鉴于欧盟反复强调享有内部市场和不接受欧盟内人员迁徙自由这两者不可兼得，梅最终采取攻势，选择彻底退出内部市场。在经过一段时间的悬而未决之后，英国于 2017 年 3 月 29 日正式触发《里斯本条约》第 50

条，这给英国脱欧进程带来了更多确定性。梅甚至宣布提前举行大选，以便巩固自身的执政地位，并由此增强英国在与欧盟谈判时的地位。但是，无论如何，由于英国进入了竞选模式，想要在规定的两年时间里完成脱欧谈判变得更加艰难。

德国方面虽然为谈判的艰苦性做好了准备，但是德国仍然希望在英国脱欧后欧盟能与英国保持紧密的伙伴关系，毕竟英国是德国第三大出口目的国。例如，科隆经济研究所预测，在基本情形下，与经贸相关的、英国脱欧对德国经济产出的影响将达到德国国内生产总值的 -0.25%（在预期软脱欧情形下为 -0.14%，而在预期硬脱欧情形下将达到 -0.5%）。[①] 德国想要未来与英国继续保持良好关系也还有出于英国军事实力强大的考虑，德国依然希望与英国保持在安全与防务领域的合作。

在后续的步骤中，欧盟 27 国将就其共同的谈判指导方针进行磋商，并在 2017 年 4 月 29 日欧洲理事会的特别会议上就这些指导方针做出决议。默克尔总理在一次讲话中已经列出若干在她看来特别重要的几点内容：一是消除在英国生活的许多德国及欧盟其他国家公民的顾虑；二是有序解构英国与欧盟及其成员国的关系，然后（再）就双方未来的关系展开磋商；三是英国和欧盟之间仍然是紧密的伙伴，因为英国仍然是欧洲的一部分，双方有着共同的价值观；四是欧盟是历史上独一无二的成功故事，即使英国脱欧后也是如此，因此，在未来两年举行脱欧谈判的同时，欧盟也将致力于应对共同的挑战。[②]

3. “多速欧洲”成为无奈的出路

在英国公投脱欧后，余下的 27 国启动了有关欧盟未来发展的反思进程。在 2016 年 9 月于斯洛伐克首都布拉迪斯拉发举行的非正式会议上，欧盟 27 国约定要为欧盟未来的发展确定一个方向。布拉迪斯拉发进程包含的只是一

① Galina Kolev, Jürgen Matthes and Berthold Busch, “Brexit impacts on Germany?”, *IW-Kurzberichte* 72. 2016.

② Rede von Bundeskanzlerin Merkel beim CDU/CSU-Kongress, “Mut zur Zukunft: Innovationsstandort Deutschland”, am 29. März 2017 in Berlin.

个有限的改革议程，主要涉及内部市场的深化、内部与外部安全、为青年人创造就业岗位等方面。

2017 年 3 月初，欧盟委员会主席容克发布了《欧洲未来白皮书》[①]，其中容克没有指出欧盟未来发展的明确方向，而是指出了 5 条不同的路径供各国讨论。不过，他本人毫不隐讳地表示，“多速欧洲”在他看来是最为现实的选项。2017 年 3 月 25 日，欧盟迎来《罗马条约》签订 60 周年。鉴于英国即将启动正式的脱欧程序（3 月 29 日），欧盟 27 国领导人宣示团结，并签署了《罗马宣言》。引人注目的是，宣言从欧盟内部的利益和立场差异中吸取了教训，并表示要推行“多速欧洲”，如在防务政策和避难政策领域。对此，德国总理默克尔表示，“欧洲必须给予各国表达其差异性的自由”。虽然“多速欧洲”似乎成了克服欧盟停滞不前的神器，但是并非所有的成员国都对此充满热情，《罗马宣言》一度难产主要就是因为波兰等东欧国家担心因为“多速欧洲”而被抛弃，沦落为欧盟内的二等成员。

“多速欧洲”是无奈之举，鉴于欧盟 27 国的内部分裂，如果不希望因为个别国家想要进一步深化一体化而导致欧盟的进一步分化，那么进一步的差异化是唯一可行的选择。但核心问题是未来如何平衡欧盟灵活化与欧盟内部团结之间的关系。

三　国际层面的挑战：美国特朗普总统带来的不确定性

美国特朗普一度唱衰欧盟，损害欧美之间的价值纽带，这使德美与欧美关系变得大幅疏离。但特朗普的政策回缩也使德国更清醒地认识到，欧盟需要自身修好内功，以及需要寻找美国以外的合作伙伴。

1. 欧美价值观基础受到侵蚀

特朗普在当选美国总统后接受采访时曾经表示，英国脱欧是一件“了

① European Commission, *White Paper on the Future of Europe. Reflections and Scenarios for the EU27 by* 2025, COM（2017）2025 of 1 March 2017.

不起的事情”，他还表示，欧盟只是德国的“工具”，英国人投票离开是聪明的决定。他表示，相信其他国家也会脱离欧盟，维持欧盟的团结“不像很多人想得那么简单”。他还指责德国总理默克尔允许大量移民入境是一个“灾难性错误”。他的这些表态无疑给已经危机四伏的欧盟增加了外部的离心力。在最近的一次采访中特朗普又改口说，欧盟各成员国已镇静下来，在恢复正常。但是无论如何，特朗普不看好欧盟及其说话反复无常的特点都给欧盟各国留下了深刻印象。毕竟英国敢于和欧盟叫板，选择“硬脱欧”的部分原因也在于，特朗普对到访的首相梅表示，英国与美国之间“很快”就会签订自由贸易协定，这给担忧英国脱欧后前景的梅打了一针“定心剂”。

特朗普总统的“美国优先”的口号一再表明，他对国际结构和组织不大感兴趣。为此，德国总理默克尔要求特朗普政府就继续奉行西方价值观做出明确承诺。早在特朗普当选总统，默克尔表示祝贺时，她就已经表示，德美两国以拥有共同的价值基础为纽带，德国愿意在此基础上与美国进行密切合作。这一表述事实上是在为德美的未来合作提条件。

无论如何，德国及其欧洲伙伴已经做好准备，在特朗普的统治下，美国会变得不再可靠，换言之，美国有可能会为了本国的利益而牺牲欧美之间赖以维系的共同价值观。德国及欧盟也越发清醒地认识到，只有欧盟自身变得强大，才会成为与美国进行“交易”的平等伙伴。

2. 德国在推进全球化方面需要新伙伴

在经贸方面，特朗普反对多边贸易协议，他不仅已经宣布退出跨太平洋伙伴关系协定（TPP），而且跨大西洋贸易与投资伙伴协定（TTIP）也被冻结。特朗普还扬言要对美国重要的贸易伙伴征收惩罚性关税，这不仅会进一步给脆弱的世界贸易增加额外负担，而且会严重影响像德国这样的出口导向型国家。特朗普的诉求是朝着有利于美国利益的方向调整欧美的贸易关系，目的是要在美国创建工作岗位。

为了应对特朗普的威胁与“敲诈”，默克尔在 2017 年 3 月 17 日访美前罕见地与中国国家主席习近平通了电话，重申了两国共同反对贸易保护主义，这无疑是向特朗普释放的一个强烈信号。默克尔访美与特朗普会谈时，双方最大的分歧也在于自由贸易与开放的市场等问题上的不同立场。

德国外交部部长加布里尔（Sigmar Gabriel）也针对特朗普推行的贸易保护主义政策意味深长地表示，“当一扇窗关闭时，另一扇窗就会开启”。在推进和引领全球化方面，中德两国正在携手加强全球层面的合作。例如，德国总理默克尔在启动德国2017年二十国集团（G20）主席国任期的发言中表示，G20有责任通过深化国际合作，而不是通过隔离或回归民族主义，共同应对全球化世界的紧迫挑战，只有这样，G20才能使全球化惠及所有的人①。这与习近平主席2017年1月17日在瑞士达沃斯出席世界经济论坛2017年年会开幕式时提出的“包容性全球化”有相通之处。事实上，中德两国在近期的联合声明中多次重申，两国将加强在G20框架里的议程衔接和务实合作，联手反对贸易保护主义，推进全球化继续向前发展。

3. 美国的回缩迫使德国与欧盟修好内功

美国新政府对于北约而言，意味着许多不确定性。特朗普一度宣称北约已经过时，这使其欧洲伙伴非常紧张。如今，特朗普已经收回这一表态，承认北约依然是重要的，但是，他依然要求北约盟友履行防务支出达标的承诺。在2014年爆发乌克兰危机的背景下，在当时的威尔士峰会上，北约成员承诺，到2024年将防务支出提高到国内生产总值的2%以上。北约公布的数据显示，目前只有包括美国在内的5个成员国达到了这一标准。德国也在未达标之列，截至2016年，德国国防支出仅占其国内生产总值的1.2%。

虽然德国反复强调，国防支出不能仅计算军费，也应把投入发展援助等的资金计算在内。但是，为了维持跨大西洋伙伴关系，在特朗普回缩和施压的背景下，默克尔已经明确表示，德国将遵守其所做出的承诺，尽一切努力达标，事实上德国2016年的国防支出就已经增长了8%。

其实，即使没有特朗普的施压，德国近年来也在推行积极有为的外交政

① Regierungspressekonferenz vom 30. November, https://www.bundesregierung.de/Content/DE/Mitschrift/Pressekonferenzen/2016/11/2016-11-30-regpk.html.

策框架里谋求承担更多的安全责任，这尤其体现在德国新版《安全政策与联邦国防军未来白皮书》中①。鉴于新威胁的出现及联邦国防军任务的增加，德国联邦国防军也在持续扩军②。德国联邦国防部在2017年2月再度决定扩军，原计划到2024年将联邦国防军从现在的16.65万名士兵增至约19.25万名士兵，现在的目标是再增加5500名，达到19.8万名。而且，正如白皮书所表示的，德国将取消“僵硬”的员额上限，员额需求将每年根据安全形势需要加以确定。③ 与此同时，德国也积极推动欧盟共同安全与防务政策的建设，其中一个步骤就是建立共同的军事与民事行动指挥总部。鉴于欧盟各国在这个问题上存在意见分歧，因此德国也积极推动在这个领域践行“多速欧洲”。

此外，美国总统特朗普一度表现出与俄罗斯接近的态度，这也令德国及欧洲盟友十分紧张。例如，德国国防部部长冯德莱恩（Ursula von der Leyen）在2017年慕尼黑安全会议上警告美国不要采取单边行动，不能推行“越顶外交”，抛开欧洲伙伴而与俄罗斯达成自己的“交易”。④ 好在特朗普在“通俄门”的压力下开始刻意与俄罗斯保持距离。在对待俄罗斯这一问题上，德国始终强调制裁、威慑与对话并行。一方面，德国坚持继续对俄罗斯实行经济制裁，并作为“框架国家”参与对北约在东欧驻军行动的领导，具体而言，德国领导了北约驻立陶宛的一个营。但德国非常重视《北约与俄罗斯相互关系、合作与安全基础文件》继续有效，北约1997年在该文件中承诺，尽可能放弃在东欧持久而又全面地驻扎军队。另一方面，德国依然强调必须保持与俄罗斯的对话渠道开放，因为对于德国而言，欧洲的安全只

① 郑春荣：《德国安全政策新动向分析》，《欧洲研究》2017年第1期，第126～136页。

② 郑春荣：《德国扩军何以牵动各方神经》，《新民晚报》2017年3月13日，http://xmwb.xinmin.cn/xmwb/html/2017－03/13/content_30_1.htm。

③ “Aufrüstung: Tausende zusätzliche Soldaten für die Bundeswehr”, http://www.spiegel.de/politik/deutschland/bundeswehr-soll-auf-knapp-200－000-soldaten-wachsen-a-1135646.html.

④ “Münchner Sicherheitskonferenz. Von der Leyen ermahnt Trump－Regierung”, http://www.spiegel.de/politik/ausland/muenchner－sicherheitskonferenz－ursula－von－der－leyen－ermahnt－trump－regierung－a－1135215.html.

能通过俄罗斯及欧洲与俄罗斯一起来实现，这一点依然是德国对俄政策的总原则。

四　结语：德国未来有望保持政策延续性

2017 年对于德国、欧洲乃至全世界而言依然是一个有着许多不确定性的年份。德国不仅将在 9 月 24 日迎来联邦大选，而且在国内、欧盟和国际层面依然面临着诸多严峻挑战。在国内层面，难民融入是德国社会未来的最大挑战，德国的反恐形势也依然严峻，右翼民粹势力在此背景下的上升也给德国政治生态带来了一个新变量。在欧盟层面，不确定因素在于荷兰与法国大选是否会飞出“黑天鹅”，在荷兰大选中虽然主流政党涉险过关，“非左非右”的独立候选人马克龙在法国大选中大获全胜，但右翼民粹势力并未偃旗息鼓；在英国启动脱欧进程的背景下，欧盟急需确定未来的发展方向，“多速欧洲”虽然看来成为大多数成员国的共识，但其实施依然存有很大变数和挑战。在国际层面，美国特朗普总统的上台及其推行的孤立主义政策使跨大西洋关系的价值基础受到侵蚀，德国需要在推进全球化进程中寻找新的伙伴，而且必须提高德国自身的军力及推行欧洲共同外交与安全政策，以便承担起欧洲自身乃至全球的安全责任。

无论 2017 年 9 月 24 日大选后，德国的联合组阁形势是怎样的，新政府都无法回避上述挑战。从基民盟与社民党的政策主张来看，两党在上述议题领域并无明显的立场差异，因此可以预见，德国新政府会延续目前的政策取向。这无疑为 2017 年这一不确定年份增加了一份确定性。

政 治 篇

Politics

B.2
德国政党格局发展新动向*

〔德〕露西·金斯基 〔德〕托马斯·波贡特克 郑启南 译 郑春荣 校**

摘 要：2016年德国政界的主导议题仍然是围绕难民问题的讨论，但是来德国寻求避难的难民人数与2015年相比已有大幅度的减少，从2015年的89万人减少到了28万人。在巴登－符腾堡州、莱茵兰－普法尔茨州、萨克森－安哈尔特州、梅克伦堡－前波莫瑞州和柏林州举行的州议会选举中，我们可以看到相对较高的参选率，以及右翼民粹政党“德国另类选择党”（AfD）的竞选得势。尽管出现了较为明显的选民转移，但是这并没有导致任何政府首脑的更迭。2017年联邦议院的

* 本文中的相关数据与事实来源于2016年的各类媒体报道。只有有争议的说法才标出完整出处。

** 〔德〕露西·金斯基（Lucy Kinski），德国杜塞尔多夫海因里希·海内大学德国与国际政党法与政治研究所研究人员；〔德〕托马斯·波贡特克（Thomas Poguntke），德国杜塞尔多夫海因里希·海内大学比较政治学教授、德国与国际政党法与政治研究所所长。译者郑启南，同济大学外国语学院2016级博士研究生；校对者郑春荣，教授、博士，同济大学德国研究中心主任。

选举结果将尤其取决于德国另类选择党和社民党的表现。由于社民党似乎并不希望与安格拉·默克尔领导的基民盟第三次组成大联合政府，因此三党联合执政可能会成为必要之选。目前，德国政党体制还没能充分地将选民的选择转化为切实的联合组阁形式。

关键词：　政党体制　德国政治　新政党　民粹政党　难民危机

引　言

本文概述了2016年德国政党格局的发展动态，对2017年前几周的重要发展情况也一并考虑。为此，本文首先论述2016年德国发生的重要事件及重点议题；其次探讨2016年德国各个政党的发展情况，并盘点2016年举行的州议会选举的重要结果；最后展望德国将于2017年9月举行的联邦议院选举，并分析可能形成的联合组阁形式。

一　2016年德国总体政治发展情况

同2015年一样，2016年德国政界主要被两个议题主导：围绕难民问题的讨论和与此相关的右翼民粹政党“德国另类选择党”（AfD）的竞选得势。尽管2016年德国民众将“难民和融入”议题视为最重要议题的比例从82%下降到了58%（参见表1），但全年平均值仍约达68%（2015年：61%）。2016年初发生的一次重大事件引发了民众的广泛讨论。在除夕夜之际，数百名女性在科隆总火车站遭到了性侵和抢劫。作案人主要来自北非地区，一些难民也参与其中。此次事件对德国有关难民问题的争论产生了重大的影响。德国政府在2015年还将“欢迎文化”作为话语重点，而如今则开始转向更为严格的边境管控和移民限制。

在联合政府内持续数周的争论之后，德国于2016年2月出台了“第二套难民一揽子法案”。此套法案除限制难民的家庭团聚之外，还包括加快避难审批程序和遣返不符合资格难民的措施。2016年2月末，联邦议院和联邦参议院通过议会紧急立法程序通过了这套法案，以及一项旨在简化驱逐犯罪外国人的法律。

表1　2016年在德国民众看来最重要的政治议题

单位：%

议题	1月（n＝2583）	12月（n＝1234）	2016年全年平均值（n＝22639）
难民及其融入	82	58	68.4
养老金	3.5	14	10.4
政治厌倦感	6.5	10	9.1
社会公正	4.5	10	7.9
失业	6.5	8	7.8
恐怖主义与战争	12	4	7.5
欧元危机/金融危机、希腊	6.5	7	7.5
教育、中小学	4.5	6	5.6
环境、气候、能源转型	3	3	3.1
经济形势	4	3	2.8

资料来源：作者根据“政治晴雨表”数据计算而得，参见 http://www.forschungsgruppe.de/Umfragen/Politbarometer/Langzeitentwicklung_-_Themen_im_Ueberblick/Politik_II/。

此外，联盟党和社民党还达成一致，将摩洛哥、阿尔及利亚和突尼斯列为安全来源国（来自摩洛哥和阿尔及利亚的难民数量在2015年末显著上升，而来自突尼斯的难民数量则几乎没有上升）。2016年5月联邦议院颁布了有关法律，但接着在联邦参议院遭到了绿党的封杀。[①] 自2016年12月一名突尼斯籍男子在柏林发动恐怖袭击事件之后，联邦内政部部长德迈齐埃

① “Asylpaket II. Kabinett beschließt verschärfte Flüchtlingsgesetze”, http://www.spiegel.de/politik/deutschland/asylpaket-ii-bundesregierung-bringt-verschaerfte-asylgesetze-auf-weg-a-1075424.html.

(Thomas de Maizière) 号召绿党放弃他们的抵制。[①]

在德国，尽管有关设置接收难民人数上限的争论仍在继续，但违背联邦政府意愿的巴尔干难民路线的关闭及欧盟与土耳其于 2016 年 3 月签订的难民协议已导致来德国寻求避难的难民人数大幅度减少。2015 年来德国寻求避难的难民人数还约为 89 万人，而在 2016 年这一数字大幅度减少到了 28 万。[②]

“恐怖主义与战争”这一议题在公众认知中逐渐失去了重要性（参见表 1），尽管在德国发生了一系列疑似有“伊斯兰背景”的恐怖袭击事件。2016 年 2 月末，在汉诺威一名年轻女子用刀将一名警察扎成了重伤。据称，这名女子接受恐怖组织“伊斯兰国”（IS）的指令行事。2016 年 7 月末，在安斯巴赫市一名自杀式袭击者引发了爆炸，造成 15 人受伤，袭击者当场身亡。2016 年 7 月 18 日，一名年轻的难民在维尔茨堡附近的一城际列车上用斧子袭击乘客，这名难民在逃跑的过程中被击毙。2016 年 12 月，德国柏林一辆大货车冲撞圣诞市场的袭击事件造成了 12 人死亡，嫌犯逃亡到意大利境内被击毙。在此之前，2016 年 10 月，一名叙利亚人在被关押的莱比锡监狱牢房中上吊自尽，联邦宪法保护机关消息称，他之所以被抓，是因为他曾准备在柏林一座机场实施恐怖袭击。

尤其在柏林圣诞市场发生恐怖袭击事件之后，“恐怖主义”和“犯罪/国内安全”议题在 2017 年 1 月又重新引起重视。根据“政治晴雨表”的调查，13% 的受访者将前者视为最重要的议题（2016 年 12 月：4%），而后者的比例为 12%（2016 年 12 月：3%）。从 2016 年全年的平均值来看，“犯罪、安定和秩序”这一议题组合并没有被德国民众列在最重要的前十个议题之中。在恐怖袭击之后，政治讨论主要集中在采取反恐措施及

① “Anschlag am Breitscheidplatz: De Maizière sieht ‘kein Ende’ der Grenzkontrollen”, http://www.zeit.de/politik/deutschland/2016-12/anschlag-am-breitscheidplatz-maziere-grenze-oesterreich-abschiebung.

② “Starker Rückgang: 280.000 Asylsuchende in Deutschland im Jahr 2016”, http://www.faz.net/aktuell/politik/280-000-asylsuchende-in-deutschland-im-jahr-2016-14619307.html.

实施更为严格的法律或加强执行现行法律的问题上。联邦内政部部长德迈齐埃和司法部部长马斯（Heiko Maas）于 2017 年初达成一致，制定了更为严格的法律，如简化所谓“危险分子”的遣返程序及给他们佩戴电子脚镣。①

“养老金”议题的重要性在一年之内上升了 3 倍：2016 年 1 月仅有约 3.5% 的德国人将其视为最重要的议题，到 2016 年 12 月，这个比例达到了 14%，跃居最重要议题的第二位。联邦劳动部部长纳勒斯（Andrea Nahles）于 2016 年 11 月公布了养老金计划，但是这一计划揭示，在执政联盟内部就未来养老金标准及缴费率这些重点议题还存在分歧。这些将可能成为 2017 年德国联邦议院大选的竞选主题。② 另外，“社会公正”和“失业”议题的重要性也增加了。

另一重要的议题是欧盟与加拿大签署的综合经济与贸易协定（CETA），2016 年 10 月联邦政府对此暂时表示同意。此前，联邦宪法法院驳回了左翼党和一些公民组织提交的阻止签署此协定的紧急申请，但联邦宪法法院提出的条件是德国必须具有单方解除权。CETA 协定尤其因其在投资保护和生存保障方面的规定而备受指责。

最后是 2015 年秋起贯穿 2016 年全年的德国汽车制造商大众汽车集团在美国深陷尾气排放造假丑闻事件。2016 年 7 月，联邦议院设立调查委员会对此展开调查工作。2016 年末，欧盟委员会以违约起诉包括德国在内的多个国家，指控它们没有对非法安装尾气排放控制装置制定相关法律。欧盟委员会尤其指责德国在丑闻事件公布之后未对大众公司给予应有的处罚。③ 大众公司试图与美国起诉方达成庭外和解，以避免走法律程序。

① “Innere Sicherheit：De Maizière und Maas einigen sich auf Gesetzesverschärfungen”，http：//www. faz. net/aktuell/politik/inland/innere-sicherheit-de-maiziere-und-maas-einigen-sich-auf-gesetzes verschaerfungen – 14613282. html.

② “CDU gegen CSU gegen SPD：Auf in den Renten-Wahlkampf”，http：//www. spiegel. de/politik/deutschland/cdu-csu-und-spd-marschieren-in-den-renten-wahlkampf-a-1123069. html.

③ “EU-Verfahren gegen Deutschland：Schluss mit luftig”，http：//www. spiegel. de/auto/aktuell/volkswagen-affaere-bruessel-eroeffnet-verfahren-gegen-deutschland-a-1124974. html.

二　德国主要政党发展状况

德国政党的成员数量的增长继续停滞甚至倒退（参见图1）。这与欧洲其他国家的总体趋势相符。相较于其他传统意义上政党成员数量较多的国家，如奥地利，德国政党成员占德国民众的比例较低，减少幅度也更小。①

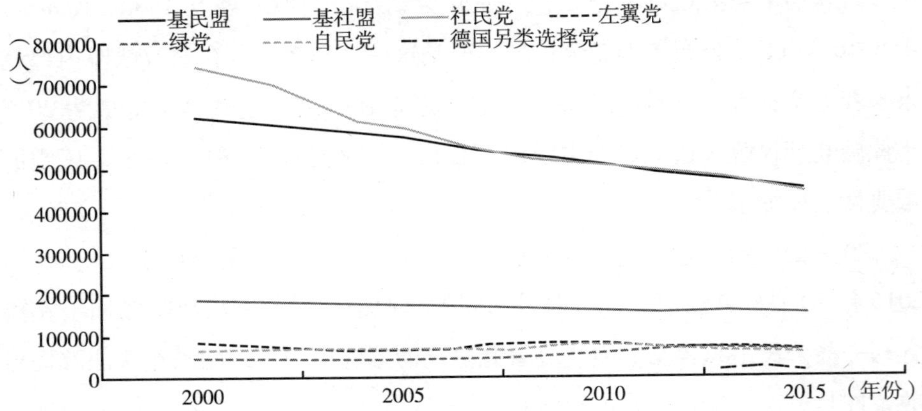

图1　德国各政党成员数量（2000～2015年）

资料来源：Oskar Niedermayer, *Parteimitglieder in Deutschland*, 2016, Berlin, 参见 http://www.polsoz.fu-berlin.de/polwiss/forschung/systeme/empsoz/schriften/Arbeitshefte/index.html。

（一）基民盟和基社盟

2016年"姐妹党"基民盟和基社盟之间关于难民政策的争论仍在继续。尽管联邦政府在一些重要问题上已向基社盟的立场靠拢，但基社盟在难民方针路线上仍与基民盟保持距离，坚持为接收难民数设定上限，并将其视为2017年大选后继续与基民盟组成联盟进入联邦政府的条件。在2016年11月初于慕尼黑举行的党代会上，一向在社会政策方面比基民盟更为保守的基社

① Ingrid Van Biezen and Thomas Poguntke, "The Decline of Membership-based Politics", *Party Politics* 20 (2), 2014, pp. 205－216.

盟近10年来首次决议通过新的基本纲领。这部题为“秩序”且获得全票通过的纲领将重点放在国内安全议题上，强调主流文化是“国家基本共识”并反对“政治伊斯兰化”。同时，它还规定了更为严格的移民条件。[①] 基社盟领导人再次要求，应以独立于基民盟的纲领和人员参加联邦议院的竞选。[②]

甚至基社盟内有个别人提出，作为在巴伐利亚地区活动的政党，基社盟在2017年联邦议院选举中在全德国范围参与竞选。巴伐利亚州财政部部长索德尔（Markus Söder）称，基社盟也能够在全国范围内为“价值观保守、爱国家和民族的选民”提供“一个政治家园”。这将填补巴伐利亚州之外基社盟目前让给德国另类选择党的“空白地带”。[③] 传统上基民盟和基社盟在德国联邦议院组建共同的议会党团。在议会外，它们作为两个独立的政党组织存在，在竞选时不存在相互竞争的关系；基社盟的竞选范围仅限于巴伐利亚州，而基民盟则在巴伐利亚州之外的其他联邦州展开竞选活动。基社盟主席泽霍费尔（Horst Seehofer）曾多次暗示将于2017年让出主席职位，以便专注于其巴伐利亚州州长的职务。[④] 他暂时拒绝了这个要求基社盟在联邦范围内进行竞选的提议。[⑤] 从基社盟的视角来看，关于扩大竞选范围的讨论的主要目的在于对姐妹党基民盟施加压力，而德国民众却对此普遍表示出欢迎态度。根据2016年5月德国民调机构Infratest Dimap发布的一项具有代表性的调查，45%的受访者支持基社盟在全国范围内参选。[⑥] 然而这一举动将会使基

---

① “Parteitag in München: CSU beschließt Grundsatzprogramm”, http: //www. spiegel. de/politik/deutschland/csu-partei-beschliesst-neues-grundsatzprogramm-die-ordnung-a-1119914. html.

② “Expansion im Bund? Für die CSU hochgefährlich”, https: //www. welt. de/politik/deutschland/article155194578/Expansion-im-Bund-Fuer-die-CSU-hochgefaehrlich. html.

③ “Expansion im Bund? Für die CSU hochgefährlich”, https: //www. welt. de/politik/deutschland/article155194578/Expansion-im-Bund-Fuer-die-CSU-hochgefaehrlich. html.

④ “CSU-Chef im ZDF Seehofer bietet Rückzug als Parteichef 2017 an”, http: //www. heute. de/csu-chef-horst-seehofer-im-zdf-bietet-rueckzug-als-parteichef-2017-an-45747720. html.

⑤ “PNP-Interview: Seehofer will mit CSU nicht bundesweit antreten”, http: //www. pnp. de/nachrichten/bayern/2001409_ PNP-Interview-Seehofer-will-CSU-vorerst-nicht-bundesweit-ausdehnen. html.

⑥ “Gedankenspiel: Gespaltene Meinung zur bundesweiten Wählbarkeit der CSU”, http: //www. infratest-dimap. de/umfragen-analysen/bundesweit/umfragen/aktuell/gedankenspiel-gespaltene-meinung-zur-bundesweiten-waehlbarkeit-der-csu/.

社盟失去作为巴伐利亚州利益代表的党派特征，这不仅会威胁到其自身的权力基础，还会影响其在巴伐利亚州的绝对多数票优势。另外，就算基社盟在全国范围内与基民盟竞争，它在其他联邦州也不具备实施竞选所需的组织结构。

在大选前一年，联盟党内部就已陷入深深的分裂。这也体现在泽霍费尔和其他基社盟领导人长时间里未表态支持默克尔担任其共同的总理候选人上。① 默克尔本人早在2016年11月就已经正式宣布，将于2017年再次作为首席候选人参加联邦议院选举。在2016年12月举行的基民盟联邦党代会上，支持默克尔继续担任党主席的票数为89.5%，这是自她担任总理以来竞选党主席获得的最低支持率。默克尔本人在该次选举前表示，她预期的是"真诚的选举结果"。两年前她竞选上届党主席时的得票率是96.7%。

从全欧洲的视角来看，默克尔推行的难民政策仍然备受争议。对此，尤其是维谢格拉德集团（波兰、匈牙利、捷克和斯洛伐克）一如既往地反对实施欧盟范围的难民分配。默克尔总理是欧盟与土耳其于2016年3月签署难民协议的主要推手。协议规定，从土耳其入境希腊的非法叙利亚难民将被遣返回土耳其。作为交换条件，欧盟有义务接收已经在土耳其境内逗留的叙利亚难民。另外，倘若土耳其方履行了相应的义务，欧盟还将向安卡拉政府提供数十亿欧元的援助用于照料难民，以及在2016年6月底之前对土耳其公民实现免签证入境。② 一方面，联邦政府肯定了土耳其在应对难民危机及难民协议在拯救难民生命方面所起的重要作用；另一方面，联邦议院中的反对党对此协议的部分内容进行了强烈指责，他们尤其指出土耳其的人权状况是导致难民逃亡的原因。③ 由于2016年7月土耳其国内军

① "Reaktionen zur Kanzlerkandidatur 'Angela Merkel ist nicht mehr unschlagbar'", http://www.spiegel.de/politik/deutschland/angela-merkel-kandidiert-erneut-die-ersten-reaktionen-a-1122215.html.

② "Vorschlag der EU-Kommission: Die Türkei muss ihre Hausaufgaben machen", http://www.faz.net/aktuell/politik/fluechtlingskrise/tuerkei-muss-fuer-visafreiheit-auflagen-der-eu-kommission-erfuellen-14215931.html.

③ "EU-Türkei-Abkommen: Merkel rechtfertigt Türkei-Deal mit geretteten Menschenleben", http://www.zeit.de/politik/ausland/2016-05/eu-tuerkei-abkommen-angela-merkel-fluechtlingspolitik.

事政变企图失败后，土耳其出台了有争议的反恐怖主义法案，因此对土耳其公民实现免签证待遇的谈判如今陷入停滞。对此，安卡拉政府曾多次威胁称，如果欧盟不能兑现其承诺，土耳其将暂停或彻底中止难民协议。默克尔也遭遇了来自欧盟委员会方面的阻力，后者拒绝与其他北非国家商谈类似的协议。①

在2016年举行的5个州的议会选举中，基民盟在柏林地方选举中失去了执政地位。尽管该党在巴登-符腾堡州地方选举之后又重新进入了州政府，但其在这个曾经的老巢依然选票大幅流失（下降了12个百分点），不得不满足于绿党人士、巴登-符腾堡州州长克莱驰曼（Winfried Kretschmann）领导下的州政府中小伙伴的角色。之前曾参与绿红州政府执政的社民党的得票率减半，降到了12.7%。即便在其他州议会的选举中，基民盟的选票也流向了比它更加偏右的德国另类选择党。在萨克森-安哈尔特州和梅克伦堡-前波莫瑞州，基民盟依然保持执政地位，其中在萨克森-安哈尔特州形成了新的组阁形式。

（二）社民党

2016年社民党在许多重要问题上的立场不够鲜明。例如，在2016年中，它在难民政策议题上发出了矛盾的信号。先是联邦劳动部部长纳勒斯（社民党）在《法兰克福汇报》的一篇署名文章中要求削减那些没有融入意愿的难民的社会福利给付。② 2016年7月维尔茨堡和安斯巴赫发生恐怖袭击之后，社民党当时依旧支持联邦总理默克尔的难民政策，③ 然而不到一个月的时间，社民党主席加布里尔（Sigmar Gabriel）又倒戈批评默克尔的难民政策，并在一

① "Flüchtlingsabkommen: EU lehnt weitere Verträge nach Vorbild des Türkei-Deals ab", http://www.zeit.de/politik/deutschland/2016-10/fluechtlingsabkommen-tuerkei-eu-kommission-fluechtlinge-aegypten-afrika.

② "Gastbeitrag: Ohne Integration werden die Leistungen gekürzt", http://www.faz.net/aktuell/politik/inland/andrea-nahles-fordert-fluechtlinge-auf-sich-zu-integrieren-14044777.html.

③ "Flüchtlingsdebatte: SPD stellt sich hinter Merkel", http://www.spiegel.de/politik/deutschland/fluechtlinge-spd-stellt-sich-hinter-angela-merkel-a-1104952.html.

次采访中要求对接收难民数设定上限。[①] 加布里尔在 2015 年 12 月一次党代会的演讲中还曾明确拒绝对接收难民数设定上限并与基社盟划清界限。加布里尔在 2016 年 11 月还透露，社民党将以“正直与尊重，人人有责任”为基础进行“文化竞选”[②]，在柏林恐袭发生后，他又宣称对“伊斯兰主义”和恐怖主义发起“文化战斗”。[③] 透过难民问题还引发了关于德国移民法的争论。2016 年 2 月，社民党还曾提出一份新的移民改革方案，旨在引入加拿大式移民打分系统，以使移民能更为迅速地进入德国劳动力市场。

社民党内部对与美国（跨大西洋贸易与投资伙伴协定，TTIP）和加拿大（CETA）计划签订的自由贸易协定产生了意见分歧。党内左翼阵营反对签订协议，党主席加布里尔于2016 年8 月也宣称 TTIP “事实上已失败”[④]，然而接着他又转而大力支持 CETA 协定。加布里尔于 2016 年 9 月前往加拿大进行单独会谈。[⑤] 在他与党内批评者达成妥协之后，在一次（不公开的）小型党代会上，有 2/3 的参会代表表示基本上支持 CETA 及加布里尔的路线。[⑥] 党主席加布里尔在 2015 年 12 月仅以 74.3% 的得票率再次连任，但他巧妙地将 CETA 协定与自己的政治未来捆绑起来，在经过此次争论后其地位日趋强大。许多人认为，加布里尔担当总理候选人参加 2017 年联邦议院选举将无可争议。[⑦]

---

① “SPD-Chef fordert Obergrenze. Gabriel kritisiert Merkels Flüchtlingspolitik”, http: //www. n-tv. de/politik/Gabriel-kritisiert-Merkels-Fluechtlingspolitik-article18514376. html.

② “SPD-Chef gibt Einblicke in Strategie 2017. Gabriels Vision eines Kultur-Wahlkampfs”, https: //www. tagesschau. de/inland/gabriel-539. html.

③ “SPD-Chef: Gabriel will Kulturkampf gegen Islamismus”, http: //www. spiegel. de/politik/deutschland/sigmar-gabriel-spd-chef-will-kulturkampf-gegen-islamismus-a-1128842. html.

④ “Freihandelsabkommen: Gabriel erklärt TTIP für ‘de facto gescheitert’”, http: //www. spiegel. de/wirtschaft/soziales/ttip-sigmar-gabriel-erklaert-verhandlungen-fuer-gescheitert-a-1109807. html.

⑤ “Geplantes Treffen mit Trudeau: Gabriel will in Kanada über Ceta verhandeln”, http: //www. spiegel. de/politik/deutschland/sigmar-gabriel-will-in-kanada-ueber-ceta-verhandeln-a-1111769. html.

⑥ “SPD stimmt für Ceta-Abkommen”, http: //www. zeit. de/politik/deutschland/2016 – 09/spd-stimmt-mehrheitlich-fuer-ceta-abkommen; “Gabriel holt Ceta-Kritiker auf seine Seite”, http: //www. zeit. de/wirtschaft/2016 – 09/spd-konvent-ceta-wolfsburg-sigmar-gabriel.

⑦ “Sigmar Gabriel: Er hat's geschafft”, http: //www. zeit. de/politik/deutschland/2016 – 09/spd-sigmar-gabriel-ceta-freihandelsabkommen-parteikonvent.

2016年11月，欧洲议会前议长舒尔茨（Martin Schulz，社民党）趁势上位。他宣布，不再寻求连任欧洲议会议长，而是返回德国政坛。舒尔茨肯定了加布里尔在CETA的党内表决上成功展现出的“领导地位和领导能力”，然而民调显示，舒尔茨比加布里尔更受欢迎，如今他本人成了社民党可能的总理候选人。汉堡市市长朔尔茨（Olaf Scholz）长时间以来也被许多人视为“坐收渔翁之利”的第三位社民党总理候选人人选。社民党在辩论中曾多次透露，其先就2017年大选进行内容上的准备，然后在2017年1月确定人选。2017年1月末，加布里尔出乎意料地宣布，他将放弃竞选新一任德国总理并辞去该党主席职务，舒尔茨将成为社民党的总理候选人参加竞选。这一“轰动性事件”使许多认为加布里尔会竞选总理职位的观察家们始料不及。有着欧盟执政经验而缺乏在国内执政经验的舒尔茨一方面不是联邦内阁成员，不必遵守内阁的纪律，因此能够更为公开地批评默克尔；另一方面他必须在社民党内部和柏林证明其“掌权能力”。对这一事件的指责是，社民党提名的重点放在了候选人的受欢迎程度上，而对其内容方面的方案却未表现出足够重视。另外值得注意的是，社民党这一次的决定又是在小圈子内秘密决定的，而主管的党委员会只好被动接受既成的事实。

在联邦总统高克（Joachim Gauck）于2016年6月宣布不寻求连任之后，大联合政府先是进行了短暂的休整，在接下来的几周总是有新的名字出现，直到社民党主席加布里尔于10月末正式通过媒体宣布联邦外交部部长施泰因迈尔（Frank-Walter Steinmeier）可以成为下一届总统候选人。联盟党其实希望候选人属于自己党派或者无党派人士，而不是来自社民党，而社民党由于联盟党缺少合适的总统候选人，因此极力推选施泰因迈尔出任下一届总统。联邦议院议长拉默特（Nobert Lammert）和前德国联邦国家安全档案委员会负责人比尔特勒（Marianne Birthler）均决定不参加总统选举。2016年11月，施泰因迈尔——根据“政治晴雨表”的民调是德国最受欢迎的政治人物——被联合执政党领袖们视为“代表政治中间立场的人”，并推选他参加2017年2月的总统竞选。[①] 正如加布里尔本人所宣布的，他将接替施泰因迈尔成为新一任的联邦外交部部长。

在民调中，社民党的得票率始终停滞不前，2016年全年平均值徘徊在23%左右。其原因在于，尽管社民党前几年在联合政府内的许多政策主张都成功贯彻了，然而公众并没有认识到这些是社民党的功劳。2016年，德国公众的讨论更多围绕着社民党内部的权力游戏，这一讨论直到2017年初舒尔茨宣布参选才告终。此外，在许多问题上（如自由贸易协定、难民政策）社民党并没有清晰的路线。

在巴登－符腾堡州和萨克森－安哈尔特州的州议会选举中，社民党不得不接受选票严重流失的事实（分别减少了10.4个百分点和10.9个百分点），其中也有选票流向德国另类选择党，而它在其他三个联邦州内则保持了相对多数票。社民党在巴登－符腾堡州交出了参与执政权，然而在其他四个联邦州内，其势力虽有部分减弱但仍能继续执政，部分是与新的伙伴组成联合政府。

（三）联盟90/绿党

2016年围绕绿党争论的也是参加联邦议院选举的总理候选人问题。2015年末有3人宣布要在2017年联邦议院选举中出任绿党的总理候选人——格林－埃克哈特（Katrin Göring-Eckardt）（联邦议院党团副主席）、哈贝克（Robert Habeck）（石勒苏益格－荷尔施泰因州环境部部长）及霍夫莱特（Anton Hofreiter）（联邦议院党团主席），而2016年4月绿党主席约茨德米尔（Cem Özdemir）在一次采访中也透露出参选的意愿。[②] 在2015年末党代会上做了演讲之后，约茨德米尔在2016年反复明确批评了伊斯兰教中的激进成分。他也多次指责土耳其总统埃尔多安的政治路线，称埃尔多安在土耳

① "Steinmeier als Bundespräsident. Merkels perfekter Notkandidat", http://www.spiegel.de/politik/deutschland/frank-walter-steinmeier-angela-merkel-und-ihr-perfekter-notkandidat-a-1121219.html.

② "Kandidatur als Grünen-Spitzenkandidat Özdemir will's wissen", http://www.tagesschau.de/inland/gruene-oezdemir-spitzenkandidatur-101.html.

其2016年7月发生军事政变后企图建立“民主外衣下的现代式独裁”。[①] 由此，约茨德米尔凸显了明确的外交形象，其中包括对联邦国防军参与海外行动持相对开放的态度。另外，约茨德米尔还表示反对征收财产税。

自2013年起绿党对总理候选人先要进行党内初选。这种形式在德国是独一无二的。至2017年1月，约有6万名党员可以参加投票表决。传统上，绿党提出2名候选人，其中有1名是女性。在这种情况下，格林-埃克哈特作为唯一一名女性稳坐候选人的席位。而在男性候选人方面，名气最响的约茨德米尔最终胜出。根据初选结果，约茨德米尔与排在第二位的哈贝克票数出乎意料地接近，仅多出75票。[②]

联盟党和社民党均在高层领导圈确定总理候选人人选，相比之下，绿党通过党内基层投票选举总理候选人的程序易被接受且较为民主。2016年，绿党内部无论是在难民和避难还是在国内安全及税收政策议题上，立场都是分裂的。在这些议题上，党内左翼和右翼阵营之间始终有争论。例如，2016年11月绿党党代会上通过了对“超级富人”征收财产税的决议，而之后总理候选人约茨德米尔却又表示反对这项决议。

属于党内左翼阵营的党主席彼特（Simone Peter）在2016~2017跨年之际还遭到了党内人士的批评，其原因在于她曾指责科隆警方在跨年夜科隆性侵事件中处置的适当性与合法性。在2016年发生性侵事件之后，警方投入了大量警力，并控制了近1000人，其中大部分人是由于他们的出身而被控制。

格林-埃克哈特和约茨德米尔通过使绿党偏离左倾立场，使其在竞选中可能会提出更加贴近经济界要求及更为严格的避难与安全法律。例如，约茨德米尔在柏林恐怖袭击事件之后称，应扩大德国国内的视频监视，格林-埃

① “Cem Özdemir zur Türkei：‘Moderne Art von Diktatur mit demokratischer Fassade’”，http：//www. spiegel. de/politik/ausland/cem-oezdemir-tuerkei-entwickelt-sich-zu-einer-modernen-art-von-diktatur-a-1118958. html.

② “Grünen-Urwahl：Özdemirs Wackelpartie”，http：//www. spiegel. de/politik/deutschland/buendnis-90-die-gruenen-cem-oezdemir-spitzenkandidat-das-bedeutet-die-urwahl-a-1130510. html.

克哈特表示应对申请避难者进行事后审核。绿党中的左翼势力在此次初选之后被大大削弱，他们的候选人霍夫莱特只获得了约26%的选票。[①]

在民调中，绿党的全国得票率自2016年夏达到一次小高点后又下降了4~5个百分点。在巴登－符腾堡州的州议会选举中，绿党首次成为第一大党（得票率为30.3%），然而在莱茵兰－普法尔茨州、萨克森－安哈尔特州、梅克伦堡－前波莫瑞州和柏林州，它却必须接受选票流失的事实。不过，绿党在五次州议会选举中有四次的结局是参与执政。

在有关联邦总统的讨论中，绿党主席彼特曾推选绿党人士、巴登－符腾堡州州长克莱驰曼，然而克莱驰曼本人并不打算参选，因为他认为不会得到联盟党的支持，没有胜算的把握。[②] 在施泰因迈尔被推选参加总统竞选后，多数绿党成员也表示支持。

（四）左翼党

与2015年相比，2016年左翼党在主导议题难民问题上的意见更加不统一。这主要体现在联邦议院党团主席瓦根克奈希特（Sahra Wagenknecht）曾多次就难民政策发表有争议的言论而遭到党内人士的强烈抨击。她被指责为拉选票而站在“右翼阵营”。在一次新闻发言中，瓦根克奈希特将安斯巴赫发生的恐怖袭击事件直接与默克尔的难民政策联系在了一起。她要求调查因接收大量难民和因其融入困难而可能发生的“潜在危险”。[③] 甚至另一位议会党团主席巴尔迟（Dietmar Bartsch）也与瓦根克奈希特的立场保持距离。尤其是党主席基平（Katja Kipping）拒绝对接收难民数设定上限并多次明确

---

① “Spitzenkandidaten：Özdemir und Göring-Eckardt führen Grüne ins Wahljahr”，http：//www.spiegel.de/politik/deutschland/buendnis90-die-gruenen-cem-oezdemir-und-katrin-goering-eckardt-werden-spitzenkandidaten-a-1130425.html.

② “Vom Minister-zum Bundespräsidenten? Kretschmann glaubt selbst nicht mehr daran”，http：//www.swr.de/swraktuell/bw/vom-minister-zum-bundespraesidenten-kretschmann-glaubt-selbst-nicht-mehr-daran/-/id=1622/did=18475878/nid=1622/1n12wex/.

③ “Aussagen zur Flüchtlingspolitik：Wut der Linken auf Wagenknecht wächst”，http：//www.spiegel.de/politik/deutschland/sahra-wagenknecht-wut-der-linken-wegen-fluechtlings-aussagen-waechst-a-1105315.html.

表示与瓦根克奈希特的立场划清界限。而之前在梅克伦堡－前波莫瑞州、莱茵兰－普法尔茨州和萨克森－安哈尔特州的州议会选举中，左翼党的选票数也明显流失，尤其流向了德国另类选择党。

瓦根克奈希特和基平在难民问题上的意见分歧也对左翼党推选总理候选人参加 2017 年联邦议院选举产生了影响。最初，联邦议院党团主席瓦根克奈希特和巴尔迟在 2016 年 9 月的一次党代会上首次表示将共同参选。这样他们就抢占了先机，先于党领袖里克辛格（Bernd Riexinger）和基平一步。而后两人事实上在总理候选人问题上掌握了建议权。在数周的内部权力之争后，左翼党理事会最终确定了瓦根克奈希特和巴尔迟为 2017 年联邦议院选举的总理候选人，但是同时明确，两位党主席也将在竞选的组织上扮演重要角色。观察家们认为这是左翼党内部勉强达成的妥协。①

在联邦总统候选人的问题上，左翼党一致推选贫困问题研究专家布特尔维格（Christoph Butterwegge）为联邦总统候选人。但鉴于联邦大会的多数票形势，这位候选人毫无胜算可言，他只是起象征性的作用。

左翼党的另一个议题是围绕 TTIP 和 CETA 展开的讨论。正是左翼党在联邦议院的议员向德国联邦宪法法院递交了一份紧急申请，要求在最后一刻阻止自由贸易协定 CETA 的签订。联邦经济部部长加布里尔亲自前往位于卡尔斯鲁厄的联邦宪法法院为 CETA 做辩护，而左翼党领导人则要求中止自由贸易协定的签订。

（五）德国另类选择党

尽管德国另类选择党在其内部有时存在较为明显的分歧，但是它在 2016 年各次州议会选举中可谓大获全胜。它的得势主要归功于除了在巴伐利亚州以外不参与竞选的基社盟，以及所有其他政党在难民问题上的立场都非常相似且贴近政府的立场。德国另类选择党在 2016 年的各次州议会选举

① “Wagenknecht vs. KippingLinkes Spiel”, http://www.spiegel.de/politik/deutschland/sahra-wagenknecht-und-katja-kipping-linkes-spiel-vor-der-bundestagswahl-2017-a-1124394.html.

中都成功地进入了州议会，截至年末已进入 10 个州议会。该党在萨克森－安哈尔特州取得了最大的选举成功，以 24.3% 的得票率成为最大的反对党议会党团。在梅克伦堡－前波莫瑞州，它也以 20.8% 的得票率排在社民党后面，成为第二大党。从民调显示的 2016 年全年平均值来看，德国另类选择党全国范围内的支持率约达到了 12%。

德国另类选择党于 2013 年因反对欧元而成立，自 2015 年党内较温和的经济自由阵营脱离之后，逐渐发展成右翼保守主义及右翼民粹政党，原则上对“世界主义价值观”持反对态度。① 该党与右翼极端主义势力的界限越来越难以划清，这反映在巴登－符腾堡州该党的州议会党团的短暂分裂上。该州议会党团曾试图摆脱一名持反犹主义立场的议员，最后却没能成功。德国另类选择党在 2016 年 5 月举行的党代会上通过了自成立以来的第一部基本纲领。纲领明确表示反对伊斯兰、反对 TTIP，以及支持核能和为德国男性重新引入兵役制。另外，纲领还要求就德国退出欧元区举行全民公决。在税收政策方面，德国另类选择党持新自由主义的立场，如赞成废除遗产税。②

一方面，党的两主席之一佩特里（Frauke Petry）想要率领该党选择市民－保守派倾向，并试图阻止德国另类选择党进一步右倾；另一方面，她多次建议在竞选时采取民粹主义的动员策略，并强调，为增加媒体对政党的关注度，有意发出挑衅性言论是不可避免的。③ 在一份 2016 年公开的内部战略文件中，德国另类选择党联邦理事会决定通过“周密策划的挑衅”诱使其他政党做出“紧张不当的反应”。来自其他主流政党的“污名化”越强烈，对德国另类选择党自身的党派形象就越有利。④

---

① Simon T. Franzmann, *Von der EURO-Opposition zur Kosmopolitismus-Opposition. Der Fall der deutschen AfD*, Friedrich-Ebert-Stiftung-Gesprächskreis Soziale Demokratie, 12. November 2016.

② “AfD-Parteitag: AfD beschließt anti-islamisches Grundsatzprogramm”, http: //www. zeit. de/politik/2016-05/afd-parteitag-grundsatzprogramm-frauke-petry-joerg-meuthen.

③ “Petry hält ‘provokante Aussagen’ für unerlässlich”, https: //www. welt. de/politik/deutschland/article153035698/Petry-haelt-provokante-Aussagen-fuer-unerlaesslich. html.

④ “Dieses geleakte Strategiepapier zeigt, wie die AfD bewusst provoziert”, http: //www. businessinsider. de/dieses-geleakte-strategiepapier-zeigt-wie-die-afd-bewusst-provoziert-2016-12.

2016 年 1 月，佩特里要求警方“在紧急情况下可以向非法越境的难民开枪”，她也因此成为媒体的话题人物。尽管这一言论引起了国内外强烈的批评，但德国另类选择党副主席兼欧洲议会议员贝娅特丽克丝·冯·施托希（Beatrix von Storch）也追随这一主张并在社交媒体上表示，即便对妇女和儿童也应动用武力，而她在不久之后又声称，这一言论属于自己误发。[①] 施托希的党内同事普雷策尔（Marcus Pretzell）曾在 2015 年 11 月就宣称，开枪是阻止难民入境的“最后手段”，这一言论引起了极大争议。[②] 接着，两人被他们所在的欧洲议会保守与改革党团（EKR）主席要求至 3 月底前自愿退出该党团。接着，施托希加入了欧洲自由和直接民主党团（EFDD），英国独立党（UKIP）党魁法拉奇（Nigel Farage）也同属该党团。普雷策尔在正式被欧洲议会保守与改革党团开除后加入了民族和自由欧洲党团（ENF），法国国民阵线也是该党团的成员。

德国另类选择党为 2017 年 2 月举行的联邦总统选举推选出前基民盟成员、右翼保守的格拉泽尔（Albrecht Glaser）作为候选人，他同样没有任何胜选机会。为了 2017 年的联邦议院选举，该党的联邦理事会于 2016 年 11 月提名党主席佩特里、副主席高兰特（Alexander Gauland）和争议性人物霍克（Björn Höcke）组成“高层团队”。该党放弃佩特里作为唯一候选人之举可能会被党内右翼阵营加以利用。[③]

（六）自民党

2016 年自民党继续其温和回归州议会之旅，并重新进入了莱茵兰－普法尔茨州和柏林州议会。它以差距悬殊的得票率没能重新进入梅克伦堡－前

---

① “Beatrix von Storch AfD-Vizechefin will Polizei sogar auf Kinder schießen lassen”, http://www.faz.net/aktuell/politik/fluechtlingskrise/beatrix-von-storch-afd-vizechefin-will-polizei-sogar-auf-kinder-schiessen-lassen-14044186.html.

② “Flüchtlingskrise: AfD-Politiker will Flüchtlinge notfalls mit Schüssen abhalten”, http://www.zeit.de/politik/deutschland/2015-11/afd-fluechtlingskrise-schusswaffen.

③ “Der rechte AfD-Rand profitiert von Petrys Schwäche”, https://www.welt.de/politik/deutschland/article159667929/Der-rechte-AfD-Rand-profitiert-von-Petrys-Schwaeche.html.

波莫瑞州，在萨克森－安哈尔特州则仅差一点。自民党在巴登－符腾堡州的得票有所增加。自2014年10月起自民党在联邦州层面再次得以参与执政：在莱茵兰－普法尔茨州，它与红绿联盟组建联合政府并由该党的维辛（Volker Wissing）担任副州长。但是，“周日问题”民调表明，自民党在联邦层面还始终受到5%议会准入门槛的威胁，其2016年全年得票率平均值为5.6%。

自民党利用2016年重新定位和重塑形象。在党主席林德纳（Christian Lindner）——他于4月以98%的得票率继续担任自民党北莱茵－威斯特法伦州主席——的领导下，自民党试图改变其经济自由的“当事人政党”形象，逐渐转向社会自由议题和教育领域。

三　2016年各次州议会选举结果

在2016年德国“超级大选年”总共举行了5个州的州议会选举，3个州在3月举行（巴登－符腾堡州、莱茵兰－普法尔茨州和萨克森－安哈尔特州），还有2个州在9月举行（梅克伦堡－前波莫瑞州和柏林州）（参见表2）。总体来看，选民的参选率有所提升。在一向具有“参选热情”的巴登－符腾堡州，参选率增加了4.2个百分点（达到了70.4%），甚至在德国东部的梅克伦堡－前波莫瑞州也增加了10.1个百分点（但仍然相对较低，为61.9%）。许多以前未参选的选民被发动起来（在萨克森－安哈尔特州也增加了9.9个百分点，达到了61.1%），但主要是德国另类选择党从中受益。另外，尽管部分出现了较为明显的选民转移及新的联合执政格局，但是在5个联邦州内均没有发生州长的更迭。换言之，德国政党体制目前并未能充分履行实现政府更迭的这一重要职能。

在巴登－符腾堡州，绿党是明显的选举赢家。该党首次在州选举中成为第一大党，并主要从社民党和基民盟选民那里获得了选票。明显的输家是基民盟（减少了12个百分点），大量的铁杆选民把选票投给了德国另类选择党。德国另类选择党以15.1%的得票率轻松进入了州议会。就连社民党也必须接受选票大量流失的事实。目前绿党和社民党组成的联合政府被绿黑联盟取代，这也是在联邦州层面首次以这种方式组阁的联合政府。① 绿党人士克莱驰曼连任该州州长。

在莱茵兰－普法尔茨州，社民党成为最大党，但得票率也仅增加了0.5个百分点。属于赢家的依然是得票率为12.6%的德国另类选择党，尤其是许多原来不参加选举的选民和对基民盟失望的选民纷纷将票投给了该党。这里的输家是绿党，其选票流失了约10个百分点，主要流向了社民党。自民党不仅成功地重新进入了州议会，还与社民党和绿党组成了所谓的“交通信号灯联盟”。德莱尔（Malu Dreyer，社民党）连任该州州长。

在萨克森－安哈尔特州举行的州议会选举中，基民盟以略微的选票流失成为胜选者（得票率将近30%），与此同时，德国另类选择党成功动员了许多此前不参选的选民，得票率达到24.3%。由此，德国另类选择党取代了左翼党（减少了7.3个百分点，达到16.3%），成为该州第二大力量。社民党也必须接受选票大量流失的事实（减少了10.9个百分点）。而为左翼党方面力争的红红绿联盟明显失败了（三党加在一起仅获得了刚过30%的得票率）。目前由基民盟和社民党组成的大联合政府被红黑绿联盟取代，这是联邦州层面首次出现此类执政联盟。哈泽洛夫（Reiner Haseloff，基民盟）连任该州州长。

在梅克伦堡－前波莫瑞州，社民党的实力也是最为强的，德国另类选择党的得票率也攀升到近21%。社民党和左翼党流失了约5%的选票，而绿党的得票率减少了近4个百分点，离进入州议会仅一步之遥。极右翼政党德国国家民主党（NPD）仅获得了3%的选票，不得不在10年后离开州议会。由此一来，该党在全国范围内没有进入任何州议会。② 在梅克伦堡－前波莫

① 黑森州自2014年以来由基民盟和绿党联合执政，但基民盟是大的那个联合执政伙伴。

② 2017年1月，联邦宪法法院结束了2015年对德国国家民主党启动的禁党诉讼程序。德国最高法院宣判称，尽管该党存在违宪行为，但由于该党势力不构成威胁，因此不必被取缔。没有“具体有分量的依据”表明该党“目前”至少“看起来可能”具备“颠覆德国自由民主的基本制度”的能力。但联邦宪法法院提出取消该党的国家财政资助。“Kein Verbot der NPD wegen fehlender Anhaltspunkte für eine erfolgreiche Durchsetzung ihrer verfassungsfeindlichen Ziele”, https：//www. bundesverfassungsgericht. de/SharedDocs/Pressemitteilungen/DE/2017/bvg17－004. html.

瑞州，泽勒林（Erwin Sellering，社民党）继续领导社民党和基民盟组成的大联合政府。

在柏林举行的州议会选举中，社民党尽管损失了6.7%的选票，但仍然是最大党；同样，基民盟也必须接受大规模选票流失的事实。左翼党的得票率增加了约4个百分点，达到15.6%，跃升为第三大党，略微领先于绿党，自民党也再次进入了州议会。德国另类选择党也表现不俗，获得了14.2%的选票；而与此相反的是，德国海盗党遭遇惨败，得票率减少了超过7个百分点，不得不离开州议会。目前的大联合政府被一个在联邦州层面独一无二的组阁形式——社民党、左翼党和绿党联盟取代。穆勒（Michael Müller，社民党）连任柏林州州长。

表2　2016年各次州议会选举（1）

	巴登－符腾堡州	莱茵兰－普法尔茨州	萨克森－安哈尔特州	梅克伦堡－前波莫瑞州	柏林州
选举日	2016年3月13日	2016年3月13日	2016年3月13日	2016年9月4日	2016年9月18日
总议席数	143	101	87	71	160
参选率	70.4%（+4.2%）	70.4%（+8.6%）	61.1%（+9.9%）	61.9%（+10.1%）	66.9%（+6.7%）
选民总数	7683464	3071972	1877649	1328320	2485379
总投票	5411945	2161506	1147498	821581	1662476
有效的第二票（%）	—	2130621（98.6%）	1122877（97.9%）	806419（98.2%）	1635169（98.5%）
有效的第一票（%）	5361250（99.1%）*	2106045（97.4%）	1112249（96.9%）	803148（97.8%）	1631119（98.3%）
新任联合政府（前任政府）	绿党－基民盟（绿党－社民党）	社民党－自民党－绿党（社民党－绿党）	基民盟－社民党－绿党（基民盟－社民党）	社民党－基民盟（社民党－基民盟）	社民党－左翼党－绿党（社民党－基民盟）

表 2　2016 年各次州议会选举（2）

政党	巴登－符腾堡州			莱茵兰－普法尔茨州			萨克森－安哈尔特州			梅克伦堡－前波莫瑞州			柏林州		
	得票率（%）	席位数	席位变动率（%）	得票率（%）	席位数	席位变动率（%）	得票率（%）	席位数	席位变动率（%）	得票率（%）	席位数	席位变动率（%）	得票率（%）	席位数	席位变动率（%）
社民党	12.7	19	-10.4	36.2	39	0.5	10.6	11	-10.9	30.6	26	-5.0	21.6	38	-6.7
基民盟	27.0	42	-12.0	31.8	35	-3.4	29.8	30	-2.8	19.0	16	-4.0	17.6	31	-5.7
联盟 90/绿党	30.3	47	6.1	5.3	6	-10.1	5.2	5	-2.0	4.8		-3.9	15.2	27	-2.4
左翼党	2.9		0.1	2.8		-0.2	16.3	16	-7.3	13.2	11	-5.2	15.6	27	3.9
自民党	8.3	12	3.0	6.2	7	2.0	4.9		1.0	3.0	18	0.2	6.7	12	4.9
德国另类选择党	15.1	23	15.1	12.6	14	12.6	24.3	25	24.3	20.8		20.8	14.2	25	14.2
自由选民	0.1		0.1	2.2		-0.1	2.2		-0.6	0.6		-0.5			
其他	3.6		-2.0	2.9		-1.2	6.8		-1.7	8.0		-2.5	9.1		-8.1

注：* 每个选民只有一票。

资料来源：①Statistisches Landesamt Baden-Württemberg, Endgültiges Ergebnis der Landtagswahl am 13.03.2016. Land Baden-Württemberg, 2016, http://www.statistik.baden-wuerttemberg.de/Wahlen/Landtag/02035000.tab? R = LA.

②Landeswahlleiter Rheinland-Pfalz, Landtagswahl. Landesergebnis Rheinland-Pfalz-Endgültige Ergebnis, 2016, http://www.wahlen.rlp.de/ltw/wahlen/2016/land/index.html.

③Landeswahlleiterin Sachsen-Anhalt, Wahl des 7. Landtages von Sachsen-Anhalt am 13. März 2016. Endgültiges Ergebnis, 2016, http://www.statistik.sachsen-anhalt.de/wahlen/lt16/.

④Die Landeswahlleiterin Mecklenburg-Vorpommern, Wahl zum Landtag von Mecklenburg-Vorpommern am 4. September 2016, http://service.mvnet.de/wahlen/2016_land/showHtmlContent.php? folder = 2016_land&datei = L_WK99.html.

⑤Die Landeswahlleiterin für Berlin, Wahlen zum Abgeordnetenhaus 2016. Endgültiges Ergebnis, 2016, https://www.wahlen-berlin.de/wahlen/be2016/afspraes/details_gemeinde-1-berlin_gesamt.html.

四　展望：2017年联邦议院选举

每周进行的“周日问题”民调提供了展望 2017 年联邦议院选举的一个良好基础。在此民调中，德国民众接受的询问是，如果接下来一个周日是联邦议院选举，他们会选哪一个党。据此民调结果，除了延续一个由基民盟/

基社盟和社民党组成的大联合政府（全年平均值57.4%），从计算上看，如果自民党能成功进入联邦议院的话，那么一个由基民盟/基社盟、联盟90/绿党和自民党组成的“牙买加”（黑绿黄）联合政府也是可能的（全年平均值52.4%）（参见表3）。

表3 “周日问题”：2016年德国人的选举意图

单位：%

政党	1月 （n = 2583）	12月 （n = 1234）	2016年全年平均值 （n = 25222）
基民盟/基社盟	37.0	36.0	34.8
社民党	24.0	22.0	22.6
联盟90/绿党	10.5	10.0	12.0
左翼党	8.0	10.0	8.8
自民党	5.0	5.0	5.6
德国另类选择党	11.0	12.0	11.8
其他	4.5	5.0	4.3

注：（1）问题：“如果下一个周日是联邦议院选举，您将选哪个政党？”（2）表格中包含的是2016年1月、2016年12月和2016全年的平均值。

资料来源：作者根据“政治晴雨表”数据计算而得，参见 http：//www.forschungsgruppe.de/Umfragen/Politbarometer/Langzeitentwicklung_ -_ Themen_ im_ Ueberblick/Politik_ I/。

据2015年的民调结果，由基民盟/基社盟和联盟90/绿党组成的黑绿联合政府有时是极有可能实现的，而从2016年的民调结果来看，这种联合执政形式通常情况下是不可能实现或勉强有望实现的。同样，一个由社民党、绿党和左翼党组成的红红绿联盟从任何时间点来看都没能获得超过50%的选票（参见图2）。

2017年初，在联邦州层面有3个州是由基民盟和绿党参与组成的联合政府执政，执政伙伴之间相对来说没有什么原则性的冲突。在黑森州，黑绿联盟自2014年开始联合执政，在巴登-符腾堡州自2016年州议会选举以来组成了绿黑联合政府，在萨克森-安哈尔特州也组成了一个由社民党主导、基民盟和绿党参与执政的联合政府。绿党推选了约茨德米尔和格林-埃克哈特两位务实的总理候选人参加联邦议院选举，但该党在是否与联盟党结盟这一问题上还悬而未决。但是，从目前来看，撇开黑绿联盟非常紧张的多数票

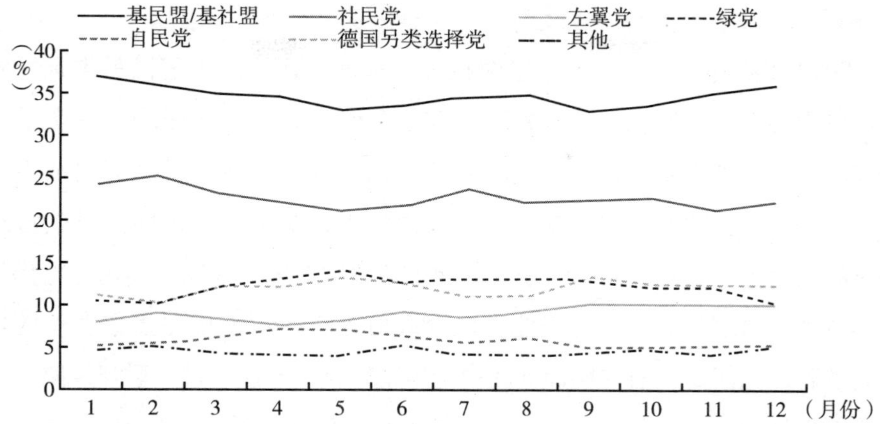

图2 “周日问题”：2016年德国人的选举意图

注：问题：“如果下一个周日是联邦议院选举，您将选哪个政党？”

资料来源：作者根据“政治晴雨表”数据计算而得，参见 http：//www. forschungsgruppe. de/Umfragen/Politbarometer/Langzeitentwicklung_ -_ Themen_ im_ Ueberblick/Politik_ I/。

形势，致使黑绿联盟不大可能实现的原因主要在于绿党和巴伐利亚州的基社盟之间在政策立场上存在显著的差异。这尤其体现在难民政策上，基社盟坚持主张对接收难民数设定上限，另外，两党在社会政策方面也存在意见分歧。

2016年末，尽管从计算和内容上看，大联合政府是最有可能实现的组阁形式，但是社民党内部对再次与基民盟/基社盟组成大联合政府持保留态度，原因在于虽然社民党取得了执政业绩上的成功，但从选举政治上来看，该党并不能从参与执政中受益。在曾多年在欧洲议会通过非正式的“大联盟”进行政治构建的舒尔茨的带领下，社民党在2017年初的民调中取得了惊人的腾飞。这位社民党总理候选人不出所料地将“社会公正”等议题作为其竞选的核心议题并希望在2017年9月能够当选联邦总理，“无论以何种组阁形势”。不论是德国另类选择党还是绿党，它们的民调数值都因社民党的再度崛起而受到了影响。由于社民党总理候选人舒尔茨在欧债危机问题上支持债务共同体化，在难民危机问题上支持开放边界，潜在的德国另类选择党选民是否能长时间忠诚于社民党仍值得怀疑。

2017 年联邦议院选举后的组阁在很大程度上还取决于德国另类选择党和自民党的选举结果。如果两个政党都能进入联邦议院，那么就会史无前例地有 6 个政党进入议会，这将使沿着传统的分歧线组成惯常联盟更加不可能。如果遵循长期的民调数据，则可以预计到，德国另类选择党将获得约 10% 的选票进入联邦议院。但是在其他主流政党看来，德国另类选择党仍然不具备联合执政能力，因此组建大联合政府是最有可能确保多数席位的选项。倘若绿党能从目前的民调低迷中走出来，自民党能够进入联邦议院，那么前面提到的“牙买加”联合政府也就不会像第一眼看上去那样难以实现。自民党主席林德纳既是自民党 2017 年 5 月北莱茵 - 威斯特法伦州州议会选举的首席候选人，也是自民党联邦议院选举的首席候选人，他并未明确排除这种结盟可能性，无论是在联邦州层面还是在联邦层面。但是林德纳明确拒绝由社民党、自民党和绿党组成“交通信号灯联盟”，这种联盟自 2016 年莱茵兰 - 普法尔茨州州议会选举后在该州存在。北莱茵 - 威斯特法伦州基民盟主席兼基民盟联邦副主席阿尔敏 · 拉舍特（Armin Laschet）也认为，在该州可能会组成这种“迄今为止不寻常的联盟”，而且这种组阁形式对于联邦层面具有风向标作用。①

尽管左翼党的支持率在 2016 年末的民调中略微有所上升，但与弱势的社民党和绿党在联邦层面结盟无论是在纲领还是在人员上都不大可能。除了这些从数学计算、政党策略和内容上对联合执政的可能性做出的评价外，民众的意愿也值得关注（参见表 5）。

2016 年大多数德国民众仍然支持由基民盟/基社盟和社民党组成的大联合政府，但支持率与上一年相比有较为明显的下降（2015 年平均值：30.1%；2016 年平均值：23.1%）。同样，支持率下降的还有由社民党和绿党组成的红绿联合政府，下降了 2.5 个百分点，仅达到 11.6%。与此相反，

---

① “Jamaika-Koalition：Das Gelbe von drei”，http：//www.faz.net/aktuell/politik/inland/fdp-offen-fuer-buendnis-mit-cdu-und-gruenen-14545215.html.

表4　2016年德国民众希望看到的联合政府

单位：%

联合执政选项	1月 (n=2583)	12月 (n=1234)	2016年全年平均值 (n=25222)
基民盟/基社盟-社民党	28.5	22.0	23.1
社民党-绿党	11.5	11.0	11.6
基民盟/基社盟-绿党	6.5	10.0	9.1
基民盟/基社盟-自民党	7.5	7.0	7.1

注：问题："如果在下一届联邦议院选举后没有政党可以单独执政，您将选哪个联合政府？"

资料来源：http：//www. forschungsgruppe. de/Umfragen/Politbarometer/Langzeitentwicklung_ - Themen_ im_ Ueberblick/Politik_ I/.

由基民盟/基社盟和绿党组成的黑绿联合政府的支持度有所上升。该联盟从2015年的平均值看还与传统的基民盟/基社盟和自民党组成的联合政府势均力敌（7.8%），而在2016年黑绿联盟则明显赶超后者。尤其是在巴登-符腾堡州组建了绿黑联合政府之后，在联邦层面对基民盟/基社盟和绿党组建联合政府的意愿也从6%增加到了10%。

以上关于联合执政可能性的讨论表明，德国政党体制失去了一种通过类似于公民表决选举联合政府（由此选举总理）的能力。取而代之的是，德国关于联合执政的决议是在选举之后通过与执政伙伴可能进行的长时间谈判确定的。许多可能性还取决于德国另类选择党的选举结果。尽管2017年初民调显示社民党的支持率有增加的趋势，但这取决于政治的发展态势，可能还会发生的情况是德国另类选择党赢得明显超过10%的选票，甚至使三党联合执政成为必须，但前提条件是社民党不愿再次组建一个不受党内基层欢迎的大联合政府。

B.3
大联合政府的第三年

王广成*

摘　要：　黑红大联合政府执政的第三年延续了由2015年难民危机引发的各种矛盾，其中基民盟与基社盟因无法解决在难民危机应对之策上的分歧，导致双方关系跌至40年来的最低谷。德国另类选择党利用民众对默克尔难民政策的不满趁势崛起，在5个联邦州的选战中连续获胜。面对基民盟遭受的惨败，默克尔开始微调对难民政策的自我评价。联盟各方若即若离的大联合政府在此期间仍出台了若干改革措施。最终，社民党推出舒尔茨担任总理候选人，挑战决定竞选连任的默克尔，这迅即形成了巨大的"舒尔茨效应"，致使2017年的德国政坛不确定性增多，选情和组阁结果难料。

关键词：　德国大联合政府　联盟党矛盾　默克尔　舒尔茨　2017年大选

2016年是联盟党与社民党组建的黑红大联合政府执政的第三年。由2015年难民危机引发的联盟党内部的矛盾和对立仍在继续，难以缓解。而社民党主席加布里尔（Sigmar Gabriel）则公开了其建立泛左翼阵线以赢得2017年大选的主张。黑红大联盟合作共事较为顺利的局面已成历史，似乎提前进入了若即若离状态下的执政晚期。尽管如此，大联合政府仍出台了若干重要的改革举措。

* 王广成，上海市现代管理研究中心资深翻译。

一 改革举措

1. 养老制度的改革

养老制度历来被视为德国社会保障体系的支柱之一。相关的基本原则和实施细则不仅决定了老年人能否享有远离贫困、体现尊严的晚年生活，而且与在职人员的实际收入水平休戚相关，因此该领域包括小改小革在内的任何变化都使相关群体不得不高度关注。而政治家们也往往会针对现行制度中的某些不足和弊端“适时”提出解决方案，力求压倒竞争对手，以赢得民众对本人或本党的支持。1957 年志在二次连任的开国总理阿登纳（Konrad Adenauer）面临着多项民调均落后于反对党的困境，然而借助于养老金动态化调整机制的及时推出和迅速实施，他非但一举扭转日趋衰败的局面，甚至还创造出一党（联盟党）得票过半的“奇迹”。2013 年选战中社民党“63 岁可领取全额养老金”的承诺虽未能重现当年阿登纳方案的功效，但同样具有不容小觑的号召力。鉴于此，着眼于 2017 年大选的基社盟主席泽霍费尔（Horst Seehofer）提前一年半便将养老改革定为其重新赢得民众支持的开打议题。

德国养老体系中争议较大的部分主要成型于 10 多年前的施罗德执政时期。时任联邦劳动与社会保障部部长里斯特（Walter Riester）推出的养老改革通称“里斯特养老制度”。其要点为：降低法定养老金的给付水平，为养老体系的第一支柱减负；扩大企业养老制度的覆盖面，以做大做强第二支柱；国家扶持私人养老事业以形成第三支柱，鼓励在职人员投保，旨在补充其养老收入。上述举措对原有模式的改变力度之大堪称“范式转换”，故争议颇多，其中第三支柱，亦即狭义的“里斯特养老”尤甚。2015 年的一项调查显示，占总人口 20% 的高收入者享用的国家扶持私人养老投保的财政补贴份额达 38%，而流向 20% 低收入者的补贴仅为 7%。由此可见，“里斯特养老”的实际效果与当初政策设计时的主观愿望并不相符。然而，若倒退至旧模式，则势必会大幅增加企业与职工的负担。两难之下，德国各政党似乎都不愿或不敢否定第三支柱。责难之声主要来自工会系统。2016 年 4 月，泽霍费尔突然成为将矛头直指“里斯特养老”的首位政党领袖。他认为，法定养老金替代率的下降将导致今后“大约半数民众的生活跌至领取社会救助的水平”，鉴于“私人养老投保者不足一半”的现状，“新自由主义”的“‘里斯特养老’已告失败”，“应予中止”。[①] 社民党主席加布里尔也在数天后对当年红绿联合政府出台的养老改革提出了严重质疑。他认为，“在过去 20 年中收入微薄者不在少数，如养老金替代率持续下降，他们将面临老年贫困的威胁”，因此“我们的道德义务是稳定养老金的替代率”。[②] 两个执政党的主席，尤其是加布里尔的举动固然主要出于为大选造势的动机，但如何制止老年贫困化扩大的趋势迅即成为全社会热议的话题。

在这场大讨论中，有几位关键人物却表现得相当谨慎。身为基民盟主席和联邦总理的默克尔深知，首先必须考虑如何确保落实 2013 年《联合执政协议》中对养老体系进行局部性完善的承诺（东西德养老给付的统一、企业养老的强化及低收入者养老机制的建立），而并非以“拆卸”第三支柱为突破口进行彻底改革，因为后者势必引发极大的社会震荡，而这一局面恰是深陷难民危机的默克尔最不愿看到的。基民盟籍的联邦财政部部长朔伊布勒（Wolfgang Schäuble）则特别反感在辩论中做出承诺。对此强烈不满的加布里尔认为，联盟党的“淡定”实质上是为民粹主义打开了方便之门，绝不能“为稳定银行体系可提供数千亿，而在需要稳定养老金替代率时却说拿不出钱”。[③]

分管该领域的联邦劳动与社会事务部部长、社民党人纳勒斯（Andrea Nahles）其时正在按计划制定养老改革方案。此人除了表明反对 70 岁退休的建议之外，对于如何深度改革出言较为谨慎，毕竟养老体系的调整牵一发

---

① “Seehofer entdeckt die Rente”, *tagesschau. de*, 08. 04. 2016, http://www. tagesschau. de/inland/seehofer-rente-103. html.

② “Gabriel will Rentenniveau absichern-Armutsgefahr wächst”, *Süddeutsche Zeitung*, 12. 04. 2016, http://www. sueddeutsche. de/news/karriere/rente-gabriel-will-rentenniveau-absichern.

③ “Eins ist sicher: Die Debatte geht weiter”, *tagesschau. de*, 01. 05. 2016, http://www. tagesschau. de/ inland/gabriel-rente-101. html.

而动全身，仅在执政联盟中形成共识便非易事。经过多轮磋商，基民盟、基社盟与社民党在 2016 年 11 月下旬就纳勒斯方案中的部分内容达成了一致。其中包括：

制止替代率下降：明确至 2045 年法定养老金替代率不低于 46%，养老金缴交率则封顶于 25%。

东西部并轨：自 2018 年始东部养老金开启并轨步伐，每年一小步，至 2025 年完成该领域的“东西德统一”。

扩大企业养老面：若雇主为薪金低于 2000 欧元者每年支付 240 ~ 480 欧元用于企业养老，可得国家补贴 72 ~ 144 欧元，进一步扶持中小企业引进企业养老制度。

提高“里斯特养老”的优惠度：基本补贴从 154 欧元增至 165 欧元，低收入参保（包括企业养老）者的免税额也将进一步提高。

加大对因病缩短工龄者的扶持：其养老金计发工龄从现行的 62 岁逐步提高至 2024 年的 65 岁。

然而，针对纳勒斯的包括领取全额养老金的起始年龄等在内的方案的深度改革建议，三党始终未能形成统一立场。

上述方案固然应视为执政联盟内部各方多次交锋和反复博弈的结果，但因其无法满足任何一方的全部要求，故又招致了不少批评和指责。泽霍费尔便对其中为了稳定替代率而提高缴交率的举措颇为不满，预判 25% 的高缴交率势必毒害劳动力市场。而纳勒斯的劳动与社会保障部与朔伊布勒的财政部关于制止替代率下降可否动用财政资金的争执则更加深了各界对养老体系稳固可靠性的担忧。

2. 遗产税的改革

遗产税改革与养老制度改革的最大不同在于，遗产税改革是联邦宪法法院逼迫下的产物。征收遗产税的主旨在于降低由“过度不劳而获”所产生的贫富差别而导致的消极社会影响。但继承企业且连续经营则与一般意义上的财产继承具有不同的性质。鉴于继承企业能产生防止倒闭、维持就业的社会功效，故应在遗产税的设计上给予必要的保护。而这种保护不得过度则又是政策设计时不可忽视的原则。旨在抵御2008年金融经济危机和防止大规模失业的《增长加速法》自2009年实施后，很快就产生了预期效应，从而促成了其时德国经济“一枝独秀”的局面。事后这一立法被公认为默克尔为首的第一届黑红大联合政府最主要的政绩之一。未料2012年10月，联邦财税法院以《增长加速法》对企业继承授予过度特权属于违宪为由，提请联邦宪法法院就此做出终审判决。联邦宪法法院在2014年12月的判决中强调：企业遗产继承中的过度纳税特权与《基本法》精神不符，大型企业未经具体审核享有同样的保护更是不被允许，中小家族企业的遗产税则可在符合条件的前提下予以全额或部分免除。鉴于相关法律规定属于违宪，联邦立法机构需在2016年6月30日前制定新法取而代之。

遗产税属于州政府组织征收州级财政专享的税种。巴伐利亚一州的遗产税收入便占全联邦的1/5。该州财政部部长泽德（Markus Söder）置上述判决中由联邦级立法机构完成修法的要求于不顾，主张各州自行决定遗产税税率和免税额度，并声称巴伐利亚州可降税一半，以吸引企业迁入。① 其他联邦州虽对此次改革各有盘算，但主张“州税州定”者寥寥。联邦参议院中的红（社民党）/红（左翼党）/绿（绿党）多数阵营倾向于对现行法规做较大幅度的更改，而联邦层级的社民党并不赞成做过多改动，联邦财政部部长朔伊布勒所代表的基民盟及企业界则坚决反对大动干戈，以保护约300万户家族企业。基社盟自然明了“州税州定”毫无现实性可言，于是便在联邦与州两个层级的磋商中锱铢必较，试图减少对体现本党立场的具体法条的修改。由此可见，基社盟（巴伐利亚州）和联邦参议院从两个不同方向对联邦政府的修法形成了牵制。

果不其然，2015年9月，联邦参议院以批评为基调对联邦政府的最初改革草案做出了书面表态。② 2016年2月，泽霍费尔以应给予相关企业更好

① “Der Streit beginnt”, *ZEIT ONLINE*, 22. 12. 2014, http: //www. zeit. de/politik/deutschland/2014 – 12/erbschaftsteuer-reform.

② “Bundesrat bestätigt Kompromiss zur Erbschaftsteuer”, September 2015, http: //www. bundesrat. de/DE/plnum/plenum-kompakt/16/949/949-pk. html#top – 5.

的保护为由，公然否决了执政三党联邦议院党团曾就此达成的妥协。而泽霍费尔坚持的那种“保护”完全可能被联邦宪法法院再次判为违宪。2016年6月20日，基民盟、基社盟与社民党经过多轮内部博弈终于拿出了统一的改革方案，并于24日在联邦议院中表决通过。但因上述方案在多数联邦州眼中仍需“深度修改”，所以显然无法于6月30日前在联邦参议院过关。面对最后期限被突破，联邦宪法法院宣布必要时将于9月底做出进一步的判决，从而直接介入遗产税的修法。在骤增的压力之下，联邦与各州终于在9月22日就改革内容形成了统一意见，并于10月14日完成联邦参议院的批准程序。生效期定于2016年7月1日的相关新法规主要包括：

价值2600万欧元以下的企业：继承者若经营5年，可减免85%的遗产税，经营7年则全部免除。原规定凡雇员未超20人者，免除企业证明其维持就业岗位的义务，现将免除证明义务的企业规模缩小至雇员数未超5人。

价值2600万~9000万欧元的较大企业：遗产税税率随企业估值而递增。凡继承者在公开本人其他私人财产的前提下证明其无力承担到期企业遗产税，则可延缓缴交，但欠税期从10年缩为7年。

价值高于9000万欧元的企业：遗产税减免待遇取消。

企业的估值：联邦政府草案中的计算公式为不高于年盈利额的12.5倍，社民党和绿党执政的联邦州则主张最高为18倍，最终定为13.75倍。

此外，新法规规定高档生活用品、奢侈品和收藏品不得计入企业财产。

从上述法条来看，执政三党的主张均有所体现。绿党和左翼党则认为改动不足，企业主的纳税特权仍属过度，而自民党和企业界却抱怨新《遗产法》加重了较大企业的负担。相较之下，汉堡市第一市长、社民党副主席朔尔茨（Olaf Scholz）的看法在政界则具有相当的代表性，他认为，“不同的立场最终得以统一本身已释放出一种正面信号，政界从中显示了行动与决策能力，并以此阻止了联邦宪法法院的介入”。①

① “Bund und Länder einigen sich auf Erbschaftsteuer”, *Süddeutsche Zeitung*, 22.09.2016, http://www.sueddeutsche.de/news/steuern-bund-und-laender-einigen-sich-auf-erbschaftsteuer-reform-dpa.urn-newsml-dpa-com-20090101-160922-99-545674.

3. 财政平衡体系的改革

德国《基本法》第106条确立的“保持联邦地区内的生活状况的均等性”原则历来是德国财政资源分配或再分配理论与实践的出发点和归宿。以此形成的德国财政平衡体系分为联邦－州和州－地方的纵向机制，以及16个州之间和各州下辖地方之间的横向机制，其宗旨皆为努力缩小各区域行政主体之间的财力差距，以实现全国或全州范围内的“生活状况的均等化”，从而真正体现社会公正。然而，富者不愿施以援手、贫者力争更多外援的规律使然，财政平衡始终被归属为冲突激烈且难以妥协的内政议题。其中各州间平衡机制的第二步，即所谓“狭义”横向平衡要求援助州从本州已有财政资金中直接划拨应缴款项至平衡资金池，因此争议尤为突出。1995年，随着新联邦州和柏林进入全德财政平衡体系，仅该步骤所需资金即扩大了4倍以上，这对于财税强州而言则意味着每年必须做出数倍于过去的贡献。诚然，以团结互助、共同富裕为出发点的联邦制财政资源再分配对缩小地区差距功不可没，但的确也存在平衡力度过大等弊病。不满于近年来各州间“狭义”平衡体系的资金半数以上来自本州的现状（2015年：96.2亿欧元中的54.6亿欧元），巴伐利亚州政府继1999年后再次走上了向联邦宪法法院寻求“公道”的司法途径，试图以此影响2020年后财政关系改革方案的设计。新联邦州的另一更大财源是联邦补充拨款，同样属于财政平衡范畴，规范上述机制的法律框架——《团结互助公约Ⅱ》也将于2019年底期满终结，联邦与东部地区的财税格局自2020年始势必出现较大变化。未雨绸缪的16个联邦州早在2014年10月便开始讨论现行财政平衡体系何去何从的问题。财税能力羸弱的西部萨尔州州长克兰普－卡伦鲍尔（Annegret Kramp-Karrenbauer）提出的为了彻底解决悬殊的痼疾有必要“仅设6个或8个联邦州”的建议曾引起极大轰动[①]，同时也印证了各州立场的差异和形成共识的难度。但16个州竟于2015年12月就改革形成了统一建议。该建议

① “Nur noch sechs oder acht Bundesländer”, *Süddeutsche Zeitung*, 24.10.2014, http://www.sueddeutsche.de/politik/foederalismus-in-deutschland-nur-noch-sechs-oder-acht-Bundeslaender-1.2187556.

的要点是改革以增值税为实施对象的横向平衡的第一步，并以联邦拨款取代争议最大的该机制的第二步——各州间“狭义”横向平衡。而这一方案之所以获得各州的一致拥护，是因为其具有人人获益的效果。联邦财政部此时则更倾向于取消由增值税分配实施的横向平衡的第一步，各州间的财力平衡则通过调整各州的财政预算进行操作。① 鉴于二者的思路南辕北辙，16 州制定了以不妥协迫使对方改变主意的谈判策略。

2016 年 10 月 14 日联邦与各州最终宣布，就以 16 州模式为基础重新调整联邦与州的财政关系达成一致立场。其中主要涉及两大改革：联邦从 2020 年起每年至少拨款 95 亿欧元以替代现行的州级横向平衡的第二步，作为交换，联邦将加强对此项拨款使用的监管和审查，各州同时还将向联邦让渡在学校建设、税务管理和高速公路等领域的事权。严格地说，上述宣布内容尚属原则声明，其内容的具体化因涉及《基本法》的相关条款及若干专门法而必然经年累月且难以保证不出现反复。

尽管如此，泽霍费尔已将本州可据此少缴 13.5 亿欧元称作其“从政生涯中为巴伐利亚取得的最重大成就”。② 此人这次一反常态，跨越党派、贫富和东西等诸多界限，成功扮演了 16 个联邦州共同代言人的角色。谈判的另一主角朔伊布勒的言行举止也是人们关注的焦点，对于这位资格最老的内阁强人最终为何未做全力抗争便向 16 州模式靠拢，各界猜测尤多。不可否认，这次各州间罕见的团结局面是迫使联邦政府不得不做出让步的主因。但同时也不能排除默克尔从确保联盟党 2017 年选战胜利的大局出发，指使朔伊布勒放弃抗争，以换取泽霍费尔对其难民政策抨击的偃旗息鼓或至少降低调门。

如前所述，联邦与州财政关系的未来发展尚需一个具体化过程。有人认为有关联邦州让渡事权至联邦层级的规定语焉不详，至少客观上提高了今后具体化谈判的难度，若州级的主观意愿不足，一场事关利益格局调整的大博

① “Eine Frage von Geld und Gerechtigkeit”, *tagesschau. de*, 16. 06. 2016, http://www. tagesschau. de/inland/bund-laender-finanzen-101. html.

② “Bund zahlt Milliarden an die Länder”, *Süddeutsche Zeitung*, 14. 10. 2016, http://www. sueddeutsche. de/politik/foederalismus-bund-zahlt-milliarden-an-die-laender – 1. 3205952.

弈定将旷日持久。有人则担心联邦层级的事权扩充后将导致国家体制走向中央集权，这在以联邦制为傲的德国人心目中不啻倒退。当然，也有从精神维度对上述改革方案进行批评，认为此举意味着团结互助、携手共进理念的沦丧。更多的批评者则表示，联邦财政的收支之所以连续数年保持理想状态，除了得益于德国经济的稳定增长外，长期执行低利率政策的欧洲央行的贡献也不可小觑。然而，2020 年之后联邦财政能否依旧拥有充足资金帮助财力羸弱的联邦州的发展存在着诸多不确定因素。

4.《融入法》的出台

外国人以较大规模进入德国已有半个世纪之久。数十年来社会各界对所谓融入政策的强调从未出现停息或松懈，人们希望可借助相关法律法规帮助并促使外国人与德国社会顺利融合，并产生认同感和归属感，但多年的客观效果与主观愿望相差甚远。2015 年难民危机因其空前规模，对德国社会形成了巨大冲击，并在很大程度上颠覆了不少德国民众原有的人道为先、助人于危难之时等主流观念，因而造成了德国社会内部及民众与政府之间的严重对立，同时也增加了外来者的融入难度。科隆 2015～2016 跨年活动中的大规模性侵事件更加深了某些群体中业已存在的排外思想，弱化了另一些群体中尚存的对外来求助者的同情和怜悯，以致民粹主义思潮迅速蔓延。造成重大伤亡的 2015 年巴黎“11·13 恐袭事件”和 2016 年布鲁塞尔“3·22 恐袭事件”在德国上下同样引发了各种联想。

随着 2015 年难民潮的出现，执政的德国三党意识到，接受涌入的百万外来者固然困难，而漫长的融入过程则更为不易。德国虽有与融入相关的某些制度性安排，但分散于不同的法律法规之中，况且其诸多不足在新形势下也已暴露无遗。2015 年秋季起德国和欧盟邻国更趋严峻的形势促使大联合政府加快了立法的准备工作。在《庇护法》的一揽子改革举措推出后不久，2016 年 3 月底，以联邦内政部牵头、劳动与社会保障部和司法部参与的《融入法》初稿即告完成，执政联盟的三党领袖 4 月中旬就该草案的相关条款达成一致，并经由 5 月 25 日的内阁会议获得通过。同年 7 月 7 日，联邦议院在对《融入法》进行了三读审议后表决通过，联邦参议院也于第二天通过该法。《融入法》的主要条款于2016年8月6日，少数条款于2017年1月1日起正式生效。

除了绿党和左翼党反对这一法案外，执政三党的立场未见巨大差异。默克尔在内阁会议通过该法草案时即将其比作“一块里程碑”，并强调“《融入法》的主旨应是既提供帮助也提出要求”。加布里尔则称其为“移民法1.0版”。①

《融入法》所涉领域较为广泛，除了为外来者参加职业培训和进入劳动力市场创造条件的内容之外，还突出其必须接受语言培训、价值观教育和具有融入劳动力市场的义务及由德国政府部门安排居住地等规定。

语言与融入课程：包括德语知识、德国文化和德国主流价值观等内容。立法者强调，因学习效果对日后全面融入的成功与否具有核心意义，故应对尽可能多的难民及时启动语言与融入课程，其中以价值观为主线的学习时间则从目前的60课时增至100课时。

职业教育：居留可能性较大的难民身份申请者参加正规职业教育时不受年龄限制，且在职业教育全过程中均可获居留许可，3年职业教育毕业后可再获2年的工作类居留许可。这一“3+2年”规定旨在为难民身份申请者和相关企业提供必要的法律保证，以解除双方的后顾之忧。

就业前景：联邦政府出资专门设立10万个低门槛就业岗位。各地劳动部门则可根据辖区劳动力市场的具体状况，在3年内停止执行德国和欧盟公民及具有长期居留许可外国人享有就业优先权的规定。

居住地规定：除在难民身份申请阶段，对外来者住宿做统一安排外，即使外来者在身份被认可后，仍须在前3年服从针对居住地的指令。凡拥有正式就业或职业教育岗位者，不适用此项指令。

《融入法》强调的是政府、社会和外来者必须携手合作，共同承担解决难民融入问题的责任。若外来者缺乏与政府乃至整个德国社会相向而行的意

① “Merkel: Integrationsgesetz ist Meilenstein”, 25.05.2016, http://www.bundesregierung.de/Content/DE/Artikel/2016/05/2016-05-25-meseberg-gabriel-merkel-mittwoch.html; jsessionid=5E7928156665881B9CD1DD71361AB4B5.s1t1.

愿，那以上各种规定是无法得以真正贯彻的。为此，该法既规定了政府和企业必须提供的各种帮助，也强调了难民和长期居留申请者如何配合的相应义务。凡无正当理由不参加学习、培训和工作者将面临降低待遇直至遭受惩罚的法律后果。而拥有难民身份者日后能否获得长期居留许可，则取决于其是否主动积极地与德国社会融合。

应该看到，《融入法》之所以做出上述规定，既基于解决当前难民潮引发的诸多紧迫问题的近忧，也着眼于缓解德国人口老年化等结构性矛盾的远虑。例如，百万难民大军中的70%为30岁以下的年轻人，若能尽早引导或促使其参加学习、培训或就业，对德国政府和外来者无疑是一种双赢；反之，对德国社会的负面影响则不堪设想。可见此举非但有助于德国应对难民潮的工作从2015年的以接纳为主过渡至2016年的以融合为主，而且有望在数年后为不少行业部分补充所需的劳动力。但这一局面的形成需要各方面的努力，故而在法条中明确了难民的义务，并针对其履行相关义务的情况制定了赏罚分明的制度，否则“既然可领取救助金何必学习、培训或就业”的消极想法仍将大有市场。至于出台有关居住地的规定也是出于类似的考虑。德国主流舆论历来不愿看到外来者在德国建立所谓的“平行社会”，在居住形态上演变成某种程度的“城中之城”。在短期接纳近百万名难民之后，决策者迅速决定采取指定居住地的措施，以及时减少进入的移民及其后代过于集中的大城市或大城市带的数量，从而达到阻滞上述业已存在的现象更趋严重和固化的立法目的。

德国社会各界对《融入法》普遍给予正面评价。企业界认为，该法的相关规定若能较为顺利地切实执行，德国即可降低难民潮的负面冲击，并在不长的时间内使其产生经济可持续发展所需的正面效应。有关居住地的规定更是得到了多方面的广泛支持。其原因在于德国各大城市被移民及其后代过于集中而酿成的社会问题困扰已久，但州和地方两个层级对此又是束手无策。尤其在邻国恐袭事件行凶者均出自移民聚集区的背景被披露之后，大联合政府进一步意识到有必要以指令的方式从源头上制止或缓解外来者集中居住的“城中之城”不断扩大的趋势。总体而言，联邦州和地方层级的执政党派均给予了《融入法》相当正面的评价，认为该法设计了一系列有助于难民加快融入劳动力市场的激励机制，是一个“真正的进步”。[①] 绿党在联邦议院表决中则投了反对票，其理由是“依靠指手画脚从未达到融合的效果，而本法案却依然贯穿着一条以管束和制裁为特征的红线”。[②]

二 基民盟在联邦州选举的失败与默克尔对难民政策评价的微调

失利于联邦州层级的选举对于默克尔来说早已习以为常。面对本党在各州的连连败局，党主席理应无法免责，但默克尔的高明之处在于能切断自己与州级组织选举失败之间的关联，从而理所当然地摆脱困境，然后迅速恢复常态。这一套路不仅默克尔本人数年来屡试不爽，从相应的民调结果来看，还总能得到民众的某种支持。由此观察家不得不总结出州级基民盟的败选始终难以动摇默克尔在联邦层级执政稳定性的规律。然而，这一所谓规律在2016 年春季州级选战前已遭质疑，理由是自 2015 年 9 月默克尔打开国门欢迎难民以来，民众的不满和对立情绪空前高涨。右翼民粹政党德国另类选择党轻而易举地将传统政党的选民拉至身边，声势日益壮大。一方面是默克尔本人民众支持度的大幅下跌，另一方面是打出反默克尔旗号的民粹主义政党的崛起，有人已将德国政坛这一重大变化视为默克尔政治生涯的拐点。[③] 在此背景下，5 个联邦州选举后的局面极有可能是，默克尔非但无法继续免于因自身决策造成州级基民盟组织失败的追责，其本人甚至在选举中已成民众的惩罚对象。因而这 5 场联邦州选举的最大看点在于，选民究竟在何种程度上决定放弃默克尔领导的基民盟而转投德国另类选择党，若后者果真如民调预测的能得到 15% 左右的选票，那对德国的政党生态不啻一种破坏。

---

① “Länder loben Integrationsgesetz”, *tagesschau. de*, 15. 04. 2016, http: //www. tagesschau. de/inland/reaktionen-auf-integrationsgesetz-101. html.

② Ibid.

③ 默克尔的施政满意度已从 2015 年 4 月的 75% 急剧下跌至 2016 年 2 月的 46%。参见 *Der Spiegel*, Nr. 9/2016, p. 27。

2016 年 3 月 13 日的巴登 – 符腾堡州议会选举结果显示，基民盟得票率仅为 27.0%，较 2011 年下降了 12.0 个百分点，数十年来首次丧失组建议会最大党团的资格。克雷奇曼（Winfried Kretschmann）麾下的绿党除蝉联巴登 – 符腾堡州州长外，还在全德联邦州层级第一次成为议会最大党团。而议会第三大党团竟是首次参选的德国另类选择党，其所获选票达 15.1%，超过了社民党的 12.7%。

同日举行的莱茵兰 – 普法尔茨州议会选举结果为，基民盟所获选票为 31.8%，比 2011 年减少了 3.4 个百分点。社民党则增加了 0.5 个百分点，达 36.2%，继续出任州长。德国另类选择党的得票率为 12.6%。

在同一天的萨克森 – 安哈尔特州议会选举中，基民盟得票率较 2011 年下降了 2.7 个百分点，为 29.8%，但仍为第一大党团，确保了州长大权不致旁落。德国另类选择党的得票率高达 24.3%，其最大的票源是原社民党和左翼党的选民。

德国另类选择党无疑成为 3 州议会选举的最大赢家，其在各州所获票数均明显超出选前预测。这个成立仅 3 年、成员刚过 2 万人的小党就此进入 8 个联邦州的议会。不得不承认的是，该党确在联邦德国数十年的选举史上创下了纪录，其来势之猛是 20 世纪 80 年代以来先后改变德国政党谱系的绿党和海盗党无法比拟的。然而对于传统政党而言，德国另类选择党的大胜无疑是一场噩梦。在巴登 – 符腾堡州议会选举中，基民盟与社民党的得票率分别减少了 12.0 个和 10.4 个百分点，二者的溃败恰好印证了德国另类选择党在西部地区业已形成的骇人的分流效应，而难民危机之前该党在西部的得票率仅相当于东部的一半左右。莱茵兰 – 普法尔茨州的基民盟虽称不上溃败，但其曾在 2013 年联邦大选和 2014 年欧洲议会选举中两度遥遥领先于社民党，且在数月前的民调中仍保持 10 个百分点左右的优势，故这种结果似可视为默克尔“票房毒药”效应的一个注脚。

2016 年 9 月 4 日的梅克伦堡 – 前波莫瑞州议会选举结果为，社民党虽遭不小折损，但保住了第一大党团的地位。最大赢家依然是德国另类选择党，其所获选票为 20.8%，高于基民盟的 19.0%，由此成为该州议会的第二大党团，其号召力和动员力已超出位于默克尔政治故乡的基民盟。

在当月 18 日的柏林州议会选举中，德国选择党以 14.2% 的得票率持续着其不俗的战绩，基民盟的得票率则跌至 17.6% 的本党历史最低谷。但对默克尔的更大冲击是红（社民党）红（左翼党）绿（绿党）联合政府取代了选前的红（社民党）黑（基民盟）大联合政府。此次泛左力量在社民党挂帅的情况下首次结盟，社民党与左翼党再次捐弃前嫌共同携手，对社民党主席加布里尔实现其构建联邦层级泛左联盟的愿景不无借鉴意义。

半年之内的 5 场选战基民盟全部铩羽而归，默克尔清楚地意识到，该次党内外逼迫其承担相关责任的压力之大非比往常。当梅克伦堡 - 前波莫瑞州败局已定时，正在中国出席二十国集团（G20）领导人峰会的她表态道："这当然与难民政策有一定关系"，"所有人都必须反思如何赢回（选民的）信任——首先应该从我做起"。"但我仍然认为相关决策是正确的。"① 默克尔第一次公开承认败选部分因难民政策所致并表示愿意担责，似乎可视为某种程度的立场松动，但其同时继续强调自己决策的正确性，显然无法赢回选民原有的信任。此时的民调结果显示，联盟党的民众支持度已降至多年来最低的 32%，而赞同基民盟受害于默克尔难民政策看法者竟高达 78%。形势比人强，2016 年 9 月 17 日默克尔终于决定收回自己一年前的"名言"——"我们做得到"，表示"希望最好不再重复这句话"。② 柏林选战败北后，默克尔对此又做了较为完整的阐述，首先再次强调 2016 年的那些决策"权衡之下是绝对正确的"，问题在于"其导致我们在较长的时间内缺失足够的管控"，同时承认未能对其难民政策的走向和目标加以充分解释确属州级选战连败的原因之一。③

① "Analyse: Merkel vorneweg", *Süddeutsche Zeitung*, 05.09.2016, http://www.sueddeutsche.de/news/politik/wahlen-analyse/merkel-vorneweg-dpa.urn.newsml-dpa-com-20090101-160904-99-331168.

② "Angela Merkel will 'Wir schaffen das' nicht wiederholen", *Wirtschaftswoche*, 17.09.2016, http://www.wiwo.de/politik/deutschland/fluechtlingskrise-angela-merkel-will-wir-schaffen-das-nicht-wiederholen-/14556964.html.

③ "Merkel räumt Fehler in Flüchtlingskrise 2015 ein", *Witschaftswoche*, 19.09.2016, http://www.wiwo.de/politik/deutschland/selbstkritische-rede-merkel-raeumt-fehler-in-fluechtlingskrise-2015-ein/14567568.html.

三　推举总统候选人：默克尔一无所获

围绕着总统候选人的提名，默克尔与黑红大联盟的伙伴加布里尔在另一条战线展开了较量。

2016 年 6 月初，联邦总统高克（Joachim Gauck）正式宣布放弃连任，这意味着 2017 年 2 月 12 日的联邦大会上将选出一位新总统。联邦总统虽非手握实权的国家元首，但具有宪法上的重大象征意义。被提名者能否当选则取决于由 630 名联邦议院议员和同等名额的各州议会议员组成的联邦大会 1260 人的投票。从这 1260 个选举人的党派构成来看，默克尔所提人选欲获半数以上的支持必须与绿党携手，而加布里尔若能号召泛左的红红绿议员们采取统一行动，也有望掌控 50% 的票数。由此可见，绿党的站队甚为关键，而该党此时却无法形成统一立场。

据说，为了避免出现互不相让导致混战的局面，默克尔和加布里尔曾就不提名本党籍人选作为总统候选人达成默契。加布里尔心仪的人选最早是无党派的伊朗裔作家凯尔马尼（Navid Kermani），而默克尔则首先试探过本党的联邦议院议长拉默特（Norbert Lammert）和黑森州州长布菲耶（Volker Bouffier）的态度。在两人均未能如愿答应参选之后，默克尔建议推出所谓的黑红联盟共同候选人，加布里尔虽不便直接反对这一建议，但对默克尔和泽霍费尔分别提出的多个人选一概表示拒绝，致使联盟党方面一时处于无牌可出的境地。此时社民党最高层认定，继续拘泥于推举所谓共同候选人的建议显然已无必要，为本党的人选暖场造势则正当其时。从 2016 年 9 月底起，社民党择机先后向不同的媒体推荐本党籍的联邦外交部部长施泰因迈尔（Frank-Walter Steinmeier）。作为老资格的政界领袖，施泰因迈尔担任过联邦议院社民党党团主席、联邦副总理等重要职务且拥有连续数年的最高民众满意度，此次赢得跨党派支持的可能性极大，故其被社会各界视为高克总统的最合适继任者。但默克尔并不甘心总统一职旁落社民党，仍坚持应提出自己的人选与其竞争。

2016年11月初，默克尔再次试图说服其眼中实力上与施泰因迈尔可有一拼的拉默特。但鉴于二人关系历来不睦，加之家庭原因，拉默特并不愿改变自己5个月前的立场。数天后，绿党籍的比特勒（Marianne Birthler）又成为默克尔再次争取的对象。此人虽在资格和声望上明显不如前者，但也担任过勃兰登堡州教育部部长和负责处理前东德国安系统秘密档案的联邦专员。比特勒与默克尔同为来自德国东部并于两德统一前夕投身政治的女性，尽管党派不同，但彼此熟悉且互有好感。比特勒在默克尔的黑红共同候选人名单中曾排位靠前，其被社民党婉拒的原因在于，加布里尔担心提名一旦通过可能会释放黑绿联合的某种信号，而绿党的正道应是与社民党、左翼党结成红红绿联盟。黑绿之间的任何靠拢均应因可能产生影响上述大目标的负效应而予以阻止。当时默克尔尚有多个人选，故没有坚持。如今面临绝境的她将目光再次投向比特勒，并视其为赢得提名之争的最后希望。默克尔的不放弃并非毫无道理，一旦比特勒成为黑绿共同候选人，绿党的票源便可流向联盟党，从而有望形成多数。但默克尔的希望在2016年11月13日再遭破灭。而此时，可否推出施泰因迈尔作为黑红共同候选人仍无法最终确定，因为不愿认输的默克尔竟又将试探目标指向了绿党籍的巴登－符腾堡州州长克雷奇曼，并幻想改变基社盟绝不支持现职绿党人士的立场，以赢得最后一搏。对此泽霍费尔明确回复道：即使他本人答应，也无法保证联盟党在联邦大会上的统一行动，届时很可能出现超级最危事故。① 在确信各种资源均已枯竭之后，默克尔只得于2016年11月16日承认施泰因迈尔确是“当前的正确人选”。

从2010年的选举伍尔夫，到2012年的提名高克，直至该次提名施泰因迈尔，但凡与这一程序相关，默克尔似乎总难逃不顺和挫败的命运。尽管她手握政府和党派的最高权力，但连续两届的提名均未能遂其心愿。

默克尔坚持数月最终仍不得不向加布里尔认输应是该次提名程序中的最大看点。平心而论，默克尔的这次败北首先是因实力不如对手，就跨党派支持度和民众满意度而言，施泰因迈尔是不容置疑的当今政坛领先者。默克尔

① “Einfach machtlos”, *Der Spiegel*, Nr. 47/2016, p. 33.

的全部人选包括联邦议院议长拉默特均难以望其项背。其次，各党领袖对总统选举的实际控制力历来较为有限，即使默克尔最终成功提出黑绿共同候选人，也不代表能稳获击败施泰因迈尔的必要票数。

四　默克尔与泽霍费尔：纷争、对立与和解

默克尔与加布里尔围绕着总统提名展开的角力虽属2016年政坛上的一场你争我斗，但它以各方的密室策划为主，以联邦总理会议室的闭门交锋为辅，且时长不足半年。反观联盟党内部基社盟主席泽霍费尔在难民政策上对默克尔的挑战则更具公开性和持续性，其形成的党内外效应也更为显著。从2016年春季起，随着欧盟与土耳其之间相关合作协议的执行和西巴尔干通道的关闭，进入德国的难民人数明显下降，而巴伐利亚州的压力也大为减轻。然而，泽霍费尔与默克尔之间的难民政策之争非但未见缓解，甚至还呈愈演愈烈之势。

2015年10月泽霍费尔首次表示，若默克尔始终不愿对入境难民数予以限制，那么将启动司法程序，向联邦宪法法院提起相关诉讼。2016年1月初，泽霍费尔将德国可接收难民数的上限明确为20万人。当月下旬，巴伐利亚方面向默克尔发出了书面诉讼通知。2月初，泽霍费尔再次强调，若联邦政府仍不考虑设限，“本州政府别无他法，只得向联邦宪法法院起诉”。当月下旬，巴伐利亚州宣布已委托法学教授担任诉讼代表并起草核心内容为联邦政府渎职的诉状。与此同时，一份由前联邦宪法法院法官撰写的论述起诉必要性的专家报告也告出炉。对此联邦议院社民党议会党团主席奥珀曼（Thomas Oppermann）认为，诉讼即意味着大联合政府内部进入战争状态，因此默克尔可先将3名基社盟部长开除出内阁，基民盟单独和社民党照样构成联邦参议院的稳定多数，不影响继续执政。①

① “Seehofer droht noch ein bisschen mehr mit Klage”, *Die Welt*, 23.02.2016, http://www.welt.de/politik/deutschland/article152577256/Seehofer-droht-noch-ein-bisschen-mehr-mit-Klage.html.

在准备司法诉讼之际，泽霍费尔也不放过对默克尔的舆论抨击。2016年2月初，他在媒体访谈中语出惊人："眼下我们处于非法律与非秩序状态"，"这是一种非法统治"。[①] 尽管泽霍费尔将默克尔打开国门之举认定为渎职违法的观点众人皆知，但"非法统治"一词通常用于前东德，此处却指向默克尔不禁令人愕然。2月下旬在另一场访谈中，对于"如默克尔坚持既有路线，基社盟是否继续支持其竞选连任"的提问，泽霍费尔则不愿作答。[②]

2016年3月当基民盟在3州选战连遭败绩之际，泽霍费尔表示，与基民盟在联邦层级制定共同政策目前虽仍是基社盟的战略，但无人可对其永久性做出保证。[③] 此言一出，关于本党是否应突破地域限制在全联邦范围内发展组织即刻成为基社盟要员公开讨论的热点。历史上类似的一幕发生在1976年基民盟主席科尔（Helmut Kohl）挑战时任联邦总理施密特（Helmut Schmidt）败北之后。以施特劳斯（Franz Josef Strauß）为主席的基社盟决定不再与基民盟结成联邦议院的联盟党议会党团，并威胁将基社盟推向全联邦各州。科尔虽出道较晚，但其所领导的基民盟之体量毕竟远大于基社盟，加之其声称已决定进军巴伐利亚，致使施特劳斯在权衡利弊后被迫与科尔达成妥协。两党表示继续遵守不进入对方"领地"并维持联邦议院共同议会党团的约定，从而避免了基民盟/基社盟史上可能导致组织分裂的最严重危机。

2016年基社盟虽未做出类似的"分手决定"，但相关讨论的持续时间却长于40年前。4月有民调结果显示：若基社盟组织扩展至各州，其支持率可大幅升至19%，基民盟仅为23.5%，而二者相加则可高达42.5%。5月的相关民调结果进一步显示：联盟党作为整体的支持率跌至30.5%的新低。同时45%的受访者认为基社盟的地域扩展是件好事，而在德国另类选择党

① "Seehofer geht Merkel an- 'Herrschaft des Unrechts'", *Die Welt*, 09.02.2016, http://www.welt.de/politik/deutschland/article152032206/Seehofer-geht-Merkel-an-Herrschaft-des-Unrechts.html.

② "Das Land ist gespalten", *Der Spiegel*, Nr. 9/2016, p. 32.

③ "Das würde die CSU zerreißen", *tagesschau.de*, 18.03.2016, http://www.tagesschau.de/inland/csu-155.html.

的拥护者中持该观点者甚至高达68%。[①] 在此氛围中，基社盟又多次强调不考虑放弃单干的选择，以致联盟党的分歧不断加深。至于泽霍费尔能否果真做出“分手决定”，基民盟的领导层应该是存疑的，至少默克尔在公开场合对此表现得较为淡定，尽管她与前者的多次和解尝试均无果而终。

基民盟与基社盟在难民政策领域的对立可简化为所谓的上限之争。默克尔虽从2015年底起已承诺全力降低入境难民数，但坚决反对为2016年设置诸如20万人的上限。而对于泽霍费尔而言，上限早已被其认定为难民政策的核心指标，理由在于如今的政党失信、民粹泛滥等社会乱象皆由当初未对可接纳的难民数设置上限所致，因而要求联邦政府以此为抓手调整难民政策。默克尔虽在就难民遣返、家庭团聚和社会融合等问题立法时业已显示出与2015年9月有所不同的“强硬”，但对泽霍费尔设限20万人上限的要求始终置之不理，强调“设限有违宪法精神”，对此不可能调和妥协。尽管上述起诉计划于5月已被巴伐利亚方面搁置，但基社盟围绕着2017年是否支持默克尔竞选连任的公开议论并未停息，泽霍费尔甚至放言若默克尔不改变政策，其本人将不排除作为基社盟首席候选人角逐联邦总理宝座。

稍作分析就不难看出，姊妹党之间这次僵局的出现首先缘于默克尔和泽霍费尔在上限这一焦点问题上的互不相让。泽霍费尔将设置上限视为一项正确难民政策的合理底线。为此他无所不用其极，以达到迫使对手认可的目的。鉴于全社会的注意力已聚焦于此，且其本人也已多次做过设限有违宪法精神的表态，默克尔断然不愿在此焦点问题上对泽霍费尔做任何让步，否则就等于认可对手对自己难民政策误国误民的指责。然而若做深入观察，又不难找出双方对立冲突酿成的结构性矛盾。基社盟每每置共生共存的要义于不顾而竭力挑战基民盟固然有其身为小党凸显独立性的需求，但双方近年来在意识形态上分歧的扩大和激化更是两党关系紧张的深层次原因。尤其是默克尔执掌政府和党派大权以来，基民盟在不少领域业已悄然“社民党化”，与坚

① “CDU nur noch bei 23,5 Prozent-das passiert, wenn CSU aussteigt”, *FOCUS Online*, 10.05.2016, http://www.focus.de/politik/deutschland/spaltung-der-union-cdu-nur-noch-bei-23-5-orozent-das-passiert-wenn-die-csu-aussteigt_id_5518250.html?drucken=1.

持传统思想理念的基社盟渐行渐远乃至冲突迭起在所难免。例如，本届内阁双方围绕难民政策激烈对抗的一幕也曾出现于上届内阁关于救助欧元区重债国家的决策过程中，基社盟之所以再次扮演内部造反者的角色，显然主要缘于两党在所涉问题上的立场迥异。默克尔更多的是强调国际主义、欧洲统一和人道主义，而泽霍费尔则仍坚持本国乃至本州利益优先。在不少内政领域，双方同样存在着难以调和的矛盾和分歧。例如，基民盟在政党现代化转型的大框架内提倡或赞同的最低工资、女性占比、同性婚姻、双重国籍、增设幼托机构等多项政策按基社盟的标准均应归为程度不等的“背离传统”之举。

鉴于此，这次基社盟趁势从难民政策之争中又派生出政党转型与德国政党谱系变化的讨论，其导入点则是基社盟史上最重要的领袖施特劳斯 1986 年说的一句话，即“在基社盟（联盟党）右侧不允许出现一个民主合法的政党”。对此该党要员泽德（Markus Söder）认为，在德国政党谱系中联盟党必须坚持中间偏右的意识形态立场，唯有如此方能赢得 40% 以上的选票，否则支持率过不了 30%。谁将党的定位转向中左，有人便会即刻占领右侧出现的空当。德国另类选择党得以跻身于德国政党体系与基民盟改变既有的基本立场不无关系。但近期的选举结果表明，“基民盟的新路线非但不能带来新选票，反而流失了老选民，联盟党也将因此日趋衰弱。基社盟之所以仍可赢得民众的高度信任，则得益于泽霍费尔路线的正确性”。①

面对基民盟在 2016 年 9 月梅克伦堡－前波莫瑞州和柏林州议会选举中的再次溃败，默克尔的表态发生了较大的变化，并公开承担了因对难民危机“缺失足够的管控”而造成州级选举连败的责任。默克尔虽在设置上限问题上仍不愿让步，但这一姿态仍得到了泽霍费尔的积极评价，至此一年来看似无解的僵局终于出现了某种松动的迹象。2016 年 11 月初召开的基社盟党代会上虽未出现默克尔这一常客，但一份不再支持其连选连任的提案却未能得到党代表们的赞同。然而泽霍费尔仍未放弃在难民政策上逼迫默克尔就范的企图。同年 11 月 20 日默克尔宣布决定竞逐第四任联邦总理后，泽霍费尔继

① “Nie mehr über 30 Prozent”, *Der Spiegel*, Nr. 22－2016, pp. 38－39.

续将限制难民数作为联合执政的条件，并表示“不设上限宁可充当反对党”。[①] 2016 年 12 月初的基民盟党代会通过了被默克尔视为“倒退”的反对双重国籍的决议，泽霍费尔则认为基民盟在向基社盟靠拢。[②]

应该说，双方的真正和解在很大程度上是“舒尔茨效应”所致。2016 年 11 月下旬，担任欧洲议会议长的社民党人马丁·舒尔茨（Martin Schulz）正式宣布回国参政，即刻引起了德国政坛的极大震动。2017 年 1 月 24 日，加布里尔关于社民党应由舒尔茨而非其本人出任联邦总理候选人并担任党主席的表态，不仅获得了全党上下的大力支持，而且赢得了社会各界的广泛好评。第二天德国电视一台“德国趋势”的民调即显示，舒尔茨和默克尔的得票率皆为41%。数天后，舒默对决的比分已成50:34，希望由社民党而非支持度多年大幅领先的默克尔为首的基民盟领导下届联邦政府的受访者也飙升至 50%。[③] 急剧放大的“舒尔茨效应”使联盟党警醒，2017 年大选中对联盟党的威胁绝不仅限于右翼的德国另类选择党。此时，基社盟终于同意推举默克尔为两党共同总理候选人。随即默克尔与泽霍费尔展开紧急磋商。双方虽未能解开设置上限这一死结，但均表示两党的共同点远大于分歧。默克尔强调，国内、国际两方面的发展业已决定未来数月中“将有一场迄今为止最困难的选战”，因此联盟党必须团结应战，全力以赴。至此，联盟党史上耗时最长的内斗终告结束。

五　社民党：舒尔茨时代的开启

联盟党内部的纷争可列为大联合政府第三年给外界留下的最深刻印象之

---

① “Merkel und Seehofer: Verhältnis lange angespannt”, *Süddeutsche Zeitung*, 06. 02. 2017, http: //www. sueddeutsche. de/news/politik/parteien-merkel-und-seehofer-verhaeltnis-war-lange-angespannt-dpa. urn-newsml-dpa-com-20090101-170206-99-1.

② “Seehofer lobt Rechtsschwenk der CDU”, *Der Tagesspiegel*, 08. 12. 2016, http: //www. tagesspiegel. de/politik/csu-chef-zum-cdu-parteitag-seehofer-lobt-rechtsschwenk-der-cdu/14950382. html.

③ “Schulz deutlich vor Merkel”, *tagesschau. de*, 02. 02. 2017, http: //www. tagesschau. de/inland/deutschlandtrend/index. html.

一。如前所述，默克尔的难民政策不仅备受姊妹党激烈且持续的抨击，也因其严重后果被民众广泛质疑乃至抗议。2016 年默克尔在民众支持率上出现了大幅度的失分。反观身兼联邦政府副总理和社民党主席的加布里尔的相关言论，基本上属于中规中矩，然而其本人或社民党依然如故，无法因此而加分。该党 20% 的民众支持率为史上最低，且始终未见任何爬升的迹象。

面对 2017 年大选，加布里尔提前一年半便从养老金入手，试图打出社会公正的旗号以重新赢得民心。但社民党内部相信党主席能带领本党走出低谷者并未增加。相反，在州和地方两级社民党组织中主张另择人选竞逐总理的声音逐渐占优，即使在加布里尔的家乡——下萨克森州支持其出任首席候选人者估计也难超 30% 。[①] 身为副主席的朔尔茨因两次赢得汉堡选战首先成为热点人选，但此人却以“主席应是天然候选人”的表态拒绝参选。[②] 平素对加布里尔微词颇多的北莱茵 - 威斯特法伦州州长克拉夫特（Hannelore Kraft）曾被列为第二人选，此时这位女副主席却强调社民党的问题大家都有责任，不主张换马。担任欧洲议会议长的舒尔茨副主席则表示了对加布里尔的“高度忠诚”。另一位副主席施特格纳（Ralf Stegner）在声明“不当政变者”的同时，也坦承最高领导层中确实欠缺担当风险的意愿。[③]

相反，加布里尔的态度是本届大选当仁不让。况且该党虽处困境之中，但基民盟的选票也在大量流失。若能摒弃社民党与左翼党的恩怨，构建红红绿的泛左联盟，按目前的民意基础测算，不致输给联盟党与自民党的中右势力。2016 年 6 月中旬，加布里尔公开撰文称，“德国如今需要一个涵盖所有进步力量的联盟”，为此中左政党必须克服“自负和分裂”。[④] 尽管柏林的红红绿结盟谈判及时为上述设想提供了实践机会，但加布里尔显然志不在此。在上述谈判尚未结束的 2016 年 10 月中旬，他便邀请左翼党和绿党探讨第二

① “Gabriel oder Schulz”, *Frankfurter Allgemeine Sonntagszeitung*, 27. 11. 2016, Nr. 47, p. 3.

② “Scholz sieht Gabriel als ‘natürlichen’ Kanzlerkandidat”, *ZEIT ONLINE*, 16. 05. 2016, http://www.zeit.de/politik/deutschland/2016-05/spd-kanzlerkandidatur-sigmar-gabriel-konkurrenz-olaf-scholz.

③ “Ich bin kein Putschist”, *Der Spiegel*, Nr. 16/2016, p. 29.

④ “Im Schafspelz”, *Der Spiegel*, Nr. 25/2016, pp. 40 – 41.

年大选后三方结盟的可行性。由此可见，此时的加布里尔已从施政纲领和队伍组建两方面着手，开始扮演其总理候选人的角色。

然而所有这些努力，甚至包括在总统提名之争中的胜利均无助于赢得广大社民党人对党主席的信心。恰逢其时，担任欧洲议会议长的舒尔茨宣布放弃连任回国参政。舒尔茨此举似应接任施泰因迈尔的联邦外交部部长之职，但党内以其取代加布里尔的呼声却迅速高涨，理由在于加布里尔对决默克尔毫无胜算可言。当时的多项民调结果也证实了社会各界普遍持有同样的看法。例如，德国电视二台“政治晴雨表”在舒尔茨做出的决定公布后第二天进行的民调显示，赞同舒尔茨出马者达51%，加布里尔仅29%。德国电视一台“德国趋势”2016 年 12 月 8 日的民调显示，默克尔与加布里尔对决，双方的得票比为57:19，若换舒尔茨比分则可改为43:36。一个从未阐述过自己治国理念的柏林政治圈的新角色为何迅即被党内外看好？答案其实就在加布里尔和默克尔身上。但此时的加布里尔似乎不为所动，表示 2017 年 1 月下旬最终决定本党总理候选人的计划不变。

然而，当由其本人委托的以社民党选民为对象的调查重复出现类似的结果后，加布里尔终于不得不承认“如果本人现在参选，我和社民党将会一起告负”。[①] 2017 年 1 月 24 日，加布里尔对外宣布：舒尔茨代表本党竞逐联邦总理，并召开特别党代会选举其为主席，自己接任外交部部长。作为勃兰特（Willy Brandt）之后在位最久的社民党主席，加布里尔以这一方式结束自己的 7 年任期虽略显突然，但仍不失有自知之明和及时。加布里尔从本届黑红大联盟组建及运行初期的巅峰滑落后，曾多次试图重新爬升。他虽取得了若干阶段性成果，但始终无法改变外界对其以负面为主的总体印象。2017 年大选无疑已是最后一搏，加布里尔设计了社会公正的竞选主题，力图通过对自己之前的中右路线的主动纠偏，提升党内号召力和民众支持度，并以此率领社民党走出低谷。但终因失信过久，应者寥寥。加布里尔几经犹豫的决

① “Gabriel gibt auf-für die SPD”, *Süddeutsche Zeitung*, 24. 01. 2017, http://www. sueddeutsche. de/politik/kanzlerkandidatur/gabriel-gibt-auf-fuer-die-spd-1. 3326645.

定虽出于无奈，但因让位于希望之星终究为党做出了重要贡献。另外，以让贤主动终结加布里尔时代与大选惨败后被迫下台毕竟存在本质区别。

在代表大党竞逐总理宝座者中，舒尔茨确属“另类”。此人无大学学历，在出任欧洲议会议员之前仅为小镇镇长，并无担任中高层级行政首长的经历。这次之所以众望所归，在未做任何政策宣示的情况下便屡创民调奇迹，除了其欧洲议会议长的头衔外，更大程度上得益于人们对默克尔和加布里尔的失望乃至抵触。开启了新时代的舒尔茨如今在党内外拥有罕见的支持度，但“舒尔茨效应”能否持续至2017年9月大选，仍主要取决于社民党能否发挥传统优势，做好做足社会公正的大文章，以团结党员，争取选民。

六　结语

舒尔茨的挂帅实为计划外的换马，其民望日隆乃至迅即超越占据联邦总理宝座近12年的默克尔更给人以匪夷所思之感。默克尔2016年11月20日宣布竞选连任时，德国上下普遍认为尽管难民潮致使默克尔陷入了前所未有的执政危机，但鉴于包括加布里尔在内的潜在竞选对手均无力构成真正威胁，其实现四任德国总理的梦想应非难事。

舒尔茨意外现身，尤其是此人及社民党突然成为默克尔和联盟党的强劲对手，显然已将后者置于始料未及的巨大压力之下，成为2017年大选的最大变数。尽管对于作为选战最大变数的“舒尔茨效应”的持久性尚难做出准确预判，但可断定的是本次选战和组阁将因此更为激烈、胶着和复杂。

告别与基民盟/基社盟缔结的大联盟，另组泛左阵线是加布里尔早在2016年6月便已公开的路线图。此时的背景是联盟党已呈明显颓势，社民党也处历史低谷。如今雄心勃勃的社民党一旦赢得组阁权，其目标显然将不囿于红红绿方案。首先左翼党能否改变其反对北约等基本立场，目前外界难下结论，而自民党（黄）重返联邦议院的趋势则日渐明朗。社民党内部主张红黄绿结盟的声音势必相应增加，从而成为党主席舒尔茨的最优选择。

联盟党虽有言在先，选战中不做组阁承诺，但联盟党若占得先手，其组阁方案必然首选黑黄绿，尽管第二届默克尔内阁的黑黄联盟充满摩擦和冲突，与绿党的合作在联邦层级也属空白，但不应忽视的是，德国另类选择党的分流作用致使红红绿、红黄绿抑或黑黄绿均难以构成多数。鉴于此，联盟党和社民党虽对现有的合作均有诸多不满，但无法断然拒绝大联盟形式的再现。

同样值得关注的还有 2017 年 3 月萨尔州和 5 月石勒苏益格 - 荷尔施泰因州、北莱茵 - 威斯特法伦 3 州的选情，尤其是堪称联邦大选预演的全德人口第一的北莱茵 - 威斯特法伦州议会选举。然而，至今 3 地两大党之争均呈与联邦层级相似的胶着状态，不确定性较多。唯一可做预判的是，持续一年多的民众参政热情仍将高涨，2017 年在州和联邦层级均可望重现 2016 年的高参选率。

B.4
难民危机背景下的德国社会及其变化*

宋全成**

摘　要：　难民危机爆发以来，数以百万计的难民的涌入对2016年的德国社会产生了深远的影响：难民问题使德国民众的欢迎难民政策的共识日益分裂为欢迎难民和反对难民两大不可调和的阵营；难民潮助推德国国内恐怖主义袭击频发，德国的非传统安全面临挑战；穆斯林族群被贴上恐怖主义的标签导致针对穆斯林移民的暴力事件上升和欧洲反伊斯兰化的社会运动兴起；难民问题助推民粹主义思潮泛滥，导致德国极右翼政党——德国另类选择党（AfD）崛起和德国执政联盟内部纷争不断，难民问题由社会问题演化为政治问题，难民问题政治化。2017年是德国的大选之年，德国政府面临的挑战包括：能否重聚德国民众的欢迎难民政策的共识，解决宗教极端分子发动的恐怖主义袭击问题，保证国内社会安全，应对民粹主义思潮的泛滥和极右翼政党的崛起，以及最终确保德国社会的稳定与繁荣。

关键词：　欧洲难民危机　穆斯林难民　德国社会　“欧洲爱国者反对西方伊斯兰化”运动　恐怖主义　极右翼政党

---

* 本文为教育部人文社会科学重点研究基地重大项目“宗教信仰与流动人口的社会融入研究”（项目号：13JJD730002）、国家民族事务委员会2016年民族问题研究项目“欧洲难民危机研究”（项目号：2016－GMB－043）之阶段性研究成果。

** 宋全成，法学博士，山东大学移民研究所所长，山东大学哲学与社会发展学院副院长、社会学系教授、博士生导师，教育部人文社会科学重点研究基地犹太教与跨宗教研究中心研究员。

2015年以来的欧洲难民危机打上了深刻的德国烙印。德国以其欢迎难民的积极政策赢得了国际社会的广泛称赞，同时，数以百万计的来自叙利亚、伊拉克、阿富汗、科索沃等战乱国家和北非地区的难民进入德国，对德国社会的民众、族群结构、非传统安全、社会思潮和德国政党政治产生了深远影响。2016年，难民危机背景下的德国社会成为千变万化的旋转舞台。面对难民潮水般涌入，原本普遍赞同接纳难民的德国民众日益分裂为欢迎难民和反对难民两大阵营，难民针对德国民众的社会犯罪和德国国民针对难民的种族主义暴行同样呈现增长态势，难民中的极端分子制造的恐怖主义袭击频发，反欧洲伊斯兰化的民粹主义社会思潮和社会运动风起云涌，难民问题导致极右翼政党崛起，这一切都加剧了德国执政联盟的内部纷争，难民问题趋于政治化。本文拟就2015年10月至2016年12月难民危机背景下的德国社会及其变化进行研究。

一　欧洲难民潮冲击德国社会

2015年9月以来，欧洲包括德国遭遇了二战结束以来最大的难民潮，尽管战争结束以来，德国始终存在着难民申请者的涌入。在冷战时期，基于对二战期间德意志第三帝国实施的种族主义暴行和纳粹主义思想的防范，德国对难民申请给予了较大的宽容。特别是对来自苏联和东欧社会主义国家的难民申请者，由于冷战思维的影响，即使他们是非法移民或经济移民，德国也毫无例外地将他们标注上政治难民而予以接纳。正因为如此，德国成为西欧国家接纳难民最多的国家。冷战结束以后，由于其宽容的难民文化传统，德国依然成为难民最理想的庇护国家。2015年5月以来，来自叙利亚、伊拉克、阿富汗、科索沃、巴基斯坦和北非国家的难民潮逐渐在希腊和意大利形成。尽管意大利和希腊疾呼欧盟及其成员国采取统一的行动，解决迫在眉睫的难民涌入问题，但由于维谢格拉德集团国家的反对、欧盟层面迟迟拿不出各成员国普遍接受的解决难民问题的方案，导致难民问题最终演化为难民危机。在这种背景下，德国于2015年9月实施了欢迎难民的积极政策。由此，数以十万计的难民前赴后继，涌向德国。

从 2015 年 10 月到 2016 年 12 月，德国的欢迎难民政策大概经历了如下三个阶段。一是开放国境、欢迎难民进入的阶段，时间是从 2015 年 10 月到 2015 年 12 月。此时，德国上下洋溢着欢迎难民的文化氛围。二是欢迎难民政策的调整阶段，时间是从 2015～2016 跨年夜的科隆集体性侵案到 2016 年 7 月。科隆集体性侵案及汉堡和斯图加特等地的性侵案爆发以后，德国欢迎难民的共识被打破，反对难民进入的呼声高涨，德国执政联盟内部关于是否为难民进入人数设限问题的争论十分激烈。尽管其后并未对难民进入数设置最高限额，但通过了设置安全来源国、加紧遣返等系列措施，欢迎难民的政策出现趋紧的特征。三是 2016 年 7 月以后，德国发生了由难民发起的系列恐怖主义袭击案件，导致反对难民接纳的社会思潮——民粹主义思潮和反移民的极右翼政党——德国另类选择党的迅速崛起，特别是柏林圣诞市场恐怖主义袭击案发生以后，反难民的呼声高涨，迫使默克尔政府承认了难民政策的错误。但这并没有从根本上动摇德国政府的欢迎难民政策的根基。从德国联邦移民与难民局公布的最新数据来看，2015 年，进入德国境内寻求庇护的难民总量达到了空前的 89 万人。2016 年，尽管开放的欢迎难民政策备受抨击，但德国依然对难民庇护申请者敞开大门。但由于欧盟和土耳其达成了难民置换协议，因此，2016 年进入德国的难民人数大幅减少。根据最新统计，2016 年进入德国的难民人数只有 28 万人。这充分表明，尽管德国遭受了难民进入、难民发动恐怖主义袭击和执政联盟在地方选举中失利的巨大压力，但德国并没有从根本上改变开放国境、欢迎难民的积极政策。

德国在接纳难民进入的同时，积极简化程序、创新模式，加快甄别难民庇护申请者的处理效率[①]。2015 年提出难民庇护申请的人数在德国达到了历史新高的 47.66 万人，超越了 1992 年，创造了难民庇护申请的历史新纪录[②]。2016 年，随着难民总量在德国的增多，提出难民庇护申请的人数也创

① 伍慧萍：《欧洲难民危机中德国的应对与政策调整》，《山东大学学报》（哲学社会科学版）2016 年第 2 期，第 1～8 页。

② Bundesamt für Migration und Flüchtlinge, *Das Bundesamt in Zahlen 2015*, *Asyl*, Berlin, 2015, p. 8.

下了历史新高。1～10 月提出难民庇护申请的人数达到了空前的 69.37 万人，其中初次申请的人数为 676320 人。同时，德国政府为应对堆积如山的难民庇护申请案卷，加快了难民申请者的甄别和处理效率。2016 年每个月的难民申请者的人数不同，最高月份是 8 月，高达 9.7 万人，最少月份是 10 月，只有 3.6 万人。由于难民庇护申请者的来源国别不同，因而通过甄别、被接纳的难民人数也就不同。但难民庇护申请通过的比例大体上在 50%～70%（参见表 1）。

表 1　2015 年 10 月至 2016 年 10 月难民申请、处理情况

时间	申请人数	初次申请人数	裁决人数	接收人数	接收比例(%)
2015 年 10 月	58710	56303	30720	16202	52.74
2015 年 11 月	62882	60802	34793	25402	73.01
2015 年 12 月	51614	49871	42668	31010	72.68
2016 年 1 月	52103	50532	49384	31623	64.03
2016 年 2 月	68539	66860	51593	34067	66.03
2016 年 3 月	60763	59073	49256	29092	59.06
2016 年 4 月	64988	63661	44299	25957	58.60
2016 年 5 月	63392	62083	37091	21742	58.62
2016 年 6 月	87162	85466	51613	31756	61.53
2016 年 7 月	82673	81087	52815	33571	63.56
2016 年 8 月	97445	95744	56782	37395	65.86
2016 年 9 月	80790	78705	69481	48128	69.27
2016 年 10 月	35903	33109	67720	45566	67.29

数据来源：德国联邦移民与难民局难民庇护统计数据，http：//www.bamf.de/DE/Infothek/Statistiken/Asylzahlen/AktuelleZahlen/aktuelle-zahlen-asyl-node.html。

从难民庇护申请的地理分布来看，2016 年 1～10 月，北莱茵－威斯特法伦州的难民庇护申请人最多，达到 182658 人，占申请总人数的 27%，巴登－符腾堡州和下萨克森州分别以 79552 人、78414 人列第二位和第三位，分别占申请总人数的 11.8%、11.6%。即使首都柏林，避难申请人数也达到了 25246 人，占申请总人数的 3.7%。从难民庇护申请者的来源国别来看，难民的主要来源国也较为集中，2016 年 1 ~ 10 月，叙利亚依然是最大的难民来源国，累计申请庇护人数达到 258597 人；阿富汗和伊拉克列第二、第三位，分别为 121871 人和 92380 人。这 3 个国家的申请人数占总人数的 68. 16% 。由此可见，美国及其西方盟国介入和发动的叙利亚内战、伊拉克战争、阿富汗战争是导致出现欧洲难民潮的重要原因①。由于德国政府对来自叙利亚的难民申请者采取了简化程序，因此叙利亚的难民庇护申请者的接受比例最高，高达 98. 15% ；紧随其后的是来自厄立特里亚的难民庇护申请者，接受比例高达 94. 18% （参见表 2）。

表 2　2016 年 1 ~ 10 月难民主要来源国及接受人数与比例

主要来源国	申请人数	裁决人数	接收人数	接收比例(%)
叙利亚	258597	250008	245382	98. 15
阿富汗	121871	35535	18245	51. 34
伊拉克	92380	45082	32251	71. 54
伊朗	24957	6052	3092	51. 09
厄立特里亚	15332	17494	16475	94. 18
来源国不明	15011	11897	10531	88. 52
巴基斯坦	14438	6731	260	3. 86
阿尔巴尼亚	15455	33935	144	0. 42
尼日利亚	11289	2222	203	9. 14
俄罗斯	11021	7670	340	4. 43

数据来源：德国联邦移民与难民局难民统计数据，http：//www. bamf. de/DE/Infothek/Statistiken/Asylzahlen/Asylgeschäftsstatistik/asylgeschaeftsstatistik-node. html。

二　难民问题使德国民众日益分裂为欢迎难民和反对难民两大阵营

二战结束以来，德国始终背负着第三帝国时期种族主义暴行的历史包

① 宋全成：《欧洲难民危机消极影响的三维透视》，《山东大学学报》（哲学社会科学版）2016 年第 2 期，第 9 ~ 18 页。

袱，因此，出于对德国种族主义暴行的深刻反省，德国从道义和历史两个方面始终对难民的进入与接纳持宽容和欢迎的态度[①]。在德国主流社会层面逐渐形成了占主导地位的欢迎难民的社会风尚和德国共识。在2015年的难民危机中，德国率先垂范，慷慨接纳难民的政策，更凸显了德国欢迎难民政策的道德光辉。从2015年9月到2015年12月，德国政府实施的欢迎难民的积极政策，受到了德国社会上至政治精英、下至一般民众的一致支持。当有少数民众和政治精英反对接纳难民的时候，数以百万计的德国民众则走上街头，欢迎难民的到来。由于对二战历史的深刻反思和救赎文化的广泛影响，德国民众普遍愿意接受难民。德国明斯特大学政治学研究所特雷恩哈特（Dietrich Thränhardt）指出，与其他欧洲国家相比，德国社会各界，从政治精英到普通民众，从国家主流媒体到大众媒体，都已经形成接纳难民的共识。这已经成为德国社会的主流意识形态。实际上，德国政府的关于接纳难民的决定，充分考虑了德国民众的心理和愿望。而德国民众也深深地知道难民的艰苦处境，尤其是当匈牙利等东欧国家拒绝接纳难民入境的时候，德国民众和那些热心救助难民的志愿者们为处于水深火热之中的难民送去了食物、饮用水和其他的生活必需品。[②] 因此，默克尔政府做出接纳难民的决定在很大程度上是顺应了德国的民意，所以才得到了德国社会的广泛支持。尽管2015年11月14日，在法国发生了由叙利亚难民发起、欧洲宗教极端分子参与的震惊世界的巴黎剧院系列恐怖主义袭击案，但并没有改变德国民众欢迎难民的满腔热情，也没有动摇德国政府实施的欢迎难民的积极政策。但德国科隆、汉堡和斯图加特等地的跨年夜集体性侵案发生以后，反对难民进入，特别是反对穆斯林难民进入的呼声日渐升高。统一的德国民众日益分裂为反对难民和欢迎难民两大泾渭分明的对抗阵营。德国主流社会对

① 郑春荣、周玲玲：《德国在欧洲难民危机中的表现、原因及其影响》，《同济大学学报》（社会科学版）2015年第6期，第30～38页。

② 子衿：《德国为何如此欢迎难民?》，《南方都市报》2015年9月13日，转引自网易新闻，http：//news.163.com/15/0913/06/B3CEVBOG00014AED.html。

难民的欢迎热情也随着科隆性侵案调查的深入而迅速下降。2016 年 1 月 9 日，科隆爆发了针对德国政府难民政策的两场大游行。一场是反难民大游行，共有 1700 多名德国右翼势力代表参加，他们反对德国政府接纳难民，认为正是难民制造了科隆性侵案，并抗议德国政府的欢迎难民政策。为此，他们与维持示威秩序的科隆警方发生了冲突，迫使科隆警方不得不采取强制解散游行队伍的办法，驱散右翼分子的反难民的游行示威活动。另一场游行示威活动有 1300 名反右翼示威者参加，他们反对右翼分子反对接纳难民的主张，认为反对难民的极右翼民众在很大程度上是种族主义的法西斯主义的表现[①]。实际上，在科隆性侵案之前，德国民众有着基本的德国共识——欢迎难民，但科隆性侵案以后，德国民众针对难民政策和默克尔政府的态度发生了急剧变化。德国《焦点》杂志在 2016 年 1 月 29 日公布的民意调查显示，德国的欢迎难民政策已面临越来越多的怀疑：39.9% 的被调查者希望默克尔下台，45.2% 的被调查者认为默克尔罪不至此，只有 15% 的被调查者持观望态度。德国电视二台“政治晴雨表”的民意调查显示，80% 的被调查者不相信德国政府和欧盟能很快找到限制难民涌入的欧洲层面解决方案，57% 的被调查者不相信德国能承受如此之多的难民，有高达 55% 的被调查者希望政府收紧边界，限制移民和难民涌入。[②] 2016 年 3 月和 5 月，德国首都柏林两次爆发大规模的游行示威，反对默克尔政府难民政策和支持默克尔难民政策的人群尖锐对立，迫使警方使用人墙和汽车将双方强行分开。[③] 在2016 年 7 月的系列恐怖主义袭击案件，特别是 12 月 29 日柏林圣诞集市恐怖袭击发生以后，欢迎难民的民意迅速降低，而反对难民的民意急剧上升。正如德国总理默克尔在接受电视采访时所坦言的，“我看到民意正在两极分化，难民问题

---

① 《德国反难民游行演变为暴力骚乱　高喊“默克尔滚”》，网易新闻，http：//news.163.com/16/0110/09/BCV782I100014AED.html。

② 高珮莙：《德国不再张开双臂欢迎难民》，《中青参考》2016 年 2 月 3 日，http：//qnck.cyol.com/html/2016-02/03/nw.D110000qnck_20160203_1-04.htm。

③ 《柏林再爆反默克尔示威　高喊“默克尔必须下台”》，中国新闻网，http：//www.chinanews.com/gj/2016/05－08/7862197.shtml。

在政治化”。“这是我们历史上非常重要的一个阶段。”① 毫无疑问，曾经空前一致的欢迎难民的德国主流社会的共识已经消失，德国民众日益分裂为欢迎难民和反对难民两大对立阵营。

三 难民潮助推德国国内恐怖主义袭击频发，德国的非传统安全面临挑战

从历史发生学的视角来看，进入21世纪以来，欧洲的西班牙、英国等国家相继发生过由宗教极端分子和激进分子发动的恐怖主义袭击，如马德里车站爆炸案、英国伦敦地铁爆炸案等，但总体来看，欧洲国家发生恐怖主义袭击的频次较低。但2015年欧洲难民危机爆发以来，以难民申请者身份进入欧洲国家的恐怖主义分子和“伊斯兰国”的“圣战士”与欧洲国家的一些宗教极端分子和激进恐怖分子里应外合，制造了查理周刊枪击案、巴黎恐怖袭击案、布鲁塞尔系列爆炸案、法国尼斯恐怖袭击案等一系列恐怖主义袭击，一向沐浴着和平祥和的阳光的欧洲一时间沦为爆炸、枪击、血腥、恐惧的恐怖主义的黑暗天堂，就连一向对难民持欢迎立场、热烈拥抱难民的德国也未能幸免。2016年7月一周之内发生了4起由难民和外国移民实施的恐怖主义袭击。7月18日，17岁的阿富汗难民在巴伐利亚州维尔茨堡附近的一辆城际列车上，突然用斧头和刀向车上的无辜乘客发动袭击，结果造成5名乘客受伤。22日，德国慕尼黑发生枪击案，在该市的奥林匹亚购物中心，拥有德国和伊朗双重国籍的18岁男子突然对其身边的顾客发动了恐怖主义枪击，结果造成9人死亡，30余人受伤。24日，德国罗伊特林根市发生一起持刀砍人恶性事件，一名来自叙利亚的21岁难民突然对市民发起攻击，结果造成1人死亡，2人受伤；当天深夜，在巴伐利亚州安斯巴赫市中心，来自叙利亚的难民又制造了一起恐怖主义爆炸案，结果造成至少1人死亡，

① 《德国再审极右“国家民主党”违宪案 鼓吹“生存空间”纳粹言论》，观察者网，https://www.guancha.cn/europe/2016_03_02_352645.shtml。

多人受伤。诚如德国联邦内政部部长托马斯·德迈齐埃（Thomos de Maizière）2016年9月10日预测未来德国的非传统安全情况时所说，随着进入德国的难民日益增多，德国境内潜在的宗教极端分子和听命于极端恐怖组织的人员呈现出增多的趋势，总量上可能已超过520人。这些潜在的恐怖主义者可能随时参与、谋划恐怖袭击或发动“独狼式”袭击①。托马斯·德迈齐埃的预言话语不幸被言中。发生在德国的最严重的恐怖主义袭击是柏林圣诞市场恐怖袭击案。2016年12月19日晚上，当众多的德国民众正漫步在市中心威廉皇帝纪念教堂周围的圣诞市场，迎接圣诞节到来的时候，来自突尼斯的难民申请者阿尼斯·阿姆里（Anis Amri）驾驶着一辆抢劫而来的挂波兰牌照的重型货车，冲向街道上的摊位和行人，造成了12人死亡和49人受伤的惨重后果②。尽管发动恐怖主义袭击的难民只是百万难民中的极少数极端分子，但恐怖主义袭击和一些严重的社会犯罪由难民所为却是不争的事实。科隆跨年夜大规模性侵案、在维尔茨堡附近持斧砍人案、安斯巴赫自杀式炸弹袭击案、弗莱堡强奸案、波鸿强奸案等的案犯，是来自叙利亚、阿富汗、伊拉克等国家的难民。③ 发动柏林圣诞市场恐怖主义袭击的嫌犯也是来自突尼斯的难民。由此可见，难民危机以来，尽管德国对难民持欢迎态度，慷慨接纳了百万名难民，但由难民中的宗教极端分子和极端组织“伊斯兰国”的“圣战士”在德国发动的系列恐怖主义袭击还是让一向自认为十分安全的德国民众的恐惧感陡然上升。德国“R+V保险信息中心”于2016年7月12日公布的一项民意社会调查显示：在是否担心遭受恐怖主义袭击问题上，有高达73%的被调查者表达了肯定意见，比2015年增长了21%；在是否担忧政治极端主义问题上，有68%的被调查者表达了肯定意见，比2015年增长了19%；在是否担心外国移民大量涌入，进而产生严重后果问

① 张旌：《德国“潜在危险分子”数量超520人　创历史新高》，环球网，http：//world.huanqiu.com/article/2016－09/9431593.html。

② 胡春春：《柏林圣诞市场恐袭会使德国的难民政策大转向吗?》，澎湃新闻，2016年12月21日，http：//www.thepaper.cn/newsDetail_forward_1584496。

③ 孙进：《被撕裂的德国，被夺走的安全感》，《中国青年报》2016年12月10日，第4版。

题上，有 67% 的被调查者表达了肯定意见，比 2015 年增长了 18%；在德国政府能否解决难民问题上，有 66% 的被调查者表达了担忧，比 2015 年增长了 16%。[①] 客观而论，2016 年在德国发生的系列恐怖主义袭击和严重的难民犯罪案件的确让德国人的安全感逐渐丧失，恐惧感陡然升高。正因如此，海德堡大学政治学教授施密特（Manfred Schmidt）将 2016 年称作德国的“恐惧之年”。[②] 随着德国接纳难民的增多，由难民中的极端分子制造的恐怖主义袭击增加的趋势并不能完全消除。因此，德国的非传统安全面临着严峻挑战。

四　反穆斯林移民的暴力事件上升和欧洲反伊斯兰化的社会运动兴起

随着难民的大量增加，以及由难民实施的恐怖主义袭击增多，德国国内形成越来越高的反感情绪，针对穆斯林难民的排外事件显著增加。2015 年，在德国提出庇护申请的难民有 44.19 万人，其中穆斯林难民就达到 32.28 万人，占难民庇护申请者总数的 73.05%，毫无疑问，穆斯林难民已成为在德国最大的避难申请群体。从穆斯林难民来源地的角度看，难民主要来源于叙利亚、阿富汗、伊拉克等信奉伊斯兰教的伊斯兰国家[③]。难民的大量增加，一方面导致了登记在案的社会犯罪案件增多。根据德国内政部在 2016 年 5 月公布的相关数据，2015 年在德国发生的犯罪事件有 633 万起，比 2014 年增长了 4.1%。其中，从犯罪主体来看，随着外国人和外国难民的增加，外国人发起和参与的犯罪事件达到了 90 万起，比 2014 年增长了 50%。联邦刑事警察局的数据也显示，2015 年，从犯罪主体的角度来看，外国人成为犯罪嫌疑人的重要主体，在汉堡，41.4% 的犯罪嫌疑人是外国人，柏林地区

① 孙进：《被撕裂的德国，被夺走的安全感》，《中国青年报》2016 年 12 月 10 日，第 4 版。

② 孙进：《被撕裂的德国，被夺走的安全感》，《中国青年报》2016 年 12 月 10 日，第 4 版。

③ 宋全成：《2015 年德国难民庇护申请者的人口社会学分析》，《德国研究》2016 年第 4 期，第 4～16 页。

的犯罪嫌疑人的37%是外国人，比2014年增长了3.5%。在暴力犯罪嫌疑人中，有46.5%的犯罪嫌疑人是外国人；在性犯罪嫌疑人中，有41.5%的犯罪嫌疑人是外国人。[①] 由此可见，随着外国人和外国难民的大量涌入，外国人的社会犯罪呈现出增加的趋势。另一方面，难民的大量增加，导致德国右翼人士以难民和难民营为目标的犯罪案件大幅增加。尽管实施恐怖主义袭击和社会犯罪案件的难民只是少数极端分子，但德国民众对难民，尤其是穆斯林难民存在着普遍的恐惧——明显的把穆斯林难民贴上恐怖主义袭击标签的倾向。“伊斯兰国”和欧洲国家的一些宗教极端分子在欧洲国家实施的系列恐怖主义袭击，让许多欧洲国家的民众患上了“伊斯兰恐慌症”，一些人甚至将伊斯兰教、穆斯林与恐怖主义等同看待。正因如此，针对难民和难民营的犯罪案件急剧上升。德国联邦内政部部长托马斯·德迈齐埃曾对此直言不讳地指出，大量难民涌入德国，导致以难民和难民接收中心为目标的犯罪事件的数量急剧上升。科隆及德国其他地方的性侵案发生之后，德国境内就连续出现了针对难民的袭击事件和暴力犯罪事件。2016年1月9日，德国种族主义者在其举行的排外示威活动中与警方发生了激烈的暴力冲突。后来，在莱比锡南部的Connewitz，一个标准的多种族、多族群混合居住和生活的地区，有100多名崇尚暴力的种族主义者和反移民、反难民的极右翼分子在Wolfgang Heinze大街上游行示威，寻机滋事。他们打碎了部分商铺的前窗玻璃，并在几条街区纵火。在德国东部地区的一些城市，这样的仇外事件时有发生。此前，科隆也曾发生过20多名右翼分子袭击外国人的严重事件，其中6名巴基斯坦人和1名叙利亚人在事件中受伤。这充分表明，自科隆性侵案发生以后，德国曾经相对稳固的族群关系已变得极不稳定。[②] 单是“2015年一年，以难民和难民接收中心为目标的袭击事件（比2014年）就增加了4倍，由199起增至1031起”。2016年，随着穆斯林难民的增加，袭击难民和难民营的事件也呈现出急剧上升的态势。2016年1月至5月，

---

① 孙进：《被撕裂的德国，被夺走的安全感》，《中国青年报》2016年12月10日，第4版。

② 《科隆事件升级　默克尔如何破解最大难关?》，《时代周报》2016年1月19日，参见 http：//news.10jqka.com.cn/20160119/c587387338.shtml。

德国总共发生了449起针对难民接收中心的袭击事件和654起反难民的犯罪事件，其中就有107起是严重的暴力事件[①]。由此可见，一向相对和谐的德国穆斯林族群与德国本土族群的关系因为难民潮、难民问题和难民发动的恐怖主义袭击而正在恶化[②]。

难民潮的涌入也带动了“欧洲爱国者反对西方的伊斯兰化”运动（以下简称Pegida运动）的兴起。德国在欧洲国家中拥有穆斯林人口411.9万，占德国总人口的比例是5%，仅次于法国。毫无疑问，穆斯林族群是德国最大的外来族群，伊斯兰教是德国最大的外来宗教。穆斯林族群的高生育率和欧洲国家白人的低生育率形成了鲜明的对比。在德国，穆斯林妇女的总和生育率是1.8，而本土德国人的总和生育率只有1.3。显然，从理论上看，“随着时间的推移，欧洲白人人口出生的减少和穆斯林人口的急剧增加，将最终改变欧洲国家的人口结构———信奉伊斯兰教的穆斯林将成为主流族群，而信奉基督教的白人将有可能成为少数族群”[③]。这在穆斯林人口已经达到400多万的德国表现得尤为突出。正因如此，美国历史学家伯纳德·刘易斯（Bernard Lewis）甚至认为，到21世纪末，欧洲大陆将面临全面“穆斯林化”的巨大风险，欧洲有可能重演再一次被伊斯兰征服的历史悲剧。[④] 这引起了德国某些反穆斯林阶层的强烈不安。2014年以来，随着欧洲难民潮的持续和数以百万计的穆斯林难民的进入，德国伊斯兰化的风险逐渐加剧。在这种背景下，反对外国移民、反对西方伊斯兰化的Pegida运动迅速在德国兴起。[⑤] 2015年德国政府接纳了近百万的难民，而2016年在跨年夜的科隆及其他多

① 刘曦：《德国反难民案件大幅增加　默克尔政策挨批》，新华网，http：//news.xinhuanet.com/world/2016-05/30/c_129024337.htm。

② 宋全成：《欧洲难民危机政治影响的双重分析》，《欧洲研究》2016年第1期，第128～142页。

③ 宋全成：《族群分裂与宗教冲突：当代欧洲国家的恐怖主义》，《当代世界社会主义问题》2014年第3期，第105～113页。

④ Christopher Caldwell，“Islamic Europe?”，Oct. 4，2004，http：//www.weeklystandard.com/Content/Public/Articles/000/000/004/685ozxcq.asp.

⑤ 杨解朴：《德国》，载周弘、黄平、江时学主编《欧洲发展报告（2014～2015）》，社会科学文献出版社，2015，第179页。

个城市相继发生了针对德国妇女的性骚扰和强奸案，“这给了 Pegida 运动以绝佳的利用机会，似乎也验证了 Pegida 运动的下列主张：有暴力倾向的宗教极端势力正在给欧洲国家的安全和欧洲本土文明带来危害。因此，其关于限制移民、禁止穆斯林长袍、遣返有犯罪记录的外国人的主张，得到了许多德国人的支持”①。2015 年 10 月 19 日晚，在德国东部城市德累斯顿，Pegida 组织了排外示威游行，有 1.5 万 ~2 万人参加，规模之大让人刮目相看。他们高呼口号，反对大量难民，尤其是穆斯林难民涌入德国。对此，德国司法部部长马斯（Heiko Maas）19 日谴责 Pegida 组织者发起的示威游行是在煽动仇恨，而且极有可能将这种仇恨演变为对难民的暴力。内政部部长德迈齐埃也认为，Pegida 组织者是带有种族歧视色彩的顽固的极右翼分子，因此他呼吁德国民众不要参加由极右翼分子发起的排外活动。但 2015 ~2016 年由难民和宗教极端分子在法国、德国发动的查理周刊恐怖主义袭击、巴黎剧院恐怖袭击案和德国科隆等地的系列性侵案仍然给了排外的、反移民的 Pegita 运动蓬勃发展的绝佳契机。2016 年 2 月 6 日，即在科隆等地的系列性侵案发生 1 个月以后，Pegida 运动和欧洲其他反伊斯兰化组织在“欧洲堡垒”（Festung Europa）的口号下，发起了一个共同的“行动日”集会示威活动，以抗议西方国家政府的移民政策和穆斯林融合社会政策。Pegida 运动由此不再局限于德国境内，而是跨越了德国的边界开始在其他西方国家蔓延。活动当天，除 Pegida 大本营德国的德累斯顿有 8000 多人示威者走上街头进行游行示威以外，东欧国家的一些城市如波兰的华沙、捷克的布拉格，西欧国家的一些城市如荷兰的阿姆斯特丹、英国的伯明翰，都有数以千计的支持者加入了“行动日”集会示威活动。远在澳大利亚的堪培拉也有约 400 人走上街头，响应 Pegida 运动和欧洲其他反伊斯兰化组织的“行动日”活动，反对西方民主国家现行的难民政策，尤其是信奉伊斯兰教的穆斯林移民社会政

① 宋全成：《欧洲难民危机政治影响的双重分析》，《欧洲研究》2016 年第 1 期，第 128 ~142 页。

策。[①] 尽管德国政府对 Pegida 运动进行了严厉的控制和打压，如迫使 Pegida 运动创始人卢茨·巴赫曼（Lutz Bachmann）于 2016 年 1 月宣布辞去其在该运动组织的所有职务，5 月德国地方法院判处 Pegida 运动领导人卢茨·巴赫曼因煽动民众、诋毁难民等罪名，接受 120 天的监禁，并支付 9600 欧元罚金等，但 Pegida 运动获得了部分右翼分子和社会中下层民众的支持，因此其发展的势头、社会影响力和国际化的趋势依然不可低估。

五　难民社会问题日渐政治化

反移民、排外的民粹主义思潮在德国和欧洲国家由来已久。但由于德国和西欧国家反歧视、反种族主义的法律和多元主义文化氛围的压制，民粹主义思潮偃旗息鼓多年，但并没有消失，而是深藏于人们的心灵深处。2015 ~ 2016 年的难民危机、难民潮的持续、集体性侵案和由难民和宗教极端分子发动的系列恐怖主义袭击让沉寂多年、深藏于人们内心深处的反移民的、排外的民粹主义思潮乘势而起，并得到了德国社会中下层民众的广泛支持。在这种背景下，德国右翼民粹政党——德国另类选择党以跨年夜科隆等地的集体性侵案为契机，公开主张关闭边境、反对接纳难民、紧急情况下必须在边境使用武器射击制止难民进入、反对伊斯兰教，主张“伊斯兰不属于德国”，并且明确指出要阻止德国现政府威胁德国现有的“美好家园”及“基督教德国”的主流文化。德国另类选择党极力主张废除外国人避难的基本权利，回归和重塑多子女的传统家庭的家庭文化和家庭模式。德国另类选择党的上述右翼民粹主义主张获得了社会中下层民众的极大共鸣。德国另类选择党“在这一背景下成功地将难民和移民话题演变成政治问题，并且占据了这一话题。他们将自己化身成所谓受到威胁的德国民众的代言人，在他们口中，德国民众被‘难民利益团体’以及不听从民意的统治层精英所背叛。这个话题为右翼

---

① 《德国极右翼组织策动串联　欧洲 10 余国同时爆发反伊斯兰反移民游行》，观察者网，http：//www. guancha. cn/europe/2016_ 02_ 07_ 350618. shtml。

民粹主义势力鼓动提供了契机，因为在难民危机过程中，确实许多来自其他文化的‘外来人士’来到了‘本国’土地”。[①] 由此，德国另类选择党得到了德国民众的广泛支持，从而在德国的地方选举中异军突起。2016 年 3 月 13 日被称为“超级星期天”，德国巴登 - 符腾堡州、萨克森 - 安哈尔特州和莱茵兰 - 普法尔茨州 3 个联邦州地方选举计票结果揭晓，执政的基民盟颓势明显，在其中两个州均未能获得最多议席，而新兴的右翼排外政党德国另类选择党成为最大赢家。德国另类选择党不仅成功进入 3 个州的议会，而且在萨克森 - 安哈尔特州，该党收获了 24.3% 的选票，成为该州第二大政党。[②] 2016 年 9 月，德国另类选择党又在两场地方选举中连战连捷：先在梅克伦堡 - 前波莫瑞州以 20.8% 的得票率超过得票率为 19% 的基民盟，成为该州仅次于社民党的第二大党；两周后又在具有指标意义的柏林州拿到了 14.2% 的选票，打入首都议会。至此，德国另类选择党在短短 3 年多的时间里就已经在德国 16 个联邦州中的 10 个拿到了州议会的议席。[③] 人们普遍认为，德国另类选择党在 2017 年的德国大选中进入联邦议会将是不争的事实。

极右翼政党——德国另类选择党的崛起和难民问题的加剧也推动了德国现执政联盟的内部纷争。在科隆性侵案发生以后，执政的基民盟、基社盟和社民党在是否为难民的进入数量设置上限问题上争论不休。基社盟主席泽霍费尔（Horst Seehofer）明确指出，应当对接收难民设置上限。尽管德国政府迄今并没有设置难民入境德国的上限，但依然采取了暂停难民亲属的家庭团聚权利和将摩洛哥、阿尔及利亚、突尼斯设置为“安全国家”的措施，以缓解德国普通民众对欢迎难民政策的不满情绪。到 2016 年 8 月，随着难民在德国发动的系列恐怖主义袭击和德国另类选择党的崛起，

---

① 〔德〕法伊特·赛尔克：《德国怎么了：选择党放弃右翼民粹的温和一面，在反难民中崛起》，吴静娴译，澎湃新闻，2016 年 4 月 13 日，http：//www.thepaper.cn/newsDetail_forward_1455646。

② 蒋骢骁：《右翼崛起　默克尔地方选举受挫》，新华网，http：//news.xinhuanet.com/world/2016 - 03/14/c_ 128798976.htm。

③ 王勍：《德国选择党：紧抓选民情绪》，《参考消息》2016 年 12 月 15 日。

执政联盟内的社民党主席、德国副总理加布里尔（Sigmar Gabriel）毫不留情地批评了他的执政伙伴默克尔的难民政策，加布里尔认为，默克尔的难民政策在如下三个方面存在严重问题，一是默克尔领导的联盟党没有为难民融入德国社会奠定必要的基础。加布里尔认为，难民融入德国社会需要德国建立一定的社会基础，只有这样，才能解决难民危机。但基民盟与基社盟不仅没有建立这样的社会基础，而且一直在设置障碍。二是批评了默克尔的"我们做得到"的错误政策。加布里尔认为，默克尔错误地低估了数以十万计的难民入境给德国带来的消极影响。尽管默克尔在历次的公众场合总是坚持和强调"我们做得到"，但实际上是拿不出切实可行的解决难民问题的办法。三是提出可以设置接纳难民人数的上限。早在科隆等地的性侵案发生以后就有政治精英提出设置难民人数上限的主张，如基社盟主席泽霍费尔就曾提出设置接受难民数量的上限。加布里尔认为，设置难民接受数量的上限是有道理的。但默克尔政府拒绝了这样的提议。在默克尔政府看来，不设置难民入境德国的上限是有法律依据的，因为避难法本身对接收难民的数量就没有设置上限。[①] 社民党的诘难迫使"默克尔总理再次为其难民政策进行辩护，并对联合执政伙伴社民党主席加布里尔提出的批评予以反驳"。[②] 2016年9月4日，基民盟在梅克伦堡－前波莫瑞州的地方选举中败给右翼民粹政党德国另类选择党后，泽霍费尔再一次提出，政府应该设置接纳难民数量的上限。在他看来，基民盟和基社盟在地方选举中的失利再一次反映了选民对难民政策中不设立接纳难民数量上限的不满。只有在限制移民问题上给予选民清晰、满意的回答，由基民盟和基社盟组成的联盟党才能在地方选举中走出败局。[③] 由此可见，难民问题曾经仅仅是德国的社会问题，而如今已转变为严峻的政治问题。右翼民粹政党

---

① 赵海博：《德副总理与默克尔因难民政策翻脸》，《文汇报》2016年8月30日。

② 《德国执政联盟裂痕日益增加　总理默克尔腹背受敌》，中国新闻网，http：//www.chinanews.com/gj/2016/08－30/7988186.shtml。

③ 赵怡蓁：《法媒分析：德国难民问题加深其执政联盟裂痕》，环球网，http：//world.huanqiu.com/exclusirel/2016－09/9430701.html。

德国另类选择党的崛起和难民问题的加剧直接推动了德国现执政联盟的内部纷争，难民问题日渐政治化。

六　结语

难民危机爆发以来，数以百万计的难民的涌入对2016年的德国社会产生了深远的影响，这具体表现在：难民潮使德国民众的欢迎难民的共识日益分裂为欢迎难民和反对难民两大不可调和的阵营；难民潮助推德国国内恐怖主义袭击频发，德国的非传统安全面临挑战；穆斯林族群被贴上恐怖主义的标签导致针对穆斯林移民的暴力事件上升和欧洲反伊斯兰化的社会运动兴起；难民问题助推民粹主义思潮泛滥，导致德国极右翼政党德国另类选择党的崛起和德国执政联盟内部纷争不断，难民问题由社会问题演化为政治问题，难民问题政治化。

2017年是德国的大选之年。难民尤其是穆斯林难民及其艰难的社会融合问题将成为各党派竞选的核心议题。为了消除纷争，争取执政联盟伙伴的支持，应对2017年的大选，默克尔在2016年12月7日再次当选为基民盟主席以后发表了77分钟的演讲，难民政策的收紧与调整是她演讲的核心。她明确指出，“德国法律优先于伊斯兰教条”，应该在全国范围内、在法律可能禁止的场所，禁穿伊斯兰服装“布尔卡”。“去年夏末大量难民涌入德国的情况绝对不应该也不允许再次重演，并要加快未取得难民身份者的遣返工作。”默克尔此举是试图通过难民政策的收紧来赢得那些对其难民政策持批评意见的人的支持，以应对反移民的德国另类选择党的进一步壮大。[①] 但默克尔能否重聚德国民众的欢迎难民政策的共识，解决宗教极端分子发动的恐怖主义袭击问题，保证国内社会安全，应对民粹主义思潮的泛滥和极右翼政党的崛起，以及确保德国社会的稳定与繁荣，我们拭目以待。

---

① 张红日：《默克尔将参加2017大选　扛起反民粹主义大旗》，中国网，http：//news.china.com/international/1000/20161208/30070374.html。

经 济 篇

Economy

B.5

德国经济与公共财政状况述评

冯 晓 朱彦元*

摘 要: 本文从三个方面对德国的经济形势展开讨论。其一是对2016年德国经济形势的述评，包括国内生产、就业、收入与收入分配、流动性、利率与物价及需求结构等方面；其二是对德国公共财政及财政政策的论述，包括财政收支与公共债务、联邦政府的财政政策等方面；其三是对德国未来经济政策重点的简要归纳和对2017年德国经济增长率的推测。归纳起来，笔者认为目前德国经济处于一个稳定的回升期，未来的经济政策一方面体现了德国政府提升增长潜力的意图，另一方面体现了德国政府对社会公平、气候

* 冯晓，教授、博士，同济大学中德工程学院、职业技术教育学院院长，同济大学德国研究中心兼职研究员；朱彦元，博士，同济大学中德工程学院讲师，德国慕尼黑联邦国防军大学博士后。

保护和经济平衡增长的重视。预计 2017 年德国国内生产总值的增长率应介于 1.7% 至 1.8% 之间，经济将持续 3 年以来的回升势头。

关键词：　德国经济　公共财政　经济政策

2016 年德国经济表现良好，国内生产总值增长了 1.9%，失业率降至 6.1%。但从供应侧看，制造业回升乏力，仅增长了 1.0%；从需求侧看，私人需求增长了 1.1%，低于国内需求平均增长率。2016 年德国公共财政连续 3 年实现盈余，为实施积极的财政政策赢得了空间。面对来自国内外多方面的挑战，德国政府提出了以包容性增长（inclusive growth）、社会参与（social participation）和生活质量（life quality）为导向的一系列政策，以期对促进经济增长、保证社会公平、维护欧盟团结和稳定国际秩序发挥积极作用。2017 年的德国经济表现将主要取决于需求侧，预计国内生产总值增长率为 1.7% 至 1.8%。

以下，本文就德国经济、公共财政在 2016 年的总体表现及未来经济政策动向做概要述评，并根据需求侧分析对 2017 年的德国经济增长率进行推测。

一　2016年德国经济形势

（一）国内生产

欧债危机以后，德国经济连续 3 年稳定回升，2016 年实现国内生产总值 31338.6 亿欧元，同比增长 1.88%。其中，第一产业增长 0.24%，第二产业增长 1.87%，第三产业增长 1.95%（参见图 1）。经济回升的动力主要来自第三产业和第二产业。

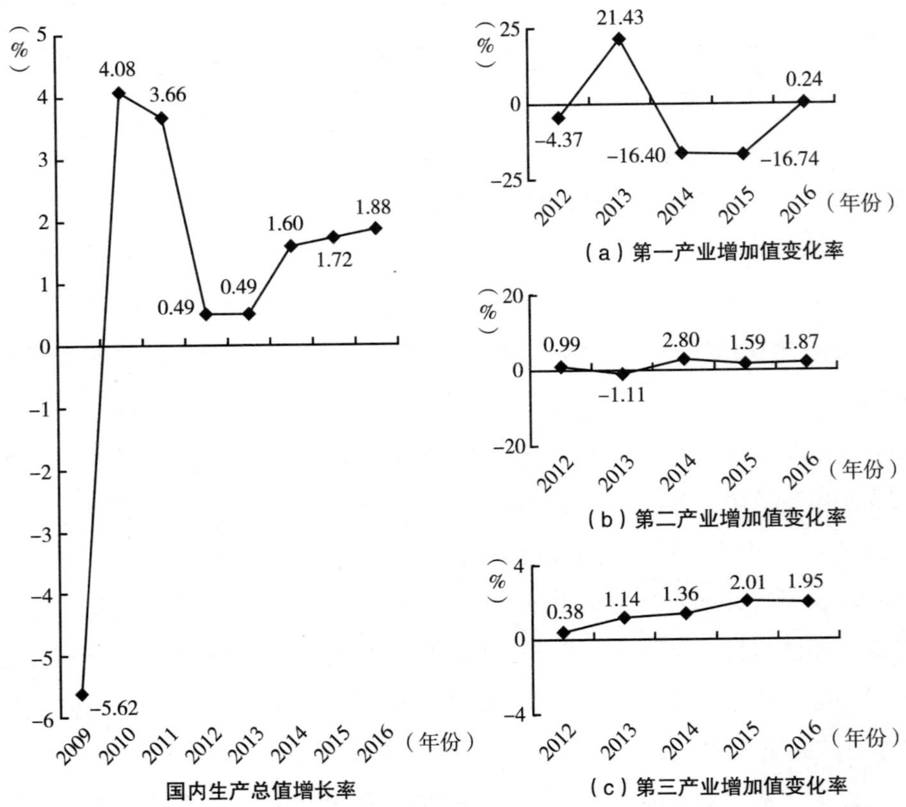

图1　德国国民经济和产业经济增长率

数据来源：来自德国联邦统计局及笔者的计算。

通过观察产业内部各部门的表现可以发现（参见图2），第二产业的增长动力来自建筑业，2016年增长率达6.95%，遥遥领先于国民经济其他行业。第三产业的增长动力主要来自：（1）信息与通信业，增长2.80%；（2）企业商务服务业，增长2.27%；（3）公共服务、教育与卫生业，增长2.71%。这三个行业近年来的增长率均超过产业平均水平及国民经济增长率。

从增加值构成看，2016年第一产业占比0.63%，第二产业占比30.48%，第三产业占比68.89%，产业格局没有发生明显变化（参见表1）。值得关注的是产业内部行业结构的变化。

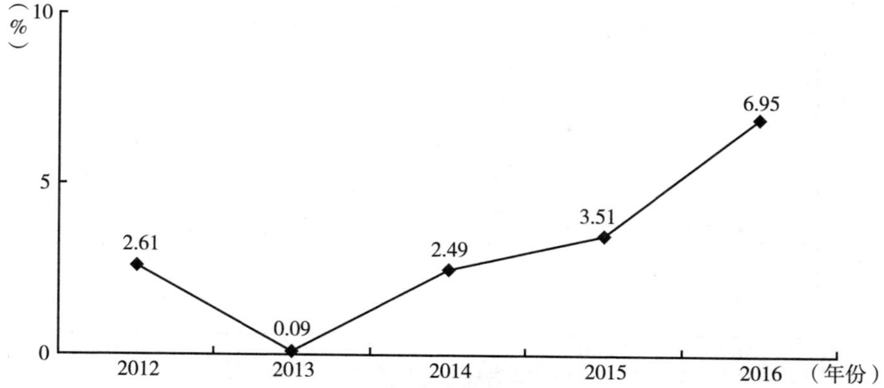

（a）建筑业增长率

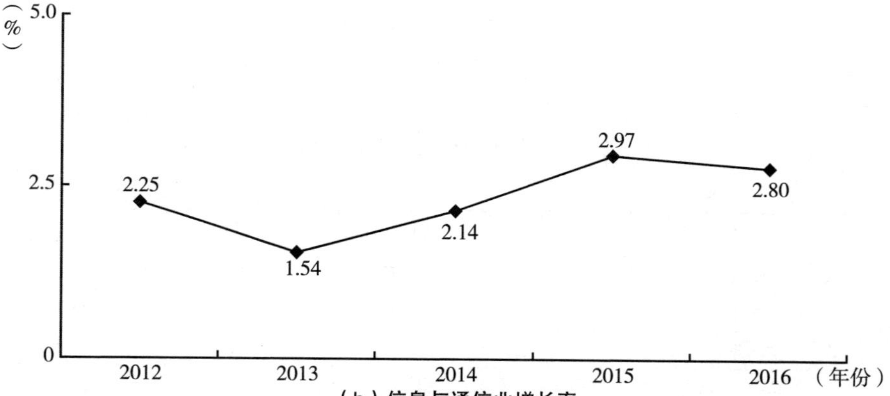

（b）信息与通信业增长率

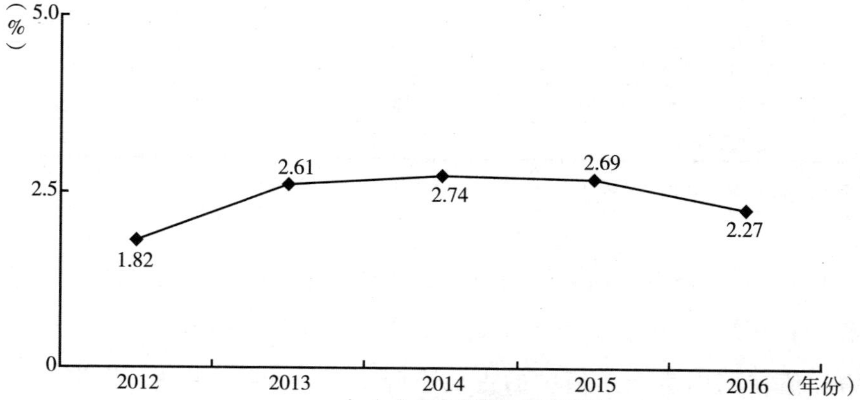

（c）企业商务服务业增长率

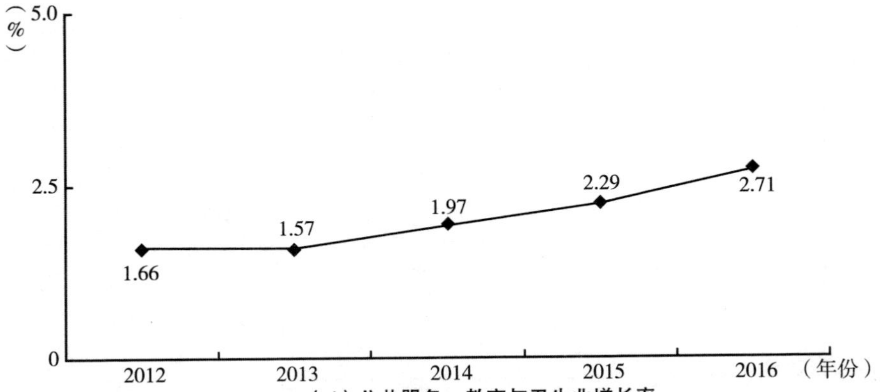

（d）公共服务、教育与卫生业增长率

图 2　德国建筑业、信息与通信业、企业商务服务业及公共服务、教育与卫生业增长率

数据来源：来自德国联邦统计局及笔者的计算。

表 1　德国产业和行业增加值构成

单位：%

产业、行业		2014 年	2015 年	2016 年
第一产业	农林渔业	0.78	0.64	0.63
第二产业	制造业	26.04	25.92	25.68
	建筑业	4.49	4.57	4.80
第三产业	贸易、交通与餐饮旅馆业	15.73	15.76	15.68
	信息与通信业	4.76	4.82	4.86
	金融、保险服务业	4.18	4.06	3.93
	房地产业	10.87	10.89	10.89
	企业商务服务业	11.01	11.11	11.15
	公共服务、教育与卫生业	18.11	18.21	18.35
	其他服务业	4.03	4.02	4.03

数据来源：德国联邦统计局。

首先，占经济总量约1/4、被视为德国核心竞争力所在的制造业连续两年落后于经济总体增长（2015年制造业增长1.26%，2016年增长0.98%），其增加值在国内生产总值中的占比下降了近0.3%。显然，推进“工业4.0”尚未对制造业产生可观的增长效应。其次，建筑业增加值在国内生产总值中的占比近年来持续上升，这一现象和欧洲中央银行推行的量化宽松政策不无关系。随着货币供应量增加、名义利率下降和通货膨胀预期，家庭部门对其消费和储蓄行为及所持货币和实物财产结构进行了调整，表现为住房需求升温。再次，信息与通信业和企业商务服务业在第三产业中的占比保持持续扩张态势。信息与通信业的扩张体现了“工业 4.0”背景下的数字化（Digitalisierung）进程，企业商务服务业的扩张间接反映了企业部门的经济活动稳中带升。上述两个行业的表现说明推进“工业 4.0”和数字化的效果已初露端倪。最后，公共服务、教育与卫生业增加值在国内生产总值中的占比连续走高。为了应对经济和社会环境变化，德国政府一方面注重以增加投资性支出来提升增长潜力，另一方面在政策设计中更加强调包容性增长（inklusives Wachstum）和社会团结（gesellschaftlicher Zusammenhalt）①。近年来公共财政状况的改善②为此提供了预算空间。基于联邦政府的中期财政计划③可以推测，公共服务、教育与卫生业增长率未来仍将高于平均水平。

综上所述，（1）2016 年德国经济的进一步回升主要得益于建筑业、信息与通信业、企业商务服务业，以及公共服务、教育与卫生业的超比例增长；（2）建筑业的扩张不具有结构性特点，而信息与通信业和企业商务服务业的扩张具有持续的结构性特点；（3）公共服务、教育与卫生业的扩张和政策取向有关，今后仍能保持高于平均水平的增长势头。

（二）就业

随着经济的稳定回升，德国就业状况持续改善（参见图 3）。2016 年从业人数为 4519 万人，同比增加 26 万人；失业人数为 269 万人，同比减少 10

① Bundesminiserium für Wirtschaft und Energie, *Jahreswirtschaftsbericht 2017*, Frankfurt: Druck und Verlagshaus Zarbock, 2017.

② “Öffentliche Finanzen. Wirtschafts-und Finanzdaten”, http: //www.bundesfinanzministerium.de/Web/DE/Themen/Oeffentliche_Finanzen/Wirtschafts_und_Finanzdaten/wirtschafts_finanzdaten.html.

③ “Haushaltsentwurf 2017 und Finanzplan bis 2020-die richtigen Schwerpunkte ohne neue Schulden”, http: //www.bundesfinanzministerium.de/Content/DE/Pressemitteilungen/Finanzpolitik/2016/07/2016 - 07 - 06-PM.html.

万人，相应的失业率为6.1%。目前，德国的失业人数和失业率均处于两德统一以来的最低水平。

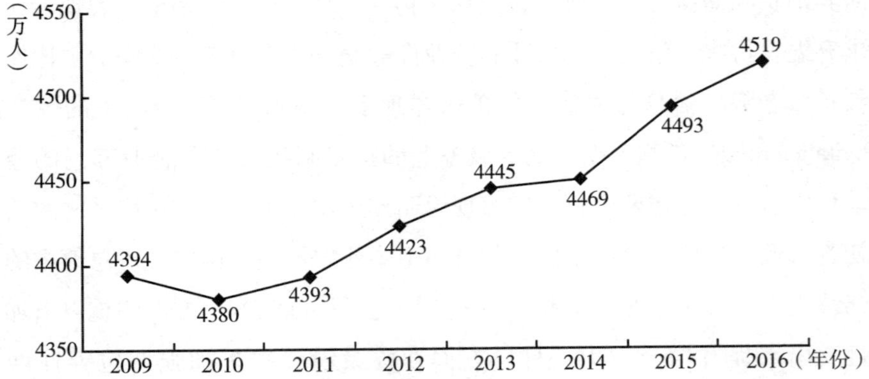

（a）

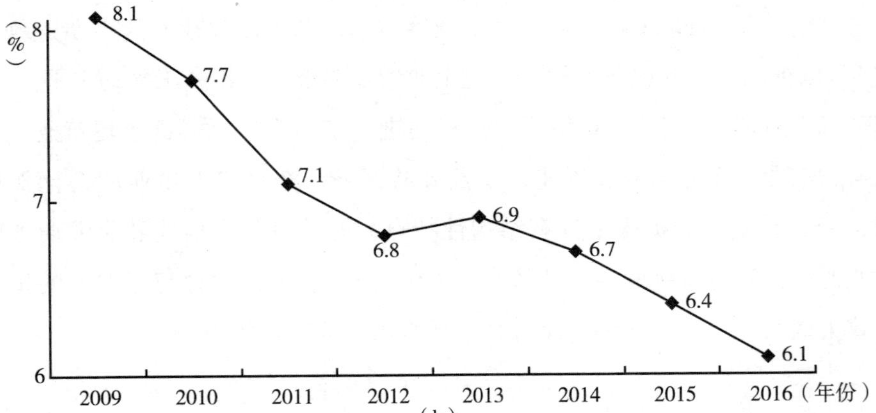

（b）

图3　德国从业人数与失业率

数据来源：德国联邦统计局。

对比国内生产总值和从业人数（参见图4）可知，两者自2013年以来呈同比增长。这一方面说明，在宏观层面上劳动的边际产出在过去几年基本没有发生变化；另一方面说明，从2015年起全面实行的8.5欧元最低小时工资虽然使约400万名就业者的平均劳动成本有所上升，但并未引起资本对劳动的替代。2017年起最低小时工资将再次上调至8.84欧元，预计这一措施对就业同样不会产生明显的负面影响。

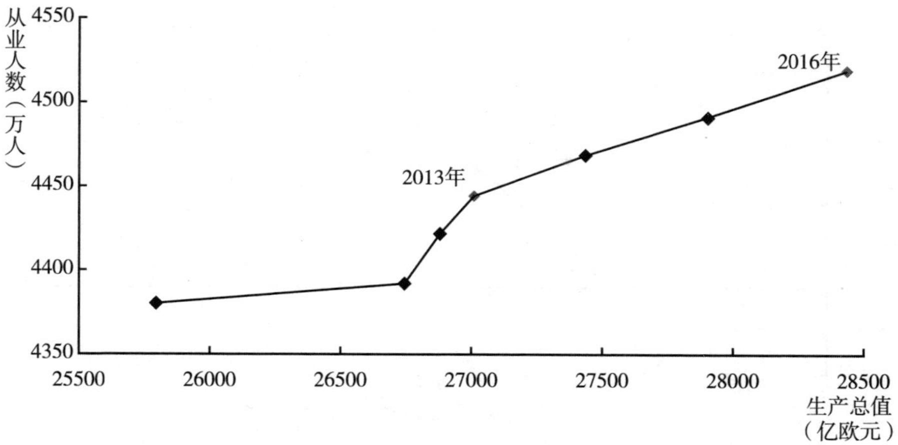

图 4　德国国内生产总值和从业人数

数据来源：德国联邦统计局及笔者的计算。

（三）收入与收入分配

2016 年德国国民收入 23406.8 亿欧元，可支配收入 26125.3 亿欧元，人均国民收入 28372 欧元①，扣除物价因素后，三者较上年分别增长了 1.97%、2.03% 及 2.40%（参见图 5）。

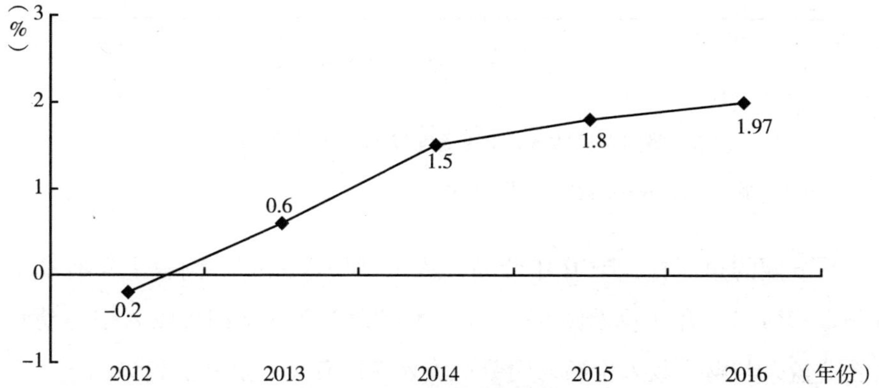

（a）国民收入增长率

① “Volkswirtschaftliche Gesamtrechnungen, Inlandsprodukt”, https://www.destatis.de/DE/ZahlenFakten/GesamtwirtschaftUmwelt/VGR/VolkswirtschaftlicheGesamtrechnungen.html.

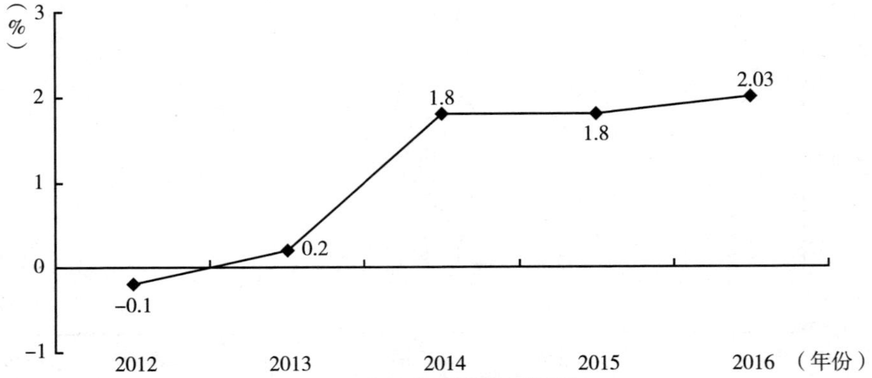

（b）可支配收入增长率

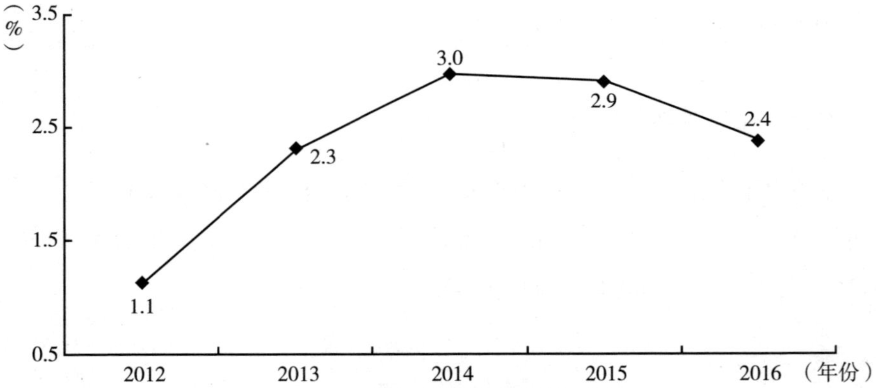

（c）人均国民收入增长率

图5　德国国民收入、可支配收入和人均国民收入增长率

数据来源：来自德国联邦统计局及笔者的计算。

从分配的角度看，2016年劳动收入占国民收入的份额较上年有0.1个百分点的微弱上升（参见图6）。若以5年为周期观察国民收入中劳动收入及企业盈余与财产收入份额，则劳动收入占比有缓慢上升的趋势。

劳动收入占比小幅上升的原因之一是就业状况的持续改善，原因之二是单位劳动报酬的增加（参见图7）。以2010年为基准，2016年单位劳动报酬和劳动生产率分别是基准年的1.17倍和1.06倍。单位劳动报酬升幅高于劳

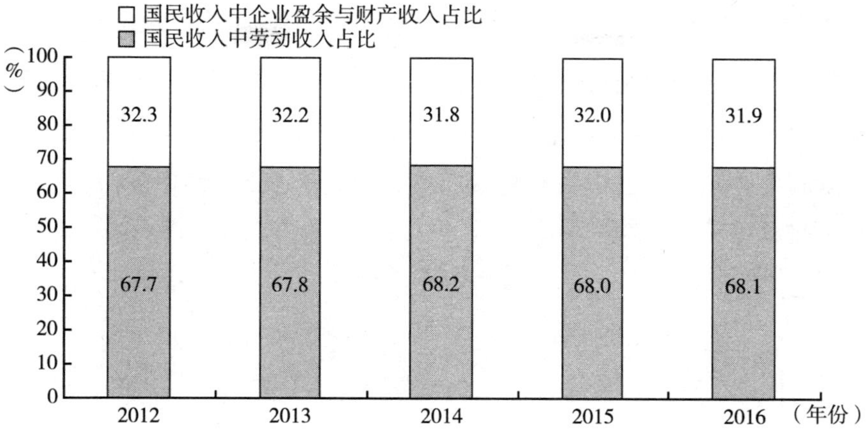

图6　德国国民收入分配

数据来源：来自德国联邦统计局及笔者的计算。

动生产率升幅的走势始于2009年①，这或可解释为对之前劳动报酬长期滞后于劳动生产率增长现象的"纠偏"。

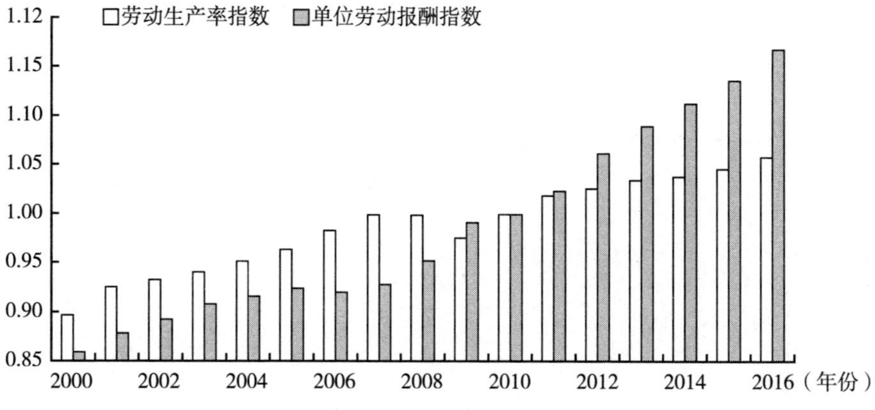

图7　德国劳动生产率和单位劳动报酬

数据来源：来自德国联邦统计局及笔者的计算。

---

① "Volkswirtschaftliche Gesamtrechnungen, Inlandsprodukt", https://www.destatis.de/DE/ZahlenFakten/GesamtwirtschaftUmwelt/VGR/VolkswirtschaftlicheGesamtrechnungen.html.

（四）流动性、利率与物价

2016 年欧洲中央银行继续推行量化宽松政策，广义货币 M3 同比增长率全年围绕 4.9% 的水平波动［参见图 8（a）］。由于货币供应宽松，德国居民存款利率和非金融机构平均贷款利率分别位于 1.5% 和 0.3% 的低水平，且呈下行趋势［参见图 8（b）］。

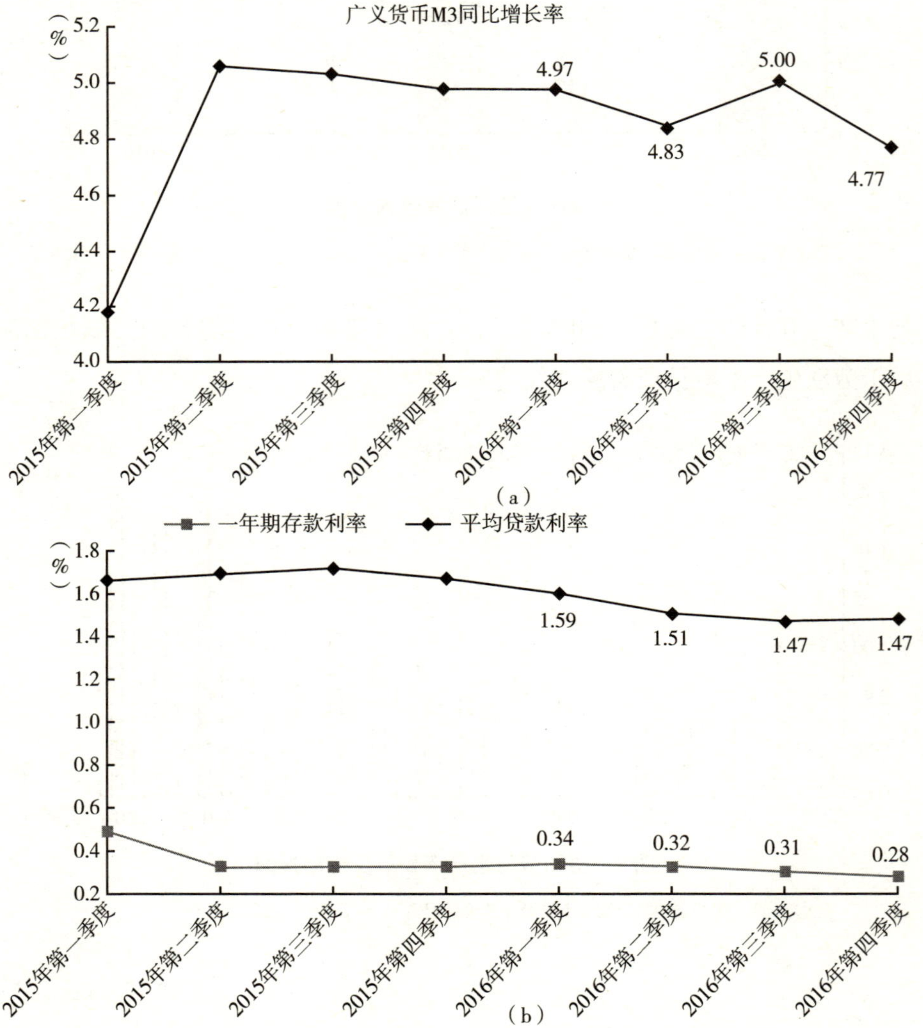

图 8　欧元区 M3 同比增长率与德国存贷款利率

数据来源：欧洲中央银行和德国联邦银行。

量化宽松政策在2015年并未明显刺激德国国内需求，但这一状况在2016年有所改观。2016年德国消费品价格指数上涨近2%，工业制成品价格指数上涨近1.6%［参见图9（a）］，物价总水平上涨约1.4%［参见图9（b）］。尤其值得注意的是住房价格指数，2010年至2015年平均增幅为6.3%，估计2016年增幅（数据尚未公布）同样会超过6%。

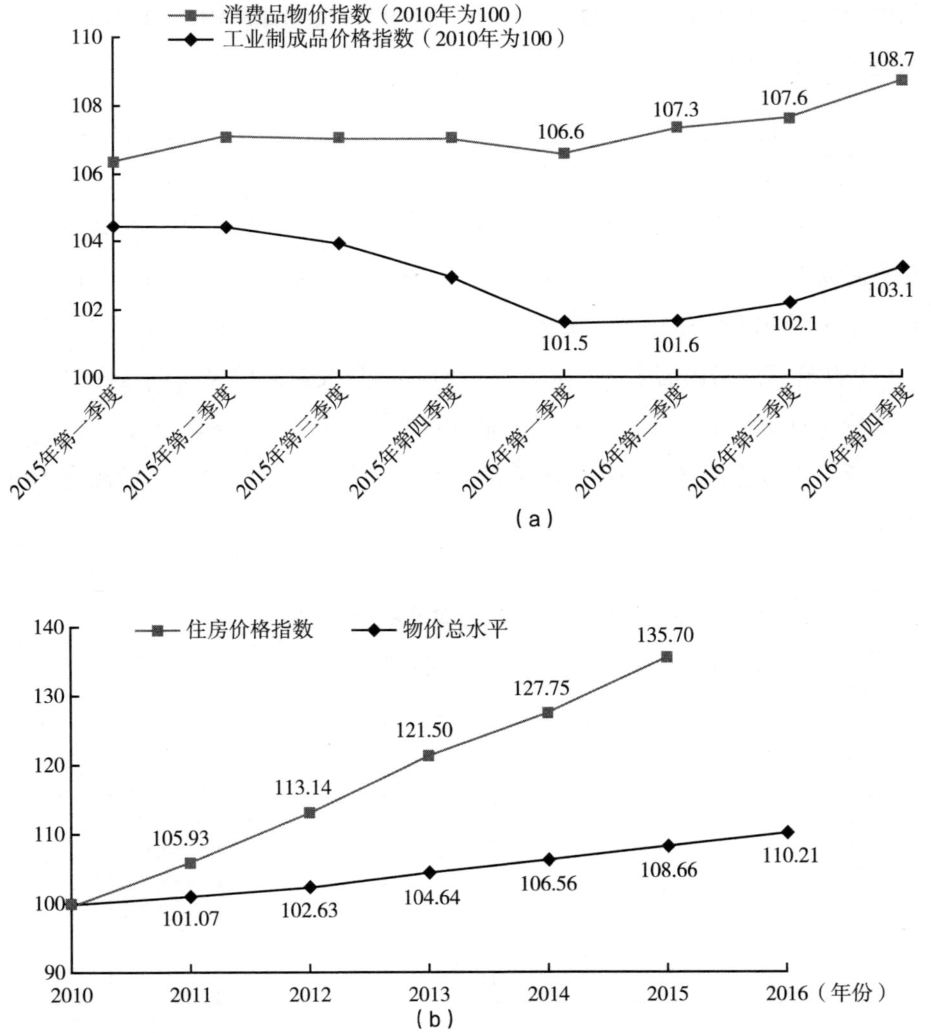

图9　德国各类价格指数与物价总水平

数据来源：来自德国联邦银行和笔者的计算。

住房价格上扬是财产消费效应的表现，原因在于量化宽松政策及由此所引起的通胀预期（Fischer 效应），以及家庭部门对其货币性和实物财产性结构的调整（Pigou 效应）。由于目前欧元区内除希腊以外各国经济都出现了不同程度的恢复和回升，而且美国联邦储备银行在 2017 年上半年内再次加息几成定局，因此欧洲中央银行是否会对此做出反应，改变其货币政策的扩张性导向，回归稳定欧元币值的政策目标，将对德国住房需求及建筑业的未来走向产生影响。

（五）需求结构

2016 年德国的需求结构较往年略有变化，国内需求占总需求份额较上年下降 0.1 个百分点［参见图 10（a）］。在国内需求中，私人消费所占份额较上年下降 0.5 个百分点，政府消费上升 0.4 个百分点，固定资产投资微升 0.1 个百分点。国内需求中，私人消费份额下降现象值得关注，这说明财产性消费具有中短期特点，且因家庭部门的预算约束对其他私人消费有挤出效应，所以不可能持续拉动经济增长；此外，政府消费占国内需求份额也不可能持续上升。

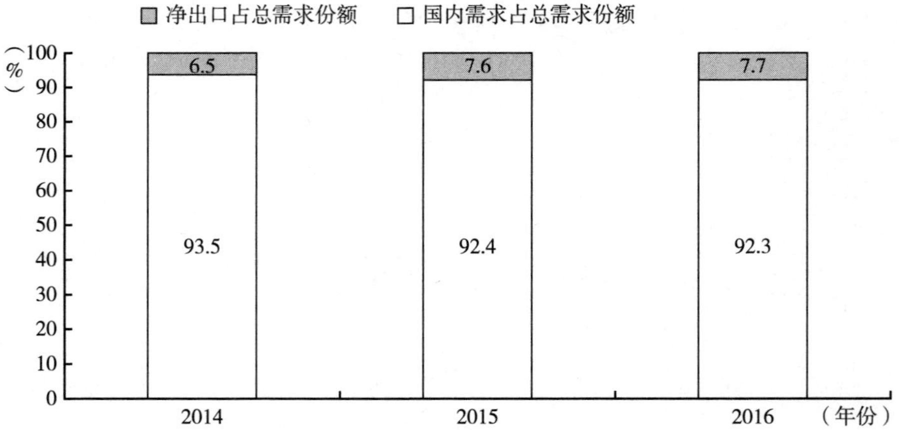

（a）

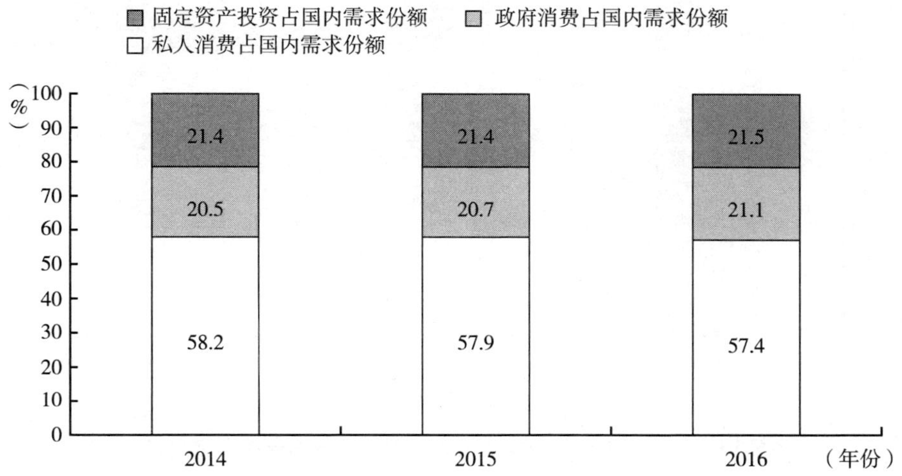
固定资产投资占国内需求份额
政府消费占国内需求份额
私人消费占国内需求份额
（%）
100
90
80
70
60
50
40
30
20
10
0
21.4
20.5
58.2
21.4
20.7
57.9
21.5
21.1
57.4
2014
2015
2016
（年份）

（b）

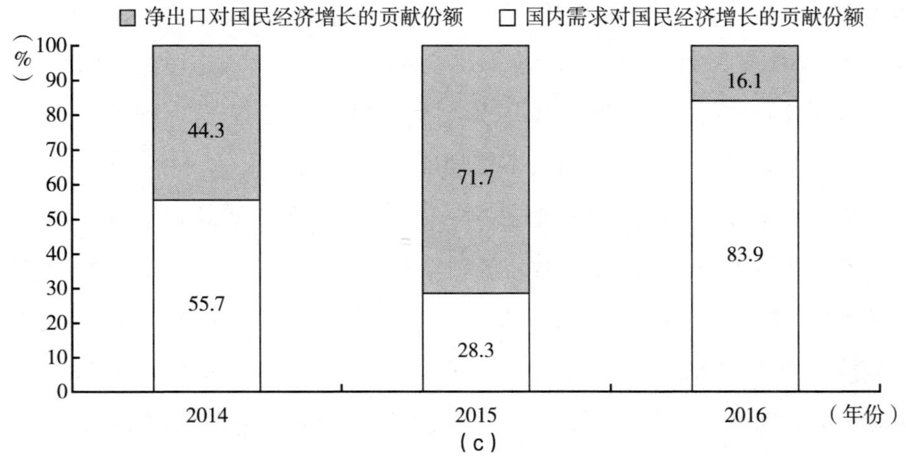
净出口对国民经济增长的贡献份额
国内需求对国民经济增长的贡献份额
（%）
100
90
80
70
60
50
40
30
20
10
0
44.3
55.7
71.7
28.3
16.1
83.9
2014
2015
2016
（年份）

（c）

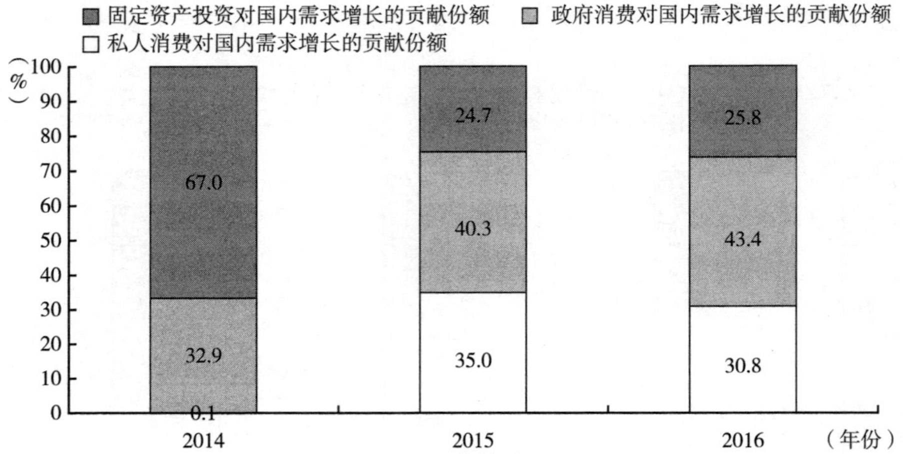

（d）

图 10　德国需求结构与各类需求对国民经济增长的贡献份额

数据来源：德国联邦统计局及笔者的计算。

需求结构的变化对经济增长有明显的影响。2015 年德国净出口占总需求份额上升 1.1%，增长率为 18.0%，对国民经济增长的贡献份额为 71.7%；2016 年德国净出口占总需求份额微升 0.1 个百分点，增长率为 3.9%，对国民经济增长的贡献份额下降为 16.1% ［参见图 10（c）］。显然，出口对于拉动德国经济增长举足轻重。

2016 年德国国内需求增长 1.7%，对国民经济增长的贡献份额达 83.9%。在各类国内需求中，政府消费增长最快，为 4.3%，对国民经济增长的贡献份额为 36.4%；投资需求增长其次，为 2.5%，对国民经济增长的贡献份额为 21.7%；私人消费增长最低，为 1.1%，对国民经济增长的贡献份额为 25.8%。三类国内需求：（1）政府消费呈逐年稳定上升态势，但长期趋势应与经济增长同步；（2）投资需求增速较上年有所回升，但较 2014 年仍显乏力，不利于拉动经济增长；（3）私人消费增速自 2015 年起出现回升，但 2016 年私人消费在国内需求中的占比略有下降，对国民经济增长的贡献份额亦然，私人需求增长低于总需求增长的现象可能和收入分配有关，值得进一步关注。

二　德国公共财政状况

（一）2016年公共财政收支和债务

得益于经济稳定回升、就业状况改善及低利率，德国公共财政自 2014 年以来连续三年实现收支盈余。据联邦财政部的测算①，以及联邦经济与能源部的年度经济报告②：（1）2016 年公共财政实现盈余约 192 亿欧元，相当于当年国内生产总值的 0.6%；（2）公共部门负债为当年国内生产总值的 68.3%，并可望在今后进一步下降，至 2020 年达到欧盟《稳定与增长公约》对欧元区各国公共负债上限为本国国内生产总值 60% 的要求（参见图 11）。

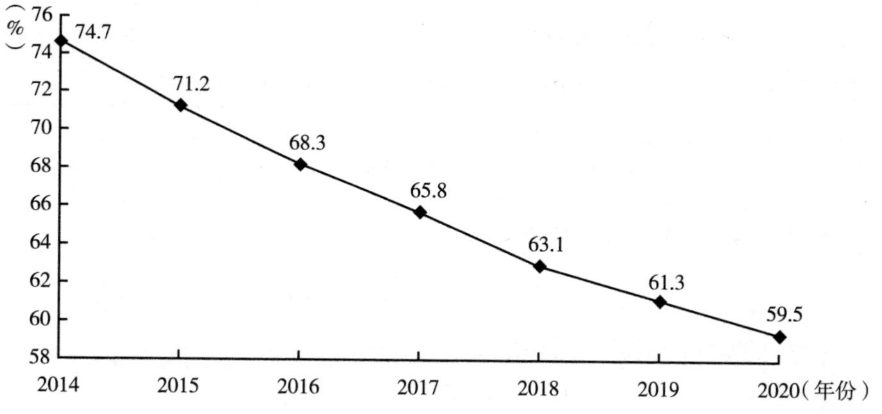

图 11　德国公共部门债务占国内生产总值比重走势

数据来源：德国联邦财政部。

① 见"Länderhaushalte"，http：//www. bundesfinanzministerium. de/Content/DE/Standard-artikel/Themen/Oeffentliche _ Finanzen/Foederale _ Finanzbeziehungen/Laenderhaushalte/2017 - 01 -31-Laenderhaushalte-2016. html。

② Bundesminiserium für Wirtschaft und Energie，*Jahreswirtschaftsbericht 2017*，Frankfurt：Druck und Verlagshaus Zarbock，2017.

从公共部门的财政状况来看，联邦、州、地方（Gemeinden 和 Gemeindeverbände）和社会保险均能达到收支平衡或实现盈余（参见表 2）。值得一提的是，地方的财政收支状况有改善的迹象，这与联邦对州和地方财政采取的减负措施①不无关系。总体上看，德国公共财政状况良好，为今后各级政府实施积极的财政政策提供了空间。

表 2　德国公共财政收支与收支差额

单位：亿欧元

	2015 年			2016 年第一季度至第三季度*		
	收入	支出	收支差额	收入	支出	收支差额
联邦	3622.82	3412.86	210.35	2708.00 (3168.29)	2714.85 (3067.39)	(100.90)
州	3593.69	3552.02	42.08	2746.89	2690.63 (3457.00)	(88.34)
地方	2308.46	2276.95	31.51	1708.13	1737.10	
社会保险	5772.65	5760.46	12.29	4428.06	4449.83	

注：* 括号内为德国联邦财政部估算数据，见“Länderhaushalte”，http://www.bundesfinanzministerium.de/Content/DE/Standardartikel/Themen/Oeffentliche_Finanzen/Foederale_Finanzbeziehungen/Laenderhaushalte/2017-01-31-Laenderhaushalte-2016.html。

数据来源：德国联邦统计局及联邦财政部。

（二）联邦财政的未来动态

根据联邦财政部新近发布的简报②，德国政府计划在实现零赤字目标的前提下逐年增加财政支出：2017 年联邦财政计划支出总计 3287 亿欧元，以后年均递增 2.5%，至 2020 年联邦财政计划支出将达到 3493 亿欧元（参见

① 例如在公共设施建设和维护、地区结构政策框架内的转移支付及接纳难民等方面。

② 见“Länderhaushalte”，http://www.bundesfinanzministerium.de/Content/DE/Standardartikel/Themen/Oeffentliche_Finanzen/Foederale_Finanzbeziehungen/Laenderhaushalte/2017-01-31-Laenderhaushalte-2016.html。

表 3）。当然，上述财政计划具有一定的不确定性，主要在于收入方面[①]，尤其是对税收收入的乐观估计。按照联邦财政部的预期，未来联邦财政的税收收入占总收入份额将由 92% 上升至 97%，年均增速将达 4.8%。显然，若不增加居民或企业税负，则这一预期意味着今后 4 年德国经济的平均增长率要在目前的水平上有明显提升。

表 3　德国联邦财政收支动态

	2017 年	2018 年	2019 年	2020 年
计划支出（亿欧元）	3287	3311	3433	3493
计划支出增速（%）	3.7	0.7	3.7	1.7
计划收入（亿欧元）	3287	3311	3433	3493
其中计划税收收入（占比,%）	92	95	96	97
计划税收收入增速（%）	7.1	4.9	3.7	3.5

数据来源：来自德国联邦财政部及笔者的计算。

相对于年均 2.5% 的总支出增速，联邦政府计划以更快的速度上调投资性支出和教育及研发类支出。2016 年联邦政府的投资性支出合计 315 亿欧元，约占当年联邦财政总支出的 9.9%；2017 年该项支出计划增加 5.7%，达 333 亿欧元，约占当年联邦财政总支出的 10.1%。2016 年联邦政府的教育及研发类支出合计 211 亿欧元，约占当年联邦财政总支出的 6.7%；2017 年该项支出计划增加 7.6%，达 227 亿欧元，约占当年联邦财政总支出的 6.9%。上述财政支出结构的变化体现了联邦政府的政策取向：加强公共设施建设，为实现经济的持续增长打好基础；加强教育及研发投入，为实现经济的持续增长提升潜力。

交通设施投资约占联邦财政投资性支出的四成。2016 年联邦政府的交通设施投资为 128 亿欧元；2017 年该项支出计划增加 3.9%，达到 133 亿欧

① 柏林德国经济研究所（DIW）对德国公共财政的测算持类似观点，见 Kristina van Deuverden, "Öffentliche Finanzen bis 2025：Nur auf den ersten Blick günstig", *DIW Wochenbericht* Nr. 50/2016, S. 1193 – 1202, http：//www.diw.de/documents/publikationen/73/diw_01.c.548931.de/16 – 50 – 4.pdf。

元；2018 年将再增加 4.5%，达到 139 亿欧元。

另一项重要的投资性支出是宽带网建设，联邦政府原计划对此投入 27 亿欧元，但在 2017 年至 2020 年新的支出计划中又追加了 13 亿欧元，以支持宽带网供应不足地区的扩建工程。

微电子技术是推进“工业 4.0”的关键。联邦政府计划自 2017 年至 2020 年总共投入 17 亿欧元，重点推进汽车业、机械制造和装备业的数字化进程，以及在数据保护与安全方面的应用性研发，以提升德国企业的创新能力和国际竞争力。

联邦政府产业政策的另一个关注点是电动汽车市场化。对此，联邦政府计划自 2017 年至 2020 年总共投入 16 亿欧元，其中 9 亿欧元用于向能源和气候基金拨款。

国防和治安支出是联邦财政的重要组成部分。鉴于地缘政治环境的变化、北约面临的不确定性和德国近年来承担更多的国际维和任务，2017 年联邦国防支出计划为 366 亿欧元，比 2016 年增加 23 亿欧元，增幅为 6.7%；2017 年至 2020 年联邦国防支出共计将增加 102 亿欧元。在治安方面，由于欧盟邻国及德国国内恐怖袭击的风险增加，联邦警察治安任务加重，人员需要扩充，2017 年联邦内务部的计划支出较 2016 年增加了近 5.4 亿欧元，增幅为 6.9%；2017 年至 2020 年联邦治安支出共计将增加 22 亿欧元。

社会保障支出占联邦财政总支出的一半以上。2017 年联邦政府计划的此项支出为 1710 亿欧元，占总支出的 52%；2020 年升至 1871 亿欧元，占总支出的近 54%，年均增长约 3%。

社会保障支出涉及一系列补充性养老措施①。2017 年联邦政府计划向法定养老保险支付 912 亿欧元的补贴，以后年均增长 3.4%，至 2020 年达到 1007 亿欧元。其他社会政策措施还包括社会保障房建设补贴、住房补贴、子女养育金补贴（Eltergeld-Plus mit Partnerschaftsbonus）等。

① 例如“63 岁后全额支付养老金”“母亲养老金”“毕生工作养老金”及“丧失从业能力养老金”等。

为了应对难民问题，联邦政府在2017年的财政预算中计划了近190亿欧元的支出，占其财政总支出的5.8%。2017年至2020年，联邦政府计划用于接纳难民的支出，即对其进行语言、技能和上岗就业培训的支出合计775亿欧元，约占同期联邦财政总支出的5.7%。

德国的地区政策体现在联邦、州和地方的财政均衡制度中。2016年10月联邦和州就2020年以后的财政均衡规则达成了协议，涉及修改联邦和州之间的财政均衡关系、销售税分税、州财政减负、负债管理、联邦公路管理与维护、加强审计监管等内容。由于联邦和州之间的财政均衡是基本法的一部分，因此联邦政府已在2016年12月14日提出修宪方案。除财政均衡制度以外，平衡德国东西部地区发展的另一个制度性框架是《团结公约》（Solidarpakt）。现行《团结公约》（Solidarpakt II）的有效期至2019年，之后将需要在联邦层面形成新的替代框架。

三　未来德国经济政策导向和经济增长趋势

（一）经济政策导向

德国政府面临着来自内外两方面的挑战，国内方面主要是：（1）民粹主义抬头（民调结果显示极右翼政党得票率将达近一成[①]，反映出部分民众对现状不满）；（2）国内需求过于依赖政府消费，投资需求对经济增长的贡献偏低，尤其是制造业近两年来投资疲软、增长乏力；（3）接纳大量难民的财政负担尚可克服，真正的考验是难民问题的社会后果及对国内政治格局的影响。来自外部的挑战主要是：（1）英国脱欧可能带来的连锁效应及欧盟内部经济发展不平衡对欧盟未来的影响；（2）美国总统换届以后国际贸易环境和地缘政治格局可能发生的变化；（3）经济趋异发展、政局动荡和由此产生的持续性难民问题。

---

① 见 Renate Köcher, Interessen schlagen Fakten, *Frankfurter Allgemeine Zeitung*, 22.02.2017, S. 10。

上述挑战有着深层次的经济原因。在全球化和欧洲一体化的进程中，自由贸易和规模经济使流动性和非流动要素之间的收入分配差异相对变大，地区经济发展趋异。在这种情况下，排外情绪、民粹主义和贸易保护主义难免抬头，进而导致部分民众对全球化和欧洲一体化不满，极右翼政党的影响力扩大。解决此类问题需要采取再分配政策和构建欧盟内部的财政均衡机制。

投资需求不足问题的根源在于供应侧。当劳动力成本压力随着劳动收入上升而上升时，人力资本存量、实物资本产出效率和全要素生产率就决定了经济进一步增长的潜力。如果缺乏技术创新、全要素生产率停滞不前、实物资本的边际产出随着资本积累而降低，则投资需求自然会渐趋疲软，经济增长乏力。解决此类问题需要采取创新、创业和研发激励政策，基础设施建设政策，以及相应的教育政策。

虽然当前德国难民问题的直接起因是近来中东地区的政治乱局、战争和恐怖主义，但南北经济失衡、不发达国家和地区居民绝对贫困所引起的经济难民潮规模更大，持续更久。要从根本上解决难民问题，需要发达国家合作采取对不发达国家的发展援助政策。

针对上述挑战，联邦政府就今后的经济政策提出了如下基本原则①，即包容性增长（inklusives Wachstum）、社会参与（soziale Teilhabe）和生活质量（hohe Lebensqualiät），包括以下政策要点。

（1）创业、投资和生产率

在数字化进程中完善竞争秩序（第9次修订反垄断竞争法）；搭建“工业4.0”对话平台，提供信息咨询服务；采用创新和风险基金激励技术进步及创业；扩建宽带网等基础设施，以改善投资环境、提高生产率和德国区位竞争力。

（2）稳定公共财政，投资未来

继续稳定联邦、州和地方财政；加强对交通基础设施（2030年联邦交通道路规划）及教育和研发的投入，以提升增长潜力；在研发领域通过拨

① Bundesminiserium für Wirtschaft und Energie, *Jahreswirtschaftsbericht 2017*, Frankfurt: Druck und Verlagshaus Zarbock, 2017.

款、政策咨询、立法等措施重点支持微电子技术在汽车、机械制造和装备业的应用研发；推进电动汽车的市场化。

（3）以就业促进社会凝聚

利用数字化带来的便利鼓励灵活就业；开展“劳动4.0”对话，应对劳动力需求结构变化；提高最低工资，保证分配公平；推进教育和职业教育［修订《联邦职业教育促进法》（Aufstiegs-BAföG）］，保证机会公平；吸纳难民进入劳动力市场。

（4）与时俱进的社会保障

以可承受为前提，在资金筹措方面及通过立法（如制定企业养老金强化法）完善老龄化社会的社会保障制度；逐步拉平东西德养老金差距；利用数字化等新技术提高医疗保障的效率和质量；扩大社会保障住房供应。

（5）公平赋税

提高收入税起征点、子女免税额度（Kinderfreibetrag）和补贴（Kindergled）；改革遗产和赠予税制；严格税收监管，保证赋税公平。

（6）能源转向、效率和安全

在2017年1月生效的《可再生能源法》（EEG）框架内继续推进能源转向，进一步开放市场、引入竞争；建设直流电网，保证供能安全；节能和提高能效并举，实施《气候保护2020行动计划》；以《气候保护规划2050》为纲，制定未来环保政策。

（7）欧洲团结和稳定增长

加强欧洲内部信任、团结和合作；以欧洲战略投资基金（EFSI）为政策工具提高欧盟内投资区位的吸引力；制定欧洲银行联盟的法律基础和规范，稳定资本市场，控制金融部门的内生风险，提高欧洲经济的抗干扰能力。

（8）国际合作和持续平衡发展

加强欧盟与美国、加拿大的经济合作与贸易往来［欧盟与加拿大签署经贸协议CETA（综合经济与贸易协定）］；加强G20之间的合作（2017年德国为G20轮值主席），推进全球化和自由贸易；加强与联合国在《2030年可持续发展议程》框架内的全面合作；援助非洲，支持非洲发展。

（二）经济增长趋势

自2013年以来，德国经济处于一个平稳的回升期（参见图12）。从供应侧看，第二产业对经济回升的推力并不明显（参见图1），第三产业的增长推力主要来自信息与通信业及企业商务服务业（参见图2），但二者在国民经济中的占比不足16%。因此，以下着重从需求侧来推测德国经济2017年的走势。

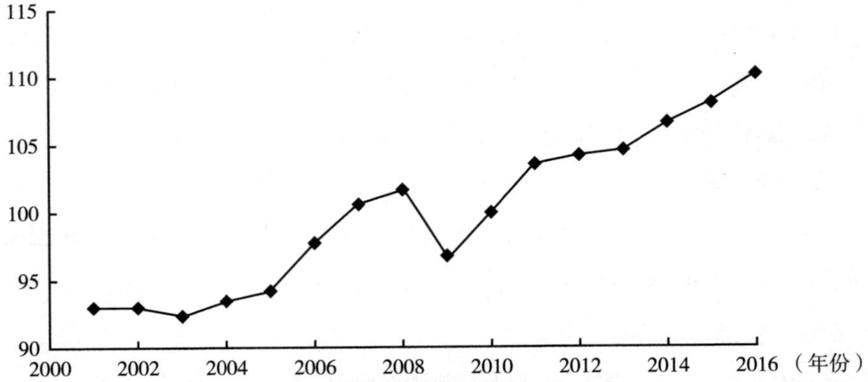

（a）国内生产总值指数（2010为100）

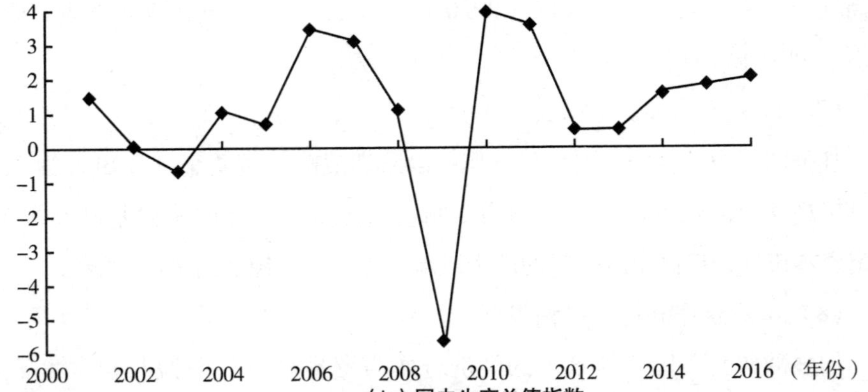

（b）国内生产总值指数

图12　德国国内生产总值及其增长

数据来源：德国联邦统计局。

根据2000年至2016年的时间序列，私人消费增量数据大致具备一阶单整的特点［参见图13（a）］，低于国内生产总值增量的单整阶数。由于2013年以来经济恢复、就业状况改善，私人消费增量连续3年攀升，预计2017年仍能保持微增势头。

与公共财政支出相对应，政府消费增量数据的长期趋势大致具备二阶单整的特点，短期趋势大于二阶单整［参见图13（b）］。预计2017年政府消费增量将延续其2014年至2016年以来的平均增幅走势。

固定资产投资增量数据的单整阶数介于一阶和二阶之间［参见图13（c）］。由于近两年德国国民经济生产能力已基本满负荷运行，预计2017年固定资产投资增量将大于2016年，大致回归到固定资产投资增量时间序列的长期趋势线上。

净出口增量数据的单整阶数介于零和一阶之间［参见图13（d）］，其未来走向一方面受到欧盟内各国经济状况的影响，另一方面受到中国、美国等欧盟外主要贸易伙伴的经济状况影响。德国半数以上的对外贸易在欧盟内开展，而欧盟内各国经济基本均处于回升期，这有利于德国的出口；英国脱欧虽然对欧盟造成了一定冲击，但总体上不会对德国出口产生影响。德国第二大贸易伙伴美国的总统换届后，国际贸易环境可能出现变数，或对德国出口产生有限的负面影响，但德国最大贸易伙伴中国经济的稳定表现及“中国制造2025”的推进显然会给德国出口加分。因此，预计2017年德国净出口将延续其迄今以来的长期走势。

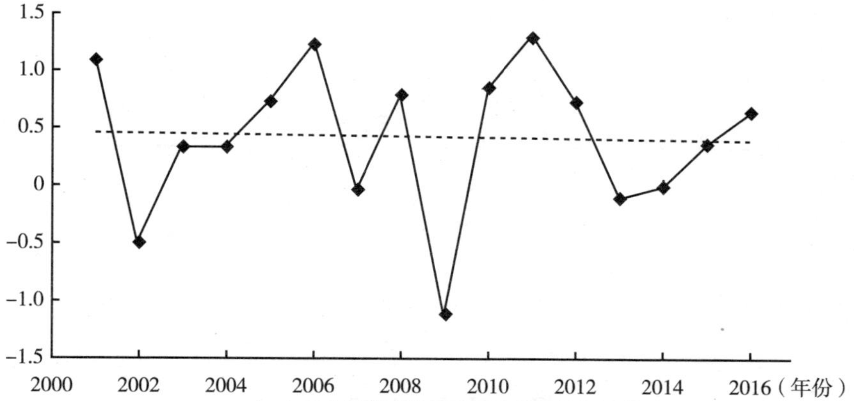

（a）私人消费（按国内生产总值指数折算）

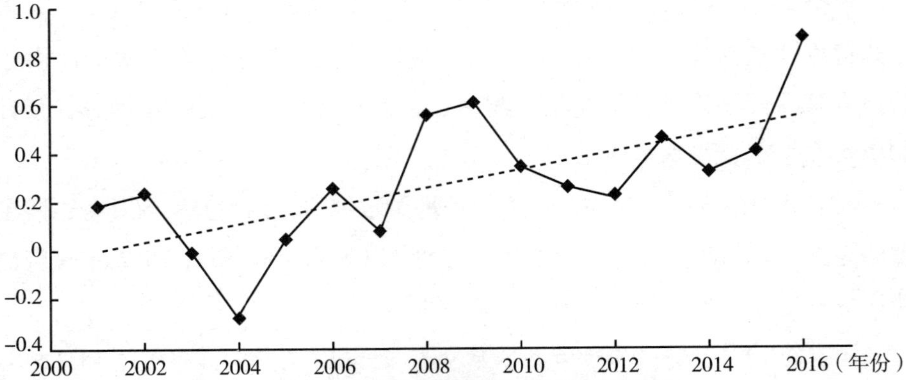

（b）政府消费（按国内生产总值指数折算）

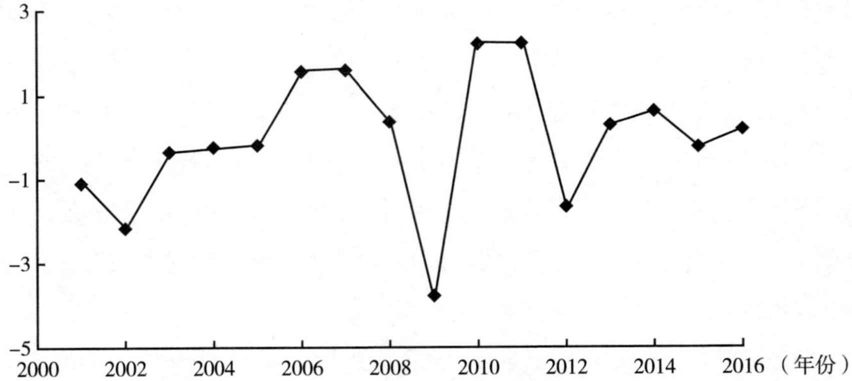

（c）固定资产投资

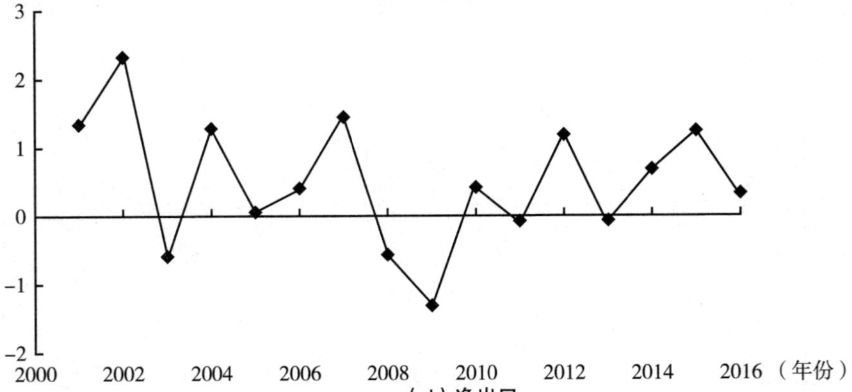

（d）净出口

图 13　德国总需求中各分量的增量走势

数据来源：德国联邦统计局。

根据以上分析，笔者推算2017年德国私人消费增长率为1.5%，政府消费增长率为3.7%，固定资产投资增长率为1.9%，净出口增长率为3.5%，总需求增长率为2.2%。若考虑节假日因素（2017年德国节假日较2016年多），则实际经济增长率应在1.7%至1.8%之间，高于联邦政府1.4%的预测①。预计2017年以后德国经济仍将会延续2014年以来的回升趋势。

四 结语

2016年德国经济总体表现良好，公共财政状况亦然。2017年德国经济面临着来自国内外两方面的考验。国内的考验在于：如何在不过分依赖公共财政支出的前提下进一步提升经济增长潜力，同时解决好社会公平和气候保护问题。国外的考验在于：（1）如何在英国脱欧以后加强欧盟内部的团结；（2）如何在美国政局不确定的背景下稳定国际贸易和经济合作秩序；（3）如何解决难民问题。对此，德国政府在其未来经济政策中做了相应考虑和应对设计。2017年德国经济主要取决于需求侧表现，预计国内生产总值将增长1.7%至1.8%，近年来经济回升的势头在2017年以后仍会得以延续。

---

① Bundesminiserium für Wirtschaft und Energie, *Jahreswirtschaftsbericht 2017*, Frankfurt: Druck und Verlagshaus Zarbock, 2017.

B.6

德国国家创新体系的特征、发展和启示

——兼论中德创新合作

史世伟　寇　蔻*

摘　要：　德国的国家创新体系在德国整个经济体制运行中起着十分重要的作用。本文以经济合作与发展组织的创新体系模型为基础，着重介绍政府、企业、公共研究与教育机构及中介组织在德国国家创新体系中的作用。2016 年以来德国在创新体系的建设方面出现了新的趋势，包括大力推进各领域的数字化、改善高校科研人才的晋升环境及实施更加具体的产业促进政策。德国国家创新体系的建设体现出德国关注全球产业发展趋势的变化，及时调整政策导向，以保证本国创新能力和国际竞争力的不断提高。随着中国科技实力的提高及世界经济形势的变化，中国和德国在创新领域的合作将会出现更多的机会。

关键词：　创新体系　创新政策　创新合作　德国　中国

引　言

德国的国家创新能力多年来在世界范围内都处于领先地位，其中，德国

* 史世伟，博士，对外经济贸易大学外语学院教授、区域与国别研究所欧洲中心主任；寇蔻，德国哈勒－维腾贝格大学经济学院博士研究生。

具有自身特色的国家创新体系发挥了重要作用。在创新活动中，德国政府主要承担着为市场创造良好的制度框架条件和生态环境的职能，而企业起着创新的核心作用，德国的研究机构和高校有着明确的科研分工，此外，众多中介组织也为技术转化和知识传播起到了很好的桥梁作用。不过，德国的国家创新体系也并非一成不变，为了应对数字经济带来的挑战及世界产业结构发生的变化，德国政府在2016年对国家创新体系进行了调整，主要包括：（1）大力开展数字化战略，推进经济数字化、新兴的数字经济产业的发展，并为数字化创造框架条件；（2）改革高校体系，增加“终身制”职位数量，通过新一轮“精英战略”进一步加大对高校的投入，同时促进创新和知识转化；（3）通过新的产业政策促进新兴行业的发展。

本文将首先分析德国国家创新体系的基本特征，其次介绍其最新的发展趋势及对中国的启示，最后分析中国和德国创新合作的前景。

一　创新与创新体系

根据熊彼特（J. A. Schumpeter）的思想，创新包括技术创新和非技术创新（组织和市场）两个方面。技术创新又分为产品创新和工艺创新。此外，熊彼特还强调企业在创新中的核心地位。不过创新并不仅仅由企业家特质所决定，很少是孤立发生的。竞争性市场是激励创新和使企业和个人从知识积累中获取利益的必要条件，但还不是充分条件。创新的发生还取决于企业的多样性、技术路线或轨迹的选择、技术积累及同其他支持机构的结合。

在原有创新理论的基础上，弗里曼（Christopher Freeman）、伦德瓦尔（Bengt-Åke Lundvall）和纳尔逊（Richard R. Nelson）提出了国家创新体系的概念，弗里曼将国家创新体系定义为由公共和私营部门发起、改变和扩散新技术的活动和互动的制度与组织网络[①]。伦德瓦尔认为创新体系是在地区

① Chris topher Freeman, *Technology Policy and Economic Performance: Lessons from Japan*, London: Pinter, 1987.

或国家范围内的一种要素和关系，这种要素和关系会在生产、扩散和使用新知识时相互影响[①]。纳尔逊则认为国家创新体系是一系列能够通过互相作用从而决定企业创新表现的制度[②]。总之，现有对于国家创新体系的定义有很多类似之处，都强调创新是一个系统作用的结果，是一个复杂的、具有多重循环的非线性过程，创新实际上产生于网络化的合作活动，其中异质性群体之间的学习、知识交流和转移起到核心作用。

经济合作与发展组织（OECD）根据纳尔逊和伦德瓦尔的国家创新体系理论，在《奥斯陆手册》中提出了新的创新理论模型[③]。该模型总结了原有创新体系中的关键要素，并将其概括为五个部分：基础设施和制度结构、创新政策、企业、教育和公共研究体系及需求。同时，《奥斯陆手册》吸纳了熊彼特的经典理论，将企业看作创新活动的核心，认为所有创新活动都是以提高企业绩效为最终目的，并强调了企业与其他企业及公共研究机构之间的关系。

《奥斯陆手册》认为，制度环境决定了企业运行的总体范围，主要包括教育体系、培训体系、创新政策、法律环境、金融市场、市场准入及产业结构和竞争环境等。此外，区域因素同样会影响创新能力。区域创新体系的发展与国家创新体系类似，同样包括当地的企业、科研机构、风险投资、创新环境及基础设施，它们会对区域的创新绩效产生影响。特别是如果一个国家中的不同地区存在区域性差异，如经济发展水平、教育水平和科研投入等，对创新体系进行区域性的分析有助于理解不同地区的创新过程，对制定政策也很有价值。本文将借鉴《奥斯陆手册》模型，并结合德国国家创新体系的具体特点，选取政府、企业、公共研究与教育机构及中介组织这四个要素，分析它们在德国国家创新体系中的作用。

---

① Bengt-Åke Lundvall（ed.）, *National Systems of Innovation: Towards a Theory of Innovation and Interactive Learning*, London: Pinter Publishers, 1992.

② Richard R. Nelson, *National Innovation Systems*, Oxford: Oxford UP, 1993.

③ Peter Stendahl Mortensen and Carter Walter Bloch, *Oslo Manual-Guidelines for Collecting and Interpreting Innovation Data*, Paris: OECD, 2005.

二 德国国家创新体系的特征

从传统上来说，德国国家创新体系与其整体经济制度一样，带有“合作资本主义”的特征，与英美的“自由市场经济”相比，德国的创新组织形式有利于持续的渐进性创新。不过，近些年来，由于国际竞争日趋激烈及经济全球化进一步深入，德国的“合作资本主义”已经发生了很大变化，其创新体系也正在向英美体系靠拢。尽管如此，德国国家创新体系仍然带有鲜明的特色。

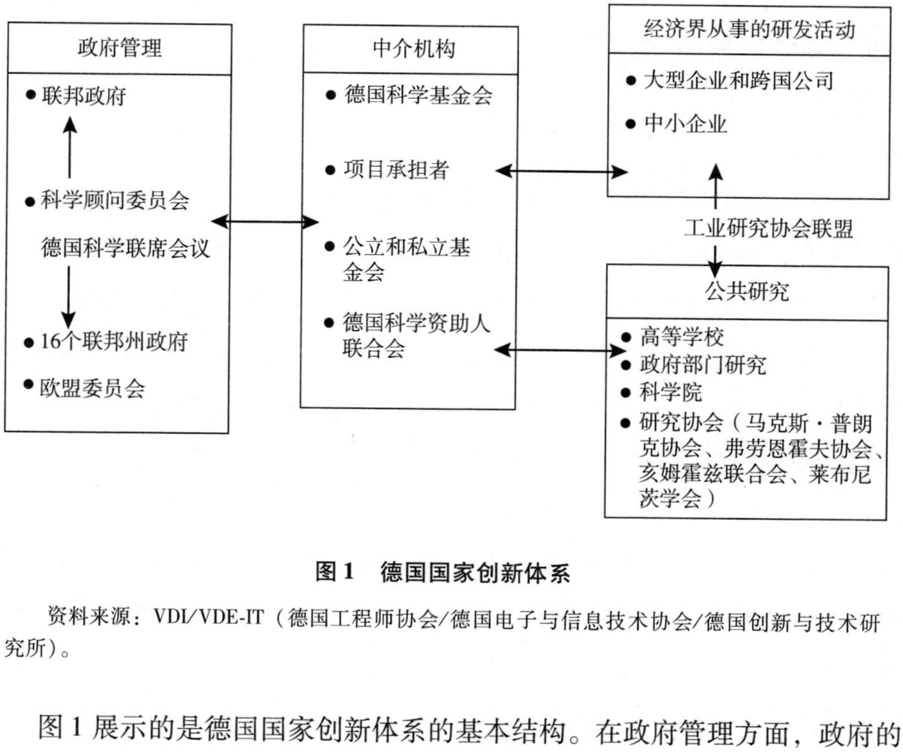

图 1　德国国家创新体系

资料来源：VDI/VDE-IT（德国工程师协会/德国电子与信息技术协会/德国创新与技术研究所）。

图 1 展示的是德国国家创新体系的基本结构。在政府管理方面，政府的主要任务是为创新活动创造框架条件，作为联邦制的德国，联邦政府与州政府在权能和职责方面不存在隶属关系，联邦政府和州政府的科技政策与创新政策各自相互独立，这也是德国国家创新体系的重要特征之一。联邦政府与

州政府之间创新政策的联系与协调是通过德国科学联席会议（GWK）实现的[①]。德国国家创新体系另外一个突出的特点是拥有众多具有创新能力的企业，除了大型企业之外，德国的“隐形冠军”中小企业也是独树一帜，在细分市场精耕细作，许多这类企业都拥有较高的创新水平；在公共科研领域，大学与科研机构各有侧重点，其中大学更加注重理论及前沿课题研究，而公共研究机构则既有基础理论的探索，也有跨学科和应用性研究。另外，与许多国家不同，德国政府在对创新活动进行资助时往往不会直接介入，而是通过半官方或利益相关方的中介组织来执行，这些中介和组织机构数量众多，分布在不同的领域，在连接各个创新主体、促进知识流动方面发挥着重要作用。下面将具体介绍政府、企业、公共研究教育机构及中介组织在德国国家创新体系中所扮演的角色。

（一）政府：注重创造框架条件

德国是一个联邦制国家，实行的是一种在横向和纵向上共同治理的模式。对于创新政策而言，在联邦和联邦州层面上，政府各部门及准国家的权威机构（如独立的科学委员会、德国工商会等）共同对政策的理念、设计和执行负责。根据德国宪法《基本法》，对科研活动进行资助是联邦政府与16个联邦州政府的共同任务。德国联邦制运作遵循“辅助原则”，即更高一级的政府仅在低一级政府无法做得更好时介入。对于联邦政府而言，这意味着它仅负责那些涉及整个社会的职权领域，像航天、核能及海洋应用的研究，这些研究涉及整个社会的利益且需要大规模的投资，所以主要由联邦政府负责。而教育体系的规划与治理（小学、中学和大学）主要是各联邦州的职权，这既与辅助原则有关，也同样是德国历史和文化传统的产物。另外，那些需要相对比较小投资的基础研究领域则由联邦与联邦州共同出资（各50%，如莱布尼茨学会）。近年来，欧盟委员会在研发资助方面发挥的

① 史世伟：《从国家创新系统角度看集群的创新作用——以德国为例》，《欧洲研究》2011年第6期，第57~76页。

作用也越来越大。

在德国社会市场经济体制下，政府在创新体系中最重要的任务首先是为企业的创新创造良好的法律和制度框架条件（“生产性的秩序政策”）。德国经济体制的核心是竞争秩序，国家竞争政策保障企业的有效竞争，避免因为垄断造成企业缺乏创新动力和创新停滞现象。此外，德国完善的社会保障体系能够为创业失败者“减震”。在维护竞争秩序的前提下，各级政府制定和执行国家的研究、技术与创新政策，在技术进步的各个环节对企业的创新提供支持，这包括国家通过专利保护、知识产权制度及环保等标准的制定为企业的创新提供激励和必要的约束，以及国家对科学和研究提供资金支持。

（二）企业：国家创新体系的核心

在德国的国家创新体系中，企业无疑处于中心地位。德国目前的研发投入将近占国内生产总值的3%（2015年），其中私人企业的贡献为70%，国家的投入仅为30%①。德国国家创新体系中最强大的部分是其在历史上不断演化的工业体系。特别是在19世纪最后20年及20世纪初形成的四大优势产业（车辆制造、电子技术、化学和制药及机械制造）在研发方面始终走在前列，在这些领域的持续创新成为德国制造业国际竞争优势的根本保障。近年来，德国的私人研发又有向上述优势领域集中的倾向。2013年德国企业研发活动中，制造业的研发投入占到了所有行业的约86%，而上述四大优势行业更是研发活动的重中之重，四大行业的研发投入总共占所有行业的74%，其中车辆制造业占32%，电子技术业占18%，化学和制药工业占14%，机械制造业占10%②。德国研发投入最多的行业也正是德国出口最多的领域。车辆制造业2015年制造的570万辆汽车中有65%用于出口③。在

① 数据来源：德国联邦教育与研究部。

② 数据来源：BMBF，*Bildung und Forschung in Zahlen 2016*，p. 21，https：//www. bmbf. de/pub/Bildung_ und_ Forschung_ in_ Zahlen_ 2015. pdf。

③ 数据来源：statista。

德国经济所有通过产品创新获得的销售额中，汽车产业占了约30%，而在汽车工业的总销售额中，新产品占到49%[①]。正是德国在生产技术领域的竞争优势，才使其能够面对新兴工业国家崛起的挑战，在其他传统工业强国如美国、英国在20世纪90年代以来不断将制造业转移到低工资国家时，德国的制造业保持在占国内生产总值22%左右的水平[②]。许多大型企业一直保持着较高的研发投入，有些开设了自己的试验室，在应用研究和试验研究的同时，也进行部分基础研究。另外，德国还有一批创新能力很强、专业化程度很高的中小企业。它们与大型企业一起形成了一个相互配套的工业体系。德国企业的研发费用中90%左右都是企业自筹[③]，近年来，高校和公共研究机构（主要是弗劳恩霍夫协会）的部分科研基金也来自企业的委托研究，从而使高校与公共研究机构的研究更加贴近企业的需要。

由于德国国家创新体系的路径依赖，德国在一些技术前沿产业的发展难言成功，如信息与通信技术（ICT）、半导体、生物与遗传工程等领域。德国的金融市场与税收结构、欠发达的风险投资及大公司的治理结构使德国的国家创新体系比较适合于在历史上确立优势领域的渐进创新，而不是颠覆性创新。

（三）公共研究机构和大学：明确的科研分工

德国公共研究体系的主要载体是公共研究机构和大学（也包括应用科学大学）。虽然德国的大学与公共研究机构的大部分资金来自政府（机构与项目资助），但是它们坚持了德国传统的“科学独立”方针，在大学与

---

① 数据来源：德国联邦教育与研究部。

② 数据来源：BMWi，“Anteil des Verarbeitenden Gewerbes an der Bruttowertschöpfung in den jeweiligen Mitgliedstaaten，2005 und 2015”，https：//www. bmwi. de/BMWi/Redaktion/PDF/I/infografik-industrie-strukturelle-entwicklung，property = pdf，bereich = bmwi2012，sprache = de，rwb = true. pdf。

③ 史世伟：《从国家创新系统角度看集群的创新作用——以德国为例》，《欧洲研究》2011年第6期，第57～76页。

公共研究机构研究方针和战略的制定上，机构具有完全的自主权，不接受行政部门的指示。它们聘用科研人员的薪酬也不直接与科研人员的科研成果挂钩。德国现有高等学校427所，绝大多数为由政府拨款办学的公立大学。2015年，约91%的学生在公立大学中学习①。德国大学秉承洪堡的教学与科研并举的理念，除了为社会培养人才，还将科研放在十分重要的地位。2011年，德国公共科研投入为244亿欧元，其中大学获得134亿欧元②。德国大学的科研涵盖领域十分广泛，不仅从事基础研究，也从事应用研究及技术开发。在德国联邦制的框架里，德国大学的资金来源及其管理主要是联邦州的职权范围。由于在联邦制分税体系下，联邦预算的份额最大，联邦州获得的公共资金比较有限，所以德国大学长期在科研基金上捉襟见肘，这使德国大学同美国、英国、法国等科技大国的精英大学相比过于地方化和无法冒尖。2005年，德国联邦政府发起了“精英倡议计划”（Exzellenzinitiative），在2005～2017年内从联邦预算中拿出46亿欧元来推动德国精英大学和大学内精英研究集群的建设③。这才使以上状况才有所改观。最近一轮的选拔是在2012年举行的，11所大学作为精英大学脱颖而出，联邦政府对其将获得的机构资助资金也做出了长期的承诺。为此，德国政府还在2014年专门出台了一项新法律，对2006年通过的限制联邦与州政府在教育方面合作的“合作禁止”法案做了修改，从而为联邦政府为高校办学与科研出资扫清了制度性障碍。

德国公共研究体系的最突出特点是不同类型的公共研究机构之间的明确分工。2011年，德国联邦与州政府对公共研究机构的年度投入为110亿欧元④。与大学不同，德国公共研究机构的大部分资金来自联邦预算。在科研使命上，马克斯·普朗克科学促进协会（其前身为威廉皇帝

① 数据来源：德国联邦统计局。

② 数据来源：德国联邦教育与研究部。

③ BMBF，“Exzellenzinitiative”，http：//www. bundesbericht-forschung-innovation. de/de/Exzellenzinitiative-1790. html.

④ 数据来源：德国联邦教育与研究部。

协会）和弗劳恩霍夫协会构成了德国公共研究机构中的两极：前者的80多个研究所主要从事前沿科学的基础研究，如医学、物理、化学、生物技术，经费的绝大多数来自政府的机构资助资金；后者的60多个研究所则主要从事应用导向的研究，其经费中仅有30%来自政府的机构资助资金，另70%来自委托项目①，其中既有来自联邦政府和欧盟委员会的项目，也有来自工业界的委托项目。亥姆霍兹联合会（Helmholtz-Gemeinschaft）的18家研究中心主要从事大规模的研究，探索人类遇到的重大挑战如能源、健康、宇宙空间探索、环境及海洋问题的解决方案。因此，它也是德国公共研究机构中得到政府资金最多的机构。第四家公共研究机构是拥有81个研究所的莱布尼茨学会。它由联邦与联邦州政府共同出资，研究领域从社会和经济科学到环保问题等十分广泛。它还为其他研究体系提供基础设施和服务，并从事技术转让工作。此外，德国还有一些其他政府兴办的和独立的研究与支持机构，如像柏林社会研究院这样的地区性科学研究院。

（四）中介组织：促进知识转化

在促进知识向产业转化方面，德国也有一些有益的制度安排。由大学与大学外公共研究机构组成的科学体系是知识创造的主要载体，但是如果没有一些相应的制度安排，它们创造的新知识并不能自动转化为市场接受的产品或新的生产方法。在促进成果转化方面，科学体系与工业体系之间的合作和网络十分重要。在这方面，中介组织发挥了巨大的作用。

比如，在中小企业合作研究和结网方面，德国工业研究协会联盟起到了重要的作用。德国工业研究协会联盟成立于1954年，它的主要目的是为德国中小企业的合作研究提供公共平台，在此，中小企业可以就一些共用技术（或称“前竞争技术”）进行合作研究。而协会则为中小企业提供培训、咨

① Fraunhofer，“Zahlen und Fakten”，https：//www.fraunhofer.de/de/ueber-fraunhofer/profil-selbstverstaendnis/zahlen-und-fakten.html.

询和信息共享服务。协会联盟的另一项重要任务是组织和协调应用科学大学和中小企业在研发方面的合作，促进产学研结成合作网络。协会联盟目前有来自不同工业行业的 101 个研究协会成员。作为基础研究与企业商业化研发之间的重要桥梁，协会联盟的主要合作伙伴是德国政府（联邦经济与技术部、联邦教育与研究部及一些州的经济部），负责政府对中小企业创新支持项目的实施。但是协会的下属组织不是行政性机构，它们大多采取有限责任公司的形式。截至 2015 年，协会自成立以来投入发展与创新活动的资金达到 105 亿欧元，共完成了超过 21 万个研究项目，近 5 年参与研究的科研机构约 1200 家，有约 5 万家中小企业受益。①

三　德国国家创新体系的新发展

德国的国家创新体系相对来说已经比较成熟，并且在过去这些年为德国保持较强的创新能力和国际竞争力奠定了坚实的基础。不过，德国的国家创新体系也是动态变化的，政府及其他创新主体会根据经济发展趋势和本国经济状况对创新体系进行不断的改进和优化。

根据德国联邦教育与研究部在 2016 年公布的德国教育和科研情况的最新数据，近年来德国的教育投入总量一直在稳步上升，2014 年达到 1907 亿欧元，占到国内生产总值的 6.5%，而研发经费同样在不断增加，2014 年为 836 亿欧元，占国内生产总值的2.9%②，距离实现欧盟及联邦政府制定的研发经费达到国内生产总值 3% 的目标已经十分接近（参见表 1）。在国际比较中，德国不管是在研发强度还是研发投入的增速上，都处于较高的水平。

① AiF，“Zahlen und Fakten”，https：//www.aif.de/aif/zahlen-und-daten.html.

② BMBF，*Bildung und Forschung in Zahlen 2016*，Berlin，p. 21，https：//www.bmbf.de/pub/Bildung_und_Forschung_in_Zahlen_2015.pdf.

表 1　德国教育经费与研发经费支出

年份		2005	2010	2012	2013	2014
教育经费	(10 亿欧元)	143.3	175.6	181.4	186.5	190.7
	占国内生产总值比例(%)	6.2	6.8	6.6	6.6	6.5
研发经费	(10 亿欧元)	55.9	70	79.1	79.7	83.6
	占国内生产总值比例(%)	2.4	2.7	2.9	2.8	2.9

数据来源：BMBF, *Bildung und Forschung in Zahlen* 2016, Berlin, p. 21, https://www.bmbf.de/pub/Bildung_und_Forschung_in_Zahlen_2015.pdf。

德国经济研究所（DIW）的报告显示，2012 年在德国所有来自业界的研发资金中，投入生产制造业的资金占到了 85%。相比较而言，美国的私人研发支出中只有 70% 流入了制造业，法国不到 50%，英国只有 37%①。上文中提到，德国企业的研发资金主要来自车辆制造、电子技术、生物和制药及机械制造四大优势行业，而研发资金的流向也主要集中在这几个领域，其中车辆制造行业就占到了其中的 1/3，由此可见，德国的研发流向也呈现出明显的行业集中的特点。

集中于特定行业进行研发投资虽然有利于发挥自身的特长，但也造成了一些弱势行业及相对落后地区的资金缺乏。企业更愿意把大量的研发资金投入科研及经济水平处于很高水平、优势行业较为集中的地区，如慕尼黑和斯图加特，而事实上，其他地区的研发投入更加需要政府的公共资金支持。德国经济研究所建议，科技和创新政策应该更加重视促进科研机构、高校及企业之间跨区域的网络协作，这样工业基础较弱的地区便能够从中受益。② 下文将针对以上的发展状况及出现的问题，介绍德国国家创新体系的最新情况及未来的发展趋势。

① DIW, "Investitionen in Forschung und Entwicklung befeuern das Wirtschaftswachstum", https://www.diw.de/de/diw_01.c.512906.de/themen_nachrichten/investitionen_in_forschung_und_entwicklung_befeuern_das_wirtschaftswachstum.html.

② DIW, "Unternehmen forschen nicht immer dort, wo die öffentliche Forschung stark ist", https://www.diw.de/de/diw_01.c.546874.de/themen_nachrichten/unternehmen_forschen_nicht_immer_dort_wo_die_oeffentliche_forschung_stark_ist.html.

（一）大力推进数字化进程

数字化是德国政府近期关注的重点。2016 年 4 月，由德国科研教育促进机构“德国科学基金联合会”（Stifterverband für die Deutsche Wissenschaft）、德国利奥波第那科学院（Leopodina）及德国研究与创新专家委员会（EFI）共同举办的科研峰会（Forschungsgipfel）在柏林召开，会议将 2016 年的主题聚焦在数字化上。德国总理默克尔在主旨发言中对于新科技可能带来的变革表达了忧虑，并提醒道，德国在许多高科技领域还并未处于世界领先地位，未来能否掌握战略性技术来推进德国的进一步创新还并不明朗。为此，德国需要各个领域更加紧密地合作，而在这中间数字化有着不可替代的地位。①

大力促进数字化在德国最近几年的科技政策中已经显现出来，如 2011 年德国政府提出的“工业 4.0”战略中的核心技术信息——物理融合系统及物联网都是以数字化为基础的。“工业 4.0”战略中重点发展的信息通信技术也与数字化息息相关。

但是，数字化不仅仅关系到几个具体的产业，而是与生活中的各个领域都有紧密的联系，更是未来创新发展的关键。对于创新体系来说，数字化属于创新的基础设施范畴，直接关系到所有创新主体的交流沟通、信息传递及知识流动。但是，德国过去在数字化和信息技术的发展上并非一帆风顺。EFI 主席、马克斯·普朗克创新与竞争研究所所长哈豪夫（Dietmar Harhoff）教授认为联邦政府在数字化上过于谨慎小心，德国应该大力为互联网经济的发展创造更多更好的条件，而非仅仅通过“工业 4.0”战略来维护已有的传统工业产业。②

其实，联邦政府在 2014 年就已经提出《数字议程（2014 ~ 2017）》

① Bundesregierung, “Rede von Bundeskanzlerin Merkel beim Forschungsgipfel 2016 am 12. April 2016”, https://www.bundesregierung.de/Content/DE/Rede/2016/04/2016-04-12-rede-merkel-forschungsgipfel.html.

② Stephan Dörner, “So chancenlos ist Deutschland in der digitalen Welt”, *Die Welt*, 17.02.2016, https://www.welt.de/wirtschaft/webwelt/article152341020/So-chancenlos-ist-Deutschland-in-der-digitalen-Welt.html.

（Digitale Agenda 2014－2017），该议程被看作德国数字政策的基础准则，其目的是支持德国的数字化发展，推进经济数字化、新兴的数字经济行业发展，并为数字化创造框架条件。但是该项政策被一些业内人士认为来得太晚，并且在具体内容上存在诸如缺乏实际的解决方案、割裂各个职能部门之间的合作等问题。

EFI 在 2016 年 1 月的评估报告中对德国过往在数字化方面存在的问题提出了一针见血的批评：如今的德国太侧重于维护已有的优势产业，而对数字化带来的发展趋势重视不够，未来政策制定需要转变思路。具体说来，联邦政府现在只是关注到了数字化的一个很小的领域，包括“工业 4.0”战略也仅仅是注重提高生产技术的效率，而诸如智能服务世界（Smart Service Welt）和电子健康（E-Health）等新兴的数字化经济模式都未得到联邦政府足够的重视。“数字议程”政策无法满足新经济发展的需求，德国如今在数字化方面亟须一个整体性的战略。

2016 年 3 月，德国联邦经济和能源部公布了最新的“数字战略 2025”，旨在促进德国经济和社会更好更快地向数字化发展方向转型，它包括 12 项具体措施：（1）促进“数码中枢”（digital hub）[①] 的发展；（2）加速中小企业的数字化；（3）扩大宽带网络的覆盖范围；（4）促进私人对数字技术的投资；（5）构建良好的数字化价值链网络；（6）促进风险投资发展；（7）推进电子政府（E-Government）发展；（8）促进能源转换的数字化；（9）促进健康领域的数字化；（10）促进金融科技（FinTech）的发展；（11）推进汽车领域的数字化；（12）通过共享经济使更多社会群体受益。

以上每一项具体措施背后都有公共资金的支持及政府的协调。这些措施覆盖领域广，涉及大型企业、中小企业、新兴行业、金融投资、政府管理及创新网络等多个方面，势必会成为未来德国数字化转型的框架条件。

① “数码中枢”类似于一种产业集聚，里面包括创业公司、科研机构、中小企业、大企业和管理机构。

（二）高等院校的促进和改革政策

近半个世纪以来，德国高校虽然依旧保持着较高的科研和教学水平，以及诸多十分有特点的专业，但是在国际竞争力和国际影响力方面，德国高校已经落后于美国和英国的高等院校。因此，如何提高德国大学在世界上的竞争水平成为德国政府近年来教育政策的重中之重。一个重要策略就是对德国高校实施差异化发展，如上文所说的“精英倡议计划”就属于其中的一项重要政策。未来，这项政策还会继续推进下去，并且，精英大学将不仅仅侧重于高水平的科研，同时还会更加致力于将科研成果转化到实际生产和生活当中，在研究方面注重跨学科合作，加强国际视野。除了科研方面，教学、培训、研究的基础建设方面也同样要有所侧重，目的就是要让德国高校加强各自的比较优势，强化学校特色和个体特征。

高校的科研和教学任务都离不开教师，特别是高水平教授的贡献，但一直以来，德国大学中只有教授属于终身制，其他类型的教师都是有合同期限的聘任制，一旦合同到期就有不得不离开高校工作岗位的风险。同时，大学的教授职位有限，基本上后备教师需要等到老一辈教授离开岗位才有获得教授资格的机会，这使德国有“教授”头衔的人的数量十分有限，这样虽然能够提高德国教授的学术水平，但是又为那些还没有成为教授的科研人员的晋升路径增加了诸多的困难。对于青年科研工作者来说，德国的大学晋升通道十分狭窄，竞争可谓“十分残酷”：2007 年，德国政府针对科学领域的工作合同颁布了《科学领域有期限工作合同法》（Wissenschaftszeitvertragsgesetz），根据该项法律的规定，科研人员在取得硕士学位之后、取得博士学位之前，总计最多只能拿 6 年的有期限的工作合同（一般是作为科研人员，即 Wissenschaftliche Mitarbeiter），在获得博士学位之后，还允许再获得最多 6 年的有期限的工作合同，而一旦超过期限还未获得无期限的学术工作职位，那么科研人员将无法再获得有期限的工作合同。

这样的制度设置虽然能够增加科研人员的流动性，但也给青年学者的职业前景带来了极大的不确定性，使许多后备学者不得不放弃学术事业。根据德国《时代周报》的数据，90%的科研人员（这里是指“wissenschaftliche Mitarbeiter”）拥有的都是有期限的合同，其中有一半的合同期限甚至都不到一年。该报的调查显示，有80%的受访青年学术工作者正在考虑离开学术界。①

针对《科学领域有期限工作合同法》所出现的这一问题，2016年3月17日，德国政府对该项法律进行了修正，今后，合同的期限要与科研人员所从事的科研工作内容相符。例如，假设科研人员攻读为期三年的博士学位，那么雇主就应该直接提供三年的工作合同，而以往则会出现一次只提供两年或者一年的工作合同的情况。这一措施虽然能够在一定程度上减少超短期合同的出现，但是有期限合同的限制对青年学者造成的压力依旧无法减轻，因为根本问题并未解决：教授职位和固定工作岗位都过少。因此，EFI建议增加W2和W3级别教授职位的数量②，同时增加终身制职位。

2016年和2017年，加大对高校的投入成为德国政府科技政策的重点之一。2016年6月，德国政府公布了三项高校促进项目。第一，精英战略（Exzellenzstrategie）。与以往精英大学项目不同的是，在新的战略中，联邦政府和州政府的资助时间将不再限于几年，而是改变为长期资助，这也是联邦政府第一次对大学进行长期持续性的资金支持。联邦和各州在今后将向“精英集群”（Exzellenzcluster）和“精英大学”（Exzellenzuniversitäten）这两个高校促进项目每年投入5.33亿欧元，其中联邦政府负担75%的费用，相应的联邦州负担25%。德国精英大学的数量为11所，每年的项目经费共计1.48亿欧元，精英大学每7年会接受一次评估。另外的3.85亿欧元将每年投入到45个到50个“精英集群”中，这些集群都是大学之间的合作项目，平均每个集群每年能够获得300万欧元到1000万欧元的政府资助③。

① Tina Groll, “Wissenschaftszeitvertragsgesetz: Yeah, die prekäre Beschäftigung ist gesichert”, *Zeit Online*, 18.12.2015, http://www.zeit.de/karriere/beruf/2015-12/zeitvertraege-wissenschaft-reform-kommentar.

② W2和W3均为德国大学教授的级别，其中W3级高于W2级。

③ BMBF, “Das Exzellenzprogramm”, https://www.bmbf.de/de/neues-exzellenzprogramm-staerkt-universitaere-spitzenforschung-2724.html.

第二，科研后备力量培养项目。该项目的资助时间为 2017 年到 2032 年，联邦政府计划投入 10 亿欧元改善青年学者在大学中的职业发展路径。在大学原有的传统晋升方式之外，德国未来将新增 1000 个终身制教授职位①，为青年科研人员提供更多的晋升渠道。其实近些年来，一些德国大学已经开始实行非教授终身制职位，青年学者不必走传统的晋升路径等待教授岗位，而是可以依据学术成果及教学能力申请终身制职位。比如慕尼黑工业大学就为青年学者提供了这样的职业晋升模式，刚刚进入学校进行工作的优秀科研人员可以进入终身制的晋升制度中，身份是 W2 级的助理教授（Assistant Professor），为期 6 年。如果在这期间能够达到考核标准，那么未来便有晋升到 W3 级教授永久职位的机会。

第三，创新型高校项目（Innovative Hochschule）。德国高校历来都是将“科研”与“教学”作为办学的两大宗旨。而随着“创新型高校项目”的提出，德国高校被赋予了第三项任务——“转化和创新”（Transfer und Innovation），其目的是促进高校内的科研成果能够与社会需求进一步对接，提高知识市场转化的速度，特别是地区性的知识和技术转化。高校在地区的创新活动中扮演着重要的角色，促进高校科研成果的技术转化、加强高校与企业等其他创新主体之间的合作对于创新体系来说意义重大。

创新型高校项目将持续到 2027 年，项目负责方将对申请项目的高校或高校联盟进行两批次的选拔，每一批次的资助期限为 5 年。在这总共 10 年的时间里，联邦政府和州政府将一共投入资金 5.5 亿欧元，联邦和州层面的出资比例为 9∶1②。这一项目尤其针对中小型高校及应用科学大学，因为这类高校在地方创新体系的发展中具有很大的潜力，能够在本地的创新活动中发挥更大的作用。获得资助的高校须将资金用于与业界合作及社会技术知识转化上，如优化知识转化的组织结构、强化地方合作网络、增设转化工具，以及扩大与企业、社会的合作。

---

① BMBF，“Das Tenure-Track-Programm”，https：//www. bmbf. de/de/wissenschaftlicher-nachwuchs-144. html.

② BMBF，“Innovative Hochschule”，https：//www. bmbf. de/de/innovative-hochschule-2866. html.

（三）产业促进措施的新发展

除了高校促进这一个重点领域，在以往的高科技战略及“工业 4.0”战略的基础之上，德国政府继续对优势产业及具有未来前景的产业加大投入，并在促进方法上重视发挥国家与区域创新体系的作用。

2016 年 4 月，德国联邦教育与研究部部长万卡（Johanna Wanka）对外公布了四个“哥白尼项目”（Kopernikus-Projekte），主要针对能源转换领域，力图在一个较长的时间段内加强学界、业界和社会的合作，共同为能源体系的改革寻找解决方案。这四个项目包括：电网的发展、可再生能源的存储、新的工业生产流程及能源体系中各个领域之间的合作。“哥白尼项目”的一大特点是产学研紧密合作，现在已经有 230 家机构组织参与到了这些项目中①，其中不仅有企业，还有大学及研究机构。比如，新的电网项目就有包括卡尔斯鲁厄理工学院、亚琛工业大学、E. ON、西门子及 ABB 在内的 21 个合作方。

这四个项目从 2016 年起开始实施，在项目进行期间也会有独立的专家对项目进行评估。政府对“哥白尼项目”的资助周期很长，一共 10 年时间，共分三个阶段。第一个阶段持续到 2018 年，德国联邦教育与研究部预计将在此期间投入 1. 2 亿欧元的资金支持。而到 2025 年，还会有 2. 8 亿欧元的政府资金投入②。

除了能源领域，生物、气候、机器人和“工业 4. 0”也都是德国经济政策促进的重点方向。比如微电子行业作为整个产业数字化的核心技术，在 2017 年将有 4 亿欧元的资金投入，其中德国政府投入 5000 万欧元，其余来自其他各参与方③。

① BMBF，“Sicher，bezahlbar und sauber”，https：//www. bmbf. de/de/sicher-bezahlbar-und-sauber-2624. html.

② BMBF，“Kopernikus-Projektefür die Energiewende”，https：//www. bmbf. de/de/kopernikus-projekte-fuer-die-energiewende-2621. html.

③ BMBF，“1. Lesung des Bundeshaushalts 2017，Einzelplan 30”，https：//www. bmbf. de/de/1-lesung-des-bundeshaushalts-2017-einzelplan-30-3291. html.

四　德国国家创新体系对中国的启示

中国也在大力推进本国的创新体系建设，德国国家创新体系的发展给中国提供了许多启示。

（一）发挥市场在资源配置上的决定性作用和企业在创新中的主体地位

在国家重大技术创新规划、政策和标准的研究制定与执行方面，德国政府的职能是为市场的有效运作创造良好的制度框架条件和生态环境，以吸纳企业和科学界积极参与，发挥企业在创新活动中的主体和核心作用。在这方面，我国政府可以借鉴。最近我国工业和信息化部制定的“中国制造 2025”规划建立了专家咨询委员会，应该说这是一个有益的举措。在政府实施的科技创新政策中，德国政府优先考虑机构资助并保证公共研究机构独立自主地决定研究方针与计划。在项目资助方面，申请企业完全根据自己的市场定位，自由决定技术领域、合作伙伴及方式，政府不会对创新项目的技术选择进行干预。而我国的创新促进政策往往在企业的技术选择上规定得过多过细，限制了企业的创新空间。

（二）加强政府在基础研究、创新公共平台方面的作用，建立分工明确的公共研发体系

我国改革开放前的国家创新体系是按照苏联模式及在当时比较流行的技术创新的线性模式上建立起来的。据此，科学处于最高级；第二层级是技术，由应用研究机构为企业实施技术开发和试验；第三层级是技术的应用，由企业根据计划分工来实行。这些机构之间基本上是割裂的。30 多年的市场化改革带来了不少积极的变化，许多应用研究机构转型为企业，它们研发投入高，成为我国技术创新的排头兵。如今我国企业研发投入的比例已达到全社会研发投入的 76%，企业研发人员占研发人员总量的比重达

到77%[①]，均高于德国的水平。但是改革也带来了一些负面影响，特别是基础研究的投入严重不足，这对我国从跟踪模仿向自主创新转向十分不利。因此，我国新常态下国家创新体系建设的急迫任务是强化政府在基础研究和建设公共平台方面的作用，加强政府投入，建立类似于德国的类型齐全、分工明确的公共研发机构，促进产学研紧密合作，为企业创新提供全方面的服务。另外，改革开放前，我国高等院校的职能是为社会主义建设培养人才，高等院校基本上不从事科学研究与技术开发（除极少数几家之外）。由于体制机制的惯性，与德国相比较，目前我国高校的公共科研投入仍旧不足，高校办学缺乏自主性和独立性，高校教师的待遇不高且过于强调与短期的绩效挂钩，严重地挫伤了广大高校教职员工科研与知识生产的积极性。因此，我国应该学习德国的经验，加大对高校的科研投入，特别是保障性的机构资助，以使我国高校在提高创新人才培养质量的同时，成为基础研究与技术开发的主力军。

（三）依靠专业中介机构，提高政策执行的效率，促进科研成果的商业转化

在项目管理方面，德国政府只是项目的规划者，具体的招标和审批等工作由政府委托的专门的项目执行人或者管理机构来做。这些中介机构的存在保证了项目执行的专业化管理，同时也有效地防止了项目审批等程序中的腐败行为。目前，我国科技和创新项目往往由政府部门（国家发展和改革委员会、科学技术部、工业和信息化部）或类似的行政性事业单位（如科学技术部火炬高技术产业开发中心）直接管理，这些机构往往不具备足够的专业知识对企业能力进行甄别并为企业提供足够的咨询服务。此外，政府决策部门忙于项目管理，也无法将主要精力放在对重大政策的思考和制定上。我国政府应该借鉴德国的经验，大力发展为企业服务、贴近市场的科技中介机构（独立法人），加快各行业协会去行政化的步伐，将项目管理交给专业

① 数据来源：中国国家统计局。

机构去做。创新项目的最终目标是将成果转化为进入市场的创新产品或服务，在项目的设计中对创新成果的市场进入计划、技术和经济上的目标、项目的报告制度等要有严格的规定，并且要聘请独立的评估机构对项目成果进行阶段性及事前和事后的全面评估。

（四）推行制度创新，不断优化创新体系效率

创新不是单一静态的，而是多样的和动态的，创新体系也不是一成不变的，而是随着宏观发展趋势不断变化成长的。一些创新体系可能曾经取得过成功，但如果不及时审视自身，不对已有制度进行优化，那么再成功的体系也会走向衰落。德国的高校体系在历史上曾经创造过无数的辉煌，培养出诸多著名的科学家，创造出无数改变世界的科研成果，对于德国整个国家的创新做出过卓越的贡献。但是到了 21 世纪，德国高校制度的弊端已经显现出来，严苛的晋升体系导致许多有潜力的青年科研人员找不到施展才华的舞台，以往过于注重大学之间的公平的理念也间接导致了德国大学在国际竞争中处于劣势地位。因此，“终身制”制度及“精英大学”战略正是针对以上的问题做出的改进措施。中国的国家创新体系曾经带有鲜明的苏联式科技体系的印记，国家管得过死过严，科研机构及企业缺少足够的空间。近些年来这一情况虽然已有很大改观，但是过度的行政干预和市场制度的不完善依旧是制约我国创新体系发展的障碍。及时进行制度创新、提高创新体系的效率，应该成为我国政府创新工作的重要目标。

五　德国与中国的创新合作

如上所述，德国国家创新体系有许多值得中国借鉴的地方，不过随着近些年中国科研能力的提高，中国的创新能力及国际竞争力也在迎头赶上，与欧美创新能力的差距在慢慢缩小。以往只能单方面向西方学习或者只能“用市场换技术”的中国，现在逐渐有能力与欧美国家进行创新方面的合作。在面对新技术的冲击和全球问题的挑战上，德国与中国在创新方面有诸

多共同利益。近些年来，中国和德国在科技和创新领域的合作不断升级，取得了诸多丰硕的成果，特别是2016年底两国的创新合作又取得了进一步的发展。作为创新研究中的一个重要方向，创新合作，特别是跨国界的创新合作近年来越来越受到学界的关注。本文这一部分将梳理中国和德国最近在创新合作方面的发展过程，这一过程大致可以分为三个阶段。

第一个阶段：2014年10月，中国国务院总理李克强访问德国，与德国总理默克尔共同发表了《中德合作行动纲要：共塑创新》，双方决定建立互信互利共赢的中德创新伙伴关系，在经济方面重点开展工业、金融、研发、城镇化和交通体系、农业和食品等多个领域的创新合作。随后的2015年确定为“中德创新合作年”，合作重点确定为德国“工业4.0”和“中国制造2025”政策的对接与交流，并且双方将继续开展在电动汽车领域的合作，包括行业标准、电动汽车的安全保障及清洁出行等。此外，在2015年3月于德国汉诺威举办的全球规模最大的信息、通信和软件领域的博览会CeBIT上，中国首次成为德国的合作伙伴国，这也成为中德创新合作在信息技术领域的一个重要组成部分。

第二个阶段：2015年10月，德国联邦教育与研究部发布《中国战略2015~2020》，为德国与中国的科研和教育合作制定了战略框架，这也是德国政府第一个针对特定国家的科技发展战略。德国方面认为，未来与中国的科技合作可以着眼于以下几个方面：城镇化及城镇化所需要的配套基础设施建设；解决伴随城镇化而来的大量农村人口进城的安置与就业问题；环境问题；过大的东西部经济差距；城乡收入分配不均；社会老龄化问题等。在这些方面，德国的技术专长及经验都可以为中国提供大量的支持。

德国政府在合作中十分重视框架条件的建立，认为所有德中合作活动中都要考虑在确定的框架条件内进行，以往的“市场准入换取技术转让”的合作模式已经不再符合当今的要求，今后的合作要在“公平竞争环境”框架下进行。

第三个阶段：2016年11月，中国科学技术部发布《科技创新共塑未来·德国战略》（以下简称《德国战略》）。《德国战略》强调，中德两国作为亚洲和欧洲最大的经济体，应发挥“创新引擎”的作用，在应对全球挑战、迎接新一轮产业革命等方面承担共同责任，共享产业变革带来的重大机遇，携手推动建设创新型世界经济；结合“一带一路”倡议，整合两国产业和科技资源，共同带动东南亚、非洲第三方市场发展，推动全球包容性增长。中国认为，中德双方在推动建设创新型世界经济、引领绿色可持续发展、共迎新一轮产业革命、合作开发第三方市场及双边科技创新深度合作方面都有巨大的合作潜力。具体的合作领域包括电动汽车、未来城市（气候变化、环境和资源挑战）、清洁水、半导体照明、生物技术及高速轨道交通等。

毫无疑问，中德创新互利合作的亮点是德国“工业 4.0”与“中国制造2025”的对接。这两个规划在工业化与信息化深度融合的未来方向上高度契合，世界上制造业最大的国家与世界上制造业最强的国家在制造业新一轮产业革命中实现对接将为双方带来巨大的利益，前景十分广阔。在具体方面，首先，双方就对接已经签署具体合作协议，其中包括中国工业和信息化部与德国联邦经济和能源部于 2015 年 7 月签署的《推动中德企业开展智能制造及生产过程网络化合作的谅解备忘录》，以及中国科学技术部与德国联邦教育与研究部 2016 年 1 月签署的《关于在智能制造（“工业 4.0”）和智能服务领域通过双边科技合作开发和推广创新方案的联合意向声明》。其次，德国与中国研究机构和制造业企业在生产自动化、智能工厂、智能生产方面具有坚实的合作基础。德国是世界上向中国转让硬件技术最多的国家，德国具有竞争优势的汽车、化工、电子电气等行业的大型企业是最早一批进入中国的国际公司，目前它们大都在中国建立了研发中心，并且与中国的研究型大学和研究机构展开了深入的合作。近年来，德国中小企业也开始加快在中国的布局，在中国政府的支持下，它们主要采取进驻产业科技园的方式，形成创新型产业集群。有代表性的有江苏太仓的中德中小企业合作示范区、2016 年 5 月在江苏常州成立的中德产业创新与合作中心、中德（四川成都）创新产业合作平台及合肥国家中德智能制造国际创新园等。特别值得一提的是，2016 年 8 月默克尔总理访华，其在北京之外的城市中选择了辽宁省沈阳市。2016 年 5 月刚刚由国务院批准在那里成立中德（沈阳）高端装备制造产业园，计划将沈阳这个中国传统的装备制造业基地打造成未来“中国制造 2025”与德国“工业 4. 0”战略对接的重要载体。所以，正如习近平主席同默克尔总理会见时讲到的，在“中国制造 2025”与德国“工业 4. 0”战略对接方面，中国与德国已经搭建起坚实的平台。

中国最近这些年制造业技术进步速度加快，在一些领域成为德国企业的竞争对手。德国人担心中国收购像库卡这样的德国“工业 4. 0”龙头企业会使那些对于未来具有重要意义的先进科技转移到中国。特别是中国目前在努力实现经济结构转型，推出了“创新驱动发展战略”及“中国制造 2025”战略，德国担心中国会成为其未来经济上的强劲对手。但是事实上，中德经济的互补性大于竞争性，中国制造业还处于从“工业 2. 0”向“工业 3. 0”过渡的阶段。过去 30 多年的经验表明，中德合作确实能为双方带来实实在在的好处。

总体而言，中国与德国的经济关系处于历史上最好的时期，以往在外贸和直接投资领域的合作可以延续到新一轮的创新合作中。特别是在如今科技发展日新月异、两国都亟待实现产业结构的再一次升级之时，中德双方的合作就显得更加有意义。不过与以往不同，中国的制造业及科技水平在最近几年取得了长足进步，曾经的“市场换技术”式的合作已经不再适用，加强在科研领域及生产制造业智能化和数字化方面的合作应成为未来两国发展的重点。此外，中德两国还应该进一步深化对话，相互理解对方的创新理念和创新体系，以减少不必要的误解和摩擦。

B.7
巴黎气候峰会后德国能源转向与气候保护政策的新动向*

朱苗苗**

摘　要：　巴黎气候峰会后，德国在能源转向和气候保护方面又采取了一些新的举措，德国可再生能源的建设非常迅速，实现预计目标毫无难度，但是减排方面偏离目标较远，特别是在建筑、交通等领域。德国将提高能效作为其实现能源转向和气候保护目标的最重要途径，但是效果并不理想，德国政府如果不加大力度制定更为严格、具体的措施，加强政策的实际贯彻力度，那么德国在一些领域有可能无法按期达到自设目标，德国作为能源转向和气候保护先行者的国际形象将受到挑战，国际示范作用也会继续削弱。

关键词：　德国　能源转向　气候保护　可再生能源　《巴黎协定》

2015年12月，巴黎气候峰会召开，全球主要经济体最终达成《巴黎协定》。2016年11月摩洛哥气候峰会召开前夕，德国联邦环境部在经过政府内部激烈的争论和几轮艰难的修改后提交了德国针对履行《巴黎协定》的未来

---

* 本文为国家社会科学基金青年项目“德国绿党与‘绿色资本主义’的相关性研究”（编号：13CGJ004）的相关成果。

** 朱苗苗，博士，同济大学德国问题研究所/欧盟研究所副教授，同济大学德国研究中心研究员。

减排方案——《气候保护规划 2050》，并作为第一个制定减排方案的缔约国家参加了摩洛哥气候峰会。德国因此“继续保持气候保护的先行者地位”。

德国自 2011 年做出能源转向决议以来，在国内和国际上作为可再生能源和气候保护的“先行者”的知名度很高。2016 年，“难民”、“融入”、“民粹主义”和“反全球化”占领了德国几乎所有政治议题的首要位置和媒体头条。“能源转向”和“气候保护”议题明显被边缘化，仅仅象征性出现在政治人物的发言和新闻报道中。鉴于能源问题和气候问题本身的重要性，有必要对德国能源气候政策的新动向进行一个总体评析。另外，2016 年 12 月 1 日，德国开始担任二十国集团（G20）轮值主席国，德国的 G20 议程包括三根支柱，其中之一就是“增强未来能力”，主要指推进落实联合国《2030 可持续发展议程》和《巴黎协定》的目标，德国“经济去碳化”也成为值得关注的议题。因此，本文旨在通过对 2015 ~ 2016 年德国能源及气候政策的现状和变化的梳理，分析德国在该领域面临的问题、挑战和应对策略。

一 德国能源转向与气候保护现状[①]

自能源转向政策启动之后，德国陆续制定了综合性的能源与气候一揽子法规和措施。[②] 能源转向政策的政治目标是：减排，退出核电，增强竞争力，保证供应安全；能源转向政策的核心目标（“战略层面”）则为：提高可再生能源占能源总消耗的比例，减少一次能源消耗，提高能效。[③] 由此可

---

① 目前以2016年为数据截止年的报告仅存在于发电领域和一次能源消费领域，如 Agora Energiewende 于2017年1月公布的《电力行业的能源转向：2016年现状》（*Die Energiewende im Stromsektor: Stand der Dinge 2016*）。全面的官方能源统计数据，如在2016年12月公布的《能源转向第五次监测报告》和《2016年气候保护报告》中，数据截止日期均为2015年底。本部分与发电领域及一次能源消费相关的数据的截止年为2016年，其余均为2015年。

② 参见朱苗苗《德国能源转向政策：现状、实施及问题》，载郑春荣、李乐曾主编《德国发展报告（2013）》，社会科学文献出版社，2013，第 129 ~ 147 页。

③ BMWi, *Fünfter Monitoring-Bericht zur Energiewende. Die Energie der Zukunft*, Berlin, Dezember 2016, p. 6.

见，德国政府的能源和气候政策逐渐整合为一套一体化的政策。

2016 年 12 月，德国政府公布了《能源转向第五次监测报告》（以下简称“《监测报告》”）。按照《监测报告》中划分的“定量目标”（参见表 1），德国能源转向现状可以从以下几个方面总结。

表 1　德国能源转向的定量目标和现状（2015 年）

	2015 年	2020 年	2030 年	2040 年	2050 年
温室气体排放					
温室气体排放（相比 1990 年）	-27.2% *	至少 -40%	至少 -55%	至少 -70%	-80% 到 -95%
可再生能源					
在终端能源总消费中占比	14.9%	18%	30%	45%	60%
在电力总消费中占比	31.6%	至少 35%	至少 50% 根据《可再生能源法》，2015 年：40% ~45%	至少 65% 根据《可再生能源法》，2035 年：55% ~60%	至少 80%
在热能消费中占比	13.2%	14%			
在交通领域中占比	5.2%	10% **			
能源消费与能效					
一次能源消费（相比 2008 年）	-7.6%	-20% →			-50%
终端能源生产率（2008 ~2050 年）	每年 1.3%（2008 ~2015 年）	每年 2.1%（2008 ~2050 年）			
电力总消费（相比 2008 年）	-4.0%	-10% →			-25%
建筑一次能源需求（相比 2008 年）	-15.9%	→			-80%
建筑热能需求（相比 2008 年）	-11.1%	-20%			
交通领域的终端能源消费（相比 2005 年）	1.3%	-10% →			-40%

注：*2015 年的暂时数据，** 欧盟的目标。

资料来源：BMWi，*Fünfter Monitoring-Bericht zur Energiewende. Die Energie der Zukunft*，Berlin，Dezember 2016，p. 4。

（一）可再生能源

德国可再生能源成为德国电力的最重要来源，它在电力总消费中的比例不断上升，2016年为32.3%，比2015年提高了0.7个百分点，可再生能源总发电量为191.4太瓦时。可再生能源依然是能源转向重点领域中发展状况最好的一个，《时代周报》甚至称“可再生能源是（德国能源转向——笔者注）唯一的曙光”。[①] 但是和过去几年相比，可再生能源的增长势头有所减缓（过去5年平均增速为2.9%）。虽然可再生能源发电设备增长显著，特别是风能设备强劲增长，但是发电增长速度却没有相应地快速提高。[②] 在2016年可再生能源发电总量中，所占比例最大的为陆地风电园发电（66.8太瓦时，比上一年减少4.1太瓦时），占第二位的是生物质能发电（45.6太瓦时，比上一年增加1太瓦时），接下来为太阳能发电（38.3太瓦时，比上一年减少0.4太瓦时）。从长时段来看，风电和太阳光伏发电的扩建是德国可再生能源扩建的“发动机”。德国2020年可再生能源发电总量的目标（参见表1）预计将提前实现。发电行业的能源转向关系到整个能源系统的再发展，德国整个能源系统需要逐步适应可再生能源发电比例的不断提高，为此，2016年德国政府出台了几部重要法律法规（参见本文第二部分）。

在供暖制冷领域，可再生能源在2015年提供了约1578亿千瓦时的能源，占总供暖制冷需求的13.2%。与供暖制冷总消费量增加速度相比，可再生能源提供的能量增幅更快，其中最重要的来源为生物质能。2020年实现预定的14%的目标（参见表1）没有太大困难。

在交通领域，2015年可再生能源消费量有所下降，总共为33.8太瓦时，仅占交通领域终端能源消费的5.2%。生物燃料占终端能源消费的4.6%，交通领域中可再生能源的88%都来自生物燃料。电动汽车电力消费中的可再生能源占比仅为0.6%。并且，交通领域的终端能源消费近几年一

① “Deutschland verbaselt seine Energiewende”, *DIE ZEIT online*, 18. November 2015, http://www.zeit.de/wirtschaft/2015-11/energiewende-monitoring-bericht/komplettansicht.

② Agora Energiewende, *Die Energiewende im Stromsektor: Stand der Dinge 2016*, Januar 2017, p. 17.

直不减反增，成为能源转向进程中明显的短板。2020 年可再生能源在交通能耗中占比 10% 的目标（参见表 1）实现的可能性较小。

（二）能源消费与能效

减少一次能源消费量和提高能效是能源转向的核心目标。虽然能效有所提高，但是不论一次能源消费还是终端能源消费都继续增加，其中除了有气候、经济和人口因素，“反弹效应”① 也是原因之一。德国 2015 年和 2016 年的一次能源消费分别比上一年增加了 0.9%②和 1.6%③。要想实现 2020 年减少 20% 的目标，平均每年能源消费必须减少 2.8%。而从 2008 年至 2015 年，德国一次能源消费减少速度平均为 1.1%，可见若要实现目标，必须付出极大的努力。

相比于能源消费总量，在提高能效方面，德国取得了一些进展。2015 年，一次能源生产率比上一年提高了 1.9%（除去气温变化因素和库存效应的影响），而终端能源生产率几乎保持不变，仅提高了 0.7%。不过终端能源生产率从 2008 年至 2015 年平均每年提高 1.3%，远远低于 2.1% 的目标值。如果想 2020 年达到既定目标（参见表 1），那么从现在开始，终端能源生产率必须每年提高 3.3%。

与减少能源消费这个目标相比，德国政府更希望在提高能效方面做出更多努力。除了 2014 年制订了《2014 国家能效行动计划》④，将建筑与生

① “反弹效应”是能源与环保主题中很显著却容易被忽视的问题，即效率的提高往往伴随更多的能源和资源的消费。关于能源与环保领域的“反弹效应”研究可参见 Enquete-Kommission, “Wachstum, Wohlstand, Lebensqualität” des Deutschen Bundestages, *Herausforderungen für eine technisch-ökonomische Entkoppelung von Naturverbrauch und Wirtschaftswachstum. Unter besonderer Berücksichtigung der Systematisierung von Rebound-Effekte und Problemverschiebung*, Dezember 2011; BMWi, *Grünbuch Energieeffizienz*, August 2016, p. 20。

② BMWi, *Fünfter Monitoring-Bericht zur Energiewende. Die Energie der Zukunft*, Berlin, Dezember 2016, p. 24.

③ Arbeitsgemeinschaft Energiebilanzen e. V., *Pressedienst*, Nr. 05/2016, p. 3.

④ 参见朱苗苗《德国能源转向的最新进展及未来行动计划评析（2014）》，载郑春荣、伍慧萍主编《德国发展报告（2015）》，社会科学文献出版社，2015，第 137～140 页。

产作为提高能效核心领域给予大力资金扶持外，2015 年联邦环境部与德国酒店及餐饮协会（DEHOGA）联合发起了“德国酒店餐饮能源与气候保护运动”[①]，从技术和资金方面促进提高能效和气候保护措施的实施，联邦经济和能源部还于 2016 年 5 月发起了名为“德国使其更有效”（“Deutschland macht’s effizient”）的运动，旨在推动所有能源消费群体包括企业、公共机构和民众在提高能效方面的意识转变。[②] 2016 年 8 月，联邦政府公布了《能源效率绿皮书》，将“效率第一”（efficiency first）作为基本原则，旨在优化整个系统，将开发能效潜力作为减少能源需求的优先手段（参见本文第二部分）。

（三）建筑能耗[③]

建筑能耗在能源转向中占有重要地位。2015 年，建筑能耗在德国终端能源消费中占比 35.3%，其中最大一部分来自家庭用户（21.9%），其次是商贸和服务业（10.6%），第三是工业（2.8%）。[④] 相比于 2014 年，建筑能耗在终端能源消费中的比例有所增加，并且能效有所降低。建筑能耗在家庭用户中的增长速度高于住宅面积增加速度。从 2008 年至 2015 年，建筑能耗需求平均每年降低 1.7%，要实现 2020 年的目标，今后几年每年平均能耗需求必须下降 2.1%，可见目标与实际之间的差距还较大。

2015 年德国新建住宅约 50% 获得了德国复兴信贷银行的资助，按提高建筑能效、按照较高的能效标准进行修建。同年，有 240000 套住宅根据“能效改造”计划进行了提高建筑能效的改造。通过“市场刺激计划”，

---

① 参见“DEHOGA Energiekampagne：Wettbewerbsvorteile durch Klimaschutz”，http：//www.bmub.bund.de/themen/klima-energie/energieeffizienz/industriegewerbe-handel-dienstleistungen/dehoga-energiekampagne/。

② 参见这项运动的网站，http：//www.deutschland-machts-effizient.de/KAENEF/Navigation/DE/Home/home.html。

③ 这里的建筑能耗指建筑运行能耗，包括供暖、制冷、热水、照明。

④ BMWi，*Fünfter Monitoring-Bericht zur Energiewende. Die Energie der Zukunft*，Berlin，Dezember 2016，p.41.

2015年有38000套可再生能源供暖设备（主要是住宅）得到资助，运用的技术包括太阳热能、生物质能和热泵，资助总金额为9230万欧元。2015年11月，德国政府制定了《建筑能效战略》（ESG），其中包括继续对现有措施和新措施提出意见，为整合建筑领域中的能效提高和可再生能源利用指明了道路，旨在到2050年实现全部建筑零排放的目标。该战略于2016年起才开始实施，效果还有待在2017年底的第二次《能源转向进展报告》中进行评估。

（四）交通能耗

2015年交通领域的能耗占德国终端能源消费的大约30%，也是关乎能源转向和气候保护成败的关键。除了轨道交通，其他所有交通工具的能耗在过去几年要么持平，要么连续增加，特别是客运、货运和航空运输的能耗明显增加，因此德国交通领域总能耗在2015年比比较基准年2005年甚至增加了1.3%（见图1），2005~2015年平均每年增加0.1%，2010年以来每年的平均增幅达2.3%。联邦政府在2015年的一份报告中推断，在经济继续发展的条件下，德国道路货运能耗在2035年前将强劲增加。[①] 鉴于这一发展趋势，2020年降低能耗10%的目标的实现难度非常大。如果再考虑2005年至2014年轨道货运交通、客运交通的能效提高幅度（分别为30%和40%）[②]，那么可以得出另一个结论：交通领域的能效提高不能促使能源总消耗减少。

从温室气体排放角度看，这样的趋势与目标也是背道而驰的。德国联邦政府的报告认为，交通领域的能源转向只有在实现可替代性或者创新性动力的前提下才能实现。虽然联邦政府在2016年5月出台了新的举措，希望通过购买补助等手段大力鼓励电动汽车的使用，但是德国电动汽车市场份额在

① BMWi, *Fünfter Monitoring-Bericht zur Energiewende. Die Energie der Zukunft*, Berlin, Dezember 2016, p. 50.

② BMWi, *Fünfter Monitoring-Bericht zur Energiewende. Die Energie der Zukunft*, Berlin, Dezember 2016, p. 49.

新准入的车辆中依然在1%以下，这个数字甚至低于欧盟的平均值，不论是德国的汽车生产商还是顾客，他们对电动汽车的热情和兴趣都不高。[①] 更何况电动汽车所需电力来自可再生能源发电的比例也还不高。

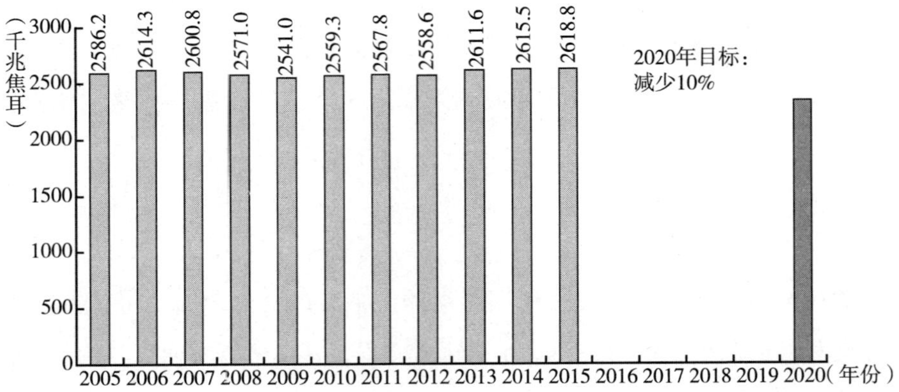

图1　2005～2015年德国交通领域能耗

资料来源：*Arbeitsgemeinschaft Energiebilanzen* 10/2016（2015年数据为暂时统计），图表摘自BMWi，*Fünfter Monitoring-Bericht zur Energiewende. Die Energie der Zukunft*，Berlin，Dezember 2016，p. 45。

（五）温室气体排放

在2014年温室气体排放总量比上一年减少之后，2015年和2016年德国温室气体排放分别与上一年相比连续两年增加（参见图2）。相对于1990年，估计2016年温室气体排放一共减少了27%。根据德国联邦政府2016年12月公布的《气候保护报告2016》，德国可能无法实现2020年减排40%的目标。[②]

---

① 参见Ulrich Wagner and Wolfgang Mauch，“Faktencheck zur Elektromobilität und Marktprämie”，*Energiewirtschaftliche Tagesfragen* 66. Jg.（2016）Heft 9，pp. 77－80；“Elektromobilität：Deutschland fährt weiter hinterher”，*DIE ZEIT online*，20. 12. 2016，http：//www. zeit. de/mobilitaet/2016－12/elektromobilitaet-kaufpraemie-stagnierend-zukunft-deutschland。

② BMUB，*Klimaschutzbericht 2016*，Dezember 2016，2016，p. 6；Expertenkommission zum Monitoring-Prozess，“Energie der Zukunft”，*Stellungnahme zum fünften Monitoring-Bericht der Bundesregierung für das Berichtjahr 2015*，Dezember 2016，p. Z－3.

德国电视一台网页新闻称："德国——昔日气候保护的先行者面临无法实现（气候保护）目标的境遇。"① 若要实现 2020 年的减排目标，德国必须平均每年减少 2800 万吨二氧化碳当量，按照目前的措施，到 2020 年仅能减排 37% 左右。另外，还有不确定因素会影响这一结果，如经济增长、燃料价格、电力对外交易及人口增长。

如图 2 所示，自 2011 年能源转向开始至今，德国温室气体减排效果并不显著，没有令人信服的数据能够证明能源转向对德国气候保护做出了贡献。其中很重要的原因是，能源转向原本计划的减排和退出核电的二合一目标产生了矛盾，可再生能源所占比例虽然大幅提高，但同时因为退出核电导致减排量减少，使前者的气候保护效果被后者的反作用抵消。

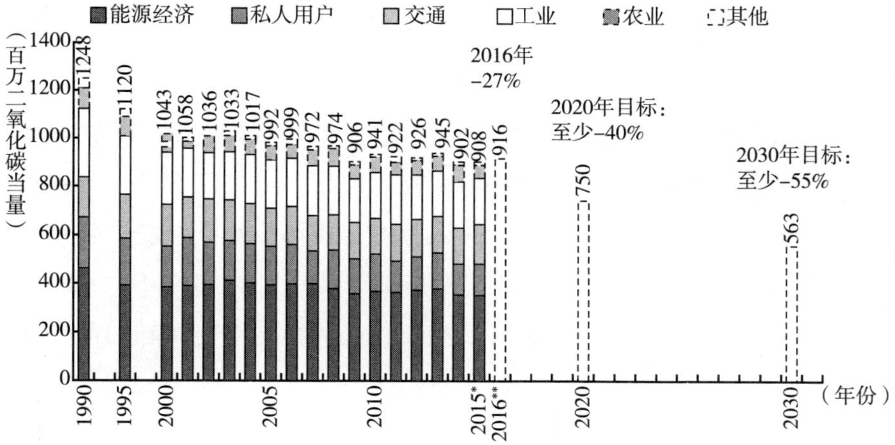

图 2　1990～2016 年德国温室气体排放统计（按行业区分）

注：＊暂时统计；＊＊估算数据。

资料来源：Agora Energiewende, *Die Energiewende im Stromsektor: Stand der Dinge 2016*, Januar 2017, p. 37。

还有学者研究能源转向前德国减排与德国气候保护政策的相关性后得出结论：德国作为"气候保护先行者"在 2000 年前后温室气体的排放与 1990

① "Klimaziele vor dem Aus", *tagesschau. de*, 14. 12. 2016, http://www. tagesschau. de/inland/klimaschutzbericht-101. html.

年相比减幅较大的主要原因不是政府推行的气候政策，而是两德统一后德国东部工业转型带来的所谓“柏林墙倒塌红利”（Wall-Fall-Profits）；“碳泄漏”也是减排数字看上去成效显著的重要原因。[①]

根据独立专家组的报告，最经济的减排工具应该是在欧盟层面的共同推进机制，如欧洲碳排放交易体系，德国政府应该在欧盟层面努力，以有效推进德国国内减排目标的实现。但是鉴于欧盟一体化进程面临严重挑战，脱欧思想和民粹主义盛行，要想在欧盟层面推进更严格的减排目标、将碳交易进行行业扩展或者引入定价区间等几乎是不可能的。

二　德国能源与气候政策的新动向

（一）新计划和新措施

2016 年，联邦经济和能源部公布了《能源效率绿皮书》（以下简称“《绿皮书》”）。德国联邦政府将提高能效视为其成功实现能源转向和贯彻《巴黎协议》的决定性因素之一，并认为由此还可以降低经济去碳化的成本。[②] 这是德国联邦政府继《2014 国家能效行动计划》（NAPE）后，关于提高能效的又一重要文件。这进一步突出了提高能效对能源转向的支柱性作用。

《绿皮书》主要讨论了如何通过提高能效来降低能源消耗，最终实现经济增长与能源消耗及温室气体排放脱钩，问题聚焦在如何继续在所有行业提高能效。该文件首先提出了“能源转向三重奏”原则：

（1）在所有行业必须持续地、显著地降低能源需求（“能效优先”）。一方面大量投资新能源技术，另一方面现有的能源需求尽可能通过可再生能源来满足。“能效优先”可以优化能源转向成本，增强可再生能源的去碳化

---

① 参见 Benjamin Becker and Caspar Richter, “Klimaschutz in Deutschland: Realität oder Rhetorik?”, *Zeitschrift für Sozialen Fortschritt*, Vol. 4, Nr. 1, 2015, pp. 3 – 22.

② BMWi, *Grünbuch Energieeffizienz*, August 2016, p. 2.

效应。因此这一主导原则将成为德国能源系统的战略性规划工具。

《绿皮书》指出，关于这个原则有两个主要问题：第一，该原则如何在所有行业系统性运用？第二，“减少能源需求、保持/创造需求满足容量”的基本决策中系统性考量的基础（如成本参数）是怎样的？

为了让“能效优先”原则在法律层面落实，需要先为能效制定一个共同的法律框架。其中涉及的问题有：将能效的法律规范和能效目标写入法律合并到一个共同的法律框架中是否会带来增值效应？如果会，那么能效法应该覆盖哪些领域？“能效优先”原则如何落实到能源法的通论中？

（2）直接使用可再生能源。直接利用太阳热能、地热或者生物质能，而不是转换成电能。太阳热能和地热特别适合用于建筑物的供暖、制冷和提供热水。生物质能能够广泛运用在工业、交通和建筑物上。

市场手段和新的服务业可以加速提高能效，为实现能源转向做出重要贡献。市场手段包括提供信息和咨询、能源管理和节能承包。其中涉及的主导性问题有：哪些政策工具特别适合刺激提高能效方面的服务业？在哪些领域需要标准化，以此发展能效服务业的市场？

（3）可再生电能应该有效地运用在供热、交通和工业领域（集成能源）。如果因为经济或者其他原因，即使有能效措施，也无法直接利用可再生能源，那么应优先利用风电和光伏技术来替代化石燃料（如热泵和电动汽车），或者将其转换成其他能源载体，如氢气（电转气）。

家用能耗、商贸服务业、工业和交通行业的去碳化要求使用来自零排放的可再生能源的电力，每个行业都要为节约去碳化成本做出贡献。集成能源为需求侧提供便利的灵活性，以此平衡可再生能源供电的波动性。加强利用欧盟层面的政策工具有利于促进德国国内关于能效提高的政策工具。这其中涉及的主要问题有：哪些政策工具适用于防止集成能源方面导致用电不经济的路径依赖？集成能源方面要具体使用哪些手段、能在何种程度上为去碳化做出贡献？

除了以上三个重要方面，《绿皮书》中还用专门章节讨论了“有目标的数字化”为提高能效带来的可能性。报告认为，数字化为增值服务和能效服务业创造了新的可能性；数字化通过分散式和波动式能源生产为能源供给平衡做出贡献；数字化和利用可再生能源共同改变了能源生产的成本结构，因此必须考虑一个长期的战略。关于数字化的主要问题有：如何利用数字化开发能源消费信息采集、用户信息采集、能效增值服务等新的可能性？如何以数字化为扶持手段采集个人节能信息？数字化可能为能源供给带来哪些新的市场推广模式？数字化会为节能带来哪些机遇与风险？必须制定哪些法律、技术和经济框架来推动“数字化的创新力”稳步发展？如何保证数据保护和系统安全的高标准？未来需要加强数字子系统的协调吗？如果需要，具体措施如何，由谁何时确定相应规定？

如上所述，《绿皮书》在提高能效、节约能源方面提出了很多观点，也抛出了需要回答的问题。德国各类能源协会、环保组织对《绿皮书》持较多肯定意见。例如，德国自然保护联盟（NABU）几乎赞成《绿皮书》的所有观点，并认为提高能效是气候保护必需的政策工具，也是去碳化社会的基础。该联盟表示“三重奏”不够全面，还应该增加“四个支柱”：通过“适量原则”降低能源需求；通过有效使用实际需要的能源降低能源需求；直接利用“自然可耐受”的可再生能源；在供暖、工业和交通行业有效使用“自然可耐受”的可再生电力。[①] 企业协会如德国能效企业倡议协会对《绿皮书》表示欢迎，认为“能效优先”的原则非常必要，但是需要尽快具体化，尽快落实。但是该协会对《绿皮书》也提出了尖锐批评，认为联邦政府最新版的《可再生能源法》与《热电联产法》的目标部分是相反的，对于企业而言，提高能效的刺激被放弃，热电联产的投资条件和能效服务将会变差。该协会还认为，必须为《绿皮书》中讨论的能效法制定一个坚实的政策框架，以便在其他政策领域发挥作用。[②]

---

① NABU, *Stellungnahme zu Grünbuch Energieeffizienz*, Oktober 2016.

② “DENEFF zu Grünbuch Energieeffizienz”, 12. August 2016, http: //www. deneff. org/presse/pressemitteilungen/pressemitteilungen-detailansicht/ archive/2016/ august/ article/ deneff-zu-gruenbuch-energieeffizienz-stromkosten-durch-energy-efficiency-first-begrenzen. html? tx _ ttnews% 5Bday% 5D = 12&cHash = fcd21505915854f543a5ad4a5ed3050e.

2016年11月，德国政府通过了《气候保护规划2050》，并在摩洛哥联合国气候变化大会上提交了该份计划。该计划将《巴黎协定》在国家层面的实施作为主要目的，展示了德国到2050年如何实现零排放。这份计划的制订和最后通过在德国各个部门之间经过了激烈的争论过程。联邦环境部部长芭芭拉·亨德里克斯（Barbara Hendricks，社民党）在2016年7月就提交了草案，但是遭到了联邦经济部部长加布里尔（Sigmar Gabriel，社民党）、基民盟领导的联邦交通部和农业部等的反对。联邦环境部也没有获得总理默克尔的支持。基民盟担心这份计划会造成“气候计划经济”，严重损害现有的经济状况和德国经济的竞争力。德国工业联合会（BDI）、德国工商大会（DIHK）、德国手工业联合会（ZDH）和德国农民协会（DBV）反对草案仅在联邦环境部内部进行磋商。

最终通过的《气候保护规划2050》中的战略措施主要有以下内容①：

（1）联邦政府设立一个“增长、结构转型和区域发展”委员会。委员会隶属联邦经济和能源部，还与其他职能部门及联邦州、地方、工会、相关企业代表建立联系。要给相关行业和区域制订现实可行的愿景计划，并配合具体方案和实施步骤，创造融资条件。预备工作在本届政府执政期间开始，这样该委员会可以于2018年初开展计划制订工作，并于2018年底提交工作结果。这个委员会必须制定一套混合政策工具来应对结构转型，并将经济发展、社会转型、社会与和谐气候保护协调起来。需要对受结构转型影响的行业和区域进行必要投资，向其提供资金。

（2）在实现零排放建筑的路线图中，最核心的是继续逐步为新建筑及大规模现有建筑改造制定能源标准。对给予可再生能源的供暖系统的扶持依然是焦点。

（3）道路交通的减排方案需要跟进欧盟层面的建议，这包括小轿车、轻型/重型商用车的排放，提供零排放能源，建造相应的基础设施，以及（通过电动汽车）利用集成能源系统。

---

① BMU, *Klimaschutzplan 2050* (*abgekürzte Version*), November 2016, pp. 1–6.

（4）联邦政府要和工业界携手打造旨在减少工业生产过程中的排放并最终实现零排放转型的科研与开发项目。其中要兼顾工业循环中的碳捕获和利用。

（5）联邦政府将和联邦州共同贯彻施肥法，旨在实现德国可持续发展战略中确定的2028～2032年每公顷土地氮含量70千克的目标值。

（6）在土地利用和林业方面，保持和完善森林的减排绩效是中心任务。扩大德国森林面积也是追求目标之一。

（7）为了实现2050年的气候目标，需检验应如何继续发展德国征税与缴税系统。联邦政府将对"肇事者"加强使用经济刺激手段，将社会导向可持续生产与消费的方向。为此还会考虑向对气候保护不利的行为征税。

这个气候保护规划公布后，媒体和社会各界的批评不断。主要原因在于，经过对不同部门的妥协，这个几经修改的计划将最初草案中对气候保护具有实质推动作用的、包涵具体思路和要求及目标值的条款删除了，以致这个计划被认为"放水"、"含糊"、"不具体"、"没有约束力"以及"虚伪"。批评看法主要集中在以下几点：

（1）删除了"退出煤电"的要求。最初被冠名为"退出煤电"的委员会因为联邦经济部部长加布里尔的坚决反对而改名为"增长、结构转型和区域发展"委员会。在当前的气候保护规划版本中，德国联邦政府没有为关闭煤炭发电站设置期限，并且将煤电视为过渡技术。

（2）虽然各方面的专业报告显示，交通领域是减排的短板，而且有恶化趋势，但是计划中没有为交通领域的减排设定具体要求。草案中曾经要求2030年起新准入小轿车大部分必须是电动或者生物燃料驱动汽车，而现在的表述则为"联邦政府力求显著减少由小汽车带来的排放"。

（3）删除了有关碳交易证书最低价格的要求。

（4）工业对气候保护应做的贡献份额再次下调。

几乎所有批评者都认为，德国通过的这份战略性计划无法实现《巴黎协定》的气候保护目标，德国政府因此释放了不良信号，这是德国的能源与气候政策乏弱无力的明证，也有损德国作为“气候保护先行者”的声誉，让“德国在国际舞台上丢脸”。①

（二）新法律法规

2016 年，德国联邦政府在能源转向领域对几项重要法律做了修正或者新法律开始生效，其中包括②：

1.《2017 可再生能源法》（Erneuerbare-Energie-Gesetz，简称 EEG 2017）

2016 年 7 月 8 日，联邦议院和联邦参议院颁布了《2017 可再生能源法》。这部修正法案进一步确认了 2014 年版可再生能源法的目标，并且对陆地风电、海上风电、光伏发电、生物质能、水电、地热能发电等制定了具体的增建目标。《2017 可再生能源法》把对可再生能源设施的扩建扶持方法从固定入网补贴改变为招投标形式（水电、地热发电、垃圾掩埋沼气、生物气体等除外），旨在减少能源转向成本、增强竞争性，即更多让市场来决定扶持力度。这种政府招投标方式对小型发电站和公民投建发电项目有特别规定，减少了它们的准入障碍。但是，每年新增的发电容量有具体的上限规定。另外，新法支持实现率相对高的投标计划。

2.《电力市场继续发展法》（Gesetz zur Weiterentwicklung des Strommarkts）

2016 年 7 月 30 日，《电力市场继续发展法》生效。这部法律是从 2013 年就开始讨论的。这部法律的目的是为进行中的能源转向保证安全、低成

---

① 参见“Erstaunlich viel Kohle”，*tagesschau. de*，11. 11. 2016，http：//www. tagesschau. de/inland/klimaschutzplan-117. html；“Harte Kritik der Opposition am Klimaschutzplan 2050”，*finanznet*，11. 11. 2016，http：//www. finanzen. net/nachricht/aktien/Harte-Kritik-der-Opposition-am-Klimaschutzplan-5182440；“Koalition einigt sich auf Klimaschutzplan 2050”，*DIE ZEIT online*，08. 11. 2016，http：//www. zeit. de/politik/deutschland/2016-11/klimaschutzplan-2050-marrakesch-barbara-hendricks-christian-schmidt-deutschland。

② Agora Energiewende，“Energiewende：Was bedeuten die neuen Gesetze?”，Okt. 2016，https：//www. agora-energiewende. de/fileadmin/Projekte/2016/EEG-FAQ/Agora_Hintergrund_FAQ-EEG_WEB. pdf.

本、环保的电力供应。这一目标又分为两个领域：一是单一能量市场，针对不同的供应期限保证能源供应；二是备用市场，用于保证单一能量市场。新法律欲增强单一能量市场的价格信号，遵从所谓的“紧缺价”原则，但是前提是电力市场必须自由形成价格，不允许规定价格上限。另外，《电力市场继续发展法》与《2017 可再生能源法》共同发挥作用，旨在协调电网建设和可再生能源建设的速度与规模，特别是希望促进电网的建设速度。例如，以前电网建设的原则之一是根据所有电网用户的需求铺设电网，而根据新的《电力市场继续发展法》，电网运营商获得了更好的机会，它们可以根据有利于国民经济的规模进行电网铺设，在电网规划时将有更多灵活性。

《电力市场继续发展法》受到气候保护人士及媒体批评的一个方面是，它规定了 2.7 千兆瓦容量的褐煤备用电量，这样做是为了在最后通牒的极端情况下能随时保证电力供应，为此相关的褐煤备用电量将获得总计 16 亿欧元的补贴。这样的极端情况是否会出现，很多专家表示怀疑。而这一数量级的褐煤发电对气候减排目标的实现显然不利。[①]

3.《能源转向数字化法》（Gesetz zur Digitalisierung der Energiewende）

2016 年 6 月 23 日，联邦议院通过了《能源转向数字化法》。这部法律就安装智能电表做出了相应规定，安装前提是电网、发电和电力消费更协调地统一起来，因此强调电网的灵活性和节能潜力。该法律对强制安装智能电表的条件、安装技术条件、数据保护、协同性等问题做出了相应规定。表 2 显示了德国在能源转向数字化计划上的进度安排，包括消费等级对应的数字化时间要求。

相比《2017 可再生能源法》的变化带来的影响，这部法律的颁布对能源经济和能源用户的影响更大，虽然最初仅有少数家庭用户必须安装智能电表，而且是在 2020 年后（参见表 2）。

---

① 褐煤备用发电是德国保障电力供应的第三重保险。从国际比较看，德国电力供应质量具有很高的水平。2014 年全德终端用户停电率平均仅为 12.2 分钟。德国保证电力供应奉行的原则是“穿上背带裤还要再系上腰带”，因此褐煤备用发电的极端情况出现的概率极低。参见 Agora Energiewende, “Energiewende: Was bedeuten die neuen Gesetze?”, Okt. 2016, https: //www.agora-energiewende.de/fileadmin/Projekte/2016/EEG-FAQ/Agora_Hintergrund_FAQ-EEG_WEB.pdf。

表2　德国智能电网安装时间

	等级	实施时间
电力消费	消费≤6000 千瓦时/年	在价格上限内自愿安装智能电表；最迟2032 年前要安装现代测量设备
	6000 千瓦时/年<消费≤10000 千瓦时/年	2020 年起 8 年内安装智能电表
	10000 千瓦时/年<消费≤100000 千瓦时/年	2017 年起 8 年内安装智能电表
	消费> 100000 千瓦时/年	2017 年起 16 年内安装智能电表
	根据《能源经济法》第 14a 条被低估的电力消费设施	2017 年起根据《能源经济法》第 14a 条要在加入灵活性机制前安装
发电	发电功率>7 千瓦	2017 年起 8 年内安装智能测量系统
	发电功率≤7 千瓦	在价格上限内自愿安装智能电表；最迟2032 年前要安装现代测量设备

资料来源：Agora Energiewende，“Energiewende：Wasbedeuten die neuenGesetze?”，Okt. 2016，https：//www. agora-energiewende. de/fileadmin/Projekte/2016/EEG_ FAQ/Agora_ Hintergrund_ FAQ－EEG_ WEB. pdf，p. 26。

4.《**2016热电联产促进法**》（Gesetz zur Förderung der Kraft-Wärme-Kopplung 2016，**简称** KWK-G）

2016 年 1 月 1 日热电联产促进法进行修订，2016 年 8 月提交欧盟进行补助法规方面的审批。热电联产促进法和可再生能源法类似，规定了如何对热电联产的能源和设备进行补贴。新的修订主要配合《2017 可再生能源法》，改善对热电联产设备的数量控制、改善市场行为体的可计划性及提高资助的成本效率。

5.《**刺激规制条例**》（Anreizregulierungsverordnung）

2016 年 6 月 1 日，联邦内阁通过了《刺激规制条例》修订案。该条例针对电网运营商和电力用户，主要是为了改善分电网经营商的投资环境。

过去几年的能源转向主要是被新的行为体向前推进，在发电厂组成上出现了根本性变化，发电行业的行为体数量增加迅猛。如今光伏发电装置有150 万套，风能发电装置有 26000 套，它们生产的电力都并入了公共电网。与能源转向相关的新法律法规有意保留这样的趋势，即行为体的多样性，一些小型发电站如公民能源公司和能源合作社等都或多或少地获得了政策的倾斜。《电力市场继续发展法》除了为能源供应方提供机会，也为特殊的能源服务提供新商机，建立新的商业模式。能源服务业也可以从《能源转向数字化法》规定的逐步安装智能电表的进程中获利。

德国联邦政府2016年在能源与气候领域采取的新举措是否能有力促进能源转向和气候保护目标呢？本文暂时做出以下判断：

（1）一方面，未来能效将进一步提高，但另一方面，促进电动汽车和供暖行业用电更强力集成将使电力消耗增多。若两者效果相互抵消，那么要实现能源消耗总量减少的目标比较困难。电动汽车和热泵使用如果在未来迅速推广，那么电力消耗总量到2035年还会增加。

（2）如果延续目前采取的措施，那么供暖和交通领域的气候保护目标会严重偏离。

（3）可再生能源法规定的2025年可再生能源建设目标肯定能够实现（可再生能源电力在电力总消费中占比40%～45%，见表1）。但是，《2017可再生能源法》对扩建速度具有刹车作用，到2035年的55%～60%的目标难以实现。这一情形的另一个后果将是对气候保护目标的实现带来不利影响。

（4）不论是《2017可再生能源法》《电力市场继续发展法》中规定的2.7千兆瓦的褐煤备用发电量，还是热电联产促进法修订条款，都不足以促使德国实现2020年气候保护的减排目标。若要实现这个目标，必须在2020年以前关闭总共15千兆瓦发电容量的煤电发电厂，交通和供暖领域也至少要有差不多的减排力度。从德国制定新计划和法律法规的过程中可以看到，传统能源的利益集团对政府决策的影响力依然强大。

（5）经济去碳化必须将供电、供暖和交通领域集成考虑。除了要大大提高这三个领域的能源效率，还必须大幅度提高依靠可再生能源电力的电力化，因此电动交通、电力热泵及“电转气”（power-to-gas）、“电转液”（power-to-liquid）技术将是核心技术。为此，德国政府还必须采取新的激励措施鼓励这些技术的创新。

（6）数字化是未来重要议题之一。能源经济的数字化必定也是未来的重要议题。德国能源转向和气候保护的成功将取决于，今后几年，能源领域数字化必需的基础设施建设的顺利程度，以及将相关风险置于可控范围内。由于德国能源转向具有分布式发电的特征，其行为体数量在增加，能源市场的市场角色也在增多，因此数字化趋势必然增强，发展与开发以数据为基础的商业模式也非常必要。

三　德国能源气候政策现存的问题及分析

德国能源气候政策的成功之处显而易见，最值得称道的是其可再生能源建设的速度，它已经很接近 2020 年设定的目标。气候保护方面德国常常引以为豪的是，它一直以比欧盟目标更为严苛的减排目标作为本国的要求，并且 21 世纪初减排的实际效果也非常显著。

但是，从本文在第一部分阐述的发展现状中可以看到，德国能源转向和气候政策最直观的问题是在多个领域偏离目标发展趋势、进程缓慢，并且预计今后几年挑战仍然不小，那么其中原因何在？又面临哪些问题？这一部分将从外部和内部两个方面进行分析。[①]

（一）外部因素[②]

在 2011 年制订的关于能源转向一揽子计划中，人口增长率被低估。2011 年至 2015 年，德国人口增长约 30 万，如果按照目前这个趋势，那么到 2020 年人口将在 2011 年预估的人口涨幅基础上再增加 110 万。这个统计没有将 2015 年德国大量难民涌入造成的后果考虑进去，这个后果在未来几年还有待进一步研究。

国际能源价格在过去几年持续走低（参见表 3），2015 年的预测价格都

① 参考 Expertenkommission zum Monitoring-Prozess，“Energie der Zukunft”，*Stellungnahme zum fünften Monitoring-Bericht der Bundesregierung für das Berichtjahr 2015*，Dezember 2016，pp. 11 – 14。

② 本文的外部因素主要指德国国内政策无法直接影响的因素。

明显过高，这直接影响了目标的制定及发电行业的碳排放。例如，煤炭价格相对于天然气价格降幅更大，那么燃煤发电比例就会明显提高。近期，天然气的价格又出现明显跌落，它带来的长期影响还有待观察。总之，国际能源价格走低与全球疲软的经济形势相关，始于 2008 年的经济和债务危机带来的影响持续时间较长，而从更长期的发展趋势来看，全球经济形势也并不是很乐观，特别是西方工业国家的整体滑坡、金砖国家存在结构性问题等。虽然德国经济在欧盟国家中一枝独秀，但是国际能源价格并非凭一己之力就能够改变的。而气候政策和能源政策都不可能游离于国际政治与经济形势影响之外。另外，气候保护与能源价格还有一个关联性需要德国政府给予更多关注：全球在推进实施国际气候协定的过程中，将会造成对化石能源的需求减弱，从长期来看，会导致化石能源价格继续回落，从而减弱可再生能源开发的成本刺激。这就形成了所谓的“绿色悖论”。德国政府目前还缺乏仔细的科学分析，缺少定量的分析数据来明确国际能源价格对德国能源转向和气候保护政策的影响程度，因而也缺乏相应的实际应对措施。

表 3　2015 年国际能源价格——预测价格与实际价格对比

	2008 年	2015 年预测价格	2015 年实际价格	差异(%)
石油(美元/加仑)	94	90	50	-44.4
原油(欧元/吨)	484	495	356	-28.1
天然气跨境价格(欧分/千瓦时)	2.7	2.4	2.0	-16.7
发电用煤(欧元/石煤单位)	112	82	68	-17.1

资料来源：Expertenkommission zum Monitoring-Prozess，“Energie der Zukunft”，*Stellungnahme zum fünften Monitoring-Bericht der Bundesregierung für das Berichtjahr 2015*，Dezember 2016，p. 12。

（二）内部因素

相比于外部因素，内部因素要复杂许多。从对待经济利益和环境问题的层面看，德国经济发展中传统能源的利益集团力量依旧强大，而在经济与环境两者产生矛盾时，政策制定者会优先考虑经济利益。德国依然没有明确退出燃煤发电的路线图就是一个很好的例子。另外，联邦经济和能源部部长加布里尔也曾以保证德国经济的竞争力和工作岗位为理由施压，让联邦环境部做出让步。

从具体政策层面来看，可以断定德国现有的一系列政策实施效果不佳。例如，没有充分的政策工具弥补退出核电对能源和气候的负面影响；交通政策和能效政策在气候保护问题上处于观望态度；电动汽车的市场激励措施效果仍旧不佳①，绿党关于德国“2030年起禁止汽油和柴油发动机汽车”的讨论曲高和寡。

从支持度和团结性来看，公众支持减弱，联邦州的支持态度不统一。从2016年几个联邦州的州议会选举可以看出，和环境气候相关议题的受关注度继续减弱。目前德国已经成立了600多个公民倡议组织反对建造风力发电园。使用绿色电力的私人用户在一年内从575万户减少到440万户，占私人用户的1/10。② 德国私人用户电价在2016年继续高企、电网使用分摊费不均都持续影响能源转向的公民接受度。③ 德国东部联邦州基于能源转向的成本－效用计算，对能源转向的热情低于西部，而联邦州的意见不统一也将造成电网建设滞后。不论是公民还是各联邦州或者相关社会团体的反对意见，都造成了现有政策执行力的缺乏，甚至阻碍了政策的具体化措施的制定。

从技术层面看，技术创新还需要进一步发展。例如，电动汽车对能源和气候的积极影响还取决于技术的发展。④

---

① “Elektromobilität: Deutschland fährt weiter hinterher”, *DIE ZEIT online*, 20. 12. 2016, http://www. zeit. de/mobilitaet/2016－12/elektromobilitaet-kaufpraemie-stagnierend-zukunft-deutschland.

② “Mangelnde Nachfrage untergräbt die Energiewende”, *welt. de*, 16. 10. 2016, https://www. welt. de/wirtschaft/article158778409/Mangelnde-Nachfrage-untergraebt-die-Energiewende. html.

③ Agora Energiewende, *Entwicklung der Stromnetzentgelte 2017: Die regionalen Unterschiede nehmen zu*, November 2016, p. 5, https://www. agora-energiewende. de/fileadmin/Projekte/2016/Netzentgelte_2017/Agora_ Netzentgelte_ 2017_ 16112016. pdf.

④ 2016年9月，欧盟环境署委托进行的一项调查显示，电动汽车对环境、能源和气候还存在诸多问题，如生产电动汽车比生产传统汽车多耗能70%；欧洲电动汽车生产商对生产电动汽车电池的原材料进口依赖非欧盟国家；废旧电池的系统回收问题；大面积推广电动汽车将调整电网负荷极限；电的来源必须尽可能为可再生能源发电才对气候保护有意义。参见Öko-Institut e. V., *Assessing the status of electrification of the road transport passenger vehicles and potential future implications for the enviroment and European energy system. LOT' －1 Final Report-Task* 2, 20. 09. 2016, https://www. oeko. de/fileadmin/oekodoc/Assessing-the-status-of-electrification-of-the-road-transport-passenger-vehicles. pdf。

四　结语

如前文所述，自《巴黎协定》签订以后，德国在能源与气候政策方面又有了一些新的变化，有些是能源转向的进程必然带来的新变化，有些是直接呼应《巴黎协定》而制定的政策，德国政府依然努力向能源转向和气候保护的方向迈进。目前，在这个过程中实际情况和目标出现了偏差，在有些领域如交通领域等，偏差还相当大，离默克尔总理要求的“本世纪实现去碳化经济”也还很遥远。同时，德国作为“能源转向先行者”的国际形象正受到挑战：中国可再生能源电力和燃料投资已经位列全球第一；在新增光伏、风电和太阳能热能容量方面，中国也远远超过德国；美国新增的生物燃料和风能、地热发电的势头也超过德国。[①] 德国政府如果不加大力度制定更为严格、具体的措施，加强政策的实际贯彻力，那么德国有可能无法按期达到能源转向和气候保护的自设目标，德国能源转向的国际示范作用也将继续削弱。

从国际层面上看，《巴黎协定》的贯彻实施需要新的“先行者联盟”和行为者。就欧盟目前的气候政策实施的现状而言，它已经不能担当引领作用，但德国在 G20 框架下还能继续努力。

从德国能源转向和气候保护政策的优势与短板的分析中可以看到，中德在电动汽车、可再生能源发电、热电联产、建筑节能、能源经济数字化等方面可以进行更加深入的合作和对话。双方可以在技术和市场、研究和实践等方面取长补短。在 2015 年德国联邦教育与研究部制定的针对中德两国科教合作的《中国战略 2015～2020》中，“德中电动汽车战略平台”、可再生能源领域被视为双方合作的重点领域。2016 年 10 月，德国联邦经济和能源部出版的《德中能源合作伙伴关系——共塑未来能源》将双方在能源技术与提高能效领域的平等合作作为核心内容。[②] 但是，从德国政府近期阻挠中国

---

① REN21, *Renewable Global Status Report 2016*, 04. Mai 2016, p. 21.

② BMWi, *Deutsch-Chinesische Energiepartnerschaft. Die Energie der Zukunft gemeinsam gestalten*, Oktober 2016.

企业并购案中又可以看出，德国对中国发展有警惕与戒备心理。中国经济在国际上对德国形成竞争压力的趋势将越来越显著，中国在与德国的合作中既要自信、平等，也要谦虚、谨防冒进。

2015 年和 2016 年国际政治形势出现巨大转变，英国脱欧、特朗普当选、欧洲极右翼势力兴起等说明新自由主义价值观正受到民粹主义价值观的全面挑战，这种局面还将持续较长时间。2017 年，法国和德国将举行大选，将对国际政治产生重大影响。德国是否依然是大联盟执政？默克尔是否连任联邦总理？新一届德国政府如何应对难民这个最紧迫的议题？这些问题都将对德国今后几年的能源和气候政策产生影响。可以肯定的是，无论哪个政党上台，谁担任联邦总理，德国能源转向的进程仍然会继续，气候保护目标也不会轻言放弃，但是它们面临的挑战将会越来越大。

B.8
德国“数字议程”与数字化转型进程

俞宙明*

摘　要：　2014年德国政府推出了《数字议程（2014—2017）》，提出三大核心战略目标与七个核心行动领域，以推动政治、经济与社会数字化转型。“数字议程”实施两年来，在法规环境、基础设施、数字经济、数字政府及社会文化等方面都取得了一定进展。但时至今日，德国数字化进程仍然面临一些挑战：政府尚未摆脱传统思路，职责分散，立法和实施的进程也跟不上形势的发展；企业一方面受外部环境制约，另一方面自身创新意识欠缺；教育的内容和模式有待更新；社会整体信息素养和开放程度尚待提高。2016年联邦经济部提出了《数字化战略2025》及具体的“数字化行动计划”，德国政府在促进经济社会数字化方面的思路更加清晰。但德国的数字化转型未来是否能有顺利进展，还要看2017年9月上任的新一届政府的能力和决心。

关键词：　德国　数字化转型　数字议程　数字战略

信息通信技术的飞速发展改变了人们日常的生产生活方式，数字经济日益成为经济和社会发展的重要推动力，在政治、经济、社会、文化等方面都起到了革命性影响，也成为应对全球挑战的关键因素之一。德国政府充分认

---

* 俞宙明，博士，同济大学德国问题研究所/欧盟研究所讲师、德国研究中心研究人员。

识到数字经济对德国经济社会发展的重要意义，以及其对德国国际竞争力提升的决定性作用，积极推动并参与构建德国的数字化转型。本文围绕德国政府于2014年推出的“数字议程”，介绍德国推动政治、经济与社会数字化转型的政策措施，总结德国数字化进程的现状，分析其面临的挑战，并对其未来的发展做出展望。

一　德国“数字议程”的背景、内容与实施

1. 德国“数字议程”出台的背景

进入21世纪以来，德国政府越来越深刻地认识到，信息通信技术将在德国打造高科技高地中起到决定性作用。信息通信技术既是各行各业提高生产力的关键，该行业本身所创造的产值也已经超过机械制造和汽车制造两大行业，且该行业所提供的工作岗位已接近机械制造行业。信息通信技术行业中蕴含的就业和增长潜力获得极大的重视。同时，先进的信息通信技术为能源、交通、医疗、教育、公共服务等传统领域注入了新的活力，但也带来了诸如信息安全和数据保护等新的问题。信息通信技术行业的发展及其为经济社会发展所带来的机遇和挑战需要一个前瞻性、整体性的顶层设计来规划与指导。

在欧洲层面，欧盟委员会于2010年公布了为期5年的“数字化议程”计划。这是《欧盟2020战略》中的七大旗舰计划之一，主要关注的领域包括创建统一的数字市场、改善信息技术标准和兼容性、建设互联网信任与保障互联网安全、提高宽带覆盖面、增加研发投资、提高全民信息素养、应用信息通信技术应对气候变化等。

德国的“数字议程”作为联邦政府推出的数字经济社会发展战略，其思路最早可以追溯到2006年的德国《高科技战略》，信息通信技术在其中被列为17个未来重点发展领域之一。该战略于2010年7月更新为《高科技战略2020》，其中信息通信技术的发展是五大重点需求领域之一，包括发展互联网服务和“工业4.0”两项未来计划，聚焦“云技术”和信息物理融

合系统（CPS），联邦政府在这两项计划中共计投入5亿欧元。

在此基础上，联邦经济部于2010年11月推出了《德国IKT战略："德国数字2015"》，作为联邦政府在信息通信领域的全面战略计划。此为"数字议程"的前身。该战略提出的目标涵盖经济、网络、安全、研发、教育和数字化解决方案。相关的研究主题则被纳入联邦教育与研究部的"信息通信技术2020——创新研究"资助计划中，三大资助重点为"复杂系统中的信息通信技术"、"新型运作流程与生产工艺"及"物联网与服务联网"。

2013年11月，联盟党和社会民主党联合组阁，建立了新一届联邦政府，两党签订的《联合执政协议》中提出了打造"数字议程"的计划，要使数字化战略为经济增长、教育公平和互联网自由安全做出贡献。其中，经济方面，要使德国成为欧洲数字经济最发达的国家，进一步发展联邦政府的信息通信技术战略；教育科研方面，要在数字化社会中保障公平、促进创新，提高全民信息素养；数字化生活与工作方面，要促进机会均等，加快立法进程。[①]

为此，联邦经济和能源部、联邦内政部和联邦交通与数字基础设施部共同推出了《数字议程（2014—2017）》。该文件于2014年8月20日由联邦政府通过，成为德国经济与创新政策的一个重要基础。

2."数字议程"的内容

作为德国现届政府在信息通信技术领域的行动框架，《数字议程（2014—2017）》提出了三大核心战略目标，即增长与就业、接入与参与、信任与安全，聚焦以下七大核心行动领域。

（1）数字基础设施

为满足迅速增长的对高速互联网的需求，德国政府提出要加快扩建高速宽带网络基础设施，实现高速互联网的全面覆盖。为此，要改善外部条件以支持市场驱动的宽带建设，尤其要关注农村地区的高速网络设施建设，促进

① Deutschlands Zukunft gestalten. Koalitionsvertrag zwischen CDU, CSU und SPD, 2013, https: //www. cdu. de/sites/default/files/media/dokumente/koalitionsvertrag. pdf.

移动互联网和新型服务的发展，并开发数字化在医疗等领域的应用潜力。

（2）数字经济与数字工作

鉴于大数据、智慧数据、云计算和社交媒体等新的数字技术的运用对德国经济带来的巨大影响，“数字议程”提出要支持和推进德国经济的数字化进程，尤其要为新的数字市场提供支持，为数字经济创造面向未来的规范性框架。“数字议程”还关注信息通信技术对就业和劳动力市场及企业组织等带来的影响，并努力寻求数字职场、能源转向和绿色信息技术等方面的解决思路。

（3）创新型国家

该领域致力于公共管理的数字化转型，旨在向民众和企业提供公共管理的数字化服务，使之更为简单、高效、安全。项目“数字行政管理 2020”为未来的行政管理创造了框架条件，通过数字化，使公共服务更加高效、透明、无障碍、用户友好，并同时保障国家在信息通信技术方面的主权和行为能力，保障政府交流沟通的安全。

（4）在社会领域构建数字生活

加强包括各个年龄层次的全体民众的媒体能力，促进他们的数字融入和数字参与，扩大与社会不同人群的对话，支持促进民众参与数字化的新途径。打造数字生活世界，消除当前的障碍。

（5）教育、科研、文化与传媒

将教育科研与文化传媒视为信息通信技术运用的核心领域之一、数字化转型的发动机和保障及创新的基础，挖掘其中蕴含的创新潜力，开发新的运作模式，促进教育、科研和基础设施的重要领域的投资并创造相应的框架条件，以更好地利用数字化所带来的新的构建和参与可能性。

（6）社会与经济的安全、保护与信任

只有网络的安全与保护得到保障，数字化才能更好地在社会与经济中发挥潜力。安全与系统及数据保护是贯穿数字化的核心议题，也是“数字议程”中所有行动领域都不可或缺的。要为上网的民众和企业提供更多的保护，为信息时代打造现代化的数据保护形式，在数字世界中保障消费者权益，加强数字基础设施的安全性，并保障网络世界的安全。

(7)“数字议程”的欧洲与国际维度

互联网的全球属性要求在欧洲和国际层面确立规则和框架。“数字议程”的欧洲维度旨在把德国的数字议程带入欧洲和国际层面，积极参与关于互联网治理的讨论，继续参与制定“网络国际法”，同时还要推动发展合作的数字化进程。①

3.“数字议程”的实施

德国“数字议程”的实施由联邦政府、联邦议院、各州和地方、经济界、公民社会与学术界及其他相关各方共同推进。全国信息技术峰会（Nationaler IT-Gipfel）和联邦政府的“数字议程”控制小组是“数字议程”实施的两个核心要素。

全国信息技术峰会是构建数字转型的中央论坛。它是政界、经济界、学术界和公民社会的一个合作平台，面向“数字议程”的各个行动领域，开启社会与经济广泛对话的进程。“数字议程”控制小组则由三个联邦部门的主管国务秘书组成，旨在联合与协调各相关部门对“数字议程”的实施，并通过跨部门的合作，尽早识别数字化进程中的新动向，并将其带入讨论中。②

联邦政府负责实施与推进“数字议程”的主要是三个部门，其中联邦经济和能源部起到主导作用；联邦内政部负责网络安全战略的起草、行政管理及公共服务的数字化、欧洲数据保护规定的实施，以及开放数据议题；联邦交通与数字基础设施部负责的内容则包括：宽带基础设施建设；交通4.0，自动驾驶的标准化；交通、地理、气候等相关信息公开平台的建设，交通领域初创企业的扶持。此外，其他联邦部门也参与各自相关领域计划和项目的实施。

---

① Bundesregierung, *Digitale Agenda 2014 - 2017*, Berlin, 2014, https://www.digitale-agenda.de/Content/DE/_Anlagen/2014/08/2014-08-20-digitale-agenda.pdf;jsessionid=385D811D4317C8BF023F24DFFDE17AE2.s4t2?__blob=publicationFile&v=6.

② BMWI, *Saarbrücker Erklärung*, 2016, http://www.de.digital/DIGITAL/Redaktion/DE/IT-Gipfel/Publikation/2016/saarbruecker-erklaerung.pdf?__blob=publicationFile&v=3.

“数字议程”启动后，联邦政府开设了网站“www. digitale-agenda. de”，向民众通报“数字议程”的最新进展，定期就“数字议程”的实施情况做出报告，详细描述“数字议程”在各领域实施的进展，列出本阶段的发展重点，并介绍各部门对下一步工作的计划。最近的《德国“数字议程”实施状况报告（四）》于2016年下半年发布。该报告体现了“数字议程”在德国实施的最新进展。

（1）法规环境方面，联邦政府通过了方便数字高速网络建设的法案（DigiNetzG），该法规定，光纤伴随公共资金支持的道路与公共事业管线的建设而铺设，确保最先进的光纤基础设施接入居住和生产地区。这段时间通过并生效的法案还有《医疗卫生事业安全数字通信与利用法》及相关法律修订、《能源转向数字化法》和《无线网络运营者承担电子媒体责任法》的修订、《路由器自由选择法》和《数据交换改善法》等一系列与数字化相关的法律法规或现有法律法规的适应性增补修订。

（2）促进与资助计划方面，联邦政府发布了《促进德国境内宽带扩建》的指导方针，该方针的目标为在“光纤优先”的原则下资助城镇建设超高速宽带。“自动与联网驾驶”战略进程为相关技术领域提供资助，包括服务于智能交通的人机交互、全自动驾驶电子系统和自动与联网驾驶的信息技术安全性。此外，还有一系列针对年轻的创新企业和初创企业的资助措施。

（3）科研方面，2015年9月联邦教育与研究部发布了建立“德国互联网研究所”的招标通告。该研究所将是一所依靠公共资金运作的研究机构，旨在对互联网及数字化进行伦理、法律、经济和参与视角的跨学科研究。预计在最近5年里投入5000万欧元。目前第一轮遴选已经完成。其他一些重要的资助项目包括“来自德国的微电子－数字化创新发动机”框架计划、“数字世界中的安全与自决”信息技术安全研究框架计划、“数字主权能力”研究、“医疗应用的机遇与风险”研究等。

（4）战略与倡议行动方面，2016年6月数字德国网络联盟发布了“网络扩建计划”第二版，介绍了行动领域、投资、资助及法规条件和进一步的战略规划。2016 年 9 月“5G 倡议计划”启动，该计划旨在推动第五代移动通信（5G）的迅速引入，使德国成为 5G 应用的主导市场。设在 A9 高速公路上的一段“高速公路数字测试区”则供企业、大学和研究机构测试新技术之用。此外，还有信息技术安全、电子政务等方面的多个倡议计划。

（5）联网与对话进程方面，“工业 4.0”信息技术峰会平台汇聚了来自超过 150 个组织的约 250 名参与者，是全球“工业 4.0”领域最大的网络之一。除此之外，信息技术峰会也聚焦其他领域。最近一届峰会于 2016 年 11 月举行，重点议题是数字教育，各界高层人士讨论了经济与就业数字化面临的重大挑战，以及数字网络、交通、数字国家和信息通信安全等方面的最新进展。联邦经济部介绍了关于数字教育和数字经济转型的大量倡议行动。该次峰会还发布了《萨尔布吕肯宣言》，提出要推进继续教育体系的现代化、为千兆级社会建设可持续的基础设施、加速经济数字化转型，以及加强数字技术中的安全、保护与信任。①

二 德国数字化进程的当前进展

为体现“数字议程”实施的成果，评估德国数字化进程的发展现状，两年间德国联邦政府与各相关机构进行了多方面的调研。例如，联邦经济和能源部每年出具数字经济监测报告②，数字社会方面则由 D21 倡议行动在联邦政府的资助下出具数字社会年度报告，发布 D21 数据指数③。联邦政府和德国互联网经济联合会最近还就联邦政府的数字政策和“数字议程”的各方面议题进行了民调，由此对联邦政府前段时间的工作成效和社会经济的数

① Bundesregierung, *Vierter Bericht zum Stand der Umsetzungder Digitalen Agenda für Deutschland, 2. Halbjahr 2016*, https://www.bmi.bund.de/SharedDocs/Downloads/DE/Themen/IT_Netzpolitik/Digitale_Agenda/vierter-umsetzungsbericht.pdf.

② BMWI, *Monitoring Report Wirtschaft Digital 2016*, 2016, http://www.de.digital/DIGITAL/Redaktion/DE/Standardartikel/monitoringbericht.html.

③ Initiative D21, *D21-Digital-Index 2016. Jährliches Lagebild zur Digitalen Gesellschaft*, https://www.bertelsmann-stiftung.de/en/publications/publication/did/d21-digital-index-2015-1/.

字化程度进行评价①。笔者在此主要综合参考这三大调研结果，对德国数字化进程当前的进展做一梳理②。

1. 数字基础设施

联邦交通与数字基础设施部的目标是到 2018 年在德国完成宽带无空白全覆盖，目前已经取得初步进展：2015 年底推出了出售移动通信频率的联邦资助计划，将向城镇与乡村投入 40 亿欧元资金，配合各个电信企业 2016 年的 80 亿欧元投资计划，短期内可对网络建设起到很大的推动作用［参见图 1（a）］。

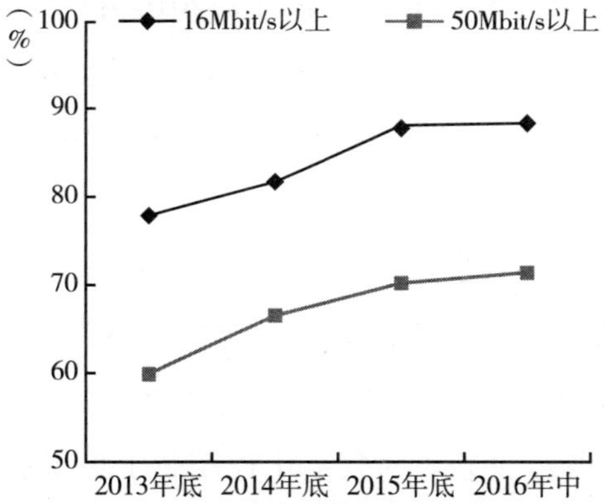

（a）2013年以来德国高速宽带覆盖率

带宽	城市地区（%）	半城市地区（%）	农村地区（%）
≥1 Mbit/s	100.0	99.8	98.7
≥6 Mbit/s	99.8	97.6	91.3
≥16 Mbit/s	97.2	82.3	63.2
≥30 Mbit/s	92.4	72.0	48.9
≥50 Mbit/s	85.2	60.3	29.9

（b）2016年中德国城乡高速宽带覆盖率

图 1　德国高速宽带覆盖率一览

注：Mbit/s = 兆比特/秒。

资料来源：BMVI，Aktuelle Breitbandverfügbarkeit in Deutschland（Stand Mitte 2016）. Erhebung des TÜV RheinlandimAuftrag des BMVI，http：//www. bmvi. de/SharedDocs/DE/Publikationen/DG/breitband-verfuegbarkeit-mitte-2016. pdf? __blob = publicationFile。

但是德国在基础设施方面仍稍显薄弱。德国 2016 年一季度的平均网速为 13. 9Mbit/s（兆比特/秒），在世界各国中排名第 25。签约超过 30Mbit/s 网速接入服务的德国人仅占 5. 5%，低于 6. 3% 的欧洲平均水平。仅有 1. 5% 的宽带

① “Deutschland Digital. Zwei Jahre Digitale Agenda der Bundesregierung：Wo stehen wir?”，https：//www. eco. de/wp-content/blogs. dir/deutschland_digital_final. pdf.

② 为节约篇幅，以下本节中数据除另外注明外，都来自上述三份报告。

接口使用光纤技术，7%的德国家庭接入光纤，在经济合作与发展组织国家中排名垫底。农村地区52.1%的家庭没有超过30Mbit/s的高速互联网接口［参见图1右（b）］。要完成政府为2025年定下的让德国进入1G网速社会的目标，除了政策支持与资金扶持，还必须给予企业相应的激励，促使其积极投入竞争。

2. 经济与职场的数字化与数字经济

《2016年数字经济监测报告》表明，德国产业经济的数字化正在继续向前推进。2016年数字经济指数为100点中的55点，比2015年上升了6点。报告预计2021年数字经济指数可上升到58点。

德国信息技术、电信和新媒体协会（Bitkom）与毕马威2016年对704家德国企业进行了调查，结果显示已经有35%的企业在使用大数据，24%的企业制定出了使用大数据解决方案的具体规划，18%的企业正在讨论这一思路，仅1%的企业还没有考虑这一问题。[①]

德国企业的数字化程度较好，数字化程度高的企业已达到27%，中等程度的为49%，数字化程度低的企业占24%。从规模看，大型企业数字化程度较高，而小微企业因企业小、雇员少，数字化程度甚至还高于大型企业，中小型企业的表现略差。从行业看，服务业的数字化程度高于加工业。数字化转型的先锋是信息通信行业和知识密集型服务业，其中后者发展强劲，根据预测，到2021年后者数字化程度还将高于前者。中等数字化行业包括金融保险、贸易、能源供水、机械、化工制药、交通物流、汽车。医疗卫生与其他加工业数字化程度较低。从数字化的形式看，数字化仪器与基础设施的利用程度高，但数字化服务的利用仍然不足。

数字化转型同样对职场和工作流程产生了巨大影响。调查显示，超过35%的被访者称数字化使自己有可能脱离固定的工作岗位和时间，更灵活地工作，这个比例在高中以上学历的人群中甚至达到了43%。但人们对这一发展趋势并不完全认同，职场及工作流程的新变化带来了普遍的焦虑和不安

① Bitkom Research and KPMG, Präsentation zur Studie "Mit Daten Werte schaffen – Report 2016", Folie 22, http: //bit. ly/295EiID.

全感，同时也要求在工作和私人生活的平衡方面能有相应的新的解决方案。这不仅需要各方面做出可承受的妥协，还需要政府对劳动法的相关规则进行修订，使之适应当前灵活、移动的新工作方式的要求。

在数字经济方面，德国的信息通信行业及互联网经济2016年的数字经济指数为100点中的53点，处于中等水平。2015年该行业毛产值继续增长，已达约990亿欧元，在产业经济总产值中的占比为4.7%，高于机械制造，略低于交通物流；投资额共计145亿欧元，占德国产业经济投资行为的2.9%；销售额2230亿欧元，从业人员1078759人，比上年增加2%。

德国数字经济中表现最好的领域是数字经济企业与传统行业企业之间的合作，薄弱点在于专业人才不足、网络基础设施差及法规对数字化发展的适应过慢。从应用方面看，数字技术、产品与服务的使用处于平均水平，电子商务应用体现较好，社交媒体使用较少，公共管理对新的信息技术解决方案的开放程度较差。

3. 创新型国家

联邦政府推出了“数字行政管理2020”框架计划，以统一和协调各类相关计划，为高效的数字化行政管理创造合适的框架条件。德国越来越多的民众希望公共管理服务也能方便地在线使用。但《电子政务监测报告》的调查结果显示，德国在这一方面仍然有待提高。2016年，德国只有39%的民众使用电子政务服务，大大低于瑞士、奥地利和瑞典等先进国家约70%的比例。而且使用电子政务服务的民众人数甚至还呈现下降趋势（与上年相比的变动幅度为：德国-6%，瑞士+8%，瑞典+4%，奥地利+1%）。

出现这种情况的主要原因是德国政府数字化进程缓慢。虽然调查显示希望能在线办事的民众高达70%，但到2016年6月，联邦、州和乡镇各级行政机构中仅有22%的结算方式实现了数字化，14%的行政机构的人事管理实现了数字化，20%的机构实现了电子支付，10%可以使用电子身份证。①

① Andreas Schmitz, *E-Government*: *Großer Nachholbedarf in Deutschland*, 27. Juni 2016, http://news.sap.com/germany/e-government-groser-nachholbedarf-in-deutschland/.

同时，德国在电子政务领域并无全国范围内协调统一的产品与服务，而是存在各种不同的且不一定兼容的系统，造成了不必要的摩擦损耗。德国在建设创新型国家方面还有很长的路要走。

4. 数字社会生活

在数字社会的建设方面，德国政府做出的一项法律修订可谓重要的里程碑：取消无线网络提供者要为无线网络使用者在网络上的非法行为承担的“侵权责任”。这大大减轻了无线网络提供者的法律风险，获得了经济界和民众的衷心欢迎。在民调中，高达74%的民众表示，公共场所的无线网络使用更为便捷了，德国由此逐步摆脱无线网络荒漠状态。

但从民调上看，数字化的社会生活远远未能深入人心，其重要原因之一就是互联网和数字化消弭了工作、业余生活和家庭之间的界限，从而被许多人视作一种负担而非对工作、生活的丰富，尤其是18岁至24岁的青年人，他们中有30%的人认为互联网对工作和生活之间的平衡产生了负面影响，也正是这一年龄段对互联网的使用最为广泛。

5. 教育、科研与文化

近年来，德国的研发支出占国内生产总值比例均在2.9%左右，这为数字经济的可持续增长提供了坚实的基础。政府也非常重视在教育机构中引入数字化教学内容，使学生获得今后在数字化职场和知识与经济社会中生活所需要的能力与技能。但数字化教育方面仍面临巨大挑战，因为无论是政府还是民众，他们对于数字化教育的教学内容和教学量的看法都有很大分歧。在民调中，对于青少年在学校与培训中是否已经获得足够的专业知识和能力以满足数字化工作场所的需要这一问题，赞同和反对的人数相等，各占43%。不过，媒体能力和信息技术基础知识必须成为教育培训的固定组成部分且事关学生今后的发展和机会公平，这一点为大多数人所赞同。

在文化传播方面，互联网的重要性不断增强。民调中有87%的被访者表示把互联网作为信息源及信息交流和传播的工具，49%的被访者每天使用搜索引擎，38%的被访者每周多次使用。政府也认识到了搜索引擎所隐含的导向作用，并考虑对此进行引导、规范或限制。

6. 安全

联邦信息技术安全局发布的《2015 年德国信息技术安全状况》报告表明，德国的信息技术安全形势不容乐观，网络攻击和网络犯罪呈上升趋势。[①] 而信息技术安全视角却未能在数字化进程中得到应有的重视。因此，2015 年通过的信息技术安全法就成为重要一步，它要求信息通信、水利、医疗卫生、食品、交通运输及金融保险领域的关键基础设施运营者，都必须遵守信息技术安全的最低标准。

另外，从民调结果看，目前个人用户对计算机安全的敏感度也有所提高，德国大多数家庭都采取了安全措施以防范互联网攻击，不采取任何防护措施的用户只占 2%。83% 的企业把数据安全放在重要地位。

7. 德国数字化程度在欧盟内的比较

2016 年 3 月欧盟发布的《欧洲数字化进程报告》[②] 中，德国的数字经济与社会指数为 0.57，在欧盟 28 个成员国中位居第九，比上年上升一位（参见图 2）。同时自 2014 年以来，在欧盟数字经济发展开始减速的情况下，德国仍保持了较高的发展速度，因此与奥地利、爱沙尼亚、马耳他、荷兰和葡萄牙同属“领跑者”行列。德国民众的互联网能力也高于欧盟平均水平，尤其是网上购物方面（参见图 3）。

数字经济与社会指数（Digital Economy and Society Index，简称 DESI）分值介于 0 到 1 之间，旨在评估和监测欧盟及其成员国在经济与社会数字化方面的综合表现，分为互通性、人力资本、互联网应用、数字技术集成和数字化公共服务五个维度。对德国在这五个维度上的表现的评价也从另一角度体现了德国数字化进程的现状。

① Bundesamt für Sicherheit in der Informationstechnik, *Die Lage der IT-Sicherheit in Deutschland 2015*, 2016, http://www.bmi.bund.de/SharedDocs/Downloads/DE/Broschueren/2015/bsi-lagebericht-it-sicherheit.pdf?__blob=publicationFile.

② “Digital Single Market, Germany”, https://ec.europa.eu/digital-single-market/en/scoreboard/germany.

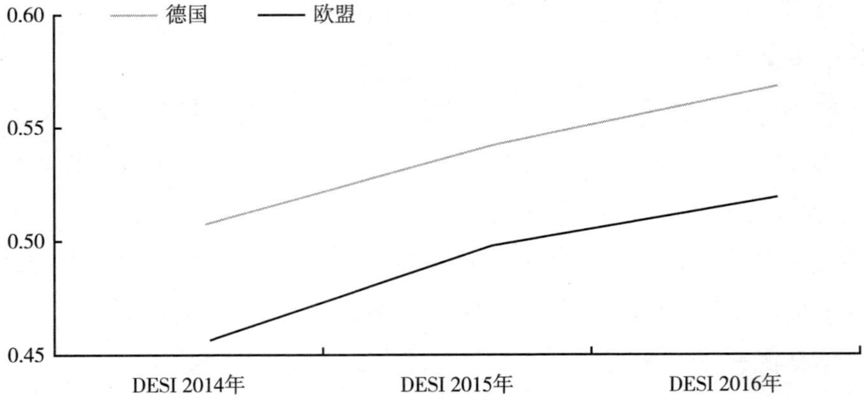

图 2　德国数字经济与社会指数上升状况

注：DESI 指数字经济与社会指数。

资料来源：https：//ec. europa. eu/digital-single-market/en/scoreboard/germany。

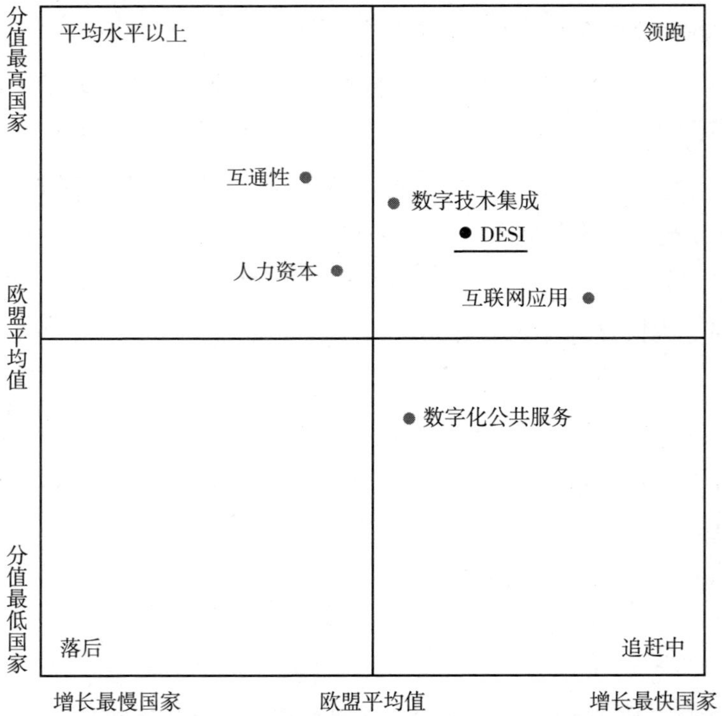

图 3　2016 年德国数字经济与社会发展状况在欧盟中的地位

注：DESI 指数字经济与社会指数。

资料来源："Bericht über den Stand der Digitalisierung in Europa（EDPR）2016，Deutschland"，http：//ec. europa. eu/newsroom/dae/document. cfm？ action = display&doc_ id = 15657。

（1）互通性。德国在这方面的表现尚可，进步较快。基础宽带服务基本覆盖全国，德国还是欧盟唯一一个规定将调和无线电频率百分之一百用于移动宽带服务的成员国。但德国光纤网络的市场份额仍明显低于欧盟平均水平。

（2）人力资本。德国在人力资本领域表现得不错。民众对互联网的应用频率和强度都高于欧盟平均水平，民众的互联网应用能力也较高，66%的德国人至少具备数字媒体利用的基本能力，高于欧盟55%的平均值。但信息通信技术行业专业人才缺口仍然较大。

（3）互联网应用。这方面德国的表现不错，尤其是在线购物方面要优于欧盟其他国家。但由于全国层面上的供应规模，跨境互动频度未达欧盟均值。

（4）数字技术集成。这方面德国表现不错。德国企业在集成电子信息交换和电子结算等领域做得最好。德国企业对在线商务的运用也正在增长。但企业与民众对社交媒体的利用仍较为谨慎。

（5）数字化公共服务。德国在“数字化公共服务”方面落后于欧盟平均水平，且进展缓慢。德国是欧盟各国中公共服务机构与民众之间在线互动最少的国家，拥有互联网接口的德国民众中，只有19%的人主动使用电子政务领域的服务。

三　德国数字化进程所面临的问题与挑战

可以看到，自德国政府2014年推出“数字议程”两年以来，德国的数字化进程的确有了相当大的进展，但德国要在全球的数字化大潮中争取领先，使数字化成为自身的竞争优势，还有很长的路要走。德国数字化进程的继续推进面临多重挑战，在政治、经济和社会等各个层面都还存在诸多障碍有待克服。

1. 政府层面

2014年的一份专家调研报告宣称，当前德国经济数字化的最大障碍恰恰是德国政府。专家认为德国政府对数字化这一新领域的驾驭显得力不从心，政府的工作方式仍然固守20世纪的传统模式，难以接受新的思路。多数专家还认为这种不利情况在未来10年里也无法有大的改变。同时，漫长的审批程序、资金的不足、职责分工不明确、对数字通信技术了解不足、经验不够都使联邦各部委难以做出快速反应，难以在德国数字化领域独立做出战略性和前瞻性规划，导致对数字化带来多方面的持续性的不良影响。[①] 事实上，这一问题在两年之后的确并未有很大改观。

首先，联邦各部委机构及它们之间目前的合作形式并不足以应对数字社会飞速发展所带来的种种挑战。“数字议程”的实施由联邦经济和能源部、联邦内政部、联邦交通和数字基础设施部共同负责，具体工作则落实到了这些部下属的各个机构，如联邦内政部下属的联邦信息技术安全局、经济和能源部下属的联邦网络署和反垄断局，以及联邦消费者保护局等。在联邦议院中，数字化议题也分散在至少四个不同的委员会中，从而无法反映出数字化进程的整体状况。例如在宽带互联网建设领域，高速互联网的建设由联邦交通和数字基础设施部负责，而宽带的规范则归联邦经济和能源部管辖，联邦电力、煤气、电信、邮政及铁道网络局（归属经济和能源部）负责为宽带发展确立规范性框架。联邦政府宽带办公室（归属联邦交通和数字基础设施部）则作为国家宽带能力中心负责技术与信息咨询。这种分散式结构导致政出多门，也带来了不必要的摩擦损失，影响到讨论和执行的效率。

因此专家提出，政府当前尤其要摒弃专业和门户之见，明确各个政府部门及联邦和州两个层面的职责，理顺其中的关系。甚至有专家建议跨部门设立统一的“德国数字化部”，把当前分散在各个部门的数字化进程推进工作集中到一个部门中。

其次，当前的立法和实施的进程仍需加快。虽然在过去的两年内德国通过了一批新的法规和法规修订，在诸如无线网络提供者的“侵权责

---

① 参见“Digitalisierung：Achillesferse der deutschen Wirtschaft? Wege in die digitale Zukunft”，http：//zuku14. de/。

任”等方面取得了突破，改善了数字化进程推进的外部条件，但仍然远远跟不上数据利用和数字技术开发的增长速度。无论是宽带基础设施利用、标准化、公平竞争、数据保护、信息技术安全还是文化传媒等方面，都有新的利用方式、新的运营模式和传播途径不断涌现。但很多情况下，德国或是立法没有跟上，出现法律灰色甚至空白地带，或是现有的法律法规未能及时适应，规则滞后，带来很大的不确定性，令行为者承担巨大的法律风险。这种情况已经严重阻碍到德国数字化进程的发展，也已影响到德国的国际竞争力。因此，对现有的法律法规进行普遍的适应性调整是联邦政府刻不容缓的任务。此外，联邦政府在起草新的法律法规时也要以未来眼光对其进行适应性审查。

2. 经济层面

德国的数字经济在很多方面仍然有待追赶。目前，德国互联网企业的市值与美国的企业相比尚存在天壤之别①。制约德国数字经济竞争力的因素是多样的，首先是政府机构繁冗的官僚流程对互联网经济造成阻碍；其次是数字经济企业及初创企业的框架条件较差，包括基础设施和关于数据保护、数据安全等方面的法律环境都未能跟上数字经济的发展速度；再次，企业自身也存在欠缺，需要创新点子和创新运营模式，并提高企业信息技术能力和员工信息素养，以胜任数字化运营模式；最后，国家对数字经济的资助扶持不足也在一定程度上阻碍了数字经济的发展。

除了信息技术业和互联网企业以外，德国一般企业的数字化也面临着诸多问题。《2016 年数字经济监测报告》的调查中，企业表示自身数字化进程中遇到的障碍主要是宽带基础设施欠发达（40%）、成本投入过高（38%）、时间投入过高（32%）、缺少可靠的标准（28%）、数据保护与数据安全问题（26%）和专业人才缺乏（23%）。

同时，德国企业创新和进取精神的缺失已经成为德国数字经济发展的一

① 例如 2016 年 8 月法兰克福交易所数据，苹果市值 5268 亿欧元，alphabetgoogle 市值 4528 亿欧元，微软市值 4064 亿欧元，SAP 市值 966.3 亿欧元，西门子市值 907.1 亿欧元，戴姆勒市值 678.7 亿欧元。数据来源：http：//www. boerse-frankfurt. de，2016 年 8 月 18 日。

大障碍。德国企业战略落后，固守欧洲市场，思路单一，创新速度过慢，尤其是中小型企业往往还沉浸在其机械制造年代的成功中，并没有真正意识到“工业 4.0”年代已经到来。德国的出口导向型经济决定了德国的数字产品只有走向世界才会有生存空间。德国制造品牌的正面效应虽然可以带入数字化时代，但德国制造的数字产品是否也能在全球市场上具有领先地位还很难说。

如上所述，这些问题的解决最终还是需要政府的支持，无论是宽带建设还是法律法规，或是人才培养，都需要由政府构建对数字化友好的框架条件。

另外，德国的经济数字化进程也离不开欧洲的大环境。欧洲市场和欧洲的法律体系都具有异质性，欧洲的市场及其运作的框架条件复杂多样，无法适应国际客户的需求，从而影响到德国经济的全球竞争力。虽然目前欧洲正在向建设单一欧洲数字市场、形成统一的欧洲法律区的方向努力，但在疑欧的大气候下，这种努力同样面临重重困难。

3. 教育层面

专业人才的匮乏和民众信息素养的不足都会影响到数字经济对增长和就业的促进作用。建设数字知识社会因此成为“数字议程”的要素之一。但德国各个层面上的教育都还不能满足数字社会的要求。

首先，当前的学校教育和职业培训仍然以传统模式为主，学生所接受的教育与未来职场的数字化要求脱节，对于数字化的经营模式和“工业 4.0”的自动化生产流程无法适应。同时，胜任未来工作所必不可少的信息技术能力、跨学科思维和创新创造能力在德国目前的教育培训体系中也仍是弱项。而政府教育政策、评价体系和资助体制却未能及时更新，在此方面难有突破。

再者，目前德国许多行业的企业正普遍面临着信息技术专业人才匮乏的情况。当前对信息技术专业人才的培养无论从质上还是量上都难以满足需求，尤其是目前正迅速增长、有越来越多的工作岗位的信息技术行业面临的形势更加严峻，数字行业缺少后备力量。而同时，数字领域的尖端人才外流现象却非常严重，给德国经济带来了不良影响。这一问题对德国的经济增长已经构成一种结构性的挑战。要改善这一状况，需要教育机构与经济界之间加强联网和沟通，同时也需要加强教育师资力量，在这方面政府应当是推手。

最后，全民信息素养有待提高。在这方面，德国虽然已经有多个企业和机构在各个层面上以多种形式开展活动，却缺少一个广泛协调的关于促进信息素养的战略或一个全国性的联盟，因此零散不成体系，效率较低，相互间无法发挥协同作用。

4. 社会层面

联邦经济部所参与的 D21 倡议计划自 2013 年起共同发布 D21 数字指数①，从民众的互联网接入、使用、能力和开放度四个维度体现数字社会中民众的数字化的最新发展趋势。自 2013 年以来这四个维度的分指数和综合指数的发展趋势如表 1 所示。

表 1　D21 数字指数历年发展趋势

	网络接入	使用	能力	开放度	综合指数
2013 年	54	40	50	54	51
2014 年	57	42	48	55	51
2015 年	59	38	49	53	52
2016 年	65	41	44	49	51
发展趋势	+6	+3	-5	-4	-1

资料来源：Initiative D21 e. V. ，“2016 D21-Digital-Index. Jährliches Lagebild zur Digitalen Gesellschaft”，2016，https：//www. bertelsmann-stiftung. de/fileadmin/files/BSt/Publikationen/GrauePublikationen/D21_ Index2016_ WEB-final. pdf。

可以看到，虽然互联网基础设施与网络使用条件得到改善，网络使用不断普及，各种新技术手段不断涌现并得到普遍使用，民众对于新的数字技术手段的掌握却没有跟上，在如何处理个人数据、数据安全、数据保

① Initiative D21 e. V. ，“2016 D21-Digital-Index. Jährliches Lagebild zur Digitalen Gesellschaft”，2016，https：//www. bertelsmann-stiftung. de/fileadmin/files/BSt/Publikationen/GrauePublikationen/D21 _ Index2016_ WEB-final. pdf.

护，以及物联网、大数据、云计算的使用等方面有待改善，而与此相联系的则是许多民众对于互联网和数字生活的疑虑与不安增加，使他们更多地选择谨慎而不是开放。如何更好地帮助民众融入数字化的世界是德国建设数字社会的重要课题。

四　德国数字化进程的最新进展和前景展望

2014 年来，联邦政府推行了一系列重要的计划和措施，但对于“数字议程”的看法各方一直存在争议。一方面，“数字议程”的出台体现了德国政府把经济、社会和政治的数字化视为一个独立的政策领域，以此考虑更好地协调在该领域的各种动作。另一方面，“数字议程”的内容偏于宽泛空洞，实际操作性不强，因而遭到质疑。随着数字化转型的不断推进，以及对存在的问题、挑战和解决方案的认识不断刷新，原先时间跨度为 5 年（2014 ~ 2017 年）的“数字议程”也有更新的需求。对此，作为数字化转型主导部门的联邦经济部在 2016 年就做出了实际行动。

1. 2016年的数字战略与行动计划

2016 年 3 月，联邦经济和能源部部长加布里尔在汉诺威消费电子、信息及通信博览会上介绍了《数字化战略 2025》，该战略描述了成功构建德国数字转型的重要措施和手段，提出了十大步骤：（1）建设全覆盖的千兆级光纤网络；（2）开创新的创业时代，支持初创企业，方便其融资，促进其与成熟企业的合作；（3）建设和完善数字经济的法规与政策环境；（4）在能源、交通、医疗、教育和公共管理方面挖掘数字化潜力，促进智能网络应用；（5）维护数据安全与数据主权，推进软硬件安全的新体系开发；（6）开发中小企业的新模式，促进与支持中小型企业、手工业和服务业参与数字化转型；（7）建设德国区位 4.0，以广泛全面的促进措施帮助企业实现“工业 4.0”；（8）促进研发，加强对研究项目的资助，加快引入尖端技术带动数字化转型；（9）加强数字化教育，使数字化融入教育的各个层面，同时促进终身教育；（10）成立联邦数字局，将其作为智库和服务机构，对联邦政府提供支持。①

2016 年 9 月，联邦经济部又发布了《数字化行动计划》，对《数字化战略 2025》进行了具体化，提出了在未来 12 个月内具有优先级的 12 点行动计划。②

（1）促进数字产业中心发展。为德国各个具有灯塔效应的较大的地区性数字产业中心打造一个共同品牌和设立共同的服务机构，促使它们以优化的方式连接成全国性网络，方便这些中心之间的知识和技术转换。同时把德国数字产业中心向国外推介，提高它们的国际知名度，帮助它们接触到国外的创业者和投资者。

（2）加速中小企业数字化。首先，在全国设立中小企业 4.0 能力中心，以帮助中小企业更好地应对数字化。这样的中心在 2016 年就已建成 11 个，计划在 2017 年借助“中小企业 4.0”资助计划的扩展建成更多，并兼顾不同主题和不同行业。其次，利用“工业 4.0 论坛”展示示范性项目，结合实践提出行动建议，对中小型工业企业的数字化给予特别支持。再次，推出“Go-digital 资助项目”作为能力中心的补充，通过为中小型企业提供外部咨询服务，为它们在信息技术安全、网络营销与数字化运营流程等方面提供全流程的支持。最后，推出一个投资促进计划，发起“中小型企业数字化攻势”，通过激励投资加速中小企业数字化进程。

（3）扩建千兆级网络。建设高速宽带网络，支持“工业 4.0”和智能联网发展。为解决农村及偏远地区的网络建设问题，设立总额约为 100 亿欧元的未来投资基金。

（4）为数字技术领域的私人投资开启方便之门。在私人领域，考虑简化与缩短软硬件及数字技术领域各类器材的折旧时限到最高 3 年，同时提高低值资产折旧年限及营业税起征点，为中小企业投资数字化减负。

---

① BMWI，“Digitale Strategie 2016”，2016，http：//www. de. digital/DIGITAL/Redaktion/DE/Publikation/digitale-strategie-2025-broschuere. pdf? _ _ blob = publicationFile&v = 6.

② BMWI，“Aktionsprogramm Digitalisierung. 12 Punkte für die Digitale Zukunft”，http：//www. bmwi. de/Redaktion/DE/Publikationen/Digitale-Welt/aktionsprogramm-digitalisierung. html.

（5）保障数字价值创造链安全。开发数字主权监测程序，对重要的关键技术与能力实施战略保护。在微电子领域准备投资 10 亿欧元，通过与欧盟其他国家的合作加强德国与欧洲的工业竞争力。建立针对可信云服务的独立透明的市场，方便企业向安全的数字云技术过渡。建立跨行业的智慧家居平台。设立“智慧服务世界 II——数字服务与平台的新应用领域”计划作为现有的“智慧服务世界”计划的补充。该计划旨在尽可能覆盖经济界所有与平台经济相关的但尚未得到完全开发的核心领域，开发未来解决方案，主要面向针对中小企业的具有灯塔性质的解决方案。

（6）鼓励更多风险投资。大力发展已有的鼓励私人风险投资的有效工具 INVEST，并推出一系列措施鼓励面向创业者和年轻企业的风险投资。2017 年启动高科技创业基金 III（目标总额 3 亿欧元），不仅为创业者开辟资金来源，也使作为基金投资方的成熟企业有机会广泛了解德国创新创业形势，与基金获益企业展开合作。同时还要修订相关法律，改善框架条件。

（7）推进数字通信和电子政务建设，精简机构官僚流程。尽快草拟《信任服务法》，以方便个人、企业和机关之间的可信通信。同时还要发展身份认证服务，支持创建民众和企业的安全“数字身份”。加速行政管理现代化，向高效的电子政务发展，要尽快通过《大数据法》，向企业与创业者开放更多行政管理方面的数据。尽快实施欧盟招标强制电子发布的改革方案。

（8）能源转向数字化。《能源转向数字化法》与随之引入的数字计量系统是德国在能源转向挖掘其数字化潜力及争取在智慧网格、智慧计量和智慧家居方面取得领先地位的重要措施。计划要把智慧计量体系建设成标准化通信平台的一部分，成为德国制造的品牌产品，该模式还可推广至数字化的其他领域。同时计划资助一项开放能源数据的示范性项目（www. open-power-system-data. org），建设能源部门的大数据平台。

（9）医疗行业数字化。加速医疗卫生行业的数字化进程，通过现有的手段资助智慧联网与开发数字技术和电子医疗服务应用的实验室。尽快将《电子医疗法》中引入电子医疗卡时限的规定和关于电信医疗服务点数计算的具体引入时限的规定付诸实施。

（10）加强金融技术。由联邦金融服务监管局负责金融技术领域的信息咨询工作，以方便金融技术进入金融市场。支持在合适的情况下考虑加快许可审批程序的建议，以加快金融技术创新的准入，而不影响安全水平和金融市场的稳定。支持审核欧洲层面框架条件的统一性，以尽快在金融技术领域也实现数字内部市场。

（11）推进数字交通。在数字化时代继续保持交通领域主导市场和产品供应者的传统地位。修订法律框架，使之适应自动驾驶的需求，并设立额外的试验场地作为现实实验室。“新型车辆与系统技术”资助项目有针对性地资助自动和联网驾驶的重要研究项目。对已经有些过时的《客运法》做调整，使之适应技术发展。

（12）通过社会分享经济促进参与。各城镇、地方、分享企业之间结成学习伙伴关系，以正确运用房屋中介平台及其他分享经济服务，使之产生本地效应。讨论分享经济中存在的核心矛盾，寻求多方供应的社会化解决方案。研究分享经济的相关法律问题，为分享经济平台提供法律支持。为改善法律使之安全和透明，在合适的情况下还要让这些平台可以直接向财政机构缴纳营业性服务提供者的税款。

2. 前景展望

数字化转型带来了巨大的机遇，但同时也意味着巨大的挑战。政府必须为此前并未认识到的许多问题找出解决方案，并为数字化转型的所有相关各方提供法律和规划方面的保障。同时，为了更好地利用数字转型带来的机遇，充分挖掘潜力，使之更好地为德国经济区位服务，德国政府必须拿出现代化的互联网政策。

从2010年《高科技战略2020》中的一个重点领域，到《数字议程（2014—2017）》作为首个德国数字化政策基础计划为德国互联网政策做出第一个推动，再到提出系统性的思路“数字战略2025”和具体到各个措施的“数字化行动计划”，可以看到德国政府在促进经济社会数字化方面的思路逐渐清晰。

目前德国正处于大选前夕，2017年9月新一届政府将上任，新政府所面对的最大挑战之一就是如何坚决、迅速地推进社会与经济的数字化转型。从历史上看，德国联邦政府的政策传统上较为稳定，新一届政府基本上会承续上一届政府较为成熟的战略和政策，不会有大的变动，数字化领域 2016 年所推出的各项政策应当能够在新一届政府上任后继续实施。

要使各项战略和政策真正得到有效推行，需要各个政府部门之间密切合作，需要决策者对数字化在当前面临的挑战有一个全面的了解，从而做出迅速、有能力与目的明确的指导。如前所述，政出多门、叠床架屋问题是影响德国数字化转型进程的一大障碍，也是当前政府一直未能解决的问题。《数字化战略 2025》提出的建立“联邦数字局”的思路将有望在未来使联邦政府打破这一障碍，优化各部门之间的合作，充分发挥政府、企业和社会的协同效应，使德国经济与社会的数字化得到快速发展。

社会文化篇

Society and Culture

B.9

德国高等教育发展的最新动向

——从“精英倡议计划”到“精英战略”

郭 婧*

摘 要： 德国联邦政府与各州政府于2005年推出的“精英倡议计划”实施了两个阶段，推动了德国高等教育差异化发展，优化了大学治理结构，提升了大学治理能力，促进了学术后备人才的培养，提升了德国大学和科研领域的国际知名度。2016年6月16日，德国联邦政府与各州政府共同签署并决定实施“精英倡议计划”的后续资助计划——“精英战略”，通过“精英集群”“精英大学”两条资助主线，尤其是不设限期、长期资助德国大学或大学联盟发展的“精英大学”资助主线，以期进一步强化德国科研要地、增强

* 郭婧，同济大学德国问题研究所讲师，博士研究生。

德国科研的国际竞争力、提高德国大学和科研领域在国际上的知名度。

关键词：精英倡议计划　精英战略　精英集群　精英大学　德国高等教育

德国联邦政府与各州政府于2005年推出的“精英倡议计划”旨在可持续地强化德国科研要地，增强德国科研的国际竞争力，提高德国大学和科研领域在国际上的知名度。[①] 2016年是德国政府对“精英倡议计划”前两个阶段实施效果进行评估，并以此为依据对“精英倡议计划”的后续资助做出决定的关键一年。本文尝试对“精英倡议计划”的资助情况、实施效果及其后续资助计划“精英战略”的资助概况进行梳理。

一　“精英倡议计划”资助情况

“精英倡议计划”先后于2006/2007～2011年、2012～2017年实施第一阶段和第二阶段。据统计，“精英倡议计划”的前两个阶段共有80所大学提交了关于“研究生院”“精英集群”“未来构想”三条资助主线的申请书827份。获得批准提交正式申请后，共获得239份正式申请及84份继续资助申请。在前两个阶段，共有45所大学获得51个“研究生院”资助项目、49个“精英集群”资助项目及14个“未来构想”资助项目（参见图1）。[②]

① 有关德国“精英倡议计划”前两个阶段的概述参见俞宙明《德国高校精英倡议计划综述》，载郑春荣、李乐曾主编《德国发展报告（2013）》，社会科学文献出版社，2013，第163～187页。

② Deutsche Forschungsgemeinschaft (DFG) and Wissenschaftsrat (WR) (eds.), *Bericht der Gemeinsamen Kommission zur Exzellenzinitiative an die Gemeinsame Wissenschaftskonferenz*, 2015, p. 22, https://www.bmbf.de/files/1_Bericht_an_die_GWK_2015.pdf.

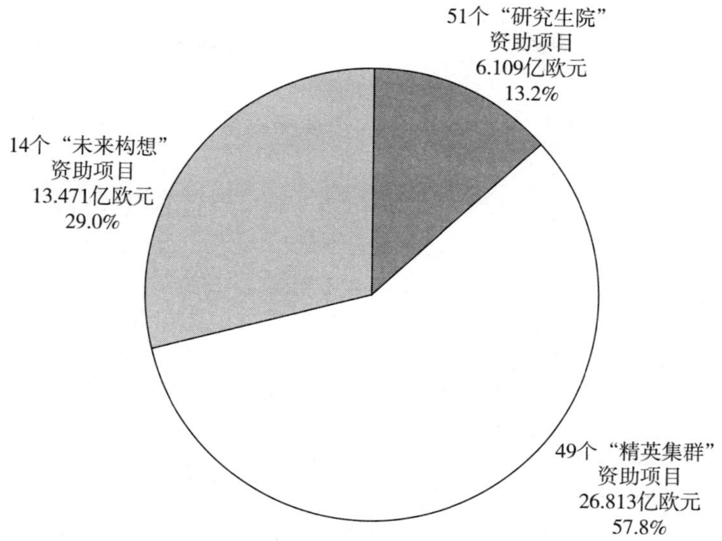

图 1 “精英倡议计划”前两个阶段三条资助主线资助总额（2006～2017 年）

注：图中所展示的资助总额包含项目结束金和项目过渡经费。

资料来源：Deutsche Forschungsgemeinschaft（DFG）and Wissenschaftsrat（WR）(eds.), *Bericht der Gemeinsamen Kommission zur Exzellenzinitiative an die Gemeinsame Wissenschaftskonferenz*, 2015, p. 24, https://www.bmbf.de/files/1_Bericht_an_die_GWK_2015.pdf。

“精英倡议计划”第一阶段共有 39 个“研究生院”项目、37 个“精英集群”项目和 9 个“未来构想”项目获得资助，其中 4 个项目是已经获得德国科学基金会（DFG）资助的研究中心，它们在“精英倡议计划”的框架下整合资源，将研究中心打造成“精英集群”项目。2012 年 11 月 1 日起开始的“精英倡议计划”第二阶段共有 45 个“研究生院”项目、43 个“精英集群”项目和 11 个“未来构想”项目获得资助。其中，“研究生院”和“精英集群”均有 12 个项目为新资助项目，有 5 所新进大学获得“未来构想”项目资助。另有 5 个“研究生院”项目、6 个“精英集群”项目和 3 个“未来构想”项目未能在第二阶段获得继续资助，它们将获得至 2014 年 10 月底的项目结束金。① 图 2 展示的

① Deutsche Forschungsgemeinschaft（DFG）and Wissenschaftsrat（WR）(eds.), *Bericht der Gemeinsamen Kommission zur Exzellenzinitiative an die Gemeinsame Wissenschaftskonferenz*, 2015, p. 22, https://www.bmbf.de/files/1_Bericht_an_die_GWK_2015.pdf.

是在“精英倡议计划”的前两个阶段获得“未来构想”资助的大学及它们的受资助年限，这些大学受到了各方关注，被非正式地称为德国的“精英大学”。

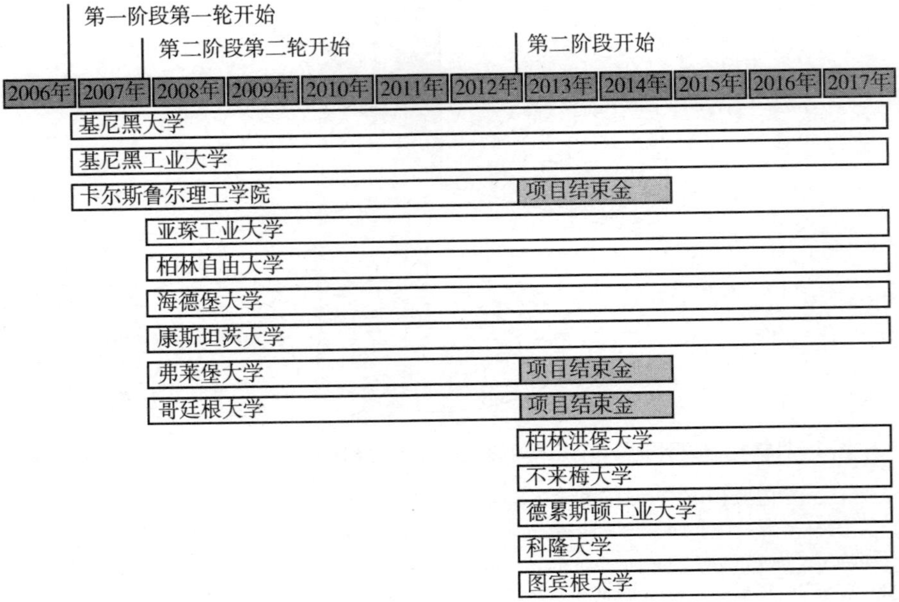

图2　获得“未来构想”资助的大学及其受资助年限

资料来源：Deutsche Forschungsgemeinschaft（DFG） and Wissenschaftsrat（WR）（eds.），*Bericht der Gemeinsamen Kommission zur Exzellenzinitiative an die Gemeinsame Wissenschaftskonferenz*，2015，p. 84，https：//www. bmbf. de/files/1_ Bericht_ an_ die_ GWK_2015. pdf。

二　“精英倡议计划”实施效果

“精英倡议计划”实施至今，对德国高等教育的发展起到了重要的推动作用，这一点得到了各界的褒奖。尽管一些学者反对实施“精英倡议计划”，认为该计划会造成德国大学间的纵向差异化，认为这是一种不平等，会自下而上地不断激化对声誉、头衔的竞争和再分配，有损德国大学的教学和科研，[①] 但各

① 郭婧：《德国精英倡议计划的新动向》，澎湃新闻，2016年6月2日，http：//www. thepaper. cn/newsDetail_ forward_ 1477920。

项针对该计划的评估结果仍多为正向的、积极的。

根据德国科学基金会与科学委员会（WR）组建的共同委员会于2015年6月向德国科学联席会（GWK）提交的“精英倡议计划”报告①，以及2016年1月受德国科学联席会委托的、由瑞士苏黎世联邦理工学院（ETH）物理学家英伯顿（Dieter Imboden）主持的“负责精英倡议计划评估的国际专家委员会”（简称IEKE）对“精英倡议计划”所出具的评估报告，可以将“精英倡议计划”前两个阶段的实施效果总结如下：

1. 推动德国高等教育差异化发展

“精英倡议计划”的实施打破了德国“吃大锅饭”的传统，取而代之的是一种寻求差异化发展的观点，即现代、高效的科学需要通过一个由各具特色的大学组成的、结构上具有差异性的体系来实现。② 德国科学委员会在其于2006年发表的《关于大学在科研体系中的未来地位的建议》中把高校之间的差异分为纵向差异和横向差异，其中纵向差异是指高校在科研成果、教学质量和社会服务等方面产生的等级化差异，但这一差异常常被简单地缩小到科研成果范围，而横向差异则涉及高校在不同方面的多种功能。在一个具有横向差异的高校体系中，各个高校的重点并不局限在单一方面（如科研），而是根据社会需要及高校自身的特点，打造每个高校自己的特点，设立自己的重点领域。③

“精英倡议计划”一方面推进了德国高校的横向差异化发展，获得资助的德国大学纷纷将其重点设定为科学研究，以与其他以教学或其他职能作为

① Deutsche Forschungsgemeinschaft （DFG） and Wissenschaftsrat （WR）（eds.）, *Bericht der Gemeinsamen Kommission zur Exzellenzinitiative an die Gemeinsame Wissenschaftskonferenz*, 2015, p. 22, https://www.bmbf.de/files/1_Bericht_an_die_GWK_2015.pdf.

② Deutsche Forschungsgemeinschaft （DFG） and Wissenschaftsrat （WR）（eds.）, *Bericht der Gemeinsamen Kommission zur Exzellenzinitiative an die Gemeinsame Wissenschaftskonferenz*, 2015, p. 1, https://www.bmbf.de/files/1_Bericht_an_die_GWK_2015.pdf.

③ Wissenschaftsrat, *Empfehlungen zur zukünftigen Rolle der Universitäten im Wissenschaftssystem*, Berlin, 2006, p. 13. 转引自俞宙明《德国精英倡议计划和高校差异化进程》，《德国研究》2013年第2期，第106页。

重点的大学区分开来。而另一方面，德国高校的纵向差异也显现出来，在“精英倡议计划”的框架下，具有世界尖端科研能力的大学受到资助，进一步挖掘其研究潜能。高校间的差异从高水平著作或论文的发表情况、第三方经费等方面可见一斑。

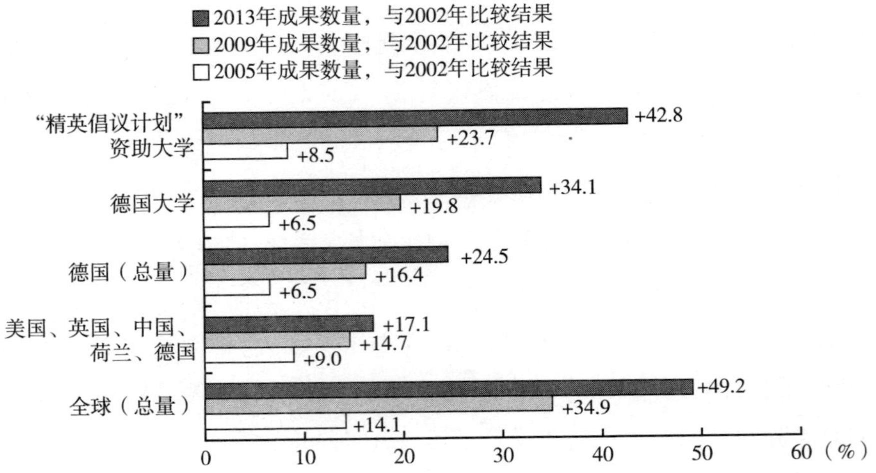

图 3　2002～2013 年间全球、科研强国及德国的（化学/物理）成果数量变化

资料来源：Deutsche Forschungsgemeinschaft（DFG），*Förderatlas* 2015. *Kennzahlen zur öffentlich finanzierten Forschung in Deutschland*，2015，p. 95，http：//www. dfg. de/download/pdf/dfg_ im_ profil/zahlen_ fakten/foerderatlas/2015/dfg_ foerderatlas_ 2015. pdf。

德国科学基金会 2015 年发布的《资助年鉴》显示，2002～2013 年间，全球著作、论文等成果的发表数量不断攀升。德国各类研究机构在物理和化学领域的著作、论文等的发表数量也从 2002 年的 22000 份增加至 2013 年的 28000 份（增长率约为 25%），尽管这个数值低于全球增长率（约 49%），但高于美国、英国、中国、荷兰、德国这五大科研强国的总增长率（约 17%）（参见图 3）。在物理和化学领域，受到“精英倡议计划”资助的大学共 21 所，它们在 2002～2013 年间的成果数量增幅约为 43%，明显高于所有德国大学在此期间的成果数量增长率（约 34%）。2006 年，这 21 所大学就属于成果发表数量最多的德国大学，至 2013 年，它们的优势则更加明显，在物理和化学领域的成果发表数量也呈现显著增长。① 此外，从德国学者对2003～2006年及2008～2011年“科学网”（Web of Science）前10%的高引论文进行的调查可以看出，获得“精英倡议计划”资助的大学产出的高水平论文远高于其他高校。②

2012年，参与“精英倡议计划”的45所大学共有约150000名科研人员，约占德国高校科研人员总量的2/3，共有教授约17000名，约占德国高校教授总量的38%（参见表1）。而德国高校2012年所获得的67.6亿欧元第三方经费中，有51.4亿欧元由这45所大学获得，超过总量的3/4。获得“未来构想”资助的14所大学则获得了约38%的第三方经费，甚至高于这些大学的教授占比（15%）的两倍。获得两个或两个以上“研究生院”/“精英集群”项目的大学也获得了27.4%的第三方经费，略低于这些大学的教授占比（15.3%）的两倍，获得一个“研究生院”或一个“精英集群”项目的大学则获得了11.1%的第三方经费，与这些大学的教授占比（7.7%）相当。③

表1 2012年德国高校科研人员数量与第三方经费获得情况

大学类型	总计	科研人员					2012年第三方经费	
		总计		教授			总计	
	数量（所）	数量（名）	百分比（%）	数量（名）	百分比（%）	平均值（名）	金额（亿欧元）	百分比（%）
大学	110	189886	84.4	23559	53.7	214.2	62.691	92.7
其中，参与“精英倡议计划”的大学	45	147924	65.7	16677	38.0	370.6	51.405	76.0

① Deutsche Forschungsgemeinschaft（DFG），*Förderatlas 2015. Kennzahlen zur öffentlich finanzierten Forschung in Deutschland*，2015，pp. 95 – 96，http：//www. dfg. de/download/pdf/dfg_ im_ profil/zahlen_ fakten/foerderatlas/2015/dfg_ foerderatlas_ 2015. pdf.

② Stefan Hornbostel and Torger Möller，“Die Exzellenzinitiative und das deutsche Wissenschaftssystem. Eine bibliometrische Wirkungsanalyse”，2015，http：//www. bbaw. de/publikationen/wissenschaftspolitik_ im_ dialog/BBAW_ WiD-12_ PDF-A1b. pdf.

③ Deutsche Forschungsgemeinschaft（DFG），*Förderatlas 2015. Kennzahlen zur öffentlich finanzierten Forschung in Deutschland*，2015，pp. 87 – 88，http：//www. dfg. de/download/pdf/dfg_ im_ profil/zahlen_ fakten/foerderatlas/2015/dfg_ foerderatlas_ 2015. pdf.

续表

大学类型	总计	科研人员					2012年第三方经费	
		总计		教授			总计	
	数量（所）	数量（名）	百分比（%）	数量（名）	百分比（%）	平均值（名）	金额（亿欧元）	百分比（%）
获得“未来构想”资助的大学	14	64198	28.5	6589	15.0	470.6	25.360	37.5
获得两个或两个以上“研究生院”/“精英集群”项目的大学	17	56052	24.9	6715	15.3	395.0	18.509	27.4
获得一个“研究生院”或一个“精英集群”项目的大学	14	27674	12.3	3373	7.7	240.9	7.536	11.1
其中，未参与“精英倡议计划”的大学	65	41963	18.6	6882	15.7	105.9	11.285	16.7
其他高校	317	35228	15.6	20303	46.3	64.0	4.907	7.3
高校总计	427	225114	100.0	43862	100.0	102.7	67.598	100.0

资料来源：Deutsche Forschungsgemeinschaft（DFG），*Förderatlas 2015. Kennzahlen zur öffentlich finanzierten Forschung in Deutschland*，2015，p. 86，http：//www. dfg. de/download/pdf/dfg_ im_ profil/zahlen_ fakten/foerderatlas/2015/dfg_ foerderatlas_ 2015. pdf。

参与“精英倡议计划”的大学获得的德国科学基金会、联邦政府、欧盟等的纵向项目资助额也远高于未参与“精英倡议计划”的大学。获得“未来构想”资助的14所大学所获得的欧盟第七框架科研资助额约占资助总额的47%，获得的联邦政府科研项目资助额约占资助总额的35%，获得的德国科学基金会资助额约占资助总额的44%（参见表2）。获得两个或两个以上“研究生院”/“精英集群”项目的大学所获得的纵向项目资助额也均占资助总额的30%左右。①

① Deutsche Forschungsgemeinschaft（DFG），*Förderatlas* 2015. *Kennzahlen zur öffentlich finanzierten Forschung in Deutschland*，2015，p. 88，http：//www. dfg. de/download/pdf/dfg_ im_ profil/zahlen_ fakten/foerderatlas/2015/dfg_ foerderatlas_ 2015. pdf.

表2　2011～2013年间德国高校获得德国科学基金会、联邦政府及欧盟的科研资助额

大学类型	德国科学基金会获批经费*		联邦政府科研项目资助		欧盟第七框架科研资助**	
	资助额（亿欧元）	百分比（%）	资助额（亿欧元）	百分比（%）	资助额（亿欧元）	百分比（%）
大学	67.125	99.5	31.906	92.2	10.962	98.4
其中，参与“精英倡议计划”的大学	58.398	86.6	25.341	73.2	9.651	85.7
获得“未来构想”资助的大学	29.537	43.8	11.968	34.6	5.188	46.6
获得两个或两个以上“研究生院”/“精英集群”项目的大学	20.499	30.4	9.168	26.5	3.188	28.6
获得一个“研究生院”或一个“精英集群”项目的大学	8.362	12.4	4.205	12.2	1.165	10.5
其中，未参与“精英倡议计划”的大学	8.727	12.9	6.565	19.0	1.421	12.8
其他高校	0.338	0.5	2.700	7.8	0.174	1.6
高校总计	67.462	100.0	34.606	100.0	11.136	100.0

注：*包括“精英倡议计划”框架下的10.761亿欧元；**德国大学获得的欧盟第七框架科研资助总额为25.985亿欧元，表中数据是将2011～2013年的数值单独计算后的结果。

资料来源：Deutsche Forschungsgemeinschaft（DFG），*Förderatlas 2015. Kennzahlen zur öffentlich finanzierten Forschung in Deutschland*，2015，p. 87，http：//www.dfg.de/download/pdf/dfg_im_profil/zahlen_fakten/foerderatlas/2015/dfg_foerderatlas_2015.pdf。

可以看出，受到“精英倡议计划”资助的大学已经在科研成果、第三方经费等方面与其他高校拉开了差距，逐步向差异化方向发展。

2. 优化大学治理结构，提升大学治理能力

成功的差异化发展意味着大学具备了合适的治理结构，这是以大学自治和强大的领导结构为基础的。“精英倡议计划”在申请阶段就对大学治理做出了明确要求：一方面，具有科学卓越性的大学必须在申请中涉及足够多的学科领域；另一方面，三条资助主线相关的申请过程也要求所有行为体参与并确认。尤其是“未来构想”资助主线的申请，要求参与大学具有较高的协同意识。①

三条资助主线的实施和确定也激发了大学新的组织和融合过程。例如，“研究生院”这条资助主线为大学带来了全校范围内的后备人才培养和资助的新结构，一些大学引入了虚拟学院这类新组织形式。受资助的“精英集群”项目则成为大学跨系部或机构新的合作方式。“未来构想”资助主线更是对大学治理起到了特殊的作用，主要表现为大学校领导的行动空间扩大了，他们负责实施整个构想。例如，有些大学在领导层成立了咨询委员会和战略委员会，他们一方面负责监控“未来构想”的实施，另一方面也为完成设定的目标提供支持。尽管大学校领导的权力加强意味着对内会产生更多的冲突，但这也为许多创新性举措的实施提供了便利。②

提高大学治理能力的另一个重要元素就是“精英倡议计划”框架下推进的行政管理人员专业化，如全职系主任的聘任。此外，大学校领导尤其是大学校长的威望在很大程度上取决于“精英倡议计划”申请成功与否。尤其是获得“未来构想”的资助常常被视为大学校长的个人功绩，其在大学内的地位自然就得到提升。③

3. 促进学术后备人才的培养

从“精英倡议计划”中获益的学术后备人才数量是相当可观的。由德国科学基金会与科学委员会组建的共同委员会的官方统计数据显示，2013年，获得德国“精英倡议计划”经费资助的人员包括约4100名博士生、1200名博士后、230名青年课题组负责人和390名教授。超过20000人在接受网络调查时将自己的所在单位标注为受“精英倡议计划”资助的机构。④

---

① IEKE, *Internationale Expertenkommission zur Evaluation der Exzellenzinitiative. Endbericht*, 2016, p. 21, http://www.gwk-bonn.de/fileadmin/Papers/Imboden-Bericht-2016.pdf.

② IEKE, *Internationale Expertenkommission zur Evaluation der Exzellenzinitiative. Endbericht*, 2016, pp. 21 – 22, http://www.gwk-bonn.de/fileadmin/Papers/Imboden-Bericht-2016.pdf.

③ Ibid.

④ Deutsche Forschungsgemeinschaft (DFG) and Wissenschaftsrat (WR) (eds.), *Bericht der Gemeinsamen Kommission zur Exzellenzinitiative an die Gemeinsame Wissenschaftskonferenz*, 2015, p. 2, https://www.bmbf.de/files/1_Bericht_an_die_GWK_2015.pdf.

通过“精英倡议计划”，大学开始审视并重新制定其人才战略和配套政策。德国大学长期以来实行的终身教授制度令学术接班人的晋升道路艰难且漫长，德国联邦教育与研究部、德国科学委员会等纷纷于2000年前后提出了人事制度改革的建议，自此，德国大学逐步引入青年教授制度（Juniorprofessur），也称为终身职位制度（Tenure-Track-Modelle）。这一制度是借鉴了美国助理教授制度“非升即走”的模式，获得青年教授职位的学术后备人才需要在不超过6年的时间内争取到终身教授位置。① 尽管青年教授制度在德国还没有形成固定的传统，但所有获得“精英倡议计划”资助的大学都试点或实施了这一制度。此外，有半数获得“未来构想”资助的大学还为原本工资定级为W1的青年教授提供了获得W2和W3两级教授工资等级的可能。还有一些受资助大学努力为获得德国科学基金会的艾米·诺特计划（Emmy Noether-Programm）、欧洲研究委员会资助项目（ERC-Grant-Holder）的优秀青年课题组负责人提供入职及获得终身教授位置的可能。② 三条资助主线均在个人发展、继续教育、国际化、职业支持等方面提供了相应措施，如个人职业咨询、关键能力培养、家庭支持计划、为国际研究人员设立欢迎中心等。③

“精英倡议计划”对德国大学博士生培养模式的改革也起到了推动作用。德国传统的“师徒制”博士生培养模式由于选拔机制缺乏透明度、修业年限过长、博士生培养受导师个人影响大且不够系统化、博士生面临过度专业化的风险等问题，长期被各界所诟病。1986年，德国科学委员会在《关于高校学业结构的建议》中首次提出建立“研究生院”，要求引入结构

---

① 彭湃：《德国大学教师聘任制改革及其启示——以初级教授职位的引入为例》，《外国教育研究》2015年第2期，第32～45页。

② Deutsche Forschungsgemeinschaft（DFG）and Wissenschaftsrat（WR）（eds.），*Bericht der Gemeinsamen Kommission zur Exzellenzinitiative an die Gemeinsame Wissenschaftskonferenz*，2015，pp. 94－95，https：//www. bmbf. de/files/1_ Bericht_ an_ die_ GWK_2015. pdf.

③ IEKE，*Internationale Expertenkommission zur Evaluation der Exzellenzinitiative. Endbericht*，2016，pp. 25－28，http：//www. gwk-bonn. de/fileadmin/Papers/Imboden-Bericht-2016. pdf.

化的博士生培养模式。① 在“精英倡议计划”框架下，德国大学加强了对博士生的结构化培养，有很大一部分甚至是在“研究生院”和“精英集群”框架外。共同委员会的官方统计数据显示，获得“精英倡议计划”资助的大学中有1/5的博士生接受了结构化培养，要比全德国高校结构化博士生培养比例的两倍还高。此外，一些受资助大学还设立了面向全校博士生的顶层机构，除了接受单个博士生外，还为全校所有的博士生提供咨询等服务。②

然而，国际专家委员会IEKE在其评估报告中也指出，“精英倡议计划”并不是一个后备人才培养计划，无法解决德国大学的学术后备人才问题，相反还会起到一定的反作用。例如，“精英倡议计划”创造了许多博士后职位，许多学者在博士毕业后决定是否开启科研生涯的时间被延后，而不是呈现出越来越年轻化的趋势。③

4. 提升德国大学和科研领域的国际知名度

“精英倡议计划”大大提升了德国大学体系在国际上的知名度。许多“精英集群”项目在国际上都被视为相关研究领域的高水平机构。“研究生院”项目则吸引了大量来自世界各国的关注与兴趣。获得“精英倡议计划”资助的项目或大学成为受到其他机构热捧的合作伙伴，大大增强了其国际竞争力。④ 获得“未来构想”资助主线的资助在一定程度上也对德国大学的世界排名起到了积极的提升作用，德国排名前十的大学都曾经或正在获得“未来构想”的资助，而且国际排名呈上升态势（见表3）。

---

① 郑春荣、郭婧：《德国工程学博士培养模式的延续与调整》，《学位与研究生教育》2014年第12期，第59~60页。

② Deutsche Forschungsgemeinschaft（DFG）and Wissenschaftsrat（WR）（eds.），*Bericht der Gemeinsamen Kommission zur Exzellenzinitiative an die Gemeinsame Wissenschaftskonferenz*，2015，p. 94，https：//www. bmbf. de/files/1_Bericht_an_die_GWK_2015. pdf.

③ IEKE，*Internationale Expertenkommission zur Evaluation der Exzellenzinitiative. Endbericht*，2016，p. 3，http：//www. gwk-bonn. de/fileadmin/Papers/Imboden-Bericht-2016. pdf.

④ Deutsche Forschungsgemeinschaft（DFG）and Wissenschaftsrat（WR）（eds.），*Bericht der Gemeinsamen Kommission zur Exzellenzinitiative an die Gemeinsame Wissenschaftskonferenz*，2015，p. 132，https：//www. bmbf. de/files/1_Bericht_an_die_GWK_2015. pdf.

表 3　2008～2014/2015 年 QS 德国排名前十的大学及其国际排名

	2008 年	2009 年	2011 年	2012～2013 年	2013～2014 年	2014～2015 年
海德堡大学	57	57	53	55	50	49
慕尼黑大学	93	98	62	60	65	52
慕尼黑工业大学	78	55	54	53	53	54
弗莱堡大学	147	122	105	106	102	121
卡尔斯鲁尔理工学院	207	184	147	141	116	127
柏林洪堡大学	139	146	132	130	126	134
图宾根大学	155	149	152	144	134	141
哥廷根大学	166	186	149	119	128	146
亚琛工业大学	216	182	140	150	147	147
柏林自由大学	137	94	66	87	109	150

资料来源：Strategiekommission des Wissenschaftsrates，"Bericht der Strategiekommission des Wissenschaftsrates：Auswertung der geförderten Zukunftskonzepte-als gesonderter Band（Anhang 6.3）"，in Deutsche Forschungsgemeinschaft（DFG）and Wissenschaftsrat（WR）（eds.），*Bericht der Gemeinsamen Kommission zur Exzellenzinitiative an die Gemeinsame Wissenschaftskonferenz*，2015，p.37，https：//www.bmbf.de/files/1_Bericht_an_die_GWK_2015.pdf。

受到"精英倡议计划"资助的大学为国外的学生和研究人员提供了极具吸引力的条件，从而赢得了许多尖端人才。[①] 表4展示了2009～2013年间洪堡基金会（AvH）、德意志学术交流中心（DAAD）、欧洲科学研究委员会（ERC）对外国客座研究人员或者说国际尖端研究人才的资助情况及在不同类别的德国高校的对应情况。可以看出，受到"精英倡议计划"资助的大学获得资助的比例特别高，尤其是获得"未来构想"资助的大学受到欧洲科学研究委员会资助[②]的达231人，占54%，所有参与"精英倡议计划"的大学受到欧洲科学研究委员会资助约占资助总量的93%。[③]

---

① Deutsche Forschungsgemeinschaft（DFG）and Wissenschaftsrat（WR）（eds.），*Bericht der Gemeinsamen Kommission zur Exzellenzinitiative an die Gemeinsame Wissenschaftskonferenz*，2015，p.132，https：//www.bmbf.de/files/1_Bericht_an_die_GWK_2015.pdf.

② 欧洲科学研究委员会主要资助全球各领域从事基础研究项目的科学家到欧洲进行客座研究，获得欧洲科学研究委员会资助的数量常常被视为欧洲国家科学体系绩效能力和吸引力的重要指标。

③ Deutsche Forschungsgemeinschaft（DFG），*Förderatlas 2015. Kennzahlen zur öffentlich finanzierten Forschung in Deutschland*，2015，p.88，http：//www.dfg.de/download/pdf/dfg_im_profil/zahlen_fakten/foerderatlas/2015/dfg_foerderatlas_2015.pdf.

表4　2009~2013年德国高校获得洪堡基金会、德意志学术交流中心、欧洲科学研究委员会的资助情况

大学类型	洪堡基金会(AvH)资助		德意志学术交流中心(DAAD)资助		欧洲科学研究委员会(ERC)资助	
	数量(人)	百分比(%)	数量(人)	百分比(%)	数量(人)	百分比(%)
大学	4542	99.3	36547	98.2	426	100.0
其中,参与"精英倡议计划"的大学	4011	87.7	28468	76.5	395	92.7
获得"未来构想"资助的大学	2102	46.0	14839	39.9	231	54.2
获得两个或两个以上"研究生院"/"精英集群"项目的大学	1383	30.2	9860	26.5	128	30.0
获得一个"研究生院"或一个"精英集群"项目的大学	526	11.5	3769	10.1	36	8.5
其中,未参与"精英倡议计划"的大学	531	11.6	8079	21.7	31	7.3
其他高校	33	0.7	665	1.8	0	0.0
高校总计	4575	100.0	37212	100.0	426	100.0

资料来源：Deutsche Forschungsgemeinschaft（DFG），*Förderatlas 2015. Kennzahlen zur öffentlich finanzierten Forschung in Deutschland*，2015，p. 88，http：//www.dfg.de/download/pdf/dfg_im_profil/zahlen_fakten/foerderatlas/2015/dfg_foerderatlas_2015.pdf。

综上所述，"精英倡议计划"为德国的大学体系带来了新的活力，业已成为德国大学追求更强的国际竞争力的象征。通过"精英倡议计划"，那些最有能力的大学获得了额外的经费，强化了研究，优化了结构。因此，国际专家委员会IEKE在其评估报告中建议德国"至少按照现有规模"继续实施"精英倡议计划"。此外，IEKE还认为"精英倡议计划"的后续资助应当聚焦于其核心目标，即加强德国的尖端研究、强化大学作为德国研究体系核心的国际竞争力，不应当将有限的经费用于其他不合适的、不紧急的目标，削弱项目的有效性。IEKE建议"精英倡议计划"的后续资助在对原有的"精英集群"和"未来构想"两条资助主线做出修订后继续资助，而原有的"研究生院"项目不再作为独立项目单独资助。①

① IEKE，*Internationale Expertenkommission zur Evaluation der Exzellenzinitiative. Endbericht*，2016，pp. 1－4，http：//www.gwk-bonn.de/fileadmin/Papers/Imboden-Bericht-2016.pdf.

三 “精英战略”概述[①]

2016年6月16日，德国联邦总理默克尔与各联邦州州长共同签署了《关于根据〈基本法〉第91b条第1款、联邦和各州旨在促进大学尖端研究的管理协议——精英战略》（以下简称“《精英战略》协议”），以及两个配套计划——“学术后备人才促进计划”和“创新型高校”资助倡议，以彰显联邦政府与州政府对科学、研究、创新的重视。这三个计划构成了德国高等教育未来发展的整体构想，将把德国高等教育推上一个新的台阶。[②]

三个计划均以《基本法》第91b条为依据，由德国科学联席会负责实施。其中，“学术后备人才促进计划”旨在为德国大学里的学术后备人才更好地打造可计划的、透明的职业道路。该计划将在全德大学范围内新设1000个终身教授职位，使这一新型终身教授制度长期、可持续地成为德国大学传统的教授教席制外的一条独立的职业道路。该计划的实施期限为2017～2032年，联邦政府计划资助10亿欧元。“创新型高校”资助倡议旨在资助以研究为基础的思想、知识和科技转化，以此为大学与企业和社会的既有联系提供支持，打造大学在其第三职能“转化与创新”方面的特色。该倡议的实施期限为2017～2027年，资助总额为5.5亿欧元，主要资助对象为中小型大学和应用科技大学。相比于两个配套计划，“精英战略”无疑是此番德国高等教育推行新政的重中之重，经过“精英倡议计划”前两个阶段的申请、实施、评估，又经历了旷日持久的多方争论，联邦政府与各州政府终于在计划时间的最后一刻就《精英战略》协议达成了一致。

---

① “Verwaltungsvereinbarung zwischen Bund und Ländern gemäß Artikel 91b Absatz 1 des Grundgesetzes zur Förderung von Spitzenforschung an Universitäten-‘Exzellenzstrategie’”, 16. 06. 2016, http://www. gwk-bonn. de/fileadmin/Papers/Verwaltungsvereinbarung-Exzellenzstrategie-2016. pdf.

② Bundesministerium für Bildung und Forschung (BMBF), “Gesamtpaket für die Hochschulen beschlossen”, 17. 06. 2016, https://www. bmbf. de/de/gesamtpaket-fuer-die-hochschulen-beschlossen-3017. html.

“精英战略”作为“精英倡议计划”的后续资助计划，旨在延续德国大学通过“精英倡议计划”获得在尖端研究、特色形成和科学体系的合作等方面的成绩与努力，进一步推进大学发展。联邦政府与各州政府希望可持续地强化德国科研要地，进一步增强德国科研的国际竞争力，并继续大力推动科研尖端人才培养，全面提升德国作为高教及科研要地的质量。同时，希望继续保持并增进“精英倡议计划”为德国科学体系带来的新活力，为“精英倡议计划”资助的成功项目创造长期的未来发展的可能性，并支持德国大学形成专业上和战略上的特色，以推进大学全面发展。

（一）两条资助主线与资助对象

与“精英倡议计划”的前个两阶段不同，“精英战略”仅包括两条资助主线：“精英集群”及“精英大学”。其中，“精英集群”旨在以项目的形式资助德国大学或大学联盟具有国际竞争力的研究领域，“精英大学”旨在持续地资助德国大学或大学联盟的发展，使其在国际科研竞争中保持尖端地位。“精英大学”的申请必须以成功获得“精英集群”项目资助为基础。

两条资助主线均可以由单所大学提出申请，或者由多所大学组成的、以合作结构进行精英研究的大学联盟作为共同申请人提出申请。多所大学联合申请必须以可见的、已有的合作，以及能够为所有参与大学的学术研究、大学结构带来增值为前提，这些大学间可持续的战略合作必须通过有约束力的、清晰详尽的规则加以确定。大学和大学联盟也可以将大学外的科研机构、企业和其他社会行为体等其他机构纳为合作伙伴。

“精英大学”的资助以该大学获得至少两个“精英集群”项目资助为前提，申请“精英大学”资助的大学联盟则需要获得至少三个“精英集群”项目资助，而且每所参与大学均需要获得或参与一个“精英集群”项目。若“精英集群”项目是以大学联盟的方式申请成功的，那么每所参与大学都将获得申请“精英大学”资助的资格。

（二）资助期限与规模

与“精英倡议计划”相同，“精英战略”75%的经费由联邦政府承担，其余的25%由受资助大学所在的联邦州承担。2017年联邦政府和各联邦州共预留8000万欧元，2018年起每年预留5.33亿欧元，用于“精英战略”的项目经费、大学经费、管理经费、项目结束金和项目过渡经费。若“精英大学”资助项目数量增加，则将追加必要的经费投入。

“精英集群”资助主线的年度资助总额为3.85亿欧元，每个项目获得的年资助额中包含22%的项目经费、大学经费及项目结束金。计划资助45～50个“精英集群”项目，每个项目根据申请将获得每年300万～1000万欧元的资助（参见图4）。依据“精英集群”项目的资助申请中关于大学战略目标的描述，大学可以申请用于加强大学治理和战略性机构设置的大学经费。“精英集群”的专业评审也将同时对配套经费的申请进行审核，若评审结果不理想，那么申请大学可能只会获得“精英集群”的

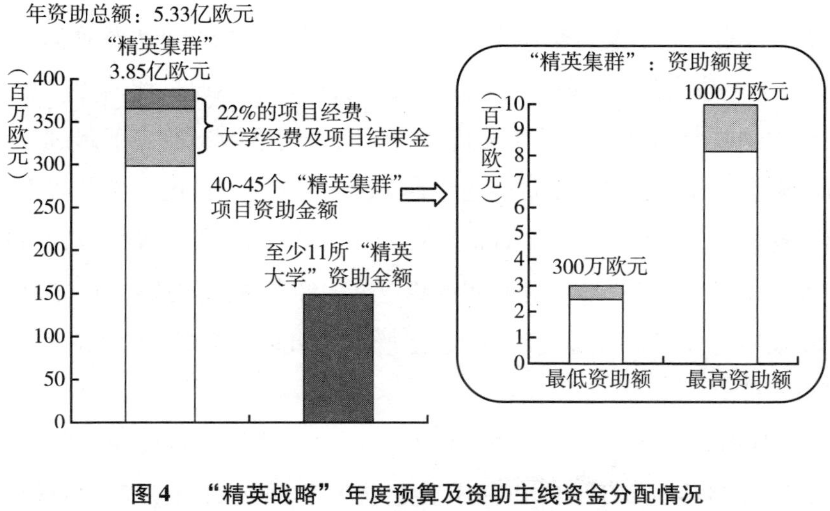

图4 “精英战略”年度预算及资助主线资金分配情况

资料来源：Deutsche Forschungsgemeinschaft（DFG）and Wissenschaftsrat（WR），*Informationsveranstaltung zur Exzellenzstrategie*（*Schwerpunkt Exzellenzcluster*），2016，http：//www. dfg. de/download/pdf/foerderung/programme/exzellenzstrategie/vortrag_infoveranstaltung_exzellensstrategie_1610. pdf。

资助，而无法获得大学经费。每个“精英集群”项目对应的大学经费为每年100万欧元，若一所大学获批多个“精英集群”项目，那么第二个项目的大学经费为75万欧元，第三个或其后的大学经费为50万欧元。大学联盟所获得的“精英集群”项目的大学经费将按比例分配给参与大学。若大学最终获得“精英大学”资助，“精英集群”项目的大学经费将被取消。

“精英大学”资助主线的年度资助总额为1.48亿欧元，计划选出11个资助项目（大学或大学联盟）。根据申请，单所“精英大学”将获得的年资助额为1000万~1500万欧元，每个“精英大学”联盟将获得的年资助额为1500万~2800万欧元。

“精英集群”和“精英大学”的资助期限原则上均为两个7年，从2019年1月1日起开始。德国科学基金会每7年组织一次“精英集群”资助项目的申请，新申请和已接受资助项目的后续申请将被一视同仁，统一裁定。无法获得继续资助的“精英集群”项目将获得不超过两年的、递减的项目结束金，这笔经费仅用于项目中科研后备人才完成资质论文所需要的人员经费和事务性经费。科学委员会也将在第一个7年后组织独立的外部评估，考察“精英大学”或大学联盟是否能够继续受到资助。没能通过评估的“精英大学”或大学联盟则可以从联邦及其所在州获得递减的、最多不超过三年的项目结束金。此外，科学委员会还将在2026年进行“精英大学”资助主线的第二轮招标，计划新增4个资助项目。若在第一轮评估中被淘汰出局的大学或大学联盟少于4个，联邦和州将相应追加经费资助入选项目。“精英战略”不设期限，但是联邦或者三个以上联邦州可以在2027年后提前两年要求终止项目。

“精英倡议计划”第二阶段资助的“研究生院”、“精英集群”和“未来构想”项目将从2017年11月1日起获得不超过24个月的项目过渡经费，每年经费额度不超过过去12个月的资助总额。项目过渡经费主要由德国科学基金会负责拨付，涉及“未来构想”的资助时，需要征得科学委员会的同意。“研究生院”“精英集群”若获得“精英战略”框架下的

“精英集群”项目资助，则新项目开始资助时，项目过渡经费将停止支付。获得过渡经费的项目将不再重复获得“精英倡议计划”第二阶段预设的项目结束金。2017～2019 年共预留 7.34 亿欧元用于支付项目过渡经费。

（三）遴选过程

“精英战略”资助项目的遴选由德国科学基金会和科学委员会共同组织。其中，德国科学基金会负责组织“精英集群”资助主线的遴选，科学委员会负责“精英大学”资助主线的遴选。

根据《精英战略》协议，将组建一个专家评委会（Expertengremium）和一个精英委员会（Exzellenzkommission），负责申请报告的评审和遴选。专家评委会由 39 名来自不同科研领域的专家组成，他们有些具有海外背景，有些在高校管理、教学等方面有着丰富的经验，有些则具有企业背景。这些专家由德国科学基金会的咨询委员会（Senat）和科学委员会的学术委员会（WK）共同提名，由德国科学联席会任命。专家评委会能够根据“精英集群”和“精英大学”的申请按照不同领域进行分组，并提供相关专业知识。德国科学基金会主席和科学委员会主席共同领导专家评委会，但没有投票权。专家评委会的任务是按照《精英战略》协议中所规定的评审标准确定资助条件、对各项申请进行专业学术的评估、向精英委员会提交资助建议、选出具有最终申请资格的申请草案、向德国科学联席会汇报项目进展、对“精英大学”评估结果进行评价。

精英委员会由专家评委会和联邦与各州负责科学事务的部长组成（参见图 5）。专家评委会的领导也负责统筹精英委员会的事务。精英委员会依据专家评委会的建议对“精英集群”和“精英大学”的资助做出最终决定，并负责“精英大学”的评估结果。

专家评委会中有投票权的成员采取简单多数决策方式；在精英委员会中，专家评委会各成员、各州负责科学事务的部长每人计为 1 票，联邦教育与研究部部长一人拥有 16 票。对于“精英集群”项目资助的决定需要获得

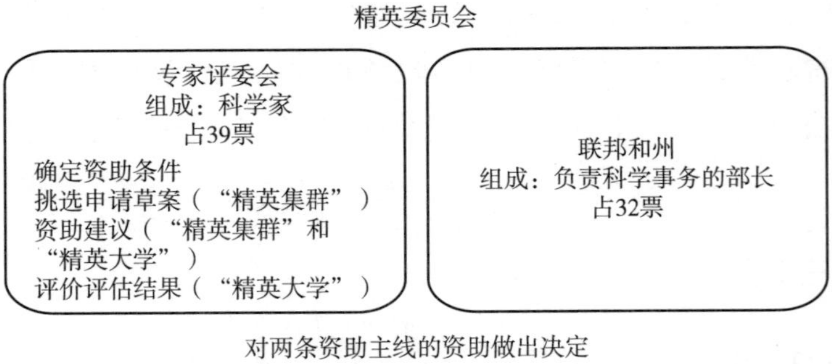

图5 “精英战略”评审专家的构成与权责划分

资料来源：Deutsche Forschungsgemeinschaft（DFG）and Wissenschaftsrat（WR），“Informationsveranstaltung zur Exzellenzstrategie（Schwerpunkt Exzellenzcluster）”，2016，http：//www. dfg. de/download/pdf/foerderung/programme/exzellenzstrategie/vortrag _ infoveranstaltung_ exzellensstrategie_1610. pdf。

简单多数的选票，对于“精英大学”的资助决定需要获得专家评委会简单多数的选票及联邦和各州负责科学事务的部长至少25票赞成票。弃权视为不赞成票。

“精英集群”的申请分为两个阶段，即申请草案阶段和正式申请阶段。计划申请“精英集群”项目资助的大学或大学联盟需要于2016年12月1日前预报“精英集群”申请意向，并于2017年4月3日前向德国科学基金会办公室提交申请草案。随后，相关专业领域的专家将对申请草案进行评审，专家评委会将以评审结果为基础，于2017年9月选出能够提交正式申请的“精英集群”项目。获批的大学需要于2018年2月19日前向德国科学基金会办公室提交正式申请。正式申请将由相关专业领域的专家进行评审，包括由大学校领导进行答辩、与大学校领导和其他参与的研究人员进行讨论等。专家评委会则将基于评审结果向精英委员会提出资助建议，最终由精英委员会于2018年9月对“精英集群”的资助项目做出决定。（参见图6）

“精英集群”项目选拔结果公布后，再进行“精英大学”的选拔和决定。“精英倡议计划”第二阶段获得“未来构想”项目资助的大学可以在新

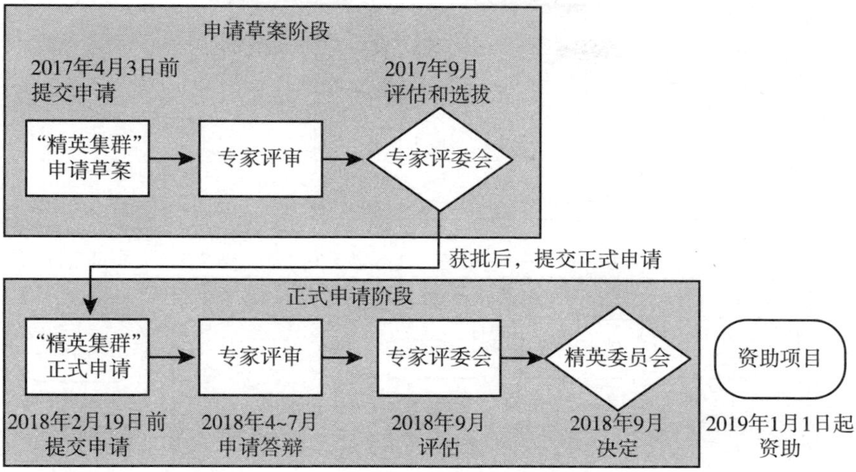

图 6 "精英集群"资助主线评审流程

资料来源：Deutsche Forschungsgemeinschaft（DFG）and Wissenschaftsrat（WR），"Informationsveranstaltung zur Exzellenzstrategie（Schwerpunkt Exzellenzcluster）", 2016，http：//www. dfg. de/download/pdf/foerderung/programme/exzellenzstrategie/vortrag _ infoveranstaltung _ exzellensstrategie_1610. pdf。

一轮"精英战略"的申请中关联其已经受资助的项目，前提是这些大学必须符合"精英战略"的申请条件，即获得足够数量的"精英集群"项目资助。

申请大学或大学联盟仅需递交正式申请，无须递交申请草案。申请大学或大学联盟需要于 2018 年 12 月中旬向评审专家递交战略性的、与机构相关的完整构想及财务预算。评审专家将对所有符合条件的申请进行现场评审。预计在 2019 年 7 月，专家评委会将基于评审结果向精英委员会提交资助建议书，精英委员会则在此基础上对最终资助名单及资助金额做出决定。（参见图 7）

专家评委会将于 2027 年 6 月 30 日前向德国科学联席会提交关于资助主线相关经验的报告。联邦和各州将在德国科学联席会会议上讨论整个项目对德国科学体系所产生的影响及其带来的调适需求。

"精英集群"和"精英大学"的遴选均强调采用科学主导的选拔程序。

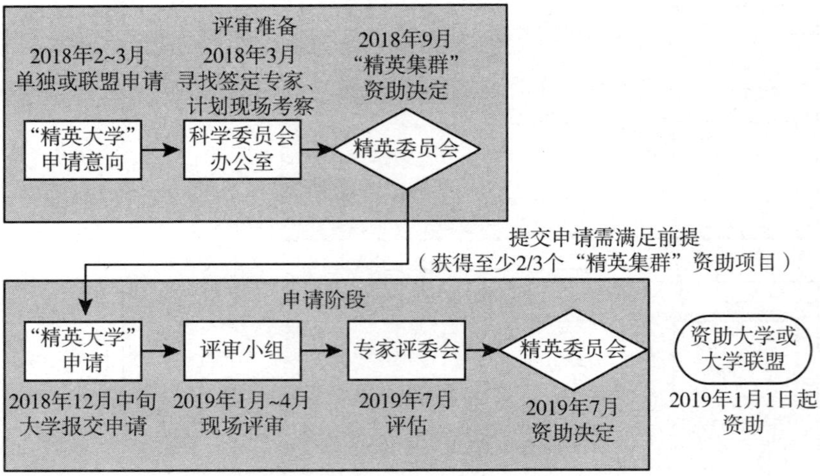

图 7 "精英大学"资助主线评审及决策流程

资料来源：Deutsche Forschungsgemeinschaft（DFG）and Wissenschaftsrat（WR），"Informationsveranstaltung zur Exzellenzstrategie（Schwerpunkt Exzellenzcluster）"，2016，http：//www. dfg. de/download/pdf/foerderung/programme/exzellenzstrategie/vortrag_infoveranstaltung_exzellensstrategie_1610. pdf。

在优秀的前期科学成果的基础上，主要对如何发展并保持具有国际竞争力的、卓越的尖端研究包括科研后备人才培养做出评估。两条资助主线均以强弱势分析，考察关于科研重点设置的陈述、关于附属于尖端科研的绩效维度，以研究为导向的教学、研究基础设施、理念和知识转化等的陈述，以及关于人员发展和促进机会均等方面的陈述。具体的评审标准如表 5 所示。

表 5 "精英集群"与"精英大学"资助主线的评审标准

"精英集群"的评审标准：	"精英大学"的评审标准：
研究的卓越性 1. 研究项目的特殊性、原创性和风险准备，按国家标准评估 2. 研究项目的关联性、合作的学术产出率 3. 至今成果在该研究领域的质量 4. 对研究领域未来发展的积极作用或开创新的研究领域	大学现状 充分运用现有统计数据（如第三方经费、研究奖励、德国科学基金会资助指南、"精英倡议计划"前两个阶段的成绩等），根据学术能力参数对申请大学或大学联盟至今获得的卓越的研究成绩进行评估

续表

参与科学家的突出性 5. 参与项目的科学家的学术卓越性 6. 国际竞争性 7. 研究团队构成的多样性 “精英集群”的支撑结构和战略 8. 科研后备力量的促进及其独立性 9. 促进机会均等 10. 管理、质量保障和学术交流 结构 11. 对所在大学或大学联盟发展战略的影响 12. 人员、经费、设施的框架条件 13. 与其他机构的合作、以研究为导向的教学和知识转移(若在申请中被提及)	申请方案 1. 战略性的、与机构相关的完整构想和发展构想的关联性与质量,包括:提升学术的国际尖端地位、显示度和国际网络;进一步发展研究重点及其他附加成绩领域,以研究为导向的教学、研究基础设施和转化;促进科研后备人才及其独立性;保持创新力和持续的机构革新能力;通过可能的共同聘任和人才获取战略吸引全球领先科学家,促进人才发展;促进科学中的机会均等;发展大学治理和可能的参与伙伴间的治理 2. 与描述的现状进行比对,申请方案在质量上、结构上起的增值作用,以及完整构想的长期运转能力 大学联盟还需考察: 1. 已有的重要的、可见的合作的质量和战略设置 2. 申请方案对每所参与大学及整个大学联盟的协同作用的可见度及学术上、结构上的增值作用 3. 大学联盟治理的战略设置和长期运作能力

资料来源:Deutsche Forschungsgemeinschaft (DFG),“Förderlinie Exzellenzcluster: Förderkriterien,” 2016, http://www.dfg.de/formulare/exstra110/exstra110_de.pdf; Deutsche Forschungsgemeinschaft (DFG), “Exzellenzstrategie des Bundes und der Länder Ausschreibung für die Förderlinie Exzellenzuniversitäten”, 2016, http://www.wissenschaftsrat.de/download/archiv/Ausschreibung_Exzellenzuniversitaeten.pdf。

四 结语

德国联邦政府与各州政府于2005年推出的“精英倡议计划”实施了两个阶段,推动了德国高等教育差异化发展,优化了大学治理结构,提升了大学治理能力,促进了学术后备人才的培养,提升了德国大学和科研领域的国际知名度。正如国际专家委员会IEKE在其评估报告中指出的,“精英倡议计划”为德国的大学体系带来了新的活力,业已成为德国大学追求更强的国际竞争力的象征。在此背景下,德国联邦政府与各州政府于2016年6月16日共同签署并决定实施“精英战略”,以期进一步强化德国科研要地、增强德国科研的国际竞争力、提高德国大学和科研领域在国际上的知名度。

作为“精英倡议计划”的后续资助计划,“精英战略”在很大程度上是“精英倡议计划”的延续,“精英集群”“精英大学”两条资助主线继承了“精英倡议计划”的“精英集群”“未来构想”资助主线的卓越性。但在“精英战略”政策制定的过程中,德国政府还是做出了修订,使“精英战略”与“精英倡议计划”具有一定的差异性。

“精英战略”与“精英倡议计划”最重要的差异就在于“精英倡议计划”的第三条资助主线“未来构想”不再设时间期限,从一个资助项目转变为长期资助的“精英大学”,从而保证了资助的可持续性,这也反映了德国对“精英倡议计划”长期以来为德国高等教育发展起到的积极作用所表达的肯定态度。“精英大学”这条资助主线可对大学进行长期资助,这是充分利用了2014年末修订的《基本法》第91b条的利好条款,即联邦和各州可以基于协定,在具有跨地区的意义的情况下对科学、研究和教学共同进行资助。此前这种共同资助仅限于高校外的科学研究计划,联邦不能对高校进行持续性资助,只能资助高校、单个机构或机构联盟有主题和有期限的项目。[①]“精英大学”可获得长期资助,仅需每7年进行评估,而无须重新申请资助,从这个角度看,这条资助主线的背后所蕴藏的竞争理念相较于“精英倡议计划”有所降低。当然,若评估不通过就不再继续获得资助的“退出机制”也保证了受资助大学的质量。

“精英战略”与“精英倡议计划”另一个重要的差异是前文提及的“精英战略”将不再设立“研究生院”资助主线,这显然是接受了国际专家委员会IEKE在其评估报告中的建议。“精英倡议计划”中唯一一条与大学的教学职能相关的资助主线被取消后,“精英战略”将更加聚焦于提升大学的研究能力,以使其在国际科研竞争中保持尖端地位。

正如联邦教育与研究部部长婉卡(Johanna Wanka)在签署“精英战

① 郭婧:《德国精英倡议计划的新动向》,澎湃新闻,2016年6月2日,http://www.thepaper.cn/newsDetail_forward_1477920。

略”协议后所说：“为了跻身全球尖端研究的第一梯队，德国已经做了最好的准备。”① 相信通过“精英战略”，德国定能形成具有国际辐射力的“科学灯塔”，然而，必须指出的是，“精英战略”过于重科研、轻教学的弊病有违洪堡（Wilhelm von Humboldt）提出的“教学与科研相统一”的大学理念，而且，国际上的精英大学皆以教育与科研并重②，那么，拥有“精英战略”的德国高等教育究竟能走多久、走多远，让我们拭目以待！

---

① Bundesministerium für Bildung und Forschung（BMBF），“Gesamtpaket für die Hochschulen beschlossen”，17.06.2016，https：//www.bmbf.de/de/gesamtpaket-fuer-die-hochschulen-beschlossen-3017．html.

② Deutsche Forschungsgemeinschaft （DFG） and Wissenschaftsrat （WR） （eds.），*Bericht der Gemeinsamen Kommission zur Exzellenzinitiative an die Gemeinsame Wissenschaftskonferenz*，2008，p.61，http：//www.gwk – bonn.de/fileadmin/Papers/GWK – Bericht – Exzellenzinitiative.pdf.

B.10

文学镜像中的德国万花筒

——社会小说《人中村》和以自我放逐、融入及其不可能为中心的德国故事

胡春春*

摘 要： 2016年，在德国举国上下为难民及其带来的社会文化问题而困扰地寻求文化解释之际，女作家尤莉·泽以一部结构精妙的“社会小说”《人中村》把视角从具体而微的文化表征拉回了近年德国社会的全景观照。在一个虚构的勃兰登堡州的村子里，带有前东德经验而又分属不同阶层的原住民和来自西部的城市移民——昔日的绿党建党成员和如今的鸟类保护者、大资本家、各有特点的千禧世代人等——构成了一个代表性的缩微社会。在一项由政府主导的“政治正确”的新能源开发计划中，村中在漫长的时间跨度中——自战后、德意志民主共和国时期直至统一以来——或受到压抑，或不断积累的种种问题和矛盾逐渐浮现，最终导致临时社区解体。也许，现实的荒谬已经让位于后真相，以自我意志为中心的德国社会正徘徊在自我放逐和注定失败的融入渴望之间。

关键词： 尤莉·泽 社会小说 自我放逐 融入

* 胡春春，博士，同济大学德国问题研究所/欧盟研究所副教授、德国研究中心副主任。

引子：精神错乱的时代

2016年能在德国的文化记忆中留下怎样的一笔？如果说社会事件的偶然每每隐含着文化逻辑的必然，那么德国政论月刊《西塞罗》（*Cicero*）的沙龙专栏（Salon）主笔亚历山大·基思勒（Alexander Kissler）的2016年年终盘点不可不谓某种谶语："以科隆大教堂广场侵害事件开场、以柏林圣诞市场的伊斯兰主义袭击收尾的这一年，不可能是一个好年景。这一年既体现为失控和国家的无能，也表明（德国）悄然丧失了自我尊重。"① 话中两起在德国社会话题中具有长远影响的事件无疑具有强烈的象征意味，其发生地有意无意间都是以欧洲文化根基的基督教神圣建筑为背景，内容都围绕着外来的异质文化与原本以追求多元为"政治正确"的21世纪德国文化之间难以掩饰的冲突。于是，2016年的德国在文化观察者的视野中成为一个在"精神错乱的时代"② 无所适从的国家③标本，一个在前所未有的文化冲突中逐渐产生自我怀疑的社会。

然而，应对文化精神分裂症④的药方何在？2016年下半年，年届80的著名音乐人、诗人和歌手沃尔夫·毕尔曼（Wolf Biermann）写出了自传，

---

① Alexander Kissler, "Wir leben in schizophrenen Zeiten", http: //cicero. de/berliner – republik/sechs – lehren – aus – 2016 – wir – leben – in – schizophrenen – zeiten.

② Alexander Kissler, "Wir leben in schizophrenen Zeiten", http: //cicero. de/berliner – republik/sechs – lehren – aus – 2016 – wir – leben – in – schizophrenen – zeiten.

③ "无所适从的国家"（ein zerrissenes Land）概念借自〔美〕塞缪尔·亨廷顿《文明的冲突与世界秩序的重建》（修订版），周琪等译，新华出版社，2010，第119页。也请参见 Samuel P. Huntington, *Der Kampf der Kulturen. Die Neugestaltung der Weltpolitik im 21. Jahrhundert*, München/Wien: Europa Verlag, 1996, p. 218。借用亨廷顿的概念本身就意味着本文预设了德国文化所面临困境的可能维度。

④ "文化精神分裂症"（die kulturelle Schizophrenie）概念也借自〔美〕塞缪尔·亨廷顿《文明的冲突与世界秩序的重建》（修订版），周琪等译，新华出版社，2010，第134页。也请参见 Samuel P. Huntington, *Der Kampf der Kulturen. Die Neugestaltung der Weltpolitik im 21. Jahrhundert*, München/Wien: Europa Verlag, 1996, p. 245。

题为《不要坐等更好的时代！》[①]。熟悉德国当代史的人都不会不知道德意志民主共和国宣布"剥夺毕尔曼国籍"、拒之于境外的丑闻——1976年发生的这一政治和文化事件事实上成为东德苏联模式破产的隐喻。通过这部自传，我们才首次得以深度接近这个集第二次世界大战后期汉堡大轰炸的幸存者、共产党人及奥斯维辛犹太死难者之子、在德意志民主共和国成长的共产主义者和反叛者、德意志联邦共和国的不屈从者、统一后德国的冷眼旁观者等诸多经历和自我认同于一身的特殊人物，也重温了一部战后大时代背景下的个人私密史。[②] 毕尔曼的呐喊"不要坐等更好的时代！"仿佛是一句来自充满着德国战后历史密匙的赠言：希望不可能出自因挫折而沮丧，而在乎抗争，在乎知其难而为之。精神错乱的2016年，是否依旧呼唤毕尔曼式的介入（Engagement）？

一　是监狱，还是自由？

一个弥漫着和平与富足的社会和一个失败的社会的界限在哪里？最简单的答案：外人的到来打破了原有的平衡。然而这在德国不是一个政治正确的话题，德国民众基本会将之与德国另类选择党（AfD）、"欧洲爱国者反对西方伊斯兰化"（Pegida）运动和巴伐利亚的基社盟（CSU）等并非积极的德国形象代表联系在一起。如果在虚构的空间展开讨论呢？

正是在这个意义上，我们无法避开2016年的文学现象：女作家、法学博士尤莉·泽（Juli Zeh）的新作《人中村》（*Unterleuten*）。这部篇幅达640页的长篇小说首先是读者发现的[③]，销量自2016年3月面世后始终高居文学类畅销书榜，各种媒体的书评、采访、讨论纷至沓来，德国电视二台也决定以这部作品为蓝本拍摄电视连续剧。众多的评论中，电视二台的节目总监

---

① Wolf Biermann, *Warte nicht auf bessre Zeiten! Die Autobiographie*, Berlin: Propyläen Verlag, 2016.

② Ulrich Greiner, "Ach, was für Zeiten!", *Die Zeit*, Nr. 43/2016, 13. 10. 2016.

③ Volker Weidermann, "Deutschland ist ein Dorf", *Der Spiegel*, 29/2016, pp. 122 – 124, here p. 122.

诺尔贝尔特·希姆勒（Norbert Himmler）的寥寥数语却入木三分，准确程度甚至超越了专业的书评：“这是一部十年来真正的社会小说，作品向各种差异极大的人物都倾注了感情，并向我们提出了事关私人和社会共同生活的质量与未来的真正问题。”①

那么，作品中集中反映了德国当下怎样的私人共同生活和社会共同生活呢？

作者创造了一个既处于都市的边缘，又距离已知世界不知几何的虚构时空：2010 年夏，柏林郊外，勃兰登堡州西北部东普利格尼茨地区（Ostprignitz），人中村，一个有 122 户人家、200 余名居民的普通村庄，距离柏林车程不到一个小时，单程的地区间列车票价 10.40 欧元。这是一个由世世代代生活在此的原住民和外来的移民构成的小社会，国家、政治、社会的大规则在村里彻底沦为背景。“从人中村看去，柏林和世界任意一个首都一样遥远，一样无足轻重。”② 村中人际交往的规则仿佛有如日常生活中的物物交换，简单到一眼见底。不过，在这个人人都可以参加的人际交往层次后面还存在一个隐秘的小世界、小圈子、小社会，在这个看不见摸不着的世界里，只有原住民互相交换人情、达成协议、传递消息。③

这么看来，人中村并不是一个同质性的生活空间。“人中村是一座监狱”④，某些原住民说；“人中村意味着自由”⑤，某些外来的移民说。两极间的差距不可谓不大，而并置于一身，使人中村成为无所适从和精神分裂的典型样本。

在这个本已无所适从和精神分裂的时代，人中村里究竟发生了怎样的故事？

人中村的生活原本由一个个家庭（或个体）及其之间的矛盾构成：为寻找自由的生存空间而从柏林移居村中的中年男子盖尔哈德·福里斯（Gerhard Fließ）完成了从柏林洪堡大学的教师到鸟类保护者的身份转换，

---

① ZDF Presse und Information, “‘Unterleuten’ – Event-Serie nach Roman von Juli Zeh/Matti Geschonneck führt Regie”, 13. 10. 2016, http://www.presseportal.de/pm/7840/3454838.

② Juli Zeh, *Unterleuten*, 9. Auflage, München: Luchterhand Literaturverlag, 2016, p. 516.

③ Juli Zeh, *Unterleuten*, 9. Auflage, München: Luchterhand Literaturverlag, 2016, pp. 361 – 362.

④ Juli Zeh, *Unterleuten*, 9. Auflage, München: Luchterhand Literaturverlag, 2016, p. 8.

⑤ Juli Zeh, *Unterleuten*, 9. Auflage, München: Luchterhand Literaturverlag, 2016, p. 182.

他和正在哺乳的妻子尤乐·福里斯－维兰德（Jule Fließ-Weiland）与邻居修车工博多·沙勒（Bodo Schaller）因地界发生了矛盾，受到沙勒采用日夜燃烧轮胎等无赖手段的骚扰，其所向往的“世外桃源”顿成人间地狱；琳达·弗兰岑（Linda Franzen）和男友弗里德里克·瓦克斯（Frederik Wachs）分别从西部的奥尔登堡和柏林迁来，在村中买下了一处房产定居，弗兰岑准备进行一些改建工作，为自己的爱马和驯马事业做准备，但是遭到了鸟类保护者福里斯的禁止；西部英格尔施塔特的成功商人康拉德·迈勒（Konrad Meiler）不经意间拍下了村子附近的大片土地，实际上并没有任何计划；村中的实际主宰、当地最大的农业企业主鲁道夫·贡布洛夫斯基（Rudolf Gombrowski）整日为家庭不睦和企业的生存操劳。村中其他人则过着并不富裕，但是也不短缺的乡下生活。一切都平淡无奇。

村子的平静被政府的政策，准确地说是被一家企业准备在政府的支持下建设风力发电站的计划打破了，私人共同生活突然与社会共同生活高度交织。风力发电站当然会破坏自然景观，但是意味着可观而稳定的租金。政府决定推进新能源政策，风力发电站必须上马；福里斯从珍稀鸟类保护的角度——同时也是从自家门外景观的角度——坚决反对这一建设计划；村民们对此不明所以，习惯于“听上面的”，或者跟风；贡布洛夫斯基在村中半个世纪以来的死对头克伦（Kron）永远在等待机会攻击贡布洛夫斯基，现在他认为建设风力发电站是贡布洛夫斯基又一个欺骗所有人的大阴谋，于是率领一群东德农业合作社时期的死党准备开展殊死争斗；贡布洛夫斯基开始因为没有得到消息而恼怒——村长安讷·赛德尔（Arne Seidel）本应该对自己言听计从，但是他突然发现建设风力发电站是一桩能够在耕地租金日增、欧盟补贴减少的局面下挽救自家企业的好生意，于是决定不惜一切手段赢得这个项目；弗兰岑获知风力发电站的建设前提是不得小于 10 公顷的整块建设用地，而本地适合的地段只有两块，一块属于永远的反对派克伦，另一块属于贡布洛夫斯基、投资者迈勒和她自己三家，而她的地块处于贡布洛夫斯基和迈勒的地块中间，只要她把自己的地块卖给两人中的任意一人，就可以满足风力发电站的建设用地要求；彻底的外人迈勒也发现，他原以为买下的是一片鸡肋般的土地，但如果建设风力发电站，很有可能保证他染上毒瘾的小儿子未来无忧，从而修补自己家庭的缺憾。于是，村中各色人等都从自己的角度和利益出发，追逐自己认为的正确答案。

游戏和博弈开始了。村中历史积累和貌似已经被遗忘的种种矛盾也逐渐浮现，社会共同生活的假象退缩到体无完肤的境地。一起流传已久的谋杀事件终于有了真相：当年村民埃里克（Erik）——贡布洛夫斯基的情人希尔德·凯斯勒（Hilde Kessler）的丈夫——并不是死于谋杀，同时，克伦断腿也并不完全是意外。克伦、埃里克与贡布洛夫斯基在统一后合作社改制的事情上意见不合，贡布洛夫斯基名义上约见两人，却派打手沙勒收拾他们，结果克伦被打断了腿，而埃里克则在雷雨中被断落的树干击中身亡；贡布洛夫斯基的妻子伊莲娜（Elena）长期压抑的情绪终于爆发，她再也无法忍受希尔德，毁掉了后者孤独生活的中心和伴侣——一群猫，而且在离家投奔女儿的途中把贡布洛夫斯基心爱的狗丢弃在了数百公里之外；弗兰岑在企图庆祝交易成功的时候，发现自己的男友在车祸中生死未卜；福里斯在家庭的压力下拿信仰与贡布洛夫斯基做了交易，为弗兰岑出具了建筑许可，贡布洛夫斯基指使沙勒停止骚扰，然而福里斯在心理失衡下采取了暴力报复，与沙勒两败俱伤；贡布洛夫斯基经营了几十年的企业帝国和家庭轰然解体，他自己选择了一种极端惨烈而又似乎必然的结局：在村中的取水井中自杀，让自己的鲜血通过饮用水进入所有村民的生命，最后归于人中村的土地。

在这场高度浓缩的德国社会政治观点、代际理解、人际关系矛盾冲突里，最令人惊讶的不是贡布洛夫斯基这个人物，他甚至利用村民以为他绑架了克伦的外孙女来故意强化自己为达目的不择手段的村霸形象，这一切都合乎人物的逻辑，也顺乎读者的期待。最令人惊讶的人物是千禧世代的外来年轻女性弗兰岑，在她看来，一切人际交往都如驯马一般事关控制与被控制，这是一场权力和意志的比赛，这是一场无关正义但是事关成败的交易。她身段灵巧地游走在迈勒和贡布洛夫斯基之间，与前者谈驯马、梦想与土地置换的价格，与后者谈以改建许可作为出售土地的前提，然后在贡布洛夫斯基利用种种手段为她取得改建许可后将土地卖给出资更高的迈勒。在得知自己被戏耍之后，贡布洛夫斯基送给弗兰岑一句意味深长的话：“欢迎来到人中村。”① 游戏落幕时，所有人都竹篮打水一场空。

作者笔下的德国社会中，无论是根深叶茂的本地人，还是出于种种原因移居而来的外人，相互间或因政治，或因历史，或因利益，或因感情而导致的矛盾已经积累到临界点，只有通过激烈的碰撞、集体的毁灭和彻底的重组才能获得另一个起点。在德意志语境中出现末世般的想象本身并不罕见，然而这种所有具有类型化意义的人物在外来政治诱因下的行为无一例外以惨淡收场的叙述，仍旧透露了某种令人不安的信息：难道当下的德国仍旧是出产“没有希望的破坏性图景”② 的土壤？虚构的人中村的失败即社会的共同生活乃至共同体意识的解体，意味着作者正在质疑这个社会“是否还存在着某种上层建筑，某种共同体的理念，或者是否我们已经成为个人主义者，因为我们已经出于理念的缺乏而做出了自私的决定”③。如果把由此引发的追问引入文化根基的层面，那么众多德国读者无疑在思考同样的问题：德国的社会之于个体究竟意味着什么？德国的个体在社会之中究竟在寻找什么？“人中村是一个生活空间，是一处籍贯所在地，甚至是一种世界观。但是生存空间可以受毒化，籍贯地可以被毁掉，世界观也可以反转。”④

二　福里斯、自我放逐与幻灭

少不更事时经历一次梦想的幻灭，一个人也许会变得成熟；以不惑之年再次经历梦想的幻灭，一个人会变成什么样子？

---

① Juli Zeh, *Unterleuten*, 9. Auflage, München: Luchterhand Literaturverlag, 2016, p. 548.

② Volker Weidermann, “Deutschland ist ein Dorf”, *Der Spiegel*, 29/2016, pp. 122 – 124, here p. 123.

③ Vanessa Loewel, “Kein Dorfidyll in Brandenburg”, 08. 03. 2016, http://www.rbb – online. de/kultur/beitrag/2016/03/Juli-Zeh-neuer-Roman-Unter-Leuten-Brandenburg. html. 这是小说作者尤莉·泽的原话。

④ Juli Zeh, *Unterleuten*, 9. Auflage, München: Luchterhand Literaturverlag, 2016, p. 449.

柏林洪堡大学的社会学讲师盖尔哈德·福里斯就是受命运如此眷顾的一个人。在福里斯这个人物身上，作者试图用极大的同情心为曾经塑造现代德国精神面貌的环保主义知识分子留下一份立体的特写，既写下他们曾经对抗体制的激情，也写下他们在机制化的现实生活中的迂腐和无奈，以及脆弱到令人痛心的尊严。福里斯可以说是“六八世代”的精神产物，现代德国“政治介入”意识成长的活化石：他是第一代环保主义者、反核主义者、绿党的建党见证者，他与女权主义者维持了一段时间的无子婚姻，他宁愿没有固定收入，也要坚守在柏林的大学里培养年轻学生的批判意识。①然而步入中年之后，他突然发现自己已经彻头彻尾沦为上一个时代的遗物、同事和学生眼中头脑不正常的“老年人”②：“环境保护成了企业咨询师的事情，而剩余的政治也在事务性管理和追求耸人听闻效果的新闻报道之间被消磨殆尽。”③青年学生呢？“大学已经被博洛尼亚进程④变成训练营，训练那些从幼儿园就开始操心人生规划的人。”⑤年轻的同事礼貌、自律，对于政治话题兴趣阙如。唯有福里斯仍旧试图延续他沙龙式的政治抗争：“那个全世界为之歆羡的大学制度呢？为了几个学分和精英倡导计划而废除了！伟大的欧洲和解工程呢？换成民主制度残缺的中央集权了，一边禁止农民自己选择种子，一边允许金融市场投机成风。”⑥福里斯对于德国乃至欧洲的政治和社会发展持有整体性的批判。

21 世纪的生活世界属于效率至上的“运动员”一代——“教育运动员、职业运动员、恋爱运动员、生活运动员”⑦。慢慢地，福里斯“在自己

---

① Juli Zeh, *Unterleuten*, 9. Auflage, München: Luchterhand Literaturverlag, 2016, p. 18.

② Juli Zeh, *Unterleuten*, 9. Auflage, München: Luchterhand Literaturverlag, 2016, p. 19.

③ Juli Zeh, *Unterleuten*, 9. Auflage, München: Luchterhand Literaturverlag, 2016, p. 18.

④ 德文 Bologna-Prozess，指的是从 1999 年开始的欧洲高校改革，以促进欧洲国家大学教育专业设置和毕业文凭互通、人员流动为目的，核心内容是在各国引入两阶段的学制暨本科（Undergraduate）和研究生（Graduate）阶段，以及与之相应的学分制度。

⑤ Juli Zeh, *Unterleuten*, 9. Auflage, München: Luchterhand Literaturverlag, 2016, p. 18.

⑥ Juli Zeh, *Unterleuten*, 9. Auflage, München: Luchterhand Literaturverlag, 2016, p. 19.

⑦ Juli Zeh, *Unterleuten*, 9. Auflage, München: Luchterhand Literaturverlag, 2016, p. 20.

的学院里、自己的城市里、自己的国家里成了一个陌生人”①。是离开的时候了。福里斯与年轻的妻子尤乐——他的一名学生——一起离开了柏林。当他听说人中村附近的鸟类保护者组织正在招募工作人员的时候，他作为业余鸟类研究者觉得自己听到了人生的“最后一次召唤”②。就连鸟类观察站所处的地名都意味深长——“灵康”（Seelenheil），③ 距离人中村不到 10 分钟车程。

两年以后，福里斯和尤乐在人中村的小世界呈现出这个样子：“院子里新种的覆盆子已经结了无数的果实，屋子四角的紫藤开得正旺，福里斯还开辟了一块菜园，几排豆子、洋葱和胡萝卜正在和对园艺一无所知的主人进行斗争。当院子开始宛若小小天堂的时候，尤乐怀孕了。”④

这本应该是福里斯借以逃离柏林、逃离身边异化了的环境、逃离陌生的 21 世纪现代社会的世外桃源景象。在社会学和文化学的意义上，他是现代文明和德国当代社会的内向“流亡者”⑤。这种自我放逐之所以选择人中村作为目的地，福里斯对此有着从实践到理论的解释：“人中村虽然距离柏林不到一百公里，但是从社会人类学的角度来看，它也完全可以处于地球的另一端。在没有受到政治、新闻和科学界注意的情况下，这里发展出一种半无政府，几乎完全自生自灭、自给自足的生活形态，一种前国家时期的交换社会，不自觉地具有颠覆性，国家的手够不着，被遗忘，被蔑视，因此也奇异地自由。这是一个社会理论意义上的，不，是社会实践意义上的平行宇宙空间。”⑥ 他与四名同事一起，守护着保护区内 33 只稀有鸟类——流苏鹬，这是国内最大的种群。⑦ 福里斯认为自己获得了期望中的大自由。

福里斯未曾料到，现代文明、柏林、政治、新能源政策等居然如影随形

---

① Juli Zeh, *Unterleuten*, 9. Auflage, München: Luchterhand Literaturverlag, 2016, p. 20.
② Juli Zeh, *Unterleuten*, 9. Auflage, München: Luchterhand Literaturverlag, 2016, p. 22.
③ Juli Zeh, *Unterleuten*, 9. Auflage, München: Luchterhand Literaturverlag, 2016, p. 22.
④ Juli Zeh, *Unterleuten*, 9. Auflage, München: Luchterhand Literaturverlag, 2016, p. 22.
⑤ Juli Zeh, *Unterleuten*, 9. Auflage, München: Luchterhand Literaturverlag, 2016, p. 200.
⑥ Juli Zeh, *Unterleuten*, 9. Auflage, München: Luchterhand Literaturverlag, 2016, p. 29.
⑦ Juli Zeh, *Unterleuten*, 9. Auflage, München: Luchterhand Literaturverlag, 2016, p. 143.

地进入了他的世外桃源。偏偏还是能源转向的希望——可再生能源！作为环保主义的元老级人物，福里斯当然支持可再生能源，但是凡事须有个限度，因为福里斯的“人中村意味着自由，自由的象征物是未受破坏的地平线”①。风力发电站破坏了地平线，也就成了自由的敌人。

所谓世外桃源毕竟出于想象，人中村也有自己的生活规则，福里斯只不过从一个大世界逃到了一个小世界，而小世界的规则更为直观，隔着院子的栅栏聊天就好比某种“乡村互联网”②。福里斯经过三年的观察，发现村中交往的“硬通货”是“谁欠谁的人情”。③ 一旦得出这个结论，倒推通行的行为模式便并不困难：“要想在这个体制里推动什么事情，就必须成为体制的一员。”④ 福里斯需要融入乡村世界，需要“结盟者”，但是结盟者用人中村的语言来说就是“欠我人情的人”。⑤ 无论是寻找盟友一同反对风力发电站，或者直接面对恶邻沙勒，哪怕是试图争取贡布洛夫斯基天然的对头克伦，⑥ 福里斯都不得不承认再多的思想在乡村的实践面前都是苍白的。行动的失败仿佛是知识分子的宿命。

当尤乐在臆想下——她怀疑贡布洛夫斯基可能会像绑架克伦的外孙女一样绑架自己的女儿——几近崩溃的时候，福里斯不得不放弃自己的抗争，他向贡布洛夫斯基让步，把发给弗兰岑的改建禁令改为许可，以便贡布洛夫斯基能够以此为条件从弗兰岑处获得建设发电站所缺少的土地。福里斯又以自然保护部门的名义为风力发电站不会影响鸟类保护做了背书。这是一场彻头彻尾的投降，是对迄今为止所有信念的背叛。⑦ 走出了这一步，福里斯自我放逐的最后心理支撑也随之崩塌。接下来的福里斯就已经成为极度扭曲后的变形人物，他把对恶棍沙勒的愤怒转化暴力，并且在实施暴力的过程中获得

---

① Juli Zeh, *Unterleuten*, 9. Auflage, München: Luchterhand Literaturverlag, 2016, p. 201.
② Juli Zeh, *Unterleuten*, 9. Auflage, München: Luchterhand Literaturverlag, 2016, p. 218.
③ Juli Zeh, *Unterleuten*, 9. Auflage, München: Luchterhand Literaturverlag, 2016, p. 29.
④ Juli Zeh, *Unterleuten*, 9. Auflage, München: Luchterhand Literaturverlag, 2016, p. 29.
⑤ Juli Zeh, *Unterleuten*, 9. Auflage, München: Luchterhand Literaturverlag, 2016, p. 29.
⑥ Juli Zeh, *Unterleuten*, 9. Auflage, München: Luchterhand Literaturverlag, 2016, pp. 606 - 609.
⑦ Juli Zeh, *Unterleuten*, 9. Auflage, München: Luchterhand Literaturverlag, 2016, p. 479.

了全新的认识：人类历史之所以充满暴力，是因为使用暴力原来如此简单。① 福里斯的家庭也随之解体。

在现实生活里，无论是自我放逐还是社会浪漫主义，都难逃梦醒的命运。“也许盖尔哈德和尤乐所谓的‘自由’，实际只是重量级食肉动物的捕猎区。”② 所以，这是一个关于幻灭的故事。

三　贡布洛夫斯基、克伦和历史的原罪

尤莉·泽可能没有想到，恰恰是她笔下本应该属于反面人物的鲁道夫·贡布洛夫斯基，结果却最立体、最丰富、最引人同情。

鲁道夫·贡布洛夫斯基是人中村的“无冕之王”，实际的主宰。他的家族是当地的世家，老贡布洛夫斯基在德意志民主共和国建政之前就是当地最大的容克地主，而且是与农民相处十分融洽的地主。“农民都很依靠老贡布洛夫斯基，因为他在别人处于困境的时候总是愿意出借种子、农机或者劳力帮手，而所有人都有困难的时候，始终都有。”③ 此外，老贡布洛夫斯基无人可比的资本在于“他在周围的村庄里关系深厚”④。在建政之后成立的地区土地管理委员会里，“他认识委员会的所有人，所有人也都认识他”。⑤ 这使老贡布洛夫斯基成功地把自己的农庄维持到 1960 年，直到农业集体化的大潮席卷人中村。造反的农民高呼“地主田地归农民!”⑥，放火烧了谷仓，打砸了老贡布洛夫斯基的家。老贡布洛夫斯基放弃了抵抗，家族农庄变成了“好希望”农业生产合作社，住宅被夷为平地。⑦ 在父亲的病榻旁，小贡布

① Juli Zeh, *Unterleuten*, 9. Auflage, München: Luchterhand Literaturverlag, 2016, p. 565.

② Juli Zeh, *Unterleuten*, 9. Auflage, München: Luchterhand Literaturverlag, 2016, p. 363.

③ Juli Zeh, *Unterleuten*, 9. Auflage, München: Luchterhand Literaturverlag, 2016, p. 95.

④ Juli Zeh, *Unterleuten*, 9. Auflage, München: Luchterhand Literaturverlag, 2016, p. 95.

⑤ Juli Zeh, *Unterleuten*, 9. Auflage, München: Luchterhand Literaturverlag, 2016, p. 95.

⑥ “Junkerland in Bauernland”, Juli Zeh, *Unterleuten*, 9. Auflage, München: Luchterhand Literaturverlag, 2016, p. 97.

⑦ Juli Zeh, *Unterleuten*, 9. Auflage, München: Luchterhand Literaturverlag, 2016, p. 186.

洛夫斯基保证大学念农学，然后回来加入合作社，力争成为领导，以图有朝一日让所有被剥夺的土地重回家族名下。①

鲁道夫·贡布洛夫斯基做到了。大学毕业后，他 1971 年进入合作社，把专业能力巧妙地与社会能力相结合，“在恰当的时候知道闭嘴”②，“懂得与干部打交道”③，直到 20 世纪 80 年代初成为合作社主席。在他的领导下，合作社扭亏为盈，同时为全村人提供福利，这也给他赢来了无数荣誉和敬畏。但是，“贡布洛夫斯基一生中没有一天忘记他对父亲的许诺”。④ 兑现许诺的时机是随着转折到来的。1991 年，鲁道夫·贡布洛夫斯基在一位聘自西部的“转型咨询师”的协助下，利用新的联邦共和国的法律框架提供的可能，克服了少数几位村民的反对意见，成功地把合作社转型为有限责任公司，他成为拥有无限权力的总经理和最大股东。贡布洛夫斯基当时的想法是，“如果能够挽救老的农业合作社，人中村也就留住了历史、赢得了未来。与此相比，贡布洛夫斯基家族的财产问题倒退居其次。这件事无关正义或非正义，而是事关故乡免遭分崩离析”⑤。

无论贡布洛夫斯基在村中能够如何呼风唤雨，他也无法解决自己与家人及村民克伦的矛盾。如果把长期的关系看作家庭的话，那么属于贡布洛夫斯基家庭的至少有三位女性：女儿皮皮（Püppi）、妻子伊莲娜，以及邻居、红颜知己希尔德。在贡布洛夫斯基自己看来，他“一辈子劳作都是为了让老婆和女儿有一份舒适的生活”⑥。而实际的局面是，“作为回报，伊莲娜让他感到自己不是一位好丈夫”⑦。伊莲娜对他的感情从恐惧、顺从最终发展为报复，连他最钟爱的狗都不给他留下。女儿则在统一后迅速逃到“共和国离你们（指父母——笔者注）最远的大学”，在弗莱堡念完博士后只找到半

---

① Juli Zeh, *Unterleuten*, 9. Auflage, München: Luchterhand Literaturverlag, 2016, p. 187.

② Juli Zeh, *Unterleuten*, 9. Auflage, München: Luchterhand Literaturverlag, 2016, p. 188.

③ Juli Zeh, *Unterleuten*, 9. Auflage, München: Luchterhand Literaturverlag, 2016, p. 188.

④ Juli Zeh, *Unterleuten*, 9. Auflage, München: Luchterhand Literaturverlag, 2016, p. 188.

⑤ Juli Zeh, *Unterleuten*, 9. Auflage, München: Luchterhand Literaturverlag, 2016, p. 192.

⑥ Juli Zeh, *Unterleuten*, 9. Auflage, München: Luchterhand Literaturverlag, 2016, p. 86.

⑦ Juli Zeh, *Unterleuten*, 9. Auflage, München: Luchterhand Literaturverlag, 2016, p. 86.

份助教的工作，虽然无法放弃父亲的资助，但也绝对不愿回到“见鬼的垃圾堆人中村”①；希尔德则是伊莲娜的眼中钉、肉中刺，而这是一种极其纠缠的关系：希尔德的丈夫埃里克当年在合作社改制时反对贡布洛夫斯基，结果在雷雨中被断枝砸死，此后希尔德几乎足不出户，但是她的女儿贝蒂（Betty）成了贡布洛夫斯基在企业里的左膀右臂，而贡布洛夫斯基也从来没掩饰过将把企业交给贝蒂，村里人甚至暗传后者是贡布洛夫斯基和希尔德的私生女。②事实上，贡布洛夫斯基既没有背叛自己的妻子，也没有在埃里克死后迎娶希尔德，希尔德从此再也无法原谅他，整日与群猫为伴。也就是说，在感情生活和家庭人际关系方面，贡布洛夫斯基实际上是孤独地固守着一片废墟。

贡布洛夫斯基的权力欲不可不谓强，行事手腕不可不谓软硬兼备。这已经在 1991 年合作社改制的紧要关头表达得清清楚楚：虽然其他的村民并不知晓详情，但是克伦的残疾确实是拜贡布洛夫斯基所赐。贡布洛夫斯基约克伦和埃里克在林中谈判，却暗中派去了打手沙勒，最后的结果是埃里克意外死亡，克伦被沙勒打断右腿后宣布放弃抗争。统一后，贡布洛夫斯基一手扶植安讷·赛德尔（Arne Seidel）出任村长，令后者对自己言听计从。他以交易或人情的链条与琳达·弗兰岑谈判：首先命令沙勒不要再骚扰福里斯夫妇，作为交换，福里斯允许弗兰岑改建，而弗兰岑应该还他一个人情，把建电厂需要的土地转让给他。贡布洛夫斯基称自己的行事规则是寻找“让所有人都满意的办法”③。甚至在惨败之后惨烈地自杀也是符合贡布洛夫斯基的行为方式的。

貌似能够呼风唤雨的贡布洛夫斯基和瘸腿的克伦是一对半个世纪的冤家，二人在一起组成了人中村，也是具体而微的东部德国当代历史的“史官”④。还在少年时，贡布洛夫斯基就目睹了克伦随众来家中打砸，而模范的社会主义合作社社员克伦无论如何不能原谅贡布洛夫斯基趁转折之际复辟，将公产据为己有。克伦领导其他村民对抗贡布洛夫斯基的改制方案，直

① Juli Zeh, *Unterleuten*, 9. Auflage, München: Luchterhand Literaturverlag, 2016, p. 86.
② Juli Zeh, *Unterleuten*, 9. Auflage, München: Luchterhand Literaturverlag, 2016, pp. 198, 310.
③ Juli Zeh, *Unterleuten*, 9. Auflage, München: Luchterhand Literaturverlag, 2016, p. 466.
④ Juli Zeh, *Unterleuten*, 9. Auflage, München: Luchterhand Literaturverlag, 2016, p. 104.

到埃里克身亡、自己成为残疾后才放弃。如今，贡布洛夫斯基企图收买连片的土地建造风力发电厂的计划更是激起了克伦的旧仇今恨。斗争可能是克伦对待这个世界最根本的态度，其做医生的女儿卡特琳·克伦－许布施科（Kathrin Kron-Hübschke）为此骂他是“无可救药的共产党人”①。

在克伦这个人物身上，我们可以观察到曾经社会主义时期的世界观与统一后的资本主义批判一脉相承。“资本主义把群体意识转化为自私，把自主转换为适应能力。”② 克伦的女儿在统一后体验到的所谓个人自由实际上是顺从。在克伦看来，“在东德秘密警察时期也没有如今监视、监听、威胁、解雇得多，尽管如此，新体制也称自己为民主主义”。③ 曾经的集体变成了如今“个人奋斗者的目的性群体”，所谓“美丽新世界”的人民不过如羊群般“被规范、被娱乐、被管理”。④ 村民在克伦的带领下抗议贡布洛夫斯基的时候，自然地打出了“剥削者!”的标语⑤，仿佛时光倒回到1960年抗议老贡布洛夫斯基的集体化时期。对于统一后由媒体传达的公共生活，克伦只剩下蔑视：全国性报纸被他称为“讽刺杂志”“笑料报”,⑥ 政治人物的言论至多只具有娱乐价值，挂在口头上的所谓“没有其他选项”（alternativlos）和“在实际情况下不得不如此”（Sachzwang）只不过是掩饰责任感的缺失和社会非正义的托词。⑦

克伦的悲剧在于，他从集体化时期延续下来的仇恨和好斗距离统一后形成的阴谋论仅有一步之遥。这种被毒化了的人际关系显然也是人中村不可能存在社会共同生活的一个原因。在新能源公司派人在全村大会上介绍风力发电站的政治背景的时候，村民开始的反应是木然。“实际上每个人都很高兴自己不需要做决定，因而也不需要懂。通过这种方式，他们无须费力思考复杂的事实现象，

---

① Juli Zeh, *Unterleuten*, 9. Auflage, München: Luchterhand Literaturverlag, 2016, p. 106.
② Juli Zeh, *Unterleuten*, 9. Auflage, München: Luchterhand Literaturverlag, 2016, p. 107.
③ Juli Zeh, *Unterleuten*, 9. Auflage, München: Luchterhand Literaturverlag, 2016, pp. 107 – 108.
④ Juli Zeh, *Unterleuten*, 9. Auflage, München: Luchterhand Literaturverlag, 2016, p. 108.
⑤ Juli Zeh, *Unterleuten*, 9. Auflage, München: Luchterhand Literaturverlag, 2016, p. 307.
⑥ Juli Zeh, *Unterleuten*, 9. Auflage, München: Luchterhand Literaturverlag, 2016, p. 114.
⑦ Juli Zeh, *Unterleuten*, 9. Auflage, München: Luchterhand Literaturverlag, 2016, pp. 114 – 115.

但是仍旧保留了任意抱怨的权利。"[①] 即使不愿听、听不懂，也要大声骂"上头那些人"（Die-da-oben）[②]。除了克伦之外，在大会上表达意见的居然首先是来自西部的外来移民。尤莉·泽在作品中埋伏了多处德意志民主共和国时期生活的线索，以及东部人对东西部差异的思考。比如，村长赛德尔发现妻子生前居然是前国家安全部的情报员"玛格达琳娜"（Magdalena）[③]，他被自己的妻子勤勉地监视了一辈子；在贡布洛夫斯基看来，东部是一个人情世界，"大家相互说说话，找一个解决办法。相互握个手，分开时就是朋友。而女人和西德人的世界就没有这样的行为方式"。[④] 贡布洛夫斯基和克伦长年间分别对不同的村民积累了大量的人情，他们可以随时动员这种类似于人身依附关系的影响力。这不由让读者产生一种政治不正确的解读，即这种无政府主义的、与民主的平等原则背道而驰的政治和社会行为模式有没有典型的东部的印记。在小说反映的世界中，德国的政治统一已经走过二十年的历程，然而东部在政治、社会、文化及相应的心理结构方面已经成功融入了吗？东德人和西德人之间是否依然存在某种看不见的鸿沟，就像村中的多重世界一样？[⑤]

由这个角度铺陈开来，《人中村》是一部事关德国当代历史、德国统一、社会融合的小说。与早期所谓的"转折文学"中倾向于程式化地反思东德时期的创伤和年轻作家私人化回忆东德时期的少年时光不同[⑥]，《人中

① Juli Zeh, *Unterleuten*, 9. Auflage, München: Luchterhand Literaturverlag, 2016, p. 160.
② Juli Zeh, *Unterleuten*, 9. Auflage, München: Luchterhand Literaturverlag, 2016, p. 161.
③ Juli Zeh, *Unterleuten*, 9. Auflage, München: Luchterhand Literaturverlag, 2016, p. 156.
④ Juli Zeh, *Unterleuten*, 9. Auflage, München: Luchterhand Literaturverlag, 2016, p. 247.
⑤ Christoph Schröder, "Windkrafträder auf Misthaufen", *Der Tagesspiegel*, 12. 03. 2016.
⑥ Gerhard Fischer and David Roberts (eds.), *Schreiben nach der Wende. Ein Jahrzehnt deutscher Literatur 1989 – 1999*, Tübingen: Stauffenburg-Verlag, 2001 (Studien zur deutschsprachigen Gegenwartsliteratur; Bd. 14); Roswitha Skare, "Auf der Suche nach Heimat? Zur Darstellung von Kindheitsheimaten in Texten jüngerer ostdeutscher Autorinnen und Autoren nach 1990", in: Gerhard Fischer and David Roberts (eds.), *Schreiben nach der Wende. Ein Jahrzehnt deutscher Literatur 1989 – 1999*, Tübingen: Stauffenburg-Verlag, 2001 (Studien zur deutschsprachigen Gegenwartsliteratur; Bd. 14), pp. 237 – 252. 也请参见胡春春《新世纪以来德国文化的发展特点与趋势》，载郑春荣、李乐曾主编《德国发展报告（2013）》，社会科学文献出版社，2013，第 188 ~ 205 页，这里第 197 页。

村》展现的东部世界既有时代和政治的痕迹，又是长时段和原生状态的，这既是另一个德国，却也是当今德国的一部分。也许并不是知识分子的克伦有着更为本质的目光：所谓东德时期美好的旧时光“实际上既不美也不旧，只是过去了罢了”。[①]

除了不同之外，东部和西部有没有共通的地方？作者把答案放在了家庭上。当社会的共同生活成为不可能之后，家庭作为最小的准社会生活单元和个人的情感附着体就具有了唯一的意义。无论是福里斯和妻子尤乐，还是弗兰岑和男友弗里德里克，贡布洛夫斯基对妻子、女儿和情人，克伦对女儿卡特琳，迈勒对妻子和染上毒瘾的儿子，所有人都把家庭置于价值观的顶端，甚至恶棍沙勒也对自己的女儿有着近乎神圣崇拜的情感。然而，我们很难认同这种价值观的秩序，当对家庭的情感即个人道德与对家庭之外的社会规则的态度被塑造成天然对立的关系的时候，我们看到的是一种沮丧和退缩。每个人的家庭都是属于自己的堡垒，正是基于这种逻辑，作品中所有人物的行为都是基于相信自己绝对正确，人物间的交际异化为利益交换——为了实现自己的，首先是家庭的目的。“我们，人中村人，被统治的人，必须维护我们自己的道德观、我们的生活和寻找答案的方式免受充满敌意的外部世界的侵犯。这是英国退欧、‘欧洲爱国者反对西方伊斯兰化’和德国另类选择党的氛围。退出一切！我们才是道德的化身。”[②] 所以，这部作品有关德国这个时代的“后政治”[③]。

四　弗兰岑、《成功属于你》与后真相

如果说《人中村》的开篇箴言“凡事皆意志”[④] 尚属平淡无奇的话，那么下面这句话则不得不令人警觉：“强者在弱者面前需要自我辩解，这是

---

① Juli Zeh, *Unterleuten*, 9. Auflage, München: Luchterhand Literaturverlag, 2016, p. 275.

② Volker Weidermann, “Deutschland ist ein Dorf”, *Der Spiegel*, 29/2016, pp. 122 – 124, here p. 123.

③ Volker Weidermann, “Deutschland ist ein Dorf”, *Der Spiegel*, 29/2016, pp. 122 – 124, here p. 123.

④ Juli Zeh, *Unterleuten*, 9. Auflage, München: Luchterhand Literaturverlag, 2016, p. 5.

民主思想的腐朽内核。"[①] 这些引语均出自曼弗雷德·戈尔茨（Manfred Gortz）的著作《成功属于你》（*Dein Erfolg*）。故事主要人物之一的琳达·弗兰岑来自西部奥尔登堡，她理性而不是情感地追随在柏林工作的男友移居勃兰登堡，兴致勃勃地购买了人中村的一幢"凶宅"，计划把它改造成欣欣向荣的驯马企业，为此她带着丰富的驯服兽类的经验投入了人中村的争地和人际的旋涡。她的精神支柱和最重要的动力来源就是这位戈尔茨，"他的著作是她的健身指南"[②]。

从戈尔茨严格的效率论视角来看，这个世界的人类基本可以分为"败兴者"（Killjoy）和"推动者"（Mover）两大类别，前者是效率的障碍和机制的异端，后者则是成功、进步、效率、现代的化身。"败兴者所败的是别人拥有而他们自己缺乏的乐趣。他们基本认为自己失败的原因在于别人，首先在于社会。"[③] 败兴者是否属于特定的社会群体？戈尔茨发现，干扰现代社会秩序的都是能够进行复杂思辨的人文知识分子，他们的职业一般是"哲学家、作家或报刊文艺副刊的记者"[④]。他们"幻想自己富有智慧，同时发展出复杂的论证方式，以把自己失败的责任归于体制"[⑤]。这些败兴者四体不勤，好逸恶劳，躲避"诚实的劳作、体育运动或者健康的饮食"[⑥]，不仅如此，他们对于那些竭力提升自己的人还充满蔑视。"败兴者如果不能胜任工作，就会诅咒以效率为上的社会；如果酒瘾或者烟瘾很大，就会指责别人过度追求健康；如果阳痿，就会称这个社会已经泛性化；而作为穷酸，他们指责所有生活领域的经济化。"[⑦] 与"败兴者"的种种思想和行为相对，这个时代、社会真正的主导者是所谓的"推动者"。按照戈尔茨的定义，"推动者"

---

① Juli Zeh, *Unterleuten*, 9. Auflage, München: Luchterhand Literaturverlag, 2016, p. 586.

② Juli Zeh, *Unterleuten*, 9. Auflage, München: Luchterhand Literaturverlag, 2016, p. 33.

③ Juli Zeh, *Unterleuten*, 9. Auflage, München: Luchterhand Literaturverlag, 2016, p. 263.

④ Juli Zeh, *Unterleuten*, 9. Auflage, München: Luchterhand Literaturverlag, 2016, p. 263.

⑤ Juli Zeh, *Unterleuten*, 9. Auflage, München: Luchterhand Literaturverlag, 2016, p. 263.

⑥ Juli Zeh, *Unterleuten*, 9. Auflage, München: Luchterhand Literaturverlag, 2016, p. 263.

⑦ Juli Zeh, *Unterleuten*, 9. Auflage, München: Luchterhand Literaturverlag, 2016, pp. 263 - 264.

就是在这个世界上推动自己和别人的人。“坐等只能落后，奔跑才能跟上。”①

作家笔下的这些观点是调侃，是情节的设计，还是严肃描写了某种“时代精神”（Zeitgeist）？面对英国可以因为成本的计较而经全民公投决定退出欧盟、希腊究竟应不应该获得救助成为金融力量博弈的现实，我们不得不承认，传递了德国战后民主主义社会建设经验的话语已经不属于这个时代：“做无用之事，唱无人期待你们会唱的歌！不要顺从，要做世界传动器里的沙粒，而不是润滑油！”②

那么，这个俨如一只看不见的手把握全书经络的“时代教父”曼弗雷德·戈尔茨究竟是何方神圣？有趣的是，亚马逊网站上《成功属于你》赫然在售：平装版 5.99 欧元，Kindle 电子版 3.99 欧元。关于戈尔茨本人，网页上是如此介绍的：

“曼弗雷德·戈尔茨，1952 年生于英格尔施塔特，曾在英格尔施塔特商学院学习工商管理，后辍学创办咨询公司，客户遍布全国。自 1991 年以来，戈尔茨定期参加国际铁人三项比赛，自 2000 年以来开发出‘成功属于你’方法。他做企业咨询所用教材有《做你内心的上司》（2004）、《利润优化行为（GOT）》（2006）、《有用情感和无用情感（WG/NG）系统》（2007）、《败兴者和推动者：民主的腐败内核》（2013），这些教材均为自己出版，获得极大成功。应客户和朋友的请求，他决定借《成功属于你》（Portobello 出版社，2015）一书，让更多的人有机会了解‘成功属于你’方法。”③

很多文评者和报刊为此十分严肃地讨论尤莉·泽以曼弗雷德·戈尔茨的作品为依托是否有抄袭之嫌。④ 认真阅读过《人中村》的读者在此都会啼笑

① Juli Zeh, *Unterleuten*, 9. Auflage, München: Luchterhand Literaturverlag, 2016, p. 264.

② “Tut das Unnütze, singt die Lieder, die man aus eurem Mund nicht erwartet! Seid unbequem, seid Sand, nicht das Öl im Getriebe der Welt!”, “Träume” (1950), in: Günter Eich, *Fünfzehn Hörspiele*, Frankfurt am Main, 1981, p. 88.

③ https: //www. amazon. de/Dein – Erfolg – Manfred – Gortz/dp/3442839424.

④ 参见 Tobias Lehmkuhl, “Wer in Juli Zehs *Unterleuten* wen bewegt”, *Süddeutsche Zeitung*, 15. 04. 2016; Jan Wiele, “Juli Zeh im Gespräch: Der sonderbare Herr Gortz”, *Frankfurter Allgemeine Zeitung*, 19. 04. 2016; Richard Kämmerlings, “Da stehen so krasse Sachen drin”, *Die Welt*, 03. 05. 2016, http: //www. welt. de/154972546。

皆非——或者会心而笑，而不会落入过度阐释的圈套，因为以上戈尔茨标准的成功商业人士的简历居然和小说中的人物、来自西部的“蝗虫”[①] 资本家康拉德·迈勒的经历高度重叠：同样来自英格尔施塔特，同样是年轻时创业，同样是成功的企业咨询家。而且，虽然他是从弗兰岑处才接触到戈尔茨的思想，却已在多年的职业生涯和生活中无形中严格践行了戈尔茨所代表的“新自由主义的意识形态”[②]。2016 年的曼弗雷德·戈尔茨之于尤莉·泽，宛若 1916 年的格里高尔·萨姆沙之于卡夫卡，区别在于前者传达了一种基于反讽[③]的变形记。

借由读者的参与，尤莉·泽在这里设置了一个后现代的指称循环。《成功属于你》也是出自尤莉·泽笔下，她对《明镜》周刊的记者承认了这一点。[④] 曼弗雷德·戈尔茨既存在，又不存在。令人啼笑皆非的是，尤莉·泽在小说中所设置的模糊真实和虚构之间的界限的游戏居然与时代的趋势悄然合拍：继“后真相”（post - truth）被牛津辞书宣布为英语世界 2016 年“年度词”之后[⑤]，德语语言协会也宣布“后真相”（postfaktisch）为德国 2016 年“年度词”。[⑥] 在英国脱欧、特朗普当选、德国另类选择党崛起的 2016 年，不一定反映客观事实但一定反映主观真实的“后真相”，俨然占据了这个时代“推动者”的位置，“后真相政治”登台成为社会和政治主流现象。[⑦] 文学实际上为现实的发展提供了超前的样板。[⑧] 在这一重意义上，谁

---

① Juli Zeh, *Unterleuten*, 9. Auflage, München: Luchterhand Literaturverlag, 2016, p. 53.

② Jan Wiele, “Juli Zeh im Gespräch: Der sonderbare Herr Gortz”, *Frankfurter Allgemeine Zeitung*, 19. 04. 2016.

③ Sieglinde Geisel, “Im Dorf sind die Leute toleranter”, *Neue Zürcher Zeitung*, 06. 09. 2016.

④ Volker Weidermann, “Deutschland ist ein Dorf”, *Der Spiegel*, 29/2016, pp. 122 – 124, here p. 124.

⑤ http://en.oxforddictionaries.com/word-of-the-year/word-of-the-year-2016.

⑥ Gesellschaft für deutsche Sprache e. V., Pressemitteilungen, Meldung vom 9. Dezember 2016, http://gfds.de/wort-des-jahres-2016/.

⑦ Felix Stephan, “Das Wort des Jahres ist ‘falsch’”, *Die Zeit*, 09. 12. 2016, http://www.zeit.de/kultur/2016-12/postfaktisch-wort-des-jahres-post-truth-demokratie-jill-lepore.

⑧ Richard Kämmerlings, “Da stehen so krasse Sachen drin”, *Die Welt*, 03. 05. 2016, http://www.welt.de/154972546.

又能够否认曼弗雷德·戈尔茨的观点才是“后真相”呢？他说：“弱者才讲道义。”[①] ——难道这不是比我们以为自己施行的道德律令更高的真实吗？他要求考虑“情感的投入产出比”[②]。——难道当代的精致利己主义者能够对这种算计做到隔岸观火吗？他说：“要像爱你自己一样爱你对手的敌人。”[③] ——在以朋友和敌人为标准划分政治世界的时代，难道我们能够否认自己仍旧处于卡尔·施米特（Carl Schmitt）[④] 的思想范畴之内吗？如同当今社会政治认同的极端分化，读者对《成功属于你》的反应也同样两极分化：从“心灵导师类的垃圾”[⑤] 到“每一句话都是真理!”[⑥]。因而，这是一部以反讽的立场对抗现代文明的异化效应、这个时代的新自由主义价值观的作品。

结 语

位于东部德国的人中村是作家尤莉·泽塑造的微缩宇宙，是德国社会的化身。[⑦] 这个精心选择的地名意味深长——“Unterleuten”，在标题排版时刻意用大写排成了两行，给人以两个词“Unter Leuten”即“在人群中”的假

① “Moral ist für die Schwachen”, Juli Zeh, *Unterleuten*, 9. Auflage, München: Luchterhand Literaturverlag, 2016, p. 139.

② “Die Kosten-Nutzen-Bilanz der Gefühle”, Juli Zeh, *Unterleuten*, 9. Auflage, München: Luchterhand Literaturverlag, 2016, p. 139 – 140.

③ Juli Zeh, *Unterleuten*, 9. Auflage, München: Luchterhand Literaturverlag, 2016, p. 284.

④ Jan – Werner Müller, *A Dangerous Mind. Carl Schmitt in Post – war European Thought*, Yale University Press, 2003. 汉译本：〔德〕扬 – 维尔纳·米勒：《危险的心灵：战后欧洲思潮中的卡尔·施米特》，张龑、邓晓菁译，新星出版社，2006，尤其是自第 294 页起。George D. Schwab, *The Challenge of the Exception: An Introduction to the Political Ideas of Carl Schmitt between 1921 and 1936*, Second Edition, Greenwood Press, 1989. 汉译本：〔美〕乔治·施瓦布：《例外的挑战：卡尔·施米特的政治思想导论（1921 ~ 1936 年）》，李培建译，上海人民出版社，2015。

⑤ “Guru – Trash”, Volker Weidermann, “Deutschland ist ein Dorf”, *Der Spiegel*, 29/2016, pp. 122 – 124, here p. 124.

⑥ “Jeder Satz eine Wahrheit!”, Volker Weidermann, “Deutschland ist ein Dorf”, *Der Spiegel*, 29/2016, pp. 122 – 124, here p. 124.

⑦ Christina Böck, “Werte sind nicht mehr in unserer DNA”, *Wiener Zeitung*, 10. 03. 2016.

象。人们不可能比生活在一个村子里更能处于人群中了，在这里，没有人能够做到像原子化的都市居民一般主动选择孤独、匿名和拒绝直接交往的生活方式，而是始终处于被观察和不得不交往的状态，“如果糟糕的话，甚至处于受折磨的状态”①。

然而，人多的地方并不意味着必然存在良性运转的社会。村中“执拗的、盘根错节的、东德的老家伙”② 即民主价值观的对立面同来自西部的各色移民——当年民主运动先驱者和当下现代社会的逃避者、千禧世代新自由主义价值观的化身、资本家等——构成了一个临时社区。“带着充满暴力倾向的沮丧情绪，所有人都用道德武器高度武装，各自为战。”③ 在这场战斗中，共同的价值从来就是一个陌生词，共同的目标也不是最终目的，孤独的斗士以自己的方式追求融入、追求自身的利益，其结果注定是走向共同的毁灭。在这个意义上，这是一部“反乌托邦”的作品。④

政治性作家尤莉·泽窥一斑而知全豹，企图从人中村直面这个时代的特点、矛盾和问题。这个位于勃兰登堡的虚构世界无法不令人想起另一处位于阿尔卑斯山深处的疗养院，托马斯·曼《魔山》的主人公汉斯·卡斯托普（Hans Castorp）曾经在山中不知不觉度过了七年。从艺术的角度看，尤莉·泽据说创作了十余年的《人中村》与托马斯·曼百年前同样创作了十多年的《魔山》没有太多的可比性，前者传统的现实主义叙述方式和“事实意识”（Sachlichkeitssinn）⑤ 决定了该作品流畅可嘉而优美不足。⑥ 文学性不是

---

① Harald Jähner, "Radikal unter Leuten", *Frankfurter* Rundschau, 20.03.2016, http://www.fr-online.de/literatur/juli-zeh-radikal-unter-leuten, 1472266, 33992096.html.

② Volker Weidermann, "Deutschland ist ein Dorf", *Der Spiegel*, 29/2016, pp. 122-124, here p. 124.

③ Volker Weidermann, "Deutschland ist ein Dorf", *Der Spiegel*, 29/2016, pp. 122-124, here p. 124.

④ Volker Weidermann, "Deutschland ist ein Dorf", *Der Spiegel*, 29/2016, pp. 122-124, here p. 124.

⑤ Ursula März, "Jedes Dorf ist eine Welt", *Die Zeit*, Nr. 13/2016, 17.03.2016.

⑥ Jörg Magenau, "Die Landidylle, in der Gewalt alltäglich ist", *Süddeutsche Zeitung*, 21.03.2016.

社会小说《人中村》受关注的焦点。我们想到的是塞特姆布里尼（Settembrini）和纳夫塔（Naphta）的矛盾最终以决斗中纳夫塔的自杀而告终[①]，种种20世纪初叶的兴奋、矛盾、无聊和躁动最后在宛如“晴天霹雳”[②] 的世界大战中得到消解。“别了——多保重，永远保重！你的前景不妙啊；你卷入了群魔乱舞的罪孽，它还要持续多个罪恶的年头，我们不敢过多地期望你安然无恙。”[③]《魔山》的篇尾语应该不是来自平行时空的寓言？

---

① Thomas Mann, *Der Zauberberg*, Frankfurt am Main: S. Fischer Verlag, 1986, p. 980.

② “Der Donnerschlag”, Thomas Mann, *Der Zauberberg*, Frankfurt am Main: S. Fischer Verlag, 1986, pp. 981 - 994.

③ Thomas Mann, *Der Zauberberg*, Frankfurt am Main: S. Fischer Verlag, 1986, p. 994. 中文译文采用：〔德〕托马斯·曼：《魔山（下）》，杨武能译，上海文艺出版社，2015，第826页。

外 交 篇

Foreign Policy

B.11

德国安全政策的新动向

〔德〕芮悟峰　魏 琪 译　夏晓文 校*

摘　要：　有关德国需要承担更多政治与军事责任的讨论始于2014年慕尼黑安全会议召开之际。2016年，一份10年来最新的《安全政策与联邦国防军未来白皮书》与一份13年来欧盟最新的《全球战略》的出台使这场讨论达到了一个新的高潮。然而，这两份文件都无法兼顾6月发生的英国脱欧公投与11月的唐纳德·特朗普当选美国总统。特朗普对北约安全保障的相对弱化唤醒了欧洲各国的外交部门。德国联邦政府明白，它必须接手欧洲领导责任及进一步强化德国军事实力，不过，实施之路仍困难重重。尽管如此，但倘若在特朗普执政的新形

* 〔德〕芮悟峰（Wolfgang Röhr），博士，同济大学德国研究中心特聘研究员，德国前驻沪总领事。译者魏琪，同济大学外国语学院德语系硕士研究生；校对者夏晓文，同济大学外国语学院博士研究生。

势下，欧洲仍未能将自身的安全掌握在自己手中，那么将来就更无动力可言了。

关键词：　安全政策　白皮书　全球战略　欧盟　北约　德国

对于欧洲、亚洲乃至世界的安全体系架构来说，2016 年预示着一次时代的转折。尽管这一年的两大重要事件都未发生在德国，甚至都未发生在欧洲大陆，但德国仍受到了直接冲击。若需要证据来表明 21 世纪不再有纯粹的地区安全政策，以及涉及其他政策领域的事件也都会对安全政策产生影响，那么 2016 年所发生的一切就是明证。

2016 年的两大颠覆性事件是 6 月 23 日的英国脱欧（Brexit）公投与 11 月 8 日唐纳德·特朗普当选第 45 任美国总统。这两个事件的破坏性虽然很大，但其进一步发展动向仍未明朗。2016 年告诉我们，最出乎意料之事也会意想不到地成为可能。

不仅 2016 年是这样，今后的几年可能会同样如此。若因此简单地推断未来将延续当前的发展趋势，认为诸如英国最终必然会脱欧成功，或仅凭特朗普的言论就预言第二次世界大战结束以来形成的西方安全架构的瓦解即将到来，那么是极其错误的。两种预测都可能发生，但事情也完全可能向着其他方向扭转。

尽管英国已进行了公投，但仍不能断言，若在两年内脱欧最终必须执行，英国议会就一定会投票赞同。不过可以预见的是，英国脱离欧盟所带来的后果会包括英镑贬值、进口商品价格上涨、国外投资减少、世界性银行从金融中心伦敦撤离、苏格兰和北爱尔兰趋向分裂，这些大家不愿见到的后果会让英国国会议员“三思”一番。当届英国首相特蕾莎·梅也许不会允许议会阻挠脱欧，但 2016 年同样已经表明，英国首相更迭的速度可以很快。

这也同样适用于美国总统特朗普“豪迈”的言辞。这其实并非特例，美国总统候选人无法全部履行其竞选诺言早已司空见惯。例如，美国前总统奥巴马曾许下关闭关塔那摩监狱、重启与俄罗斯的关系、向阿拉伯国家靠近、进入无核世界等诺言，但其中真正实施的屈指可数。数十年以来，美国总统候选人和总统一再要求其欧洲的北约盟友做出更多贡献。特朗普并非第一个提出这种要求的美国总统，奥巴马①和其他往届总统都做过同样的表述。这也同样适用于特朗普有关中美关系的表述：在竞选中就货币与贸易政策对中国进行批评，而在竞选结束后，重视发展与中国的良好关系，这在美国几乎已经是一直以来的好步调。

在特朗普当选美国总统后，在美国与欧洲都出现了一些“正直的民主人士”，他们提出希望特朗普总统不去贯彻其在竞选中做出的承诺，这虽然是可以理解的，但这也至少表明特朗普的承诺与他们的民主宣示不相吻合。现在的关键之处在于要将美国包容进来，要达成这一点，需要一个强大、团结而又自信的欧洲②。

一　2016年有关德国安全政策的讨论

这对于联邦政府的安全政策来说意味着什么呢？有些确定性可能会消失，但也不代表任何可能的改变都真的会发生。2016 年 6 月，欧盟外交与安全政策高级代表费代丽卡·莫盖里尼（Federica Mogherini）提交的《全球战略》中提及了一个具有“可预见的不可预知性”③ 的世界。如果德国现在就认为欧盟会分崩瓦解、北约会成为历史、德国对其第二

① 参见 Jeffrey Goldberg，“The Obama Doctrine”，*The Atlantic*，April 2016，http：//www.theatlantic.com/magazine/archive/2016/04/the-obama-doctrine/471525/。

② Wolfgang Ischinger，“Einbinden，Einfluss nehmen”，*Süddeutsche Zeitung*，14.02.2017，http：//www.sueddeutsche.de/politik/aussenansicht-einbinden-einfluss-nehmen-1.3378986.

③ “Gemeinsame Vision，gemeinsames Handeln：Ein stärkeres Europa. Eine Globale Strategie für die Außen-und Sicherheitspolitik der Europäischen Union”，p.40，https：//europa.eu/globalstrategy/sites/globalstrategy/files/eugs_ de_ 0.pdf. 以下引用缩写为 Globale Strategie。

大和第五大出口伙伴美国与英国[①]的出口会由于高额的保护关税而崩塌，那么这样的判断无疑为时过早。其中的某些可能会成为现实，但也许所有的一切都不会发生，在2017年初，没有人知道事情会朝哪一个方向发展。

但有一点可以确定，在安全政策方面，德国会面临一年前几乎不会考虑的问题。倘若英国脱欧公投未通过，以及希拉里·克林顿当选美国总统，德国联邦政府必须找到以下问题的答案：如何与具有攻击性的俄罗斯相处？德国是否应当提醒美国在向乌克兰提供武器方面保持克制？德国如何消除英国针对欧盟扩大其安全政策角色所持的保留意见？如何与美国在跨大西洋贸易与投资伙伴协定（TTIP）的谈判方面共同寻求进展？在裁减军备与军控方面可与美国一起采取哪些共同步骤？

其中有些问题在今天看来显得格外过时[②]。如今已时过境迁。如果说长久以来，美国对俄罗斯更多地采取对抗的态度，而有些欧洲国家却在致力于保持对俄罗斯关系的均衡，那么2016年末的时候，德国联邦国防部部长就已经向未来的美国总统发出提醒，不能忘记来自俄罗斯的挑战。在过去几年，德国受到了来自包括美国在内的盟国的指责，说德国将贸易基于共同的价值观之上，但是在特朗普当选后，德国总理默克尔做出了一份值得关注的声明，在声明中，她明确将民主、自由和对法律和人的尊严的尊重作为德美两国开展合作的基础[③]。

2016年发布的两份基础文件激起了德国国内针对安全政策的辩论：一份是7月出台的《安全政策和国防军未来白皮书》（以下简称“《白皮

---

① 中国于2016年超越美国，成为德国第一大贸易伙伴，参见DIHK，“China ist wichtigster deutscher Handelspartner”，27.01.2017，http://www.dihk.de/presse/meldungen/2017-01-27-treier-handelspartner。

② 参见Julianne Smith，“Enter Trump”，*Berlin Policy Journal*，10.01.2017，http://berlinpolicyjournal.com/enter-trump/。

③ “Bundeskanzlerin Merkel gratuliert dem designierten Präsidenten der Vereinigten Staaten von Amerika，Donald Trump”，09.11.2016，https://www.bundeskanzlerin.de/Content/DE/Pressemitteilungen/BPA/2016/11/2016-11-09-trump.html.

书》")[①]；另一份是6月推出的《欧盟外交与安全政策的全球战略》（以下简称"《全球战略》")[②]。仅是这两份文件的提出就已足够让人关注：上一份白皮书的出台还是十年前的2006年[③]，而欧洲安全战略《更美好世界中的安全欧洲》[④] 也是2003年时提出的。柏林及布鲁塞尔都急需一个定位。虽然《白皮书》和《全球战略》都是在英国脱欧公投后出台的，但由于仅在英国脱欧公投不久之后就发布了，以致这两份文件未能考虑公投的结果。至于2017年起唐纳德·特朗普入主美国白宫，这在2016年中是几乎没人能预料到的。随着事情的发展，这两份文件虽然没有沦为废纸[⑤]，但它们已不能满足2016年末显现出来的安全政策的要求。

二 《白皮书》的内容

《白皮书》中将俄罗斯试图用武力改变国际边界视为德国的关键挑战，并认为欧洲的安全秩序会由此受到影响[⑥]。因此，俄罗斯已脱离了与西方的伙伴关系，转向强调战略性对抗。就连在欧洲，和平与稳定也并非理所当然的事情[⑦]。与此同时，《白皮书》强调，欧洲与俄罗斯之间存在着诸多共同利益。《白皮书》从中得出的结论值得关注：欧洲并不需要一个新的安全架构，而是需要对现有规则和原则保持尊重[⑧]。

---

① "Weissbuch 2016 zur Sicherheitspolitik und Zukunft der Bundeswehr"，参见联邦国防部网站：https：//www. bmvg. de/。以下引用缩写为 Weissbuch 2016。

② Globale Strategie, p. 40.

③ "Weissbuch 2006 zur Sicherheitspolitik und Zukunft der Bundeswehr"，参见联邦国防部网站：https：//www. bmvg. de/。

④ "Ein sicheres Europa in einer besseren Welt. Europäische Sicherheitsstrategie", Brüssel, 12. Dezember 2003, http：//www. consilium. europa. eu/uedocs/cmsupload/031208essiide. pdf.

⑤ 有学者认为，由于英国力图脱离欧盟，欧洲共同安全与防务政策的框架将失效。参见 Daniel Keohane and Christian Mölling, "Conservative, Comprehensive, Ambitious, or Realistic? Assessing EU Defense Strategy Approaches", *GMF Policy Brief* 2016 Nr. 41, 02. 10. 2016, p. 1。

⑥ Weissbuch 2016, pp. 31 –32.

⑦ Weissbuch 2016，联邦总理序言，p. 6。

⑧ Weissbuch 2016, p. 32.

《白皮书》指出，德国必须考虑到不断变化的多极国际秩序。例如国防开支已可与所有欧盟国家的国防支出持平的中国，其至2030年的经济实力将占全球经济实力的1/5[①]。中国的周边环境问题也在《白皮书》中被提及，主要谈到了地区领土争端、力量投射、东南亚和东亚的民族主义情绪[②]、各个国家不断增长军备投资以阻止第三方进入某些地区等[③]。《白皮书》中提到的海上补给线路的安全及公海航行自由的保障[④]很可能也都是针对中国的周边环境提出的。

至于预言美国在多极世界中仍将继续深刻影响国际安全政策[⑤]，而北约能确保美国为保证欧洲的安全而继续投入[⑥]，以及断言德国将坚持可靠性与联盟忠诚[⑦]——如今人们都需要换一种新的目光来看待这些观点。

《白皮书》与《全球战略》中都提出了“复原力”这一新的概念。这一概念指的是对混合危险情况的防御，这些危险产生于全球化、技术化及数字化所带来的可能性之中。这些危险情况可能违反了国际法中的禁止暴力条例。[⑧] 安全这一概念渐渐背离了其最初的含义。例如年轻人融入劳动力市场就是安全问题的一项重要因素，这里的安全已经不再严格区分内部安全和外部安全。

《白皮书》表明，德国不会改变拥护北约和欧盟的基本立场：跨大西洋联盟是欧洲安全不可或缺的一部分；只有同美国共同协作，欧洲才能实施有效且实质性的防御和威慑[⑨]。德国的合作伙伴涵盖了美国、法国、英国、荷

---

① Weissbuch 2016，p. 30.

② Weissbuch 2016，p. 38.

③ Weissbuch 2016，p. 41.

④ Weissbuch 2016，p. 50.

⑤ Weissbuch 2016，p. 31.

⑥ Weissbuch 2016，p. 64.

⑦ Weissbuch 2016，pp. 8，25，139.

⑧ Weissbuch 2016，p. 49；这一概念在《白皮书》中出现了超过二十多次，在联邦总理序言中也有出现（p. 7）。《全球战略》中用“抵抗力”（Widerstandsfähigkeit）代替了“复原力”。

⑨ Weissbuch 2016，p. 49.

兰、波兰、以色列与其他“价值观伙伴”及地区性大国[①]。《白皮书》也以适当的方式提及了一些日益重要的临时合作机制，如解决伊核问题的“E3 + 3”模式[②]、解决乌克兰危机的“诺曼底”模式等，而且《白皮书》认为这些机制将越来越重要。[③]

《白皮书》新增的内容主要在于强调德国作为推动者参与国际问题讨论，承担责任，以及接手领导职责的决心和意愿[④]。《白皮书》中还阐述了一种新的情况，即为了在一些国际问题上实现可接受的政治解决方案，需要允许进行坚定而又合乎国际法的军事干预。对此，德国必须保证足够的军事力量用于参与军事行动，直至实施强制促和手段[⑤]。

威慑、防御和对话这三重奏[⑥]符合德国自 1967 年发布“哈默尔报告”

---

① Werssbuch 2016, p. 80.

② 参见〔德〕芮悟峰《与世界大国同席：德国与欧盟在伊朗核争端中的角色》，载郑春荣主编《德国发展报告（2016）：欧洲难民危机背景下的德国》，社会科学文献出版社，2016，第 224 ~ 244 页。

③ Weissbuch 2016, p. 81；也参见 Andrea Rotter, “Das neue Weißbuch und die gegenwärtige sicherheitspolitische Debatte in Deutschland”, *Argumentation Kompakt* 13/2016, 10. 10. 2016, p. 3, http：//www2. hss. de/uploads/tx_ ddceventsbrowser/13 – 2016_ Weissbuch_ INTERNET_ NEU. pdf。

④ Weissbuch 2016，联邦国防部部长的前言，p. 8。联邦国防部部长冯德莱恩反复重申其提出的德国“从中间出发去领导”的概念，《白皮书》也以再次表态愿意承担领导与责任而结束（p. 139）。有学者认为，人们有时也可期待作为中等大国的德国从“前面”去领导，可参见 Robin Christian and Howard Niblett, “Internationale Erwartungen an Deutschland”, 17. 02. 2015, https：//www. bmvg. de/。

⑤ Weissbuch 2016, p. 61. 有学者认为德国过去数十年里在安全投入方面的重要发展较少得到承认，参见 Jeffrey Rathke, “Rising Ambitions and Growing Resources Mark New German Security Strategy”, Center for Strategic and International Studies, 25. 07. 2016, p. 2, https：//www. csis. org/analysis/rising-ambitions-and-growing-resources-mark-new-german-security-strategy aus；还有学者认为，《白皮书》是与现有战略的破裂，参见 Sam Seitz, “What Does Germany's New White Paper Mean for Its Foreign Policy?”, *Global Intelligence Trust*, 09. 08. 2016, http：//www. globalintelligencetrust. com/single-post/2016/08/08/What-Does-Germany's-New-White-Paper-Mean-for-its-Foreign-Policy；另有学者推测，德国的伙伴会怀疑德国的领导能力，参见 Robin Allers, “The Framework Nation：Can Germany Lead on Security?”, *International Affairs*, Bd. 92 Ausgabe 5, September 2016, p. 15, http：//onlinelibrary. wiley. com/doi/10. 1111/1468 – 2346. 12702/full。

⑥ Weissbuch 2016, p. 66.

以来一如既往的安全政策传统[①]。《白皮书》与2006年白皮书表述不同的是：对联合国安全理事会进行改革，争取让德国能够作为常任理事国承担责任，这点被视作“远期目标”[②]。在这种情况下我们可以认为，德国声称持有“全球性”的安全政策视野甚至包括太空[③]只是一种雄心壮志而已[④]。

受“财政框架和资源”所限，《白皮书》谨慎表述要在“远期接近”国防开支达国内生产总值的2%，以及军备投资额占国防开支20%的目标。[⑤]

《白皮书》有关欧盟内部安全政策合作的表述也同样谨慎。欧盟共同的防务政策应当“逐步”推进，并最终实现共同防务。《白皮书》完整引用了包括互助条款的《欧盟条约》第42条第7款。另外，德国将追求欧洲共同安全与防务联盟作为“远期目标”[⑥]，国防工业[⑦]的欧洲化也是目标之一。显然，这条路还很漫长。

几十年以来，白皮书一直将军备管控、不扩散及裁军当作重要的危机管理工具。德国也将比以往更坚定地致力于建立信任。[⑧]《白皮书》指出，军备升级会改变军事平衡，提高冲突风险[⑨]。而它并未提及，只有弱势一方军

---

① The Future Tasks of the Alliance, Report of the Council— “The Harmel Report”, 13/14. 12. 1967, http：//www. nato. int/cps/en/natohq/official_ texts_ 26700. htm.

② Weissbuch 2016, p. 63. 针对2019/2020年，德国再一次争取成为联合国安全理事会非常任理事国，但有学者指出，德国目前参与联合国维和行动的人数仅为432人（截至2016年8月31日），参见 Markus Kaim and Hilmar Linnenkamp, “Das neue Weißbuch—Impulsgeber sicherheitspolitischer Verständigung?”, *SWP-Aktuell* 65, Oktober 2016, p. 2, https：//www. swp-berlin. org/fileadmin/contents/products/aktuell/2016A65_ kim_ lnk. pdf。

③ Weissbuch 2016, p. 56.

④ 参见 Markus Kaim and Hilmar Linnenkamp, “Das neue Weißbuch—Impulsgeber sicherheitspolitischer Verständigung?”, *SWP-Aktuell* 65, Oktober 2016, p. 2。

⑤ Weissbuch 2016, pp. 67, 69, 117.

⑥ Weissbuch 2016, p. 73.

⑦ Weissbuch 2016, p. 74. 尤其是德国军备工业存在的问题是，它的产能对于德国国内需求而言过大。因此，要么以牺牲经济增长率为代价缩减军备工业，要么增加出口，这两项举措都不那么受欢迎。参见 Hilmar Linnenkamp and Christian Mölling, “Das Weißbuch zur Verteidigungspolitik”, *SWP-Aktuell* 21, Februar 2015, p. 3, https：//www. swp-berlin. org/fileadmin/contents/products/aktuell/2015A21_ lnk_ mlg. pdf。

⑧ Weissbuch 2016, p. 82.

⑨ Weissbuch 2016, p. 40.

备升级，才能实现平衡。除了在欧洲传统军控方面采用新方法外，《白皮书》还提及了一些其他目标，诸如维也纳文件的现代化、《开放天空条约》的进一步发展、加强核不扩散机制及生化武器协定等①，这些方面并没有新的内容。

三　欧盟的《全球战略》

对于德国来说，将其安全政策与欧盟紧密结合具有根本性的意义。因此，由欧盟外交与安全政策高级代表莫盖里尼提出的《全球战略》② 也是德国安全政策的一份关键性文件。和《白皮书》一样，《全球战略》也指出，俄罗斯违反国际法的行为是对欧洲安全秩序的根本性考验。构建与俄罗斯的关系是一项决定性的战略挑战③。欧盟既不能容忍俄罗斯对克里米亚的非法吞并，也不能容忍乌克兰东部地区的不稳定局势④。

北约是欧洲－大西洋安全的基石，欧盟将深化与北约的伙伴关系。美国仍是欧盟最重要的合作伙伴⑤。但是，随着特朗普当选美国总统，《全球战略》中所提出的对 TTIP 的拥护和支持就有可能不合时宜。

---

① Weissbuch 2016，p. 82.

② Globale Strategie，p. 40. 欧洲理事会在其 2016 年 6 月 28 日所发布的结论（Ziff. 20）中并未表示对《全球战略》正式接受，但表现了欢迎（http：//www. consilium. europa. eu/de/press/press-releases/2016/06/28-euco-conclusions/）。欧盟理事会在 2016 年 10 月 17 日的外长会议上就《全球战略》做出了结论（https：//europa. eu/globalstrategy/en/eu-foreign-ministers-adopted-common-conclusions-implementing-eu-global-strategy），并在 11 月 14 日召开的外交与国防部长会议上通过了有关安全与防务领域实施《全球战略》的结论（http：//www. consilium. europa. eu/de/press/press-releases/2016/11/14-conclusions-eu-global-strategy-security-defence/）。欧洲理事会再度于 2016 年 12 月 15 日发表的结论（Ziff. 11）批准了这两份结论（http：//www. consilium. europa. eu/de/press/press-releases/2016/12/15-euco-conclusions-final/）。欧盟委员会 2016 年 11 月 30 日发布的《欧洲防务行动计划》则提出了增加共同研究与增强共同防务能力的提议，这些措施将得到一项欧洲防务基金的支持，参见 http：//ec. europa. eu/news/2016/11/20161130_ de. htm。

③ Globale Strategie，pp. 5，11，28.

④ Globale Strategie，p. 28.

⑤ Globale Strategie，高级代表序言，pp. 3，31。

欧盟外交与安全政策高级代表莫盖里尼指出，没有一个欧盟国家能够仅凭自身的力量就独自应对安全政策方面的挑战，这是有道理的。拥有近5亿公民的欧盟具备史无前例的潜能：欧盟是世界上经济最强的区域之一，对几乎所有国家都是最重要的贸易和海外投资伙伴①。

虽然欧盟成员国依然将国防政策作为本国的主权政策，但是各成员国还是需要通过将防务合作常态化使欧盟更加可靠和可信。为此，需要坚实的欧洲国防工业。同时，共同的安全与防务政策必须具备更快的反应能力②。

欧洲将承担自身大洲及周边地区的安全责任，同时也将目的明确地介入遥远的地区。在全球范围内，欧盟将致力于消灭冲突与贫困的根源，以及保护人权③。

对于大多数欧盟成员国来说，北约依然是集体防御问题上的首要行动框架；同时，欧盟与北约间的关系不能有损非北约的欧盟成员国的安全与防务政策。欧盟必须有能力在没有北约参与的情况下独自行动，并做出有助于北约的行动④。可靠的欧洲防务对于欧盟和美国维持健康的跨大西洋关系同样十分重要⑤。

在欧盟与中国的关系方面，《全球战略》中的阐述让人觉得略显混乱，欧盟表示将在法治国家的基础上与中国进行对话，仿佛过去并非如此。欧盟希望充分挖掘2015年达成的有关“一带一路”的中欧互联互通合作平台，以及在亚欧会议（ASEM）和欧盟－东盟会议（EU-ASEAN）框架内的潜力。《全球战略》还表示要进一步深化与中国进行的贸易与投资，同时也要考虑到对知识产权的适当保护、人权及气候变化等问题⑥。

欧盟表示将致力于增强联合国的地位⑦。值得注意的是，《全球战略》

① Globale Strategie，序言，p. 2。
② Globale Strategie，p. 9.
③ Globale Strategie，p. 14.
④ Globale Strategie，pp. 15－16.
⑤ Globale Strategie，p. 16.
⑥ Globale Strategie，p. 32.
⑦ Globale Strategie，p. 33.

对亟须进行的联合国安理会改革只字不提。

《全球战略》指出，欧盟成员国必须为国防目的准备和提供足够的资金，但并未提及北约对其成员国所设定的将国内生产总值的2%用于国防开支的目标①，仅提到了北约所要求的将国防开支的20%用于军备采购、研究与技术这一目标②。而军备总支出的35%应采取共同采购的方式进行③。

这份《全球战略》虽然与其他类似的文件相比更加深思熟虑，但也体现出了与所有欧盟文件一样的问题④，即只能实现最小程度的统一和一致。这一战略并没有清晰的目标，也没有实现这一目标的时间规定⑤。而在欧洲理事会关于战略实施的结论中，人们则可以找到时间计划安排得相当周密的具体行动步骤⑥。

根据《全球战略》的描述，共同的独立欧洲防务这一高级目标将成为一种常态，但其中并没有明确指出这一目标在现行的一致表决原则的背景下如何实现。但是，从这些模棱两可的描述中就得出结论，以为欧盟希望在未来专注于用民事手段进行危险防御，而将军事合作完全托付给北约⑦，未免有些过分。但无疑正确的判断是，只有当欧盟成员国，尤其是德国与法国愿

① 但是，欧洲理事会在其2016年12月15日发表的结论中（Ziff. 10）对属于北约成员的欧盟成员国指出了北约所约定的防务支出“参照值”，参见 http：//www. consilium. europa. eu/de/press/press-releases/2016/12/15-euco-conclusions-final/。

② Globale Strategie，p. 38.

③ Globale Strategie，p. 39.

④ 参见 Jan Techau，“The EU’s New Global Strategy：Useful or Pointless?”，Carnegie Europe，01. 07. 2016，http：//carnegieeurope. eu/strategiceurope/? fa = 63994。

⑤ 参见 Annegret Bendiek，“Die Globale Strategie für die Außen- und Sicherheitspolitik der EU”，*SWP-Aktuell* 44，Juli 2016，p. 1，https：//www. swp-berlin. org/fileadmin/contents/products/aktuell/2016A44_ bdk. pdf。也可参见 Sven Biscop，“The EU Global Strategy：Realpolitik with European Characteristics”，*Egmont Security Policy Brief* Nr. 75，Juni 2016，p. 4。

⑥ Globale Strategie，p. 43. 另参见 Javier Solana and Steven Blockmans，“EU Defence Plan is ‘No Game-changer’”，16. 12. 2016，https：//euobserver. com/opinion/136315。

⑦ 参见 Annegret Bendiek，“Die Globale Strategie für die Außen- und Sicherheitspolitik der EU”，*SWP-Aktuell* 44，Juli 2016，pp. 3 –4，https：//www. swp-berlin. org/fileadmin/contents/products/aktuell/2016A44_ bdk. pdf。

意共同为防务做出更多的努力，这些雄心勃勃的计划才能得以实施。[①] 在安全上依靠美国的时代不久（或现在?）就将（已）结束[②]。

与2003年的欧洲安全战略相比，这份《全球战略》基本考虑到了亚洲尤其是中国不断增长的安全政策方面的重要性[③]。与之前不同，该战略不再将输出欧洲模式作为目标[④]，而是更愿意追求合作性措施[⑤]。

四 欧盟与北约的共同声明

欧洲理事会主席、欧盟委员会主席及北约秘书长于2016年7月8日发表的联合声明是对英国脱欧公投做出的直接回应，而同年12月6日发表的实施声明则是对特朗普当选美国总统的回应。两份声明对于德国安全政策来说都具有直接的意义。

英国公投两周后发布的联合声明[⑥]指出，英国脱欧是对欧洲－大西洋共同体“前所未有的挑战”，为此需要寻找一条新的合作道路。该联合声明称一个更强大的北约与欧盟能够相辅相成，相互促进。而之后人们看到的仅是片面局部的思考，如声明中只是说明了举行平行演习、加强信息交流及在遭

---

① 参见 Daniel Keohane, “The EU Global Strategy and Defense: Ambitious but Credible?”, 07.07.2016, http://carnegieeurope.eu/strategiceurope/? fa = 64032。

② Jan Techau, “The EU's New Global Strategy: Useful or Pointless?”, Carnegie Europe, 01.07.2016.

③ Globale Strategie, pp. 64 – 65.

④ 欧洲安全战略还设下了目标，即建立一个“由民主的、有责任感的国家领导的世界”（参见 http://www.consilium.europa.eu/uedocs/cmsupload/031208essiide.pdf.）。为此，有学者认为欧盟回归到了现实政治，参见 Sven Biscop, “The EU Global Strategy: Realpolitik with European Characteristics”, *Egmont Security Policy Brief* Nr. 75, Juni 2016, p. 1。持类似观点的还有 Arnold Kammel, “Die neue Globale Strategie der EU—Ein neuer Referenzrahmen für die EU-Außenbeziehungen”, *AIES Focus* 6/2016, 04.11.2016, pp. 3 – 4, https://www.aies.at/publikationen/2014/focus-14 – 01.php。

⑤ Globale Strategie, pp. 14 – 15.

⑥ Joint Declaration by the President of the European Council, the President of the European Commission, and the Secretary General of the North Atlantic Treaty Organization, http://www.nato.int/cps/en/natohq/official_ texts_ 133163.htm.

遇黑客攻击与危机时加强协调的必要性等。

在特朗普当选美国总统一个月后所发布的实施声明中[①]，人们可以清楚地看到美国对北约能否存续日益增长的担忧：声明第一句话中就强调了欧洲与北美之间的安全联系“比往日都愈加强烈”。基于共同价值观基础的跨大西洋联系日益重要，北约仍然是强大防务的框架和安全问题磋商不可或缺的论坛。声明也指出，欧盟防务越强，就越能增强北约的力量。

五　德国和法国做出的两项提议

2016 年 6 月 25 日，英国公投两天后、《全球战略》出台三天前，德国与法国外交部部长在欧盟六大创始会员国外长会晤时提交了一份英国脱欧后其余 27 个欧盟成员国如何合作的报告[②]。在这份报告里，安全政策扮演并非唯一，却是中心的角色。

报告提出了拥护辅助性原则，这是对英国公投做出的回应[③]，而根据这一原则，报告认为，欧盟比以往更不可或缺[④]。德法两国外长都提到了日益紧迫的威胁，包括欧洲东部和南部边界新的安全风险，以及强权政治重返国际舞台。但两国外长并没有明确提及俄罗斯与克里米亚。

报告指出，对一个成员国的威胁就是对所有成员国的威胁，欧盟的安全是不可分割的。德法两国外长再次声明支持和拥护将欧洲作为一个安全联盟，这也是共同的安全与防务政策所努力的目标。在直接相邻的地区，欧盟提出构建的权利，而在全世界，欧盟也致力于和平与稳定事业。在构建基于

---

① Statement on the Implementation of the Joint Declaration Signed by the President of the European Council, the President of the European Commission, and the Secretary General of the North Atlantic Treaty Organization, http://www.nato.int/cps/en/natohq/official_ texts_ 138829.htm.

② Jean-Marc Ayrault and Frank-Walter Steinmeier, “Ein starkes Europa in einer unsicheren Welt”, https://www.auswaertiges-amt.de/cae/servlet/contentblob/736264/publicationFile/217569/160624-BM-AM-FRA-DL.pdf.

③ Jean-Marc Ayrault and Frank-Walter Steinmeier, “Ein starkes Europa in einer unsicheren Welt”, p. 1.

④ Jean-Marc Ayrault and Frank-Walter Steinmeier, “Ein starkes Europa in einer unsicheren Welt”, p. 2.

规则的国际秩序的道路上，伊朗核协定和关于东乌克兰的明斯克进程都体现了在这一道路上的新进展①。

报告还认为，欧盟必须逐步成为具有一体化外交与安全政策的全球性独立行为体。欧盟需要随时可部署的处于高级战备状态的武装力量，以用于危机管理。德法两国部长均支持“双速欧盟”：若干成员国应能够在防务领域建立尽可能灵活的常设结构性合作，并在各次行动中向前迈进②。各国情报部门也应当通力合作③。

2016 年 9 月 11 日，德法两国国防部部长提出了一项联合倡议，并转达给了其他成员国国防部部长④：在英国决定脱欧后，欧盟的目标是 27 个成员国联合起来，步调一致地推进新的共同安全与防务政策的制定。这份倡议基于欧盟《全球战略》，并包含了已纳入欧洲理事会有关其实施的决议中的建议。

这份倡议还指出，针对欧盟公民和欧盟领土的军事与非军事威胁都切实存在。以欧盟成员国对防务政策的基本责任为出发点，德法两国国防部部长都致力于国家间的深入合作⑤。合作重点是为共同的安全与防务政策提供军事行动支持，开发军事能力和欧洲防务合作，以及支持欧洲国防工业。

倡议中的部分建议明确针对《里斯本条约》所设立的常设结构性合作，这一工具目前尚未得到充分利用，因此，这也是拥护“双速欧洲”方案的表述⑥。

---

① Jean-Marc Ayrault and Frank-Walter Steinmeier, “Ein starkes Europa in einer unsicheren Welt”, p. 3.

② Jean-Marc Ayrault and Frank-Walter Steinmeier, “Ein starkes Europa in einer unsicheren Welt”, p. 4.

③ Jean-Marc Ayrault and Frank-Walter Steinmeier, “Ein starkes Europa in einer unsicheren Welt”, p. 5. 两位部长也建议了新的程序步骤：应在“欧洲学期”里改善各国规划之间的协调，而且欧洲理事会应每年作为欧洲安全理事会召开会议。

④ Jean-Yves Le Drian and Ursula von der Leyen, “Erneuerung der GSVP—Hin zu einer umfassenden, realistischen und glaubwürdigen Verteidigung in der EU”，参见联邦国防部网站：https：//www. bmvg. de/。

⑤ Jean-Yves Le Drian and Ursula von der Leyen, “Erneuerung der GSVP—Hin zu einer umfassenden, realistischen und glaubwürdigen Verteidigung in der EU”, pp. 1 – 2.

⑥ Jean-Yves Le Drian and Ursula von der Leyen, “Erneuerung der GSVP—Hin zu einer umfassenden, realistischen und glaubwürdigen Verteidigung in der EU”, pp. 2, 5 – 6.

六　德国外交部部长发表的文章

谈到德国2016年的安全政策，就不能不提及德国外交部部长弗兰克－瓦尔特·施泰因迈尔（Frank-Walter Steinmeier）的文章《德国新的全球角色》[①]。近几年来，稳定的德国已成为一个中心行为体，这并不是德国自身的意愿所致，而是因为自2003年美国入侵伊拉克致使其领导地位受损以来，德国周边的世界已发生巨大的变化。长久以来，基于规则的多边体系为和平与稳定提供了保障，而中国和印度的崛起改变了这一平衡，俄罗斯入侵克里米亚也使这一体系受到挑战。尽管发生了这些改变，但是作为“反射型力量”（reflective power）[②]，德国依然相信克制与谈判的重要意义。但是，德国增强军事上的自信的道路不是直线形的，任何时候法律都应优先于强权。

施泰因迈尔展现出了绝对的自信，他认为美国和欧盟走了弯路，而德国却好像通过无为而治，成为一支重要的力量：这点在阿以冲突上，在解决伊朗、叙利亚和乌克兰问题上，在欧元危机和难民危机上都得到了体现。若欧盟不能在世界舞台上作为一个共同体起到更重要的作用，德国将出于整个欧洲的利益而发挥自身的作用。

但是德国在解决上述危机中所做出的贡献是否真的那么有说服力？以及最重要的是，德国愿意扮演哪些“全球”角色？施泰因迈尔对此并未多言，仅表示柏林将审慎行动。而其他欧盟国家也会是这样的表述[③]。

---

① Frank-Walter Steinmeier, “Germany's New Global Role-Berlin Steps Up”, *Foreign Affairs*, 13. 06. 2016, https://www.foreignaffairs.com/print/1117546.

② 施泰因迈尔在2016年大使会议开幕致辞中解释了这个概念：德国的角色是“在自身特征的延续上保持着清醒意识”，在这一“反射的”意义里，德国愿意在其边界之外乃至全球承担更多责任。参见Frank-Walter Steinmeier, “Verantwortung, Interessen, Instrumente”, 29. 08. 2016, https://www.auswaertiges-amt.de/DE/Infoservice/Presse/Reden/2016/160829_BM_Boko.html。

③ 有学者认为施泰因迈尔最大的失误在于他将军事投入与干预相混淆，德国的问题并非在于它在偏远地区均是克制，而在于它为北约地区的威慑所做贡献不足。参见Jan Techau, “Steinmeier's Tragic Dance Around the Issues”, Carnegie Europe, 12. 06. 2016, http://carnegieeurope.eu/strategiceurope/64063。

七 有关欧洲安全的新思考

2016年是德国安全政策有显著发展的一年。若说在2014年慕尼黑安全会议上，由联邦总统①、联邦外交部部长②及联邦国防部部长③所提出的德国将在外交和军事领域承担更多责任这一论调尚且新鲜，那么如今这些思考在2016年已成为主流：《白皮书》确定了联邦政府正处于迈向接管责任和提供资金与人力的转折点上④。2016年末，联邦外交部部长施泰因迈尔向外交部同僚表示，世界正敦促德国承担更多责任，德国也应当担负起来⑤；若不可避免，德国就应做好军事介入的准备⑥。时任德国联邦总统高克于2017年初提醒到，德国必须投入更多的建构意愿，不应因恐惧和自我怀疑而在政治上陷入徘徊等待。至于高克认为任何问题永远都不能付诸武力解决，这一论调只有在所有人都遵守不使用武力解决争端的情况下才能成立。⑦

美国总统特朗普在当选前后发表了一些令人忧虑的言论，虽然他上任后的发言谨慎了一些，但还是促使了欧洲对安全政策的思考。特别是美国对北

---

① Joachim Gauck, "Deutschlands Rolle in der Welt: Anmerkungen zu Verantwortung, Normen und Bündnissen", 31. 01. 2014, http://www.bundespraesident.de/SharedDocs/Reden/DE/Joachim-Gauck/Reden/2014/01/140131-Muenchner-Sicherheitskonferenz.html.

② "Münchner Sicherheitskonferenz", 01. 02. 2014, http://www.auswaertiges-amt.de/DE/Infoservice/Presse/Reden/2014/140201-BM_MüSiKo.html.

③ Ursula von der Leyen, "Rede der Bundesministerin der Verteidigung, Dr. Ursula von der Leyen, anläßlich der 50. Münchner Sicherheitskonferenz", 31. 01. 2014, http://www.nato.diplo.de/contentblob/4123416/Daten/3885836/redevdleyensiko2014.pdf.

④ Johannes Thimm, "Mehr europäisches Engagement in der Sicherheitspolitik", 24. 11. 2016, 参见联邦国防部网站：https://www.bmvg.de/。

⑤ Frank-Walter Steinmeier, "Rede in der 2. Ordentlichen Personalversammlung 2016 des Auswärtigen Amts", 16. 12. 2016.

⑥ Frank-Walter Steinmeier, "Schreiben an die Mitarbeiterinnen und Mitarbeiter des Auswärtigen Amts", Dezember 2016, p. 2.

⑦ Joachim Gauck, "Rede zum Ende der Amtszeit zu der Frage ‘Wie soll es aussehen, unser Land?’ aus der Antrittsrede vom 23. März 2012", 18. 01. 2017, http://www.bundespraesident.de/SharedDocs/Reden/DE/Joachim-Gauck/Reden/2017/01/170118-Amtszeitende-Rede.html? nn = 1891550.

约伙伴安全保证的相对弱化，与欧洲一体化工程的疏远，对英国脱欧的赞赏，对日本、韩国和沙特阿拉伯拥核所做出的匪夷所思的表态，对中美关系基础的挑衅，宣称进一步核扩军，以及对中东冲突不明智的言论，这些都震动了世界各国，也包括欧洲各国与德国的外交部部长。

但特朗普所说并非全是荒谬之言。北约虽并未过时，但亟须改革①：显而易见，5 亿欧洲人的安全不能长久靠 3 亿美国人来保障。《北大西洋条约》第五条并不包含需自动提供军事援助的义务，很多欧洲人总是喜欢忘记这一点。德国的难民政策是导致英国公投的“压死骆驼的最后一根稻草”，不论人们对这项政策的评价如何，这一点都难以否认。若欧盟指责特朗普不遵守所有国际规则，那么欧盟就应扪心自问，在处理欧元危机时是否也一直严格遵守自身的规则。

如同对待任何新政府一样，我们也应该让特朗普政府有机会使其计划具体化②。德美持不同的立场并不新鲜，而且在跨大西洋关系中日趋常态化。这从伊拉克战争、俄罗斯政策和东方政策、“鸡肉战争”（指德美在 TTIP 有关转基因食品议题上的分歧——译者注）及最近几年的经济政策中都可见一斑③。

德国联邦总理默克尔说得很有道理，她指出，欧洲人应将命运掌握在自己手中④，并由自己决定，屡屡提及西方的终结⑤是否到来。欧洲虽说不是

① 参见德国前联邦国防部部长古腾贝格的评论：Karl-Theodor zu Guttenberg，“Trump—die Normalität des Erratischen”，*FAZ*，20. 01. 2017，http：//www. faz. net/aktuell/politik/trumps-praesidentschaft/karl-theodor-zu-guttenberg-ueber-donald-trump-inauguration-14697840. html。

② 参见 Joseph Cassidy，“How to Be a Loyal State Department Bureaucrat in the Trump Administration and Keep a Clear Conscience”，*Foreign Policy*，14. 12. 2016，http：//foreignpolicy. com/2016/12/14/how-to-be-a-loyal-state-department-bureaucrat-in-the-trump-administration-rex-tillerson/。

③ Jackson Janes，“History Does Not Repeat Itself. People Do”，http：//www. aicgs. org/issue/history-does-not-repeat-itself-people-do/.

④ “Pressestatement von Bundeskanzlerin Merkel zum informellen Treffen der Staats-und Regierungschefs der Europäischen Union in Valletta”，03. 02. 2017，https：//www. bundeskanzlerin. de/Content/DE/Mitschrift/Pressekonferenzen/2017/02/2017-02-03-statement-merkel-doorstep. html.

⑤ 参见 Chris Patten，“Will Trump Bring Down the West?”，13. 11. 2016，https：//www. project-syndicate. org/commentary/trump-threat-to-the-west-by-chris-patten-2016 – 11。

世界文化的摇篮，但可以说是重要价值观体系的诞生地之一：事实证明，在过去几年中，它吸引了数以百万计的人从东部和南部过来，而仅仅半个世纪前，这些人的祖国还很骄傲于摆脱了欧洲的殖民统治。

从美国总统特朗普上任最初几周的表现就可以看出，候选人并不会兑现其在选战时的所有诺言。特朗普必须考虑到，美国违反世界贸易组织规则的行为也会使其自身的安全政策承诺遭受质疑；美国不忠实执行《北大西洋条约》也会传染到华盛顿在亚洲和中东的伙伴。①

但是，指望顾问、公众、外国对话伙伴及逐渐成熟的认知能产生约束性影响，让美国总统无法为所欲为的想法是错误的。欧洲国家，尤其是德国，必须告别原先舒适却落后的安全政策思想。这首先意味着欧洲必须将政治、金融和军事上的安全掌握在自己手中。如果特朗普政府的言行推动了这一思想，而英国的脱欧行为也给了欧洲一个机会，让其组织自己的防卫，而不必考虑是否会引起英国对削弱北约的持续担心，那么回首 2016 年，这也许是欧洲自省的良机。

但是，在难民政策、解决欧元危机、制定能源政策和应对俄罗斯带来的挑战方面，欧盟内部是否分歧过大，以致上述行动无法取得成功呢？不，只要来自东方的挑战依然存在，只要不再理所当然地认为可以依赖跨大西洋的伙伴，上述行动就有可能取得成功。

八　德国面临的特殊挑战

德国在地缘政治上处于欧洲大陆中心地位，经济发达，人口众多，从政人员经验丰富。这些优势使德国在欧洲发挥着一呼百应的作用。德国贯彻了这一认知。但是，还缺乏一个策略让欧洲的伙伴更容易接受德国的领导地位。不改变一些德国政策是不行的，德国必须在紧缩政策上做出一点

---

① Giovanni Grevi，“Lost in Transition? US Foreign Policy from Obama to Trump”，*EPC Discussion Paper*，02. 12. 2016，p. 11，http：//www. epc. eu/documents/uploads/pub_ 7240_ lostintransition. pdf.

让步，并且接受一个事实，即在可预见的未来无法将难民公平地分配给所有欧盟成员国①。德国将来也必须学会和英国这一新产生的引力中心打交道②，并且直面不断出现的、认为这一新引力中心并非真正扎根于西方的质疑③。同时，德国需要学习美国几十年来已经驾轻就熟的事情：一旦与自身期待的方向不再一致，即使是当初呼唤领导的伙伴也会迅速转向批判的一端。

出于安全政策的原因，德国也必须在另外两个方面维护欧洲的统一：一方面，必须就脱欧问题与英国展开对话，并确保不会有其他欧洲国家步其后尘；另一方面，由于欧盟在北约框架内仍然需要英国这个安全政策伙伴④，而英国有可能会重回欧盟——此事宜早不宜晚——因此欧盟在与英国谈判时必须保持灵活，以避免给未来有可能的回归制造太大的困难。新一届美国政府可能更关注双边关系，因此欧洲不能分裂。欧洲领导人绝不能在华盛顿上演“选美比赛”⑤，也不应发生有关谁能更猛烈地在国内媒体中批判特朗普这种以国内政治为动机的竞争。

在安全政策中，将伙伴聚拢到德国旗下可能不太困难。在德国、法国、荷兰、卢森堡、捷克、罗马尼亚和波兰之间已经有武装力量和军事计划的紧

① Theo Sommer, “Angela Merkel hat das Wort”, *Zeit Online*, 24. 01. 2017, http://www. zeit. de/politik/ausland/2017 – 01/donald-trump-praesident-bundesregierung-reaktion-5vor8.

② Nikolaus Busse, “In einer neuen Welt”, *FAZ*, 27. 01. 2017, http://www. faz. net/aktuell/politik/kommentar-in-einer-neuen-welt-14763203. html.

③ 例如，有学者认为德国既是俄罗斯也是跨大西洋国家的友敌，参见 Fredrik Erixon and Hosuk Lee-Makiyama, “Europe in the Trumpworld: EU Trade and Security under the New US Executive”, *ECIPE Policy Brief* Nr. 07/2016, http://ecipe. org//app/uploads/2016/11/Policy-Brief-Europe-in-the-Trumpworld. pdf。

④ Sigmar Gabriel, “Rede von Außenminister Sigmar Gabriel auf der 53. Münchner Sicherheitskonferenz”, 18. 02. 2017, http://www. auswaertiges-amt. de/DE/Infoservice/Presse/Reden/2017/170218_Rede_BM_Gabriel_Muesiko. html. 另外参见 Angela Merkel, “Rede von Bundes-kanzlerin Merkel zur 53. Münchner Sicherheitskonferenz”, am 18. Februar 2017, https://www. bundeskanzlerin. de/Content/DE/Rede/2017/02/2017 – 02 – 18 – rede-bk-merkel-muesiko. html。

⑤ 参见 Ian Bond, “Trump and Europe: The Sun Sets on the West”, Centre for European Reform, 09. 11. 2016, https://www. cer. org. uk/insights/trump-and-europe-sun-sets-west。

密联系。在立陶宛，德国、荷兰和比利时的武装力量同非欧盟而是北约成员国的挪威一起，共同起到了传统上美国在欧洲所起到的作用：通过有限的存在传递出做好防御准备的信号。与欧元和申根规则一样，在这里“双速欧洲”已经成为现实。

欧洲必须注意其不断增长的自我认识不会被误解或滥用。美国可能希望欧洲自己承担更多的自身安全责任，以便它腾出手来解决亚洲问题①。只要日本、韩国、澳大利亚和一些东盟国家还希望寻求与华盛顿的协作，那这就不会成为问题。然而，美国对于中国的蓄意针对性行为应给欧洲敲响了警钟。在安全政策与经济方面，德国和欧洲与美国的关系十分重要，但同样也不能割舍与中国建立的良好关系。在美国保护主义政策的背景下，中国作为其重要的投资和贸易伙伴可能在经济上更受德国倚重，但在安全政策方面暂时不会如此②。

一旦德国与美国的关系冷却③，柏林方面必将寻找一个新的安全政策伙伴。如果选择中国作为其伙伴，不仅会使德国与美国的关系更陷僵局，也会为中国和俄罗斯之间的伙伴关系制造问题。尽管中国政府否认将填补美国留下的空白，尤其指美国脱离跨太平洋伙伴关系协定（TPP）造成的空

---

① 参见 Johannes Thimm，“Mehr europäisches Engagement in der Sicherheitspolitik”，24. 11. 2016，参见联邦国防部网站：https：//www. bmvg. de/。

② 这是德国前联邦总理施罗德的观点，参见 Gregor Peter Schmitz，“Gerhard Schröder：USA wollen VW schwächen-Handel mit China ausbauen”，*WirtschaftsWoche*，22. 12. 2016，http：//www. wiwo. de/politik/deutschland/gerhard-schroeder-usa-wollen-vw-schwaechen-handel-mit-china-ausbauen/19160818. html。有学者认为中国与欧盟相比欧盟与美国，双方在众多问题上有更多共同点，参见 Fraser Cameron，“EU，China Advance Amid Global Uncertainty”，*China Daily*，16. 01. 2017，http：//www. chinadaily. com. cn/opinion/2017 – 01/16/content_ 27961166. htm；还有学者希望中欧携手共同阻止世界的不稳定趋势，参见 Henrik Müller，“Wie Donald Trump die Welt verändert”，*Spiegel Online*，05. 02. 2017，http：//www. spiegel. de/wirtschaft/donald-trump-so-koennte-er-in-vier-jahren-die-welt-veraendern-kolumne-a-1133214. html。但事实上中欧还没有走得那么远：根据欧盟委员会的数据，美国在欧洲的投资是亚洲在欧洲投资的 3 倍多，而且欧盟国家在美国的投资是中国与印度投资总额的 8 倍（http：//ec. europa. eu/trade/policy/countries-and-regions/countries/united-states/）。

③ “Obamas letzter Anruf gilt der Kanzlerin”，*FAZ*，19. 01. 2017，http：//www. faz. net/aktuell/politik/ausland/letzter-anruf-von-barack-obama-geht-an-angela-merkel-14700692. html.

白，中国国家主席习近平还是通过其在达沃斯世界经济论坛上发表的睿智讲话①，以及通过对美国挑衅的谨慎回应，让所有继续致力于全球化的国家看到中国是一个可以合作的伙伴。即使中国尚未实施所有的改革步骤，使其成为全球化中真正可靠的合作伙伴，但它已成功提出要求，成为与美国比肩的世界大国。

中国希望共同构建全球化的愿望是合情合理的。对于欧洲人来说这没有问题：对他们来说，重新调整对美政策的首要任务是加强与亚洲、非洲和拉丁美洲的合作②。而对于美国来说，自二战结束以来，它就无须以平等的方式与任何地缘政治伙伴打交道，中国的这一角色对它来说是个不同寻常的挑战③。

与美国不同，欧洲无法在东亚和东南亚地区施加任何军事影响。然而，这片区域也关乎欧洲自身的安全政策利益：它们需要一个和平的环境进行经济交往。因此，在必要的时候提醒美国保持克制也是德国与欧洲安全政策的一部分④。相比特朗普的前任，在特朗普任期内，欧洲需要更加频繁地做努力。

第一个需要使用的情况是伊朗核协定。或许特朗普总统及其身边的幕僚并不清楚解除协定对于美国来说有多么简单：只需华盛顿声称伊朗违反了该协定。即使这项指控是虚构的，但仍会导致对伊朗再次实行自动的制裁，并导致协定解除⑤。而提出这一协定倡议的德国则须努力防止发展到

① Xi Jinping，“President Xi's Speech to Davos in Full”，17. 01. 2017，https：//www. weforum. org/agenda/2017/01/full-text-of-xi-jinping-keynote-at-the-world-economic-forum.

② Detlef Nolte，Pascal Abb，Henner Fürtig and Robert Kappel，“Donald Trump und das außenpolitische Erbe von Barack Obama”，*GIGA Focus Global* Nr. 7，November 2016，pp. 1，11，https：//www. giga-hamburg. de/de/publication/donald-trump-und-das-aussenpolitische-erbe-von-barack-obam.

③ 这是美国前国务卿基辛格的观点，参见 Jeffrey Goldberg，“The Lessons of Henry Kissinger”，*The Atlantic*，Dezember 2016，https：//www. theatlantic. com/magazine/archive/2016/12/the-lessons-of-henry-kissinger/505868/。

④ Yixiang Xu，“A Reset with China?”，http：//www. aicgs. org/2017/01/a-reset-with-china/.

⑤ 参见〔德〕芮悟峰《与世界大国同席：德国与欧盟在伊朗核争端中的角色》，载郑春荣主编《德国发展报告（2016）：欧洲难民危机背景下的德国》，社会科学文献出版社，2016，第 239、243 页。

这一态势。如果特朗普义无反顾地为了解除这份他自己称为“可怕的协定”而走上这条路，那么德国、法国及英国会突然发现自己与中国和俄罗斯坐在同一艘船上，而美国正尝试着掀翻这艘船。这确实是一种新的安全政策情况。

在特朗普当选美国总统之后，多次有声音提出希望德国在联邦总理默克尔的带领下接替美国成为西方的稳定之锚和自由价值的担保人①。从道德的角度来看，这将是一项巨大的挑战；从安全政策的角度来看，这完全不可能实现。德国的国防预算仅为400亿欧元，无法承担有6000亿欧元国防预算的美国所扮演的角色②。德国不愿意也不应当愿意去这么做。

德国应当做的是促使其他欧洲伙伴③与北约同心同德，确保所有欧盟国家的国防预算总和超过2000亿欧元（其中可能脱欧的英国就独占1/4），这样欧盟就能独自应对唯一的来自俄罗斯的严峻安全挑战，因为俄罗斯的国防预算不超过1000亿欧元④。如果欧洲在美国总统特朗普带来巨大挑战的此时还无法做到这样的话，那么将来更待何时？⑤

---

① 这是前美国驻德国大使科恩布卢姆的观点，参见 John Kornblum，“Ist Präsident Trump Europas letzte Chance?”，*FAZ*，06. 01. 2017，http：//www. faz. net/aktuell/politik/trumps-praesidentschaft/wahlsieg-von-donald-trump-bedeutet-zeitenwende-fuer-westen-14604760. html。

② 参见 Hans Kundnani，“Merkel and Whose Army?”，*Foreign Policy*，13. 12. 2016，http：//foreignpolicy. com/2016/12/13/merkel-and-whose-army-germany-military-nato/。

③ 在这个意义里，2016 年和 2017 年交替之际对德国而言的确是一个“决策瞬间”，参见 Jackson Janes，“A Hinge Moment for Transatlantic Relations”，http：//www. aicgs. org/issue/a-hinge-moment-for-transatlantic-relations/。

④ 参见 Berthold Kohler，“Das ganz und gar Undenkbare”，*FAZ*，27. 11. 2016，http：//www. faz. net/aktuell/politik/trumps-praesidentschaft/nach-donald-trump-sieg-deutschland-muss-aussenpolitik-aendern-14547858. html 。

⑤ Andrea Frontini，“Another Perfect Storm for European Defence-but Can the Union really Make Strength?”，*EPC Publications*，23. 11. 2016，http：//www. epc. eu/pub_ details. php? cat_ id = 4&pub_ id = 7210.

B.12
英国脱欧对欧盟、德国及其自身的经济影响

朱宇方*

摘　要：　英国脱欧已成定局，这对欧盟、德国及英国自身的经济影响在很大程度上取决于脱欧谈判的最终结果，即脱欧后英国与欧盟之间的新关系。由于这种不确定性，目前无法对英国脱欧的经济影响做出具体、准确的测算，因此本文立足于梳理英国目前与欧盟和德国的经济关系，不定量地对英国脱欧对其与欧盟和德国经贸关系的影响做一个整体性的初步分析，在此过程中，将汇总欧洲主要经济研究机构、智库和政府部门的一些最新预测结果。

关键词：　英国脱欧　欧盟　德国　经济影响

一　引言

2016年6月23日，英国就是否继续留在欧盟的问题举行全民公投，结果51.9%的投票者选择脱离欧盟。同年7月9日，英国政府正式拒绝了留欧派提出的举行第二次公投的请愿，虽然这份请愿书获得了400多万人的签名支持。

---

* 朱宇方，博士，同济大学德国问题研究所/欧盟研究所讲师、德国研究中心研究人员。

欧盟委员会主席容克于 2016 年 7 月 27 日任命米歇尔·巴尼耶（Michel Barnier）担任欧盟首席谈判代表，负责与英国就脱欧事宜展开谈判。巴尼耶担任欧盟首席谈判代表后将负责领导欧盟委员会下属的一个特别工作组，根据《里斯本条约》第 50 条的有关规定，与英国就脱欧谈判做好准备并实际负责其后的谈判。

2017 年 3 月 13 日，英国上下两院最终都通过了有关脱欧的法律草案，正式授权首相特蕾莎·梅启动脱欧进程，为启动脱欧谈判扫清了最后的障碍。在梅向欧盟提交正式脱欧申请、启动脱欧程序之后，英国与欧盟将有两年时间进行脱欧谈判。在脱欧谈判过程中，英国的欧盟成员国身份保持不变，在欧盟机构的权利保持不变。两年谈判期满后，除非经欧盟峰会一致同意延长，否则英国的欧盟成员国身份将自动终止，所有相关的欧盟协议自动失效。

由此可见，英国脱欧基本已成定局，英国将成为首个主动退出欧盟的成员国。欧债危机曾第一次使欧盟面临一个根本性的挑战，即成员国存在退出欧盟的可能性。而如今，英国则第一次把这个问题推到了践行的现实层面。

脱欧之后，英国与欧盟之间的关系存在以下几种可能的模式①。

“土耳其模式”：英国与欧盟之间仅为单纯的关税同盟关系，在货物上享有最惠国待遇，但欧盟与第三国的自由贸易协定不适用于英国。英国不能自主确定对第三方的关税，必须听从欧盟的决定。但关税同盟并不涵盖在英国外贸中占重要地位的服务贸易。

“挪威模式”：英国仍然保留欧洲自由贸易联盟（EFTA）和欧洲经济区（EWR/EEA）成员国身份。英国将能在很大程度上进入欧洲内部市场（农业、渔业除外），与欧盟之间没有关税同盟关系，只有自由贸易协定。此外，英国不参与欧盟的其他任何政治领域，继续向欧盟缴费，在欧盟峰会和欧洲议会不再有表决权，但欧盟所有关于内部市场的规定都在英国继续有效。

---

① Thando Sililo, “Brexit-Fakten, Zahlen, Hintergründe”, IHK München und Oberbayern, Oktober 2016, pp. 4 – 5.

"瑞典模式"：英国与欧盟分领域签订双边贸易协定，退出欧盟与第三方的自由贸易协定。英国只能有条件地获得内部市场的部分准入权，在货物贸易（农业除外）和服务业（如公共服务采购、保险、工商服务业，但不包括金融服务——这对英国很不利）享有大部分准入权。

"大陆伙伴关系"①：这种模式是由一些学者及德国联邦议院外交事务委员会主席诺伯特·伦琴（Norbert Röttgen）博士所建议的。据此，英国将获得欧洲内部市场的准入权，但人员自由流动权将被短期工作许可取代。英国必须继续向欧盟缴费，通过一个新的理事会——大陆伙伴关系理事会（Continental Partnership Council）就其与欧盟国家之间的问题发表意见，并在与欧洲内部市场相关的问题上拥有听证权。在这种模式中，英国享有比"挪威模式"更多的政治权利。

"自由贸易协定模式"：英国与欧盟之间签订自由贸易协定，在工商业货物、农产品和加工农产品上相互给予自由市场准入或最惠国待遇。关税和配额被取消，但非关税壁垒仍然存在。服务贸易不全面放开。

"世界贸易组织模式"：这是一体化程度最低的模式。对于欧洲内部市场，英国仅与美国、日本等国家一样享受部分准入权。这意味着市场要素不得自由流动，没有最惠国待遇，有关税。但英国无须向欧盟缴费。

2016 年 10 月 2 日，英国首相梅声明，英国不会争取"挪威模式"或"瑞典模式"。英国与欧盟之间的关系将更多的是"拥有独立主权的联合王国与欧盟之间的协定"。观察家们认为，这可能意味着英国将"硬脱欧"，即与欧盟的关系将是一种介于"自由贸易协定"与"世界贸易组织"之间的模式。

可以看出，脱欧对英国、欧盟和德国的远期经济影响将取决于目前尚未开始的脱欧谈判的最终结果，即脱欧后英国与欧盟之间将构建一种怎样的新关系。由于这种不确定性，目前无法对英国脱欧的经济影响做出具体、准确的测算，因此本文立足于梳理英国目前与欧盟和德国的经

① 具体方案参见 Jean Pisani-Ferryand，Norbert Röttgen et al.，"Europe after Brexit：A Proposal for a Continental Partnership"，August 2016，http：//bruegel. org/wp-content/uploads/2016/08/EU-UK-20160829-final-1. pdf。

济关系，不定量地对英国脱欧对其与欧盟和德国经贸关系的影响做一个整体性的初步分析，并汇总欧洲主要经济研究机构、智库和政府部门的一些最新预测结果。

二 英国脱欧对其与欧盟经贸关系的影响

表 1 欧盟与英国的经济数据比较（2014 年）

	英国	欧盟 28 国
国内生产总值(10 亿欧元)	2039	13474
人口(百万)	64.5	509.0
人均国内生产总值(欧元)	31599	26438
劳动人口人均国内生产总值(欧元)	67228	60081
失业率(%)	6.6	10.5
实际国内生产总值较上年增长率(%)	2.7	1.6
公共债务在国内生产总值中的占比(%)	91.8	89.5

资料来源：Berthold Busch，“Das Vereinigte Königreich vor dem Austritt aus der Europäischen Union?”，*IW policy paper*，9/2014，Institut der deutschen Wirtschaft Köln，p. 11。

以国内生产总值和人口计算，英国是欧盟中的第三大国，仅次于法国和德国。英国国内生产总值和人口在欧盟中的占比分别为 15% 和 12.7%。以人均国内生产总值计算，英国的富裕程度高于欧盟平均水平，经济增长率也远高于欧盟整体水平，失业率则低于欧盟（参见表 1）。

（一）英国脱欧在贸易领域的影响

英国与欧盟之间有着紧密的贸易往来。虽然英国在向欧盟以外的国家出口时有可能利用鹿特丹和安特卫普港进行转口贸易，而这会在一定程度上放大英国对欧盟国家的出口数据，但这种干扰是有限的。

从图 1 可以看出，在 1973 年加入欧盟之前，英国与欧盟国家的进出口贸易就呈持续增长态势。1962～1973 年，对欧盟 15 国的出口额在英国出口总额中的比重从 35% 上升至 42%，进口比重从 30% 上升至 43%。1973 年之后，上

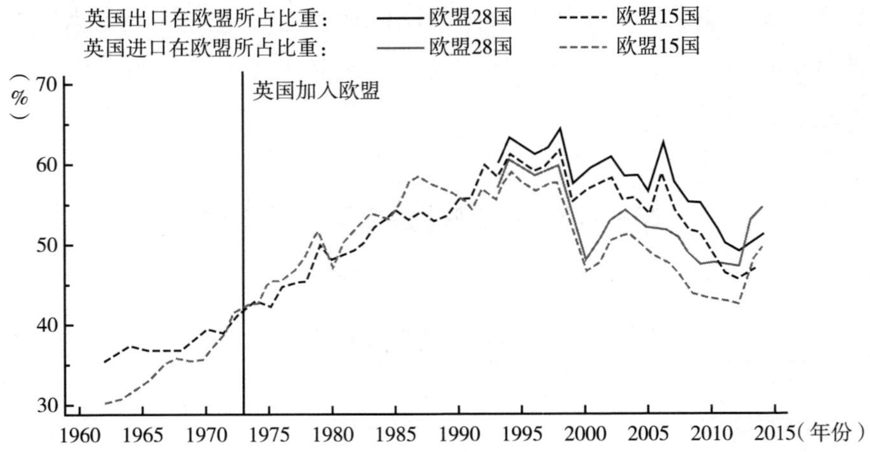

图1　英国与欧盟的进出口贸易变化

资料来源：Rahel Aichele and Gabriel Felbermayr，“Costs and benefits of a United Kingdom exit from the European Union”，Bertelsmann Stiftung，April 15，2015，pp. 18－19。

述比例继续攀升，总体上始终保持增长态势。直到20世纪90年代末，以中国为代表的新兴经济体在国际市场上迅速崛起，欧洲国家的国际竞争力迅速下滑，英国对欧盟国家的进出口比重均出现明显下滑，尤其是进口比重下滑得更为明显。在经历了一段恢复期之后，随着欧债危机的爆发，英国与欧盟国家之间的贸易额再次大幅下滑，直至2013年才开始逐步复苏。

总而言之，英国与欧盟之间的贸易非常密切，而且整体呈发展趋势：如今英国对欧盟成员国的进出口额在其进出口总额中均占到50%以上，而在加入欧盟之前的20世纪60年代，上述比例都远远低于40%。加入欧盟后，英国得以进入欧盟内部市场，而且欧盟与其他国家和地区签订的自由贸易协定也惠及了英国。据英国财政部测算，加入欧盟使英国与欧盟国家间的贸易额增加了7%。① 据统计，英国有350万个工作岗位与欧盟贸易相关②，当

① “EU Membership and Trade, HM Treasury”, https://www.gov.uk/government/uploads/system/uploads/attachment_ data/file/220968/foi_ eumembership_ trade. pdf.

② 转引自 Barbara Böttcher，“Eine Zukunft in der EU? — Die Brexit als Anstoß für eine moderne EU”，*Deutsche Bank Research*，September 2014，p. 12。

然，这些岗位并不一定会随着英国脱欧而消失，因为即便贸易条件恶化，英国与欧盟之间也仍将保持密切的贸易关系。

英国智库欧洲改革中心（CER）指出，近年来英国与新兴工业国家之间贸易的增长速度高于欧盟国家，这主要由新兴工业国家的经济增长所推动，而英国与欧盟国家的贸易没有抑制其与其他国家发展贸易。因此，英国与欧盟国家之间的贸易关系是稳健的，而且其一体化程度之高已经令英国难以放弃。而对英国脱欧持赞成态度的智库 Bruges Group 则指出，欧盟共同市场对英国的重要性正在减弱；英国与欧盟以外国家的贸易额不断上升，到 2020 年将占到英国外贸总额的 70%。①

英国工业联合会（CBI）的调查显示，其 80% 的成员支持英国留在欧盟。52% 的成员认为欧盟内部市场的统一规则和标准对本企业有利，虽然有关欧盟规定太多的怨言一直不绝于耳，但只有 15% 的成员认为欧盟的规定对本企业的业务有负面影响。②

英国脱欧公投结果一经公布，英镑应声下跌，到 2017 年 1 月，英镑已累计贬值约 15%，而且英镑的走势与脱欧形势密切相关，以至被称为“脱欧曲线”③。汇率的波动说明了货币市场及背后的经济和金融界对英国脱欧的高度敏感与重视，但脱欧对英国经济的影响并不能一概而论。在贸易方面，英镑贬值将提升英国在出口方面的竞争力。但值得注意的是，英国的制造业并非出口导向型，因此英镑贬值对英国出口的实际拉动将非常有限。英镑贬值也将拉升通胀，从而导致购买力下降。据预计，英镑贬值对投资和消费产生的负面影响将远远超过其对出口带来的正面影响④。而且，对未来就业和收

① Barbara Böttcher, “Eine Zukunft in der EU? — Die Brexit als Anstoß für eine moderne EU”, *Deutsche Bank Research*, September 2014, p. 12.

② Barbara Böttcher, “Eine Zukunft in der EU? — Die Brexit als Anstoß für eine moderne EU”, *Deutsche Bank Research*, September 2014, p. 12.

③ “Brexit-Angst-Britisches Pfundstürzt vor May-Rede weiter ab”, http://www.manager-magazin.de/finanzen/artikel/brexit-pfund-stuerzt-vor-may-rede-weiter-ab-a-1130114.html。

④ “Deutschland und EWU nach Brexit: Zuvor erwartete Belebung der Konjunktur fällt aus”, *KfW Research*, Juli 2016, p. 2.

入的悲观估计会拉动预防性储蓄。因此，英国家庭的消费开支将缩减。这最终将导致欧盟对英国的出口下降。

此外，英国支持自由贸易，而且其贸易政策和贸易行为立足于全球，因此，英国在扩大欧盟内部市场的全球影响力方面发挥了积极作用①。英国多年来一直是欧洲贸易政策和美欧双边自由贸易协定谈判的重要推动者，并一度是美欧关系中的重要一环。当然，美国总统特朗普于 2017 年 1 月签署了其上任后的第一份行政命令，正式宣布美国退出跨太平洋伙伴关系协定（TPP），这同时也宣告了美欧“跨大西洋贸易与投资伙伴协定”（TTIP）的搁浅。原本英国脱欧可能减弱欧盟自由贸易的推动力，而现在可以说，特朗普已经在一定程度上提前兑现了英国脱欧在这方面可能产生的负面影响。

（二）英国脱欧在直接投资方面的影响

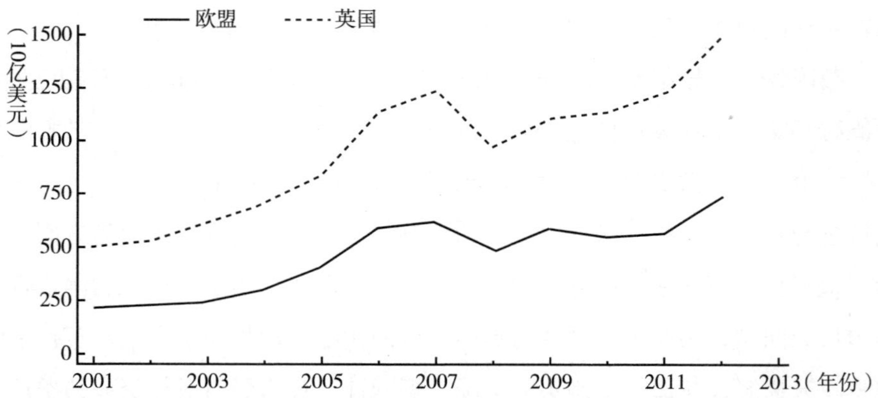

图 2　英国吸收的直接投资总额及来自欧盟的直接投资额

资料来源：Rahel Aichele and Gabriel Felbermayr，“Costs and Benefits of a United Kingdom Exit from the European Union”，Bertelsmann Stiftung，April 15，2015，p. 25。

除了贸易往来，海外直接投资也揭示了英国与欧盟之间紧密的经济关联（参见图 2）。从 2001 年至金融危机爆发之前，英国来自海外的直接投资总

① Barbara Böttcher，“Eine Zukunft in der EU? — Die Brexit als Anstoß für eine moderne EU”，*Deutsche Bank Research*，September 2014，p. 13.

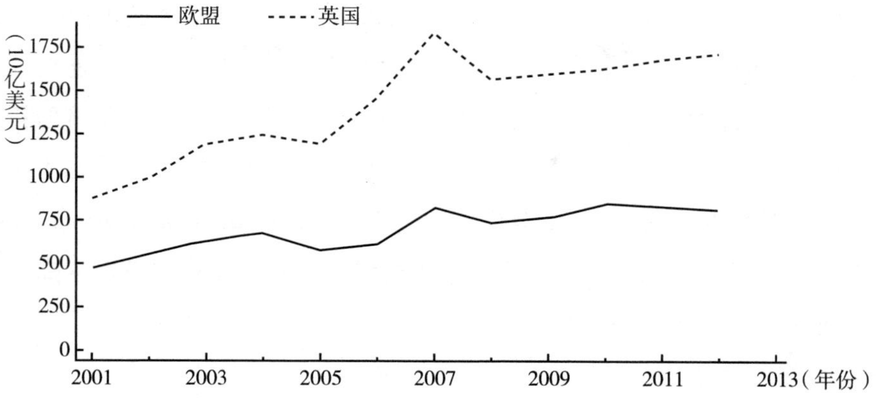

图 3　英国对外直接投资总额及在其他欧盟国家的直接投资额

资料来源：Rahel Aichele and Gabriel Felbermayr，"Costs and Benefits of a United Kingdom Exit from the European Union"，Bertelsmann Stiftung，April 15，2015，p. 27。

额和来自欧盟其他国家的直接投资额都翻了一番以上。金融危机爆发之后，上述两个数据都出现了明显下降，但欧盟国家的投资额跌幅小于海外直接投资总额的跌幅。2009 年之后，两者均开始重新回升，而且欧盟国家投资额的增幅大于投资总额的增幅。

值得注意的是，英国是欧盟中吸收海外投资最多的国家，并且在吸收非欧盟国家投资方面也名列第一，英国非欧盟国家直接投资主要来自美国、中国和日本。英国也是欧盟国家重要的投资目的地，英国海外直接投资存量的一半以上来自欧盟国家，这个比例多年来始终保持稳定。

英国对外直接投资的比例和变动状况与吸收直接投资的状况类似（参见图 3）。值得注意的是，英国对其他欧盟成员国的直接投资额大于其从这些国家吸收的投资额。

从脱欧公投结果出炉开始，英国未来经济发展的不确定性就已经大大增加，而且存在政治不稳定的风险①，在这样的情况下，企业在英国直接投资的热情必然受到极大的抑制。在贸易方面，英国离开欧盟之后将不再是

① "Deutschland und EWU nach Brexit：Zuvor erwartete Belebung der Konjunktur fällt aus"，*KfW Research*，Juli 2016，p. 2.

“欧盟门户”，其作为贸易平台的作用将会大大削弱，有些企业可能会因此将设在英国的分公司、子公司转移到欧盟其他国家，跨国公司也可能会因此削减在英国的投资。海外直接投资的减少无疑会对英国的就业和经济增长产生负面影响。

英国智库国家经济与社会研究所（National Institute of Economic and Social Research）认为，英国脱欧将导致英国接受的海外直接投资下降，长期负面影响约为国内生产总值的2.25%。[①]

（三）英国脱欧在金融领域的影响[②]

金融在英国经济总产值中占到8%，这一比重是德国的两倍[③]，可见金融业对英国经济有着举足轻重的地位。

伦敦城是欧洲的金融中心。这一方面是由于历史上伦敦城在世界贸易和金融网络中的中心地位，以及英国对世界贸易和国际金融的普遍开放态度，再加上英语的国际通用性及伦敦的多元文化吸引力；另一方面是由于金融危机前，英国的金融市场监管相对较为宽松。加入欧盟之后，英国作为金融中心的优势又一次得到了加强，因为非欧盟国家的金融机构只要在英国设立分支机构或子公司，使用欧盟统一的监管许可，就可以在所有欧盟国家开展业务。而且在英国，大多数外国银行的业务都是以分支机构而非子公司的业务进行核算，对于国际企业来说，这种结算方式能大大简化其与监管部门之间的关系。

与此同时，英国还拥有一个巨大的国内金融市场。英国的家庭和企业负债率都很高，目前私人领域的负债额高达英国国内生产总值的190%，是所

---

① Barbara Böttcher, “Eine Zukunft in der EU? — Die Brexit als Anstoß für eine moderne EU”, *Deutsche Bank Research*, September 2014, p. 12.

② 本小节数据除特别说明，均来自 Barbara Böttcher, “Eine Zukunft in der EU? — Die Brexit als Anstoß für eine moderne EU”, *Deutsche Bank Research*, September 2014, pp. 14 – 16。

③ “Deutschland und EWU nach Brexit: Zuvor erwartete Belebung der Konjunktur fällt aus”, *KfW Research*, Juli 2016, p. 2.

有主要工业国家中最高的（德国、法国及意大利均约为 100% ~120%）。外国银行在英国金融行业占有约 44% 的市场份额，而德国和法国的这一比重分别仅为 11% 和 8%。这些外国银行有一半以上来自非欧盟国家。这些数据说明了英国作为金融中心和欧洲金融市场门户的角色。

外国银行不仅在伦敦城进行清算，把投资银行业务集中在伦敦城，而且它们对英国的实体经济也做出了实际贡献。外国银行在面向家庭和企业的信贷和投资等核心业务中也占据重要份额。在所有向英国非金融企业发放的贷款中，外国银行所占份额约为 1/3，这个比例远远高于其他欧洲大国。

伦敦城拥有全球最大的 OTC 金融衍生品市场，占全球交易份额的 49%。伦敦城也是世界上最大的国际外汇市场，全球大约 41% 的外汇业务在伦敦城交易。虽然身处欧元区之外，但伦敦城金融市场在欧元外汇交易中占据最大份额。

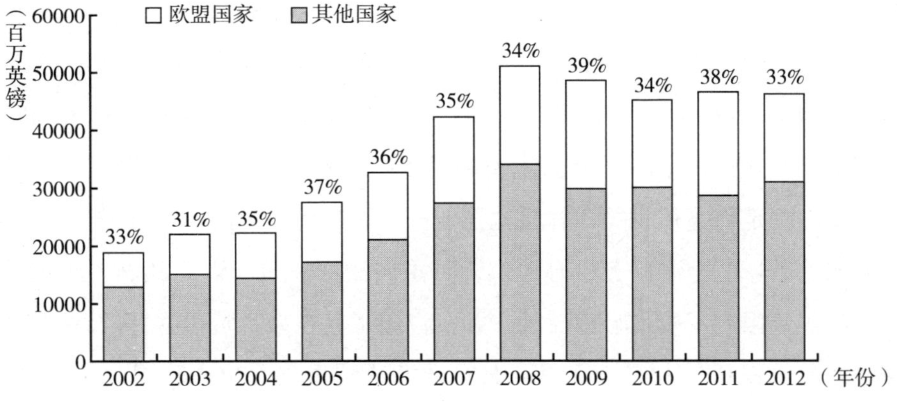

图 4 英国金融服务交易盈余

资料来源："The City Speaks-A Milestone Study of the Views of Financial and Related Professional Service Leaders on the EU", TheCityUK, 2013, https://www.thecityuk.com/assets/2013/Reports-PDF/TheCitySpeaks-a-definitive-study-October-20131.pdf。

欧盟是英国最大的金融服务出口市场，2005 年，英国对欧盟的金融服务出口额为 98 亿英镑，到 2012 年已经翻番至 204 亿英镑，盈余 152 亿英镑。英国对欧盟金融服务出口盈余占全部盈余的1/3（参见图4）。

英国脱欧之后，欧洲银行业管理局（EBA）将不可避免地搬离英国。有一部分金融市场业务必然将从伦敦城转移到法兰克福及巴黎等欧盟内部的金融中心，而面对苏黎世，伦敦城也将失去欧盟成员这个竞争优势。英国智库及金融服务业联合会 TheCityUK 在英国金融行业经理人中进行的一项民意调查显示，37%的受访者认为金融中心的职能有可能发生至少部分的迁移，81%的人认为英国脱欧将对英国作为金融中心的竞争力产生负面影响。①

巴黎、卢森堡、都柏林和阿姆斯特丹都是吸纳离开英国的金融资源的有力竞争者，但德国的法兰克福很有可能成为最大获益者。法兰克福的优势在于，这里是欧洲中央银行所在地，是欧元区单一监管机制的总部所在地。法兰克福金融业界估计，将有至少1万个相关工作岗位从伦敦转移至法兰克福，这个数字相当于伦敦金融业从业人数的1.5% ~ 2%。②

另外，欧洲中央银行曾于2011年颁布《欧元体系监管政策框架》（Eurosystem Oversight Policy Framework），这份文件规定，如果一家清算机构处理某种欧元计价金融产品的规模超过5%的市场份额，则应设在欧元区。由于这一规定将迫使相关清算机构把业务迁至欧元区的法兰克福或巴黎，从而削弱伦敦城的金融服务中心地位，英国向欧洲法院起诉了欧洲中央银行，称这项规定限制了资本自由流动，并且侵犯了其在多种货币并存的欧盟建立跨境业务的权利。2015年3月4日，欧洲法院做出判决：欧洲中央银行的

① “The City Speaks-A Milestone Study of the Views of Financial and Related Professional Service Leaders on the EU”, The City UK, 2013, https://www.thecityuk.com/assets/2013/Reports-PDF/TheCitySpeaks-a-definitive-study-October-20131.pdf.

② 参见“Der Gewinnerheißt Frankfurt”, 25. Juni 2016, http://www.faz.net/aktuell/finanzen/fonds-mehr/der-gewinner-nach-dem-brexit-heisst-frankfurt-14307000.html? printPagedArticle = true #pageIndex_ 2。

上述规定无效。[①] 脱欧之后，英国将无法再像上面那样利用欧盟的原则在欧洲法院维护自己的利益。

（四）英国脱欧在欧盟财政方面的影响

欧盟每年的财政预算约为其国民总收入的1%[②]，主要来源有：各成员国按照国民总收入的一定比例向欧盟缴费；在成员国征收0.3%的增值税；进口关税、糖税等传统自有收入。2016年，欧盟财政预算总额为1435亿欧元[③]。欧盟预算中最大的单体支出项目是共同农业政策和区域融合政策。从图5中可以看出，英国始终是欧盟财政的纯贡献国。2008年经济危机之后，英国对欧盟的财政贡献无论是金额还是在国民收入中所占比例均呈持续上升态势。2015年，在所有28个欧盟成员国中，有13个成员国是纯贡献国，而德国和英国在其中遥遥领先，纯贡献额分别为143.068亿欧元和115.214亿欧元，居第三位的法国仅为55.225亿欧元，还不到英国的一半[④]。

但是英国的某些地区是欧盟转移支付的受益地区。根据现有协议，2014～2020年，英国的北爱尔兰和威尔士地区将从欧盟财政分别获得25.26亿欧元和26亿欧元。[⑤]

如果英国脱欧之后不再向欧盟缴费，那么由此而产生的欧盟财政缺口将由各成员国分摊填补，德国很可能承担其中最大的份额。当然，缴费的增加并不会给德国带来过大的财政负担，但在欧盟财政预算谈判中，德国将失去英国这个最大的盟友。

---

① 参见 Gericht der Europäischen Union Pressemitteilung Nr. 29/15, Luxemburg, den 4. März 2015, http://curia.europa.eu/jcms/upload/docs/application/pdf/2015-03/cp150029de.pdf。

② 参见 "The EU's Own Resources", http://ec.europa.eu/budget/mff/resources/index_en.cfm。

③ 参见 "Kommission legt Entwurf für EU-Haushaltsplan 2016 vor: Arbeitsplätze, Wachstum, Migration und globales Handeln als Schwerpunkte", *Europäische Kommission-Pressemitteilung*, Brüssel, 27. Mai 2015, http://europa.eu/rapid/press-release_IP-15-5046_de.htm。

④ 参见 "EU expenditure and revenue 2014 - 2020", http://ec.europa.eu/budget/figures/interactive/index_en.cfm。

⑤ 转引自 Barbara Böttcher, "Eine Zukunft in der EU? — Die Brexit als Anstoß für eine moderne EU", *Deutsche Bank Research*, September 2014, p. 12。

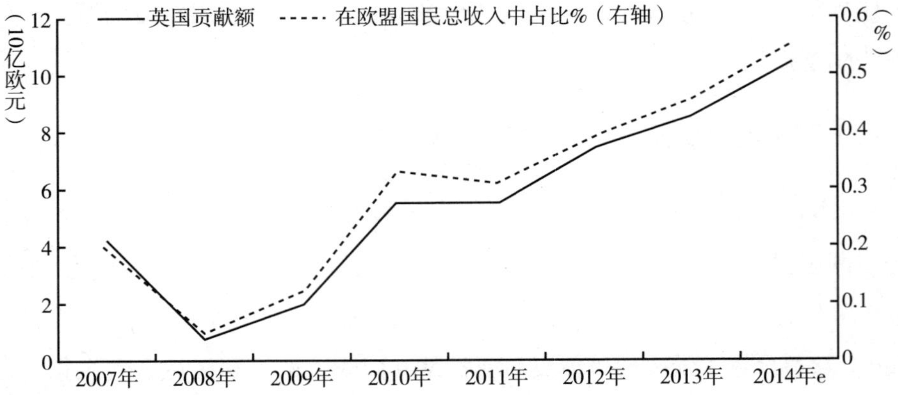

图 5　英国对欧盟财政净贡献（2007 ~ 2014 年）

资料来源：Rahel Aichele and Gabriel Felbermayr，“Costs and Benefits of a United Kingdom Exit from the European Union”，Bertelsmann Stiftung，April 15，2015，p. 35。

三　英国与德国的经贸关系及英国脱欧对德国的直接影响

上文所述的英国脱欧对欧盟的经济影响无疑也涵盖了德国，这个章节将有针对性地考察英国脱欧对德国的直接影响。

德国与英国是欧盟中最大的两个经济体，两国国内生产总值总和占到欧盟的 40%。德英之间有紧密的经济联系，英国脱欧对德国影响最大的将是出口和企业投资这两个方面。

从图 6 中可以看出，经济危机之后英国的复苏不如德国迅猛，但 2012 年之后英国的经济增长率明显高于德国。

英国是德国第五大贸易伙伴、第三大出口目的地。在过去几年中，德国对英国出口增长强劲，这主要是因为相对于欧元区，英国经济增长良好，2011 ~ 2015 年，英镑兑欧元的汇率上涨了 16%。德国对英国的国际收支顺差接近 600 亿欧元，占德国国际收支顺差总额的 1/4。2005 年以来，对英国出口在德国总出口中所占的比重屡创新高。2015 年，德国对英国的出口额为 893

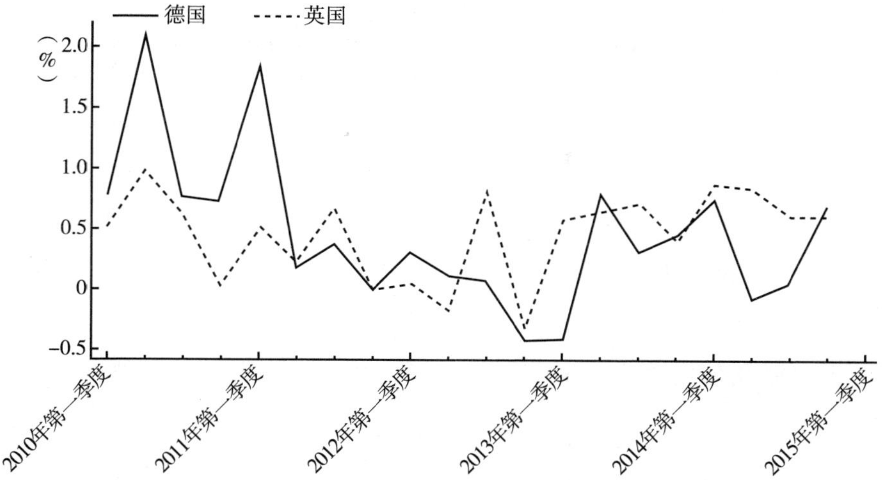

图 6　英国与德国名义国内生产总值增长率
（2010 年第一季度至 2015 年第一季度）

资料来源：Rahel Aichele and Gabriel Felbermayr，“Costs and Benefits of a United Kingdom Exit from the European Union”，Bertelsmann Stiftung，April 15，2015，p. 14。

亿欧元，占德国货物出口总额的 7.5%，占德国国内生产总值的近 3%。①

英国脱欧将对德国出口造成负面影响，这一方面是因为英国市场的疲软和贸易壁垒将直接打击德国对英国的出口，另一方面是因为英国脱欧会对英国和德国共同贸易伙伴的经济景气造成不利影响，从而波及德国对这些国家的出口。

对于德国不同行业的出口来说，英国的重要性各不相同。行业对出口依赖度越高，对英国出口比重越大，英国对该行业的重要性就越高。按照这个标准，对于德国的汽车工业和制药业来说，英国市场的重要性是最大的。2015 年，德国汽车工业有 12.8% 的出口流向英国（仅次于美国，居第二位），而汽车工业的出口率高达 64.9%；德国制药业对英国出口占到其出口总额的 10.5%，该行业的出口率为 67%。②

① 本段数据来源：“Deutschland und EWU nach Brexit：Zuvor erwartete Belebung der Konjunktur fällt aus”，*KfW Research*，Juli 2016，p. 2，“Ausblick Deutschland — Deutscher Konsument vs. Brexit”，*Deutsche Bank Research*，Juli 2016，p. 5。

② 本段数据来源：“Ausblick Deutschland — Deutscher Konsument vs. Brexit”，*Deutsche Bank Research*，Juli 2016，p. 5。

在贸易政策方面，英国脱欧之后，德国将失去其自由贸易阵营的一个重要盟友。德国和北欧国家都表示忧虑，担心欧盟可能会由此转向贸易保护主义。德法之间在贸易政策上的分歧也会变得越来越大。[①]

英国也是德国第二大直接投资目的国，仅次于美国。德国在英国的直接投资在德国企业海外直接投资总额中占到10%以上。在德国企业对英国的直接投资中，居第一位的是金融行业（55%），第二位和第三位分别是能源（12%）和加工工业（10%）。[②]

英国脱欧公投之后，德国的经济研究机构普遍认为英国脱欧将给德国经济景气带来负面影响。例如，德国复兴信贷银行的研究部在公投结果公布之后很快就修正了对德国经济增长的预期，将对德国2016年经济增长的预测从此前的1.7%下调为1.5%，并认为，2017年英国脱欧的负面影响将进一步显现，德国经济的增长率将为1.2%（此前预测为1.8%）[③]。据德国经济研究所IFO预测，德国人均国内生产总值将会因脱欧降低0.6%～3%[④]。德意志银行则将德国2017年的经济增长预期从原先的1.6%下调至1.3%。下调的0.3个百分点中有0.15个百分点是基于预计德国出口增长将放缓，原因是英国市场需求下降，以及由此波及德国其他贸易伙伴的市场需求；另外0.15个百分点是基于预计德国企业投资意愿将下降。[⑤]

但与此同时也必须看到，德国国内的需求旺盛，这使英国脱欧并不会对德国造成太大的冲击。德国目前的就业情况非常好，工资不断上涨，私人家

---

① 观点参见 Barbara Böttcher，“Eine Zukunft in der EU? — Die Brexit als Anstoß für eine moderne EU”，*Deutsche Bank Research*，September 2014，p. 13。

② 本段数据来源：“Ausblick Deutschland — Deutscher Konsument vs. Brexit”，*Deutsche Bank Research*，Juli 2016，p. 5。

③ “Deutschland und EWU nach Brexit：Zuvor erwartete Belebung der Konjunktur fällt aus”，*KfW Research*，Juli 2016，p. 1.

④ 转引自 Thando Sililo，“Brexit — Fakten，Zahlen，Hintergründe”，IHK München und Oberbayern，Oktober 2016，p. 10。

⑤ “Ausblick Deutschland — Deutscher Konsument vs. Brexit”，*Deutsche Bank Research*，Juli 2016，p. 5.

庭消费热情高涨。国家消费（如接收难民的支出）和在公共基础设施方面的投资也为德国国内需求提供了强有力的支撑。英国脱欧在金融市场造成的动荡也不会对德国产生直接影响，因为德国的企业和家庭负债率都相对较低，银行流动性富余，资本将德国视为可靠的避风港。①

2016年7月，德国工商总会（DIHK）对5672家德国企业进行了问卷调查，得出的结论如下②。

德国企业预期，在短期内，德国对英国的出口将出现下滑，但2/3的企业认为，在两年的谈判期内，德国与英国之间的双边贸易至少将保持稳定。当英国正式脱欧之后，一半以上的德国企业预期德国对英国的出口和从英国的进口都将下降。在食品行业，甚至有超过2/3的企业认为对英国的出口将下降。由此可见，对于食品行业来说，统一的内部市场尤为重要。显然，英国正式脱欧将对德英的经济关系造成负面影响。

英国脱欧对德国企业在德国本地的投资几乎没有影响。91%的受访企业表示不会调整自己的投资方案，95%的企业表示没有计划增加或减少在德国的员工雇佣数量。相关的影响预计要在脱欧谈判的过程中才会逐步显现。但是，那些英国企业在德国的分支机构或子公司已经有所反应：21%的英国企业在德分支计划增加在德国的投资，而且有1/4的企业计划增加在德国的员工数量。这是一个信号，表明企业有意将业务从英国转移到欧盟国家，包括转移到德国。

但是英国脱欧将影响德国企业在英国的投资意愿。在英国有子公司、分公司或分支的德国企业中，有35%计划减少在英国的投资，只有7%计划增加投资，还有26%的企业计划裁员。当然，半数以上的企业目前还没有调整投资或经营计划，但这些调查数据已经表明，脱欧之后，英国作为经济区位的地位将被削弱。

---

① 参见“Ausblick Deutschland — Deutscher Konsument vs. Brexit”，*Deutsche Bank Research*，Juli 2016，pp. 5 – 6。

② 参见“Einschätzung der Unternehmen in Deutschland zum Brexit”，*DIHK*，Juli 2016，https：//www. dihk. de/ressourcen/downloads/blitzumfrage-brexit. pdf。

德国企业认为，英国脱欧带来的最大风险将是非关税贸易壁垒的增加，如官僚程序、认证及法律差异等。德国企业还担心，未来商贸交往中政治和法律不确定性将会增加，如可能会有其他国家试图退出欧洲内部市场。由此可以看出，德国企业非常看重欧洲内部市场。

针对问题："贵企业认为英国脱欧会带来哪些风险?"，调查数据见图7。

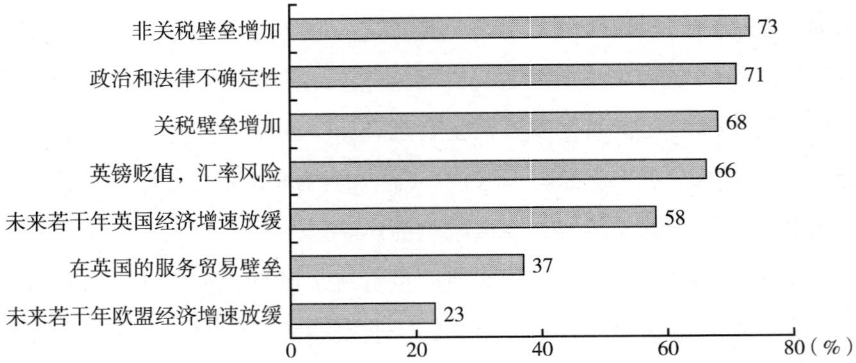

图7　德国企业预计英国脱欧可能带来的风险（认为存在风险的企业的占比）

资料来源：DIHK，"Einschätzung der Unternehmen in Deutschland zum Brexit"，Juli 2016，https：//www. dihk. de/ressourcen/downloads/blitzumfrage-brexit. pdf。

英国脱欧究竟会对德国企业产生怎样的影响目前还很难预测，因为如前文所述，这将取决于脱欧谈判的内容和结果，以及英国政府在经济政策方面的动作。但显然，未来的不确定性目前已经带来一定的负面影响。

四　英国脱欧对英国整体经济的影响预测

在上文中，我们已经分领域地讨论了英国脱欧对欧盟和德国及英国本身可能带来的经济影响。以下将简要汇总有关脱欧对英国整体经济景气的预期影响。①

鉴于英国未来与欧盟的关系尚不明确，欧洲各主要智库、研究机构和政府部门在对英国未来经济走势进行预测时也考虑了不同的可能性。表2 汇总了若干主要机构对脱欧给英国国内生产总值（GDP）增长率带来的变化的预测结果。

表 2　脱欧对英国经济的影响预测

研究机构	对国内生产总值(GDP)的影响
经济政策研究所(Centre for Economic Policy Research)	GDP 的 -1.2% ~ -1.8%
经济事务研究所(Institute of Economic Affairs)	GDP 的 1.2% ~ -2.6%
开放欧洲智库(Open Europe)	GDP 的 1.6% ~ -2.2%
伦敦政治经济学院经济表现研究中心(Centre for Economic Performance, LSE)	GDP 的 -1.1% ~ -3.1%
牛津经济咨询公司(Oxford Economics)	GDP 的 -0.1% ~ -3.9%
贝塔斯曼基金会(Bertelsmann Stiftung)/IFO 经济研究所(IFO-Institut)	GDP 的 -0.6% ~ -3%
英国财政部	GDP 的 -3.6% ~ -6%

注：脱欧后不同情况的影响范围未计动态影响。

资料来源：Thando Sililo, *Brexit — Fakten, Zahlen, Hintergründe*, IHK München und Oberbayern, Oktober 2016, p. 7。

① 目前，有许多政府部门、智库和研究机构建立了有关英国脱欧的资料库，它们从各个不同角度对英国脱欧进行了研究和讨论。以下是一些可供参考的链接。

德国联邦经济和能源部（BMWi）：http://www.bmwi.de/DE/Themen/europa, did = 771554.html;

德国联邦外贸与投资署（GTAI）：http://www.gtai.de/GTAI/Navigation/DE/Trade/Maerkte/Dossiers/sonderseite-vereinigteskoenigreich.html;

IFO 经济研究所：https://www.cesifo-group.de/de/ifoHome/facts/Aktuelles-Stichwort/Topical-Terms-Archive/Brexit.html;

德英商会（AHK UK）：http://grossbritannien.ahk.de/brexit/

德国工商总会（DIHK）：http://www.dihk.de/themenfelder/international/europaeische-union/brexit;

德国科学与政治基金会（SWP）：http://www.swp-berlin.org/de/swp-themendossiers/europaeische-integration-in-derkrise/brexit.html;

德国联邦工业联合会（BDI）：http://bdi.eu/themenfelder/europa/europaeische-integration/#/artikel/news/das-ukreferendum-stellt-europa-vor-neue-herausforderungen/;

经济合作与发展组织（OECD）：http://www.oecd.org/economy/the-economic-consequences-of-brexit-a-taxing-decision.htm。

经济合作与发展组织也主要按照英国与欧盟未来的经贸关系，尤其是在欧盟内部市场的准入程度，将英国脱欧谈判结果分为中性、乐观和悲观三种情况，预测了脱欧对英国产生的近期和远期影响（参见表3）。

表3　英国脱欧的影响与影响渠道

	情况	影响	影响因素						
		GDP*（%）	风险预期	信心	贸易	直接投资	人才	移民	放松管制
近期：2020年		-3.3	√	√	√			√	
远期：2030年	中性	-5.1			√	√	√	√	√
	乐观	-2.7			√	√	√	√	√
	悲观	-7.7			√	√	√	√	

注：*相对于英国留在欧盟的GDP变化率；表格中的"√"表示有效影响因素。

资料来源：具体的阐述和相关信息见OECD，"The Economic Consequences of Brexit：A Taxing Decision"，*OECD Economic Policy Paper*，April 2016，No. 16，pp. 6 - 7，https：//www. oecd. org/eco/The-Economic-consequences-of-Brexit-27-april-2016. pdf。

五　结语

对于欧盟整体而言，英国脱欧所造成的影响更多是政治成本。有学者认为自由主义的英国是改革的重要推动者，也是欧盟中干预主义的重要制衡，英国脱欧是欧盟的损失①。但也有学者认为，英国脱欧将有利于欧洲一体化。因为英国一直都主张"有选择地退出"（Opt-out），即在申根协定、欧盟财政契约等不同政治领域争取各种特殊待遇。没有英国掣肘，欧盟可能可以更顺利地克服当前的多重危机。但在已经危机重重、疑欧主义泛起的欧盟，英国脱欧最令人担心的还是其示范作用。英国脱欧究竟是将释放并消解

① 参见Fabian Zuleeg，"Britain Outside Europe? Fewer EU Concessions to UK Post-Brexit"，May 2014，European Policy Centre，http：//www. epc. eu/documents/uploads/pub_ 4406_ britain_ outside_ europe. pdf，本段其他观点参见Esther Ademmer，"Zu den möglichen Auswirkungen eines 'Brexit'"，*IfW-Box*，03. 2016。

国家利益与欧盟利益冲突生成的离心力，还是会使这种离心力显性化，从而将其强化，尚不得而知。

但不争的事实是，欧盟的人口及欧盟的国内生产总值在全球所占比重不断下降（目前分别为约7%和约25%），而社会支出在全球所占比重却不断上升（目前约为50%），可以说欧盟正处于进步与停滞的十字路口[①]。英国脱欧只是一个现象，缺乏真正的文化整合、统一货币与民族国家主权之间的矛盾、资本流动较易而劳动力流动较难等深层次问题才是真正阻碍欧洲一体化进程的绊脚石。

2014年欧洲议会选举之后，欧盟峰会就新一届欧洲议会的5年战略达成了一致，其中包含了英国对欧盟未来发展的忧虑[②]。另外，英国虽然反对让-克洛德·容克担任欧盟委员会主席，但容克的政治计划与英国政府提出的几点重要的欧盟改革主张不谋而合：深化内部市场，以及在欧元国家和非欧元国家之间建立起更为平等的关系。当今，虽然英国仍然选择了脱欧，但英国在欧盟改革方面的这些主张不应随之被扔进废纸篓。毕竟，欧盟改革不是为了向某个成员国妥协，而是以存续和发展为根本目的的自我完善。如果能以警示促进这种自我完善，那么英国脱欧也就具有了相当正面的意义。

---

① Barbara Böttcher, "Eine Zukunft in der EU? -Die Brexit als Anstoß für eine moderne EU", *Deutsche Bank Research*, September 2014, p. 3.

② 参见"Festlegung der politischen Agenda der EU", http://www.consilium.europa.eu/de/european-council/role-setting-eu-political-agenda/。

B.13

德美关系的新叙事

〔美〕杰克逊·简斯　徐意翔　李铭译*

摘　要： 过去的70年里，德美两国一直享有共同的利益和目标，德美伙伴关系也是跨大西洋关系框架的基石。可如今，特朗普政府对欧洲倍加指责，而其推行的外交政策又是交易式的，加上民粹主义思潮在整个欧洲泛滥，德美关系前途未卜。在这瞬息万变的世界里，德国和美国也各自面临各种挑战。尽管追求狭隘的民族利益颇具诱惑力，德国和美国却在维系欧洲市场稳定和全球贸易自由、抗击恐怖主义、制定网络安全标准、鼓励能源领域创新、应对全球气候变化影响、防止疫病传播及妥善处理全球移民潮等一系列行动中休戚与共。更重要的是，两国在塑造基于规则的全球治理的未来议程及促进世界自由民主方面拥有共同的愿景。在上述种种行动中，德美两国经常筹措资源，又一次次地分享资源。毫无疑问，未来双方关切的上述领域的每个问题都有可能在大西洋两岸持续存在，而且会变得更为紧迫，更为干系巨大。

关键词： 德美关系　跨大西洋关系　北约　欧盟　美国总统大选

---

* 〔美〕杰克逊·简斯（Jackson Janes），博士，美国霍普金斯大学美国当代德国问题研究所（AICGS）所长；徐意翔，美国霍普金斯大学美国当代德国问题研究所研究人员；译者李铭，同济大学医学院外事办公室职员。

据说马克·吐温有句评论："历史不会重演，但它会惊人地相似。"如今更精确的版本也许应该是："历史不会重演，但人们会重蹈覆辙——要么重演悲剧，要么皆大欢喜。"

70 年来，德美领导人之间的关系向来被视为利益相关、目标一致。即使危机重重，两国也通常能在大致目标上达成共识（即便有时是权宜之计）。跨大西洋伙伴框架是世界上覆盖范围最广、涉及层面最深的利益网络，德美伙伴关系则是这个网络的基石。70 年间，这一网络的成员国领导人更迭、冲突时起，各国关系却依旧牢固，网络也依然完整。这一成就相当难得。

那么如今又有何不同？两国关系正在变得松懈？特朗普近期针对欧洲的言论①引起的哗然预示着一场暴风雨即将来临。德美是否会闹掰取决于德美两国领导人如今和未来的决策。人的作用此时显现了。

特朗普入主白宫之时恰逢连任三届的德国总理默克尔谋求在下半年的大选中续任第四届。虽然特朗普和默克尔二人的行事风格和品性内涵差异巨大、对比鲜明，但默克尔与白宫的共事能力在同特朗普之前的两任美国总统打交道时已是有目共睹。德国总理之所以和前两任美国总统都能达成共识，无非是因为双方对两国伙伴关系的重要性认识一致，虽然在某些方面仍有政见分歧。

那么特朗普主政时期的华盛顿为何就会不一样了呢？这倒也未必。至少权力政治的互动中还没有迹象显示德国和美国的利益联盟如今比从前有任何的松动。

然而，当特朗普政府已经开始部署自己的对外政策议程时，欧洲各国领导还在为美国执政机构内部传来的矛盾信息感到摸不着头脑。而美国副总统麦克·彭斯（Mike Pence）远赴慕尼黑和布鲁塞尔，信誓旦旦承诺美

① 参见 Michael Birnbaum，"European Leaders Shocked as Trump Slams NATO and EU，Raising Fears of Transatlantic Split"，*The Washington Post*，16 January 2017，https：//www. washingtonpost. com/world/europe-leaders-shocked-as-trump-slams-nato-eu-raising-fears-of-transatlantic-split/2017/01/16/82047072-dbe6-11e6-b2cf-b67fe3285cbc_ story. html？utm_ term =. 838569e15498。

国会保持与北约和欧盟“稳定而持久”的关系时，白宫首席战略顾问史蒂夫·班农（Steve Bannon）却发表言论赞同欧洲民粹主义运动，同时表示对欧盟缺乏信心，[①] 由此使许多人担忧美国政府对欧洲右翼民粹主义者的公开支持会引发一场横跨大西洋的巨大危机。[②]

自此开始，道路不再平坦。对过去数十载历史的追溯已不足以应对如今大西洋两岸来势汹汹的新力量。既然美国和欧洲的领导人是这翻涌的政治大海的领航者，他们自然不应该忘记铸造跨大西洋联盟关系的两个里程碑事件：马歇尔计划的宣布和欧洲经济共同体的缔造。2017 年正逢这两个事件的周年庆祝，这或许能给今天带来些启示，更重要的是，这两个事件还提醒我们，是时候需要重新回顾一下大西洋两岸所发生的重要转变了。[③]

一　一场关于挑战、机遇和民粹主义的民主竞赛

特朗普当选美国总统使美国民主党人、欧洲人等诸多人士惶恐不安。特朗普在自己言辞无忌的竞选演讲中质疑了美国致力于保持密切的跨大西洋关系并对其维系机构承担义务的必要性，这成为竞选开始后多方深感不安的主要原因。与此同时，在德国，连任三届的默克尔总理不仅要和来势汹汹的右翼民粹主义做斗争，拿出一个切切实实的创新平台来对付刻不容缓的挑战，还要时刻对欧洲各处的竞选保持警惕，以确保欧洲整体的团结稳定。

在西方民主国家永远有下一场选举。胜者额手相庆、上台执政，落败者

---

① 参见 Noah Barkin，“White House Delivered EU-Skeptic Message before Pence Visit”，*Reuters U. S. Edition*，21 February 2017，http：//www. reuters. com/article/us-europe-trump-idUSKBN1601DS。

② 参见 Wolfgang Ischinger，“How Europe Should Deal with Trump”，*Project Syndicate*，15 February 2017，https：//www. project-syndicate. org/commentary/european-security-relations-with-trump-by-wolfgang-ischinger-2017-02。

③ 参见 Jackson Janes，“A Hinge Moment for Transatlantic Relations”，*AICGS At Issue*，15 December 2016，http：//www. aicgs. org/issue/a-hinge-moment-for-transatlantic-relations/。

则又开始为下一场竞选做准备。赛后即是赛前。[①] 但公众对政府机构及官员表现出的不信任和对政治范式与日俱增的敌意令人警醒，而且政府工作可能会被打断。经过深思熟虑制定的、严肃的政府议程在政治精英们的玩世不恭中和重新制定规则的诱惑下被搁置一边。

希拉里和特朗普的斗争及自由派人士对特朗普当选美国总统的持续抵制构成了这一发展态势的核心。从宣称竞选是场阴谋、控诉竞选“作弊”到咄咄逼人的人身攻击和随意操控事实真相，特朗普时代从一开始就预示着将出现更多的对现有政治价值观、惯例和政治仪式的攻击。特朗普那佐以大量证据却生意气息十足的外交观点也令人产生了深深的不确定感。“美国优先”这一特朗普竞选的关键主张如今正在总统履新不久后发布的一系列政令和内阁任命中经受考验。目前尚不清楚这条特朗普执政的指导性原则到底是意味着美国将从国际事务中全面撤退，还是会陡然摒弃多年信奉的外交信条，抑或二者兼有。

当高涨的民粹主义和对现有政治体制的攻击正在成为美国政治舞台焦点的时候，这已经不再是美国一国的故事。其他西方民主国家，尤其在欧洲国家，政治话语也越发尖刻。政治圈子里，无论是缺乏政治经验的激进分子，还是老辣政客，一干人等均借着民众对经济形势、移民问题和文化变革心怀不满、疑虑重重且对那些业已失去号召力的政治组织和机构嫌恶不已之机，为民众中的愤怒、焦虑和惊恐情绪推波助澜。

民粹主义者抨击的内容主要涉及国内事务。2016 年美国总统大选时，选民关注的首要问题是经济和恐怖主义，其次才是外交政策、医疗保险和移民问题。[②] 而到 2017 年 9 月德国选民投票时，德国政党也将陷入此类问题的纠缠中。德国人和他们的欧盟邻居们一样，也在经历一场信任危机。很多人都对经济前景持悲观看法，对日益增多的移民和伴之而来的社会变革感到

① 参见 Jackson Janes，“Election—The DNA of Democracies”，*AICGS At Issue*，3 November 2016，http：//www. aicgs. org/issue/elections-the-dna-of-democracies/。

② 参见“2016 Campaign：Strong Interests，Widespread Dissatisfaction”，Pew Research Center，7 July 2016，http：//www. people-press. org/2016/07/07/4-top-voting-issues-in-2016-election/。

恐慌，惧怕恐怖主义，同时也正在失去信心，不再相信政治机构能帮他们解决眼前的挑战。①

这些挑战和民众的感受不仅正在重塑跨大西洋国家的国内政治图景，还拉响了对贸易保护主义或激进民族主义的警报，深刻影响着各国外交政策的构建。特朗普的论调和英国脱欧均带有这种狭隘民族主义和“内顾”趋势的印记。此种形势下，全球化这一拉动西方经济增长的动力，现在被民粹主义者抹黑成导致经济发展不平衡和引起社会急速变革、造成文化与身份认同障碍的罪魁祸首。

特朗普对欧盟持怀疑观点，在美国和欧洲的同盟关系上也持游移态度，欧洲各国领导对此均有所警惕，同时又相互确认了共有的价值观和原则依然不变。而由于深陷民粹主义和民族主义浪潮之中，这份对共同价值观和原则的坚守承诺也将在不久后的荷兰、法国和德国大选中接受考验。德国尤甚，默克尔的第四届总理连任竞选面临的将是高声的批评和被查个底朝天并公之于众的记录。于是默克尔总理不仅要抛开在国内兴风作浪、掀起民粹主义仇恨的德国另类选择党（AfD），同时还要全副精力对付欧洲国家普遍面对的各种挑战，规避下一次金融危机，寻求国内和国家周边地区的安全，以及磋商英国如何更有序地退出欧盟。欧洲各国大选的考验也是对欧盟凝聚力和持久度的考验。

二　超越德美关系范畴，解决全球化的经济问题

“全球特朗普主义”② ——这个公然挑战西方民主国家传统智慧的新兴民粹主义——带来的威胁不仅是国家保护主义的卷土重来，还有全球化进程

① 参见 Richard Wike，“4 Factors Driving Anti-establishment Sentiment in Europe”，Pew Research Center，6 December 2016，http：//www.pewresearch.org/fact-tank/2016/12/06/4-factors-driving-anti-establishment-sentiment-in-europe/。

② 参见 Mark Blyth，“Global Trumpism：Why Trump's Victory Was 30 Years in the Making and Why It Won't Stop Here”，*Foreign Affairs*，15 November 2016，https：//www.foreignaffairs.com/articles/2016-11-15/global-trumpism。

的倒退。在很多美国和欧洲选民看来，自由贸易能促进发展、实现繁荣一说不啻经济上的海市蜃楼。

过去 20 年中，一方面，跨境资本流通自由化方面的贸易壁垒逐渐减少，这极大地增进了经济产出，推动了多数发达国家经济的快速发展，使超过 10 亿人口摆脱贫困；① 另一方面，由于技术革新和国际竞争日益加剧的部分原因，逐渐拉大的收入差距和工业制造产业的地理性转移却将美国大部分劳动力排除在了这一收入总体向好的局面之外。②

在美国，私人消费约占国内生产总值的 70%，③ 生产力停滞不前、劳动力活力持续下降降低了人们对经济长期增长的预期。同时，就业和薪资水平尚未从 2008 ~2009 年的经济衰退中完全恢复，进一步使经济的流动性受到限制。④ 加之美国最近的次贷危机引发了全球经济衰退，房地产市场至今没有完成修复，导致人们对投资者信心和消费主导的经济大势担忧不断。⑤

在“德国模式”里，国家对出口的极度依赖使其在持续的欧债危机和与中国等制造业大国不断加剧的竞争中极易受挫。尽管德国将重点放在制造业出口、紧缩财政、保持竞争力等措施对经济有一定的帮助，但是，近年来的经济衰退、欧洲整体对体制改革缺乏政治意愿还是使欧债危机迟迟得不到解决，欧元的命运也多了一层不确定性。默克尔和联邦财政部部长沃尔夫冈·朔伊布勒（Wolfgang Schäuble）联手的一剂勤俭治国和结构性改革的猛药并未使危机丛生的欧洲经济焕发活力。欧洲高涨

---

① 参见“Globalization, Growth, and Poverty”, World Bank Policy Research Report, New York: World Bank and Oxford University Press, December 2001, http://documents.worldbank.org/curated/en/954071468778196576/310436360_20050007015459/additional/multi0page.pdf。

② 参见 Jörn Quitzau, “Globalization: As Bad as Its Reputation?”, *AICGS Notizen Blog*, 21 February 2017, http://www.aicgs.org/2017/02/globalization-as-bad-as-its-reputation/。

③ 参见“Personal Consumption Expenditures/Gross Domestic Product”, Federal Reserve Bank of St. Louis, 01/01/1959—02/01/2013, https://fred.stlouisfed.org/graph/?g=hh3。

④ 参见 Ben Casselman, “The Economic Challenges Facing the Next President”, *Five Thirty Eight*, 7 November 2016, https://fivethirtyeight.com/features/the-economic-challenges-facing-the-next-president/。

⑤ 参见 Alexander Reisenbichler, “The Sustainability of Transatlantic Growth”, *AICGS Notizen Blog*, 7 December 2016, http://www.aicgs.org/2016/12/the-sustainability-of-transatlantic-growth/。

的民粹主义浪潮和反欧元势力威胁到货币同盟，会使其进一步遭到破坏，货币同盟一旦受损，结果必然是全球经济遭殃。

尽管德美自身的经济已经麻烦不断，但两国仍少不了互相指摘对方疏忽大意、管理不善。一方面，特朗普政府谴责德国用长期贬值的欧元来刺激本国经济、剥削欧洲邻国和美国，特朗普的首席贸易顾问皮特·纳瓦罗（Peter Navarro）就称德国是妨碍美国和欧盟达成协议的主要障碍。① 另一方面，德国领导人包括朔伊布勒在内在反击特朗普指控德国操纵货币的同时，还警告这位美国新任总统，就算他再高调宣扬“美国优先”，也得遵守国际贸易协定。② 在缺少有效对话和相互妥协的前提下，特朗普威胁要对进口汽车课以重税，而德国必还以颜色，如此必导致世界两大经济体、曾经的亲密贸易和投资伙伴进入加剧的关税大战。③

尽管深知对彼此的信心和信任已然消磨，但专注于欧洲和美国紧密的双边经济关系仍然至关重要。德国依然是美国在欧洲最大的贸易伙伴，美国也超过法国成为德国最大的出口市场。④ 德资企业是美国劳动力市场的第三大国际雇主。⑤ 跨大西洋的经济利益无论在外贸、就业还是技术研发领域，都深深地交织在一起。

当美国新政府从跨太平洋伙伴关系协定（TPP）中退出，并大张旗鼓地

① 参见 Nick Fletcher，“Trump's Trade Adviser Says Germany Uses Euro to ‘Exploit’ US and EU”，The Guardian UK Edition，31 January 2017，https：//www. theguardian. com/business/2017/jan/31/trump-trade-adviser-germany-euro-us-eu-peter-navarro。

② 参见 Rachel Roberts，“Merkel Advisors Say Germany Has ‘Given up’ on Donald Trump Acting Like a President”，*Independent*，23 January 2017，http：//www. independent. co. uk/news/world/americas/germany-us-president-donald-trump-honour-trade-agreements-rough-ride-eu-sigmar-gabriel-a7541676. html。

③ 参见 Michelle Martin，“Merkel Ally：If Trump Imposes Punitive Tariffs，We'll likely Do the Same”，*Reuters*，17 February 2017，http：//www. reuters. com/article/us-germany-usa-trade-idUSKBN15W109。

④ 参见“Germany：Trade Statistics，” *Global Edge*，https：//globaledge. msu. edu/countries/germany/tradestats。

⑤ 参见“Germany and the US：Strong Economic Partnership”，German Missions in the United States，http：//www. germany. info/Vertretung/usa/en/07-Econ-Energy-Innovation/02_ _ Bus_ _ w_ _ Germany/HannoverMesse-2016/German-USTrade. html。

计划着要就北美自由贸易协定重新谈判时，一部分欧洲国家依然对跨大西洋贸易与投资伙伴协定（TTIP）抱有希望。它们相信，牢固的跨大西洋纽带和美国及欧洲企业的共同利益一定会说服特朗普不放弃这一历史性的贸易协定。①

跨大西洋贸易与投资伙伴协定的命运尚不确定，任何认为美国或美国总统会为了美国企业的利益就随随便便完成北美自由贸易协定重新谈判这一艰难任务的想法都荒谬至极。国际贸易体系的运行以各种规则为基础，或订立标准，或强制执行，或诉诸仲裁，一旦脱离体系，混乱就会升级为贸易大战，从而打断全球供应链，阻碍全世界的经济增长。将国内经济压力统统归咎于全球化和现有贸易体制虽简单，却不能解决问题，想真正解决问题还是要靠更好的国际合作、政策革新，而非背弃自由贸易。

着眼于提升劳动力的技术水平以适应全球经济数字化和颠覆性技术疾速发展的国内政策必须要有政府做后盾，由政府出面，有效地宣传自由贸易的好处和国家工业保护主义的潜在危害。在全球化经济中，欧洲和美国作为全球贸易体系的建筑师，应通过对区域性和全球性组织的投入和革新，专注应对国内的经济挑战。对付全球化不能采取孤立主义，要对其生产能力加以控制却不造成严重扭曲。② 在此前提下，跨大西洋的全球贸易与投资合作，尤其是跨大西洋贸易与投资伙伴协定的顺利缔结，对应对未来的经济挑战还是至关重要的。德国应领导欧洲，利用其影响力使跨大西洋贸易与投资伙伴协定恢复生机。对于柏林和华盛顿而言，目前首要的是双方应在利益一致、价值观相当的基础上保持对话，在保留基于规则的全球自由体系的同时，为跨大西洋协同关系找到新的位置，制订计划应对未来经济挑战和机遇。

① 参见“E. U. Commission still Has Hope for TTIP”，*Handelsblatt Global*，7 February 2017，https：//global. handelsblatt. com/companies-markets/e-u-commission-still-has-hope-for-ttip-699064。

② 参见 Jörn Quitzau，“Globalization：As Bad as Its Reputation?”，*AICGS Notizen Blog*，21 February 2017，http：//www. aicgs. org/2017/02/globalization-as-bad-as-its-reputation/。

三　在危机重重的世界共享安全：合作，不孤立，才是正解

特朗普早在宣誓就职之前就暗示北约或许已经“过时”。他频繁抨击北约盟国不交自己应交的那份钱。2017 年 2 月 15 日，美国国防部部长吉姆·马蒂斯（Jim Mattis）有效地在布鲁塞尔大会上发出了最后通牒，恐吓说如果 2017 年底之前北约盟国再不增加国防开支的话，特朗普政府就得“节约一下”美国对盟友们的投入了。①

尽管美国新政府在欧盟安全问题上一副做生意的架势招来了一片惊恐又绝望的反应，但美国在欧洲安全事务中保持稳定的军事存在和投入还是至关重要的，况且对欧洲人在安全投入上“搭便车”的批评早已有之。连续几届的美国政府都强调欧洲盟友需要承担更多的安全防御投入，而美国国会也已经越来越没有兴趣将美国的资源用在连自己的国防都不愿意正经投入的盟友身上。

德国作为欧洲最大的经济体，2016 年的国防经费约为国内生产总值的 1.2%，落后于英国（2.21%）和法国（1.78%），甚至还不如阿尔巴尼亚（1.21%）。自两德统一以来，德国的国防经费就从 1990 年国内生产总值的 2.8%持续下滑到如今的水平。② 德国目前职业军人为 178000 人，相比 2015 年的 166500 人已有增加③，但军用物资老化或不足问题非常严重。

---

① 参见 Lolita C. Baldor，“Defense Secretary Jim Mattis Urges NATO Allies to Increase Defense Spending by Year-end”，*Time Magazine*，15 February 2017，http：//time. com/4671818/donald-trump-nato-jim-mattis-spending/。

② 参见 Konstantin von Hammerstein and Peter Müller，“U. S. Pressures Germany to Increase Defense Spending”，*Spiegel Online*，17 February 2017，http：//www. spiegel. de/international/world/pressure-on-germany-to-increase-defense-spending-for-nato-a-1135192. html。

③ 参见 Robbie Gramer，“Amid Growing Threats，Germany Plans to Expand Troop Numbers to Nearly 200，000”，*Foreign Policy*，23 February 2017，http：//foreignpolicy. com/2017/02/23/amid-growing-threats-germany-plans-to-expand-troop-numbers-to-nearly-200000-military-nato-transatlantic-security/。

德国正在增加投入，包括决定把伊拉克的库尔德自由斗士武装起来并加以训练，以及拓展德国在马里的维和任务①，并在波罗的海部署一支北约军队。即便如此，这也仍难达到美国提出的增加防务费用到国内生产总值的2%的要求。根据德国2016年的《安全政策与联邦国防军未来白皮书》，达到这2%的目标要“经过很长一段时期，而且取决于有多少资源可供支配”。②

德国目前的主要障碍之一是如何平衡历史遗留问题和重新审视国家安全政策两者之间的关系。这个国家曾经穷兵黩武的历史使其后来的战略文化皆带有不愿使用武力的色彩。“绝不重蹈战争覆辙”的原则也被反复用来解释德国为什么拒绝参与武力干预行动，以及为何保持国防经费处于较低水平。与此同时，德国人日益把自己的国家看作“和平力量”，还把这当作德国所宣传的“软实力”。甚至当德国联邦国防部部长乌尔苏拉·冯德莱恩（Ursula vonder Leyen）公布一项在未来7年将军队规模扩大到20万人、在15年内增加1300亿欧元军备投入以提高联邦国防军作战能力的计划时，③德国人都担心其他欧洲国家的反应。德国联邦外交部部长西格玛·加布里尔（Sigmar Gabriel）最近还表示怀疑，一个军事强大的德国如何能让他的欧洲邻居们安心。④

美国的施压加上复杂的安全形势这些因素综合起来让欧洲感到有必要推进更深层次的欧洲防务一体化，欧盟要更有效地协调多国部队的军队结构、指令传达、后勤服务、支持维护和军队训练。大举增加防务经费并投入资源会对提升欧洲的防务能力、说服美国继续信守对北约的承诺起到极其关键的

① 参见“German Defense Minister Urges Swift Passing of Mali Mandate”, *Deutsche Welle*, 21 January 2017, http: //www. dw. com/en/german-defense-minister-urges-swift-passing-of-mali-mandate/a-37207343。

② 参见“2016 White Paper on German Security Policy and the Future of the Bundeswehr”, p. 69, http: //www. new-york-un. diplo. de/contentblob/4847754/Daten/6718448/160713weibuchEN. pdf。

③ 参见 Hans Kundnani, “Merkel and Whose Army?”, Foreign Policy, 13 December 2016, http: //foreignpolicy. com/2016/12/13/merkel-and-whose-army-germany-military-nato/。

④ 参见 Michael Nienaber, “Germany to Boost Defense Spending, but Legacy also Important: Gabriel”, *Reuters*, 22 February 2017, http: //www. reuters. com/article/us-germany-defense-gabriel-idUSKBN1611LD。

作用。[1] 2016年11月，欧盟委员会公布了其几十年来最大的一笔防务基金和研发计划，其中包括供各国政府用于购买军备设施的50亿欧元基金和一项允许欧盟共同预算及其发展银行向军事研发项目提供资金的提案。提案还有一个关键内容是允许负债国家政府如法国把其防务支出的一部分不计入国家预算赤字中[2]，这一示好姿态不仅有利于调度业已增加的防务费用，还可以加强德法伙伴关系，毕竟英国退欧之后德法伙伴关系将成为欧盟防务合作的核心。

尽管特朗普政府与欧洲的交往从前后矛盾的信息传递中磕磕绊绊地开始了，但终究美国和欧洲在各个安全领域仍然存在共同利益，而且能从密切合作中得到好处。被大西洋两岸数个国家奉为头等安全大事之一的是网络安全。对抗公共和私人领域的网络攻击，尤其是对抗干扰民主选举程序的已知网络攻击者，对保护民主政府主权的合法性和完整性及维持世界经济秩序和全球力量均衡至关重要。为此，欧盟委员会发起了一场公开意见征询，欲对欧盟网络与信息安全局进行流程再造，以便为各成员国应对现代网络安全挑战提供更好的支持，并建立各国网络安全机构间更密切的合作关系。[3] 鉴于德国联邦国防部已经开始大举向联邦国防军投入财力和人力以提升德国的网络安全防范能力，美德两国如果能在网络安全方面达成紧密合作，将对彼此大有助益。有效的跨大西洋合作一旦建立，即有望看到北约和欧盟信息共享的加强，以及惩戒网络威胁的信息安全规范和标准将变得和谐一致。[4]

---

① 参见 Stefan Frölich，“Berlin's New Pragmatism in an Era of Radical Uncertainty”，Transatlantic Academy，January 2017，p. 15。

② 参见 Robin Emmott，“Spurred by Trump and Brexit，EU Plans 5 Billion Euro Defence Fund”，*Reuters UK Edition*，30 November 2016，http：//uk. reuters. com/article/uk-eu-defence-idUKKBN13O2WM? il =0。

③ 参见 Arthur Cox，“European Commission Launches Public Consultation to Review the European Union Agency for Network and information Security（ENISA）”，*Lexology*，16 February 2017，http：//www. lexology. com/library/detail. aspx? g = f0a7e24f-7770-44ff-978e-97cc932e2d3f。

④ 参见 Sarah Lohmann，“In a World of Cyber Threats，Isolationism Will Never Win”，*AICGS Commentary*，9 February 2017，http：//www. aicgs. org/publication/in-a-world-of-cyber-threats-isolationism-will-never-win/。

四　中国、伊朗和俄罗斯：全球治理需要跨大西洋伙伴关系

特朗普当选美国总统后，欧洲的右翼民族主义分子越发胆大妄为，意图逆转欧洲一体化，他们将目光局限在狭隘的民族利益上，还常常表现出对强权政治的强烈偏好。不过，美国人和欧洲人所面临的挑战，无论是有关国家安全，还是有关国际贸易，抑或是有关地区稳定，都不可能靠一国之力单纯以政策工具有效解决。当利益的分歧和对责任的不同见解在跨大西洋合作中已经唤起新的激烈思考时，跨大西洋伙伴关系的平台就不会坍塌；跨大西洋组织的各机构在应对来自世界各处的挑战中将起到极其重要的作用。

（1）中国

特朗普试图丑化中国在美国经济问题中的形象，这已经点燃人们对贸易大战的恐惧。他曾控诉中国偷走了美国人的工作机会，称中国人是“货币操纵的大冠军”。[①] 他还提议美国应该根据中国在贸易谈判中做出的让步，决定是否坚持一个中国的政策，并鲁莽地挑战中国政府在国家主权问题上的底线。这场斗争会严重损害美国和其他国家在华企业的利益，破坏多国合作，搞垮全球供应链。

特朗普的交易式政策预期和他口无遮拦的谈判手段令人对中美关系深感忧虑，而且可能会使人们对全球治理及全球治理所提倡的价值观失去信心。在中国南海问题上，关于美国维护地区稳定的承诺的矛盾信息频出，这不仅使中国，也使美国的盟友们警醒起来。单纯指责中国的海外投资无法掩盖本国发展或产品升级换代的需求。因为美国退出了跨太平洋伙伴关系协定，所以它在亚太地区的盟友除了与中国达成双边交易之外，也就没剩下多少其他选择的余地了。在美国的领导力不确定的背景下，德国在欧洲及欧洲以外为

---

① 参见 Steve Holland and David Lawder, “Tramp Call Chinese ‘Grand Champions’ of Currency Manipulation”, *Reuters*, 23 February 2017, http://www.reuters.com/article/us-usa-trump-china-currency-exclusive-idUSKBN1622PJ。

捍卫和维持塑造了西方民主国家认同与目标的一系列原则、价值观和机构所做出的努力，以及它在美国和亚太地区经济领域的广泛参与，对确保地区的盟友和潜在复兴这份历史性贸易协定都起着举足轻重的作用。中国的“一带一路”战略试图以一条陆上走廊和一条航海线路连接亚洲、欧洲和部分非洲地区，其拥有贯通欧亚大陆各经济体的潜力。在一片在美国的干预下已滋生出怀疑和憎恨的地区，欧洲人介入“一带一路”可能有助于引入规则和标准，实现有序、开放、公平的发展，从而为经济稳步增长和地区稳定奠定基础。

当今时代，中国的影响力日趋广大，中国自身也凭借宏大的新老战略和机构在全球治理中争取更有分量的地位，而德国对建立在信念和信任基础上的跨大西洋关系的坚守及对自由、民主信念和价值观的执着都可作为典范，而且这会时常提醒美国总统，要将中国置于包括亚洲基础设施投资银行在内的多元化的平台上，并在西方力争维持的国际体系中做个负责任的利益相关者。①

（2）伊朗

尽管特朗普早些时候就警告过要让伊朗“上制裁名单”，但美国新政府却对伊朗政府貌似不感兴趣。到目前为止，除了伊朗试射导弹的小插曲和紧接着美国对25个人施以的个人制裁，奥巴马执政时期达成的历史性核协议看起来还能坚持一段时间。特朗普政府当前主要的挑战是对伊政策中必须处理好各战略优先项的平衡，其中就包括处理好打击恐怖主义和减少地区冲突之间的平衡。此任务如此微妙，而特朗普竞选时提倡的进攻型军事对抗不仅会破坏核协议，还会逼得伊朗到也门、伊拉克和叙利亚去散播宗教冲突，同时也会破坏美国和伊朗顾问及什叶派民兵联手抗击“伊斯兰国”的行动。②如无充分的理由，美国引导的进攻或制裁还会不经意间让伊斯兰革命卫队把伊朗经济卡得更紧，这反而会助长以正当权益做掩护的大肆腐败。

---

① 参见 Yixiang Xu，“A Reset with China? Our Anxiety and Germany's responsibility”，*AICGS Notizen Blog*，18 January 2017，http：//www.aicgs.org/2017/01/a-reset-with-china/。

② 参见 Ali Vaez，“Trump Can't Deal With Iran If He Doesn't Understand It”，*Foreign Policy*，23 February 2017，http：//foreignpolicy.com/2017/02/23/trump-cant-deal-with-iran-if-he-doesnt-understand-it/。

想合理解决上述问题，就要考虑伊朗合理的安全需求，告知其政策红线，继续动员伊朗当局通过对话求得减轻制裁。要实现这一目的，欧洲是与伊朗开展积极经济合作的理想伙伴。多年的制裁孤立了伊朗的经济，剥夺了它的现代化工业基础设施，造成了这个国家的高失业率。如今伊朗制造业恢复了生产力，消费也有所增长——欧洲国家已表示愿在此过程中充当积极的合作伙伴，这能更有效地激励伊朗和西方国家继续对话，或许还能改变伊朗的社会舆论。尤其是德国的机械工程和汽车制造技术不仅能帮助伊朗在上述产业实现技术升级，还能刺激国内消费。德国的化工和能源工业也会在伊朗探索新领域、改造冶炼厂[①]，广泛拓展业务。但是，伊朗政府一旦违反核协议，欧洲将会不顾在伊朗的巨大经济利益，对伊朗再次进行制裁，这一招能有效地让伊朗就范，坐到谈判桌前。

（3）俄罗斯

在大西洋两岸的国家看来，对俄关系始终是一项艰难而又微妙的任务。过去几年里，俄罗斯吞并了克里米亚半岛，介入了乌克兰东部持续不断的武力冲突，搞得欧洲人忐忑不安，几个波罗的海国家尤其害怕自己会被俄罗斯接管。俄罗斯通过动荡政局、情报渗透、颠覆破坏和传递假情报[②]来对付欧洲和美国的所谓混合战术，现在已成为意图反击俄罗斯、破坏其政治完整性的西方国家的心头大患。特朗普政府不断被刺探着其与俄罗斯的联系，这导致特朗普总统批评美国媒体在美国情报界散布负面报道，并引发了担忧。在欧洲，各国政府一方面在仓促应付与俄罗斯的假情报战，另一方面也在提防俄罗斯干预即将到来的荷兰、法国和德国大选。

俄罗斯混合战术的主要目标是试探西方的应对能力，为俄罗斯推行其外交政策（尤其在前苏联的势力范围）创造条件。只要欧洲和美国不认为回

① 参见 Yixiang Xu，“Eyeing Business Opportunities in Iran，Germany Caught between China and the U. S. ”，*AICGS Notizen Blog*，10 August 2015，http：//www. aicgs. org/2015/08/eyeing-business-opportunities-in-iran/。

② 参见 Matthew Gault，“Russia's Hybrid War against the West”，*Reuters*，31 January 2017，http：//www. reuters. com/article/us-warcollege-31jan-idUSKBN15F2E6。

归均势政治是个可行之策，跨大西洋国家就得加强协调、提升安全，为欧洲东部边缘地区的融合创造条件。当美国对俄罗斯似乎已经在采取绥靖政策时，由德国领导欧洲各国加强团结、抗击混合战争就显得至关重要了。德国在《明斯克协定》已稳步实施之时坚持对俄罗斯进行制裁是对俄罗斯的威慑，也向美国展示了欧盟捍卫其共同价值和谋求安全的坚定决心。

五　结语：以史为鉴

纵观二战后的几十年，联邦德国和美国之间的关系从来都是摩擦不断。冷战的阵营划分始终影响着德国，也使某些冲突无法避免：安全政策、对俄谈判、与东欧国家的关系、西德领土上随处可见的美国大兵。最近，这些摩擦集中到了伊拉克、阿富汗和巴尔干半岛的战争、贸易问题、反恐，以及经济大衰退的原因上。

与此同时，我们不能低估这两个在应对全球各种威胁和挑战中扮演关键角色的世界经济强国之间真正相互依存的力量。尽管军事力量相差悬殊，但是德国和美国在维护欧洲市场稳定、维持全球贸易自由、抗击恐怖主义、创建网络安全标准、鼓励能源领域创新、应对气候变化影响、应对全球性传染病和全球性的移民潮带来的威胁方面仍然并肩作战。在上述种种活动中，两国经常筹措资源、共享资源。毫无疑问，未来双方担忧的每个问题都有可能在大西洋两岸继续存在，并且会变得更紧迫，更干系巨大。尽管有各种理由能让美德两国努力汇集一切可利用的资源来面对和解决这些问题，但最重要的理由却是，没有一个国家能靠一己之力处理这些事务。

也许历史不会重演，就算它会惊人地相似——偶尔会向好的方向发展，我们也要搞清楚这是不是因为有时人们学会了识别什么有用、有效或者值得做。欧洲在收到特朗普最初对北约、欧盟、英国脱欧和俄罗斯看法的简短信息后做出的反应给人们敲起了警钟，提醒人们有时要回望历史，以史为鉴。没有人愿意看到20世纪最糟糕的一段历史在未来重演。

B.14

倾斜的天平："后西方"时代中德关系面临的机遇与挑战

赵柯　李刚*

摘　要：　德国外交政策的制定是两股力量达到均衡状态的结果：经济全球化与欧洲一体化。"后西方"时代的到来一方面加速了欧盟内部力量格局的变革，"德国的欧洲"越来越成为一种现实；另一方面，"盟主"的地位使德国在维护其全球经济竞争力与推进欧洲一体化之间保持的平衡需要重新校正，在面临自身经济利益与欧盟的团结和信誉之间的权衡时，出于"领导欧洲"的考量，"天平"不可避免地更多要向后者"倾斜"，德国外交政策正加速"欧盟化"，拒绝与欧盟之外的重要贸易伙伴建立"特殊关系"的诱惑。这意味着地区安全、人权保护、公平贸易等欧盟层面的关切在德国对外政策中的权重将越来越大，德国传统上以经济利益为主轴的务实对华政策会逐渐改弦更张，这对于中国而言是一个真实的挑战。但是，这也为中国突破和拓宽中德利益的固有边界，以德国为杠杆伙伴国，塑造一个符合中国利益的欧盟带来了机遇。

关键词：　中德关系　后西方时代　德国外交　欧盟化

* 赵柯，博士，中共中央党校国际战略研究院助理研究员；李刚，中共中央党校研究生院硕士研究生。

2017 年 2 月，慕尼黑安全会议按照惯例在会议举行前夕发布了年度安全报告，2017 年的报告主题为“后真相、后西方、后秩序?”，认为当今世界正朝“后西方”时代行进：欧盟遭遇系列危机备受质疑，特朗普上台冲击西方传统价值观，民粹主义的兴起正在挑战西方引以为傲的民主体制，重重压力让西方主导下的国际秩序处在分崩离析的边缘。然而，在“后西方”时代，德国的国际地位却“逆势上扬”，其新的全球角色备受国际社会期待。德国总理默克尔被称为“西方衣钵的继承者，是欧洲最后一位还站着的领导人，有责任代表过去 70 年里我们所知道的那个西方发言”。[①] 在“后西方”时代，德国一改过去对谋求欧洲领导权“犹抱琵琶半遮面”的暧昧态度，以“舍我其谁”的新姿态更为主动地“领导欧洲”，认为“欧盟在国际舞台有能力扮演更为强大的角色之前，德国要竭尽所能坚定地维护整个欧洲的利益”。[②] “后西方”时代的到来一方面加速了欧盟内部力量格局的变革，“德国的欧洲”越来越成为一种现实；另一方面，“盟主”的地位使德国在维护其全球经济竞争力与推进欧洲一体化之间保持的平衡需要重新校正，在面临自身经济利益与欧盟的团结与信誉之间的权衡时，出于“领导欧洲”的考量，“天平”不可避免地更多要向后者“倾斜”，德国外交政策正加速“欧盟化”，这给中德关系带来了新的机遇和挑战。

一　重新校正的天平：德国外交政策的“欧盟化”

德国外交政策的制定是两股力量达到均衡状态的结果：经济全球化与欧洲一体化。这是由德国自身的特点决定的：一方面，德国强大的工业竞争力和具有高对外依存度的经济结构使德国相较于其他欧盟成员国

---

① 《默克尔是西方衣钵的继承人》，《金融时报》中文网，2016 年 11 月 22 日，http：//www.ftchinese. com/story/001070243。

② Frank-Walter Steinmeier，“Germany’s New Global Role”，https：//www. auswaertiges-amt. de/DE/.../160615_ BM_ ForeignAffairs. htm.

更有能力和意愿在全球市场配置资源，拓展与其全球贸易伙伴良好的商业关系；另一方面，基于两次世界大战的历史，参与欧洲一体化不仅给德国带来了巨大的经济利益，更是德国体现其政治信誉的一份"投名状"，是欧洲和平秩序的基石，是德国安全利益的根本所在，因此，德国又必须克制自己在世界市场追求"得自贸易的收益"[①] 的冲动，推行顾及欧盟全局利益的对外战略。但是对于德国而言，经济全球化和欧洲一体化所带来的利益并非一直都能够相辅相成，在很多时候两者甚至会尖锐对立，德国的外交政策向来是要在这两者之间找到一个均衡点，所谓"执两端，庸其中"，尽量左右逢源，同时享受两者带来的好处。对于这一艰难的权衡，德国总统施泰因迈尔在担任外交部部长时曾非常坦率地承认："最重要的是，我们必须预防陷入战略困境，即德国被迫在全球竞争力与欧洲一体化之间作出选择"。[②]

2008 年爆发的金融危机深刻地改变了国际格局，德国在欧盟内部和全球舞台的地位也发生了变化，随之而来的是德国外交政策的天平正在重新校正，表现出越来越"欧盟化"的倾向，这体现在以下三点：

首先，追求经济利益不以损害欧盟团结为代价。这在乌克兰危机之后的德国对俄政策上表现得尤为明显。德国是俄罗斯在欧洲的最大贸易伙伴。2013 年，德国对俄商品出口 487 亿美元，占欧盟对俄出口商品总额的 35%，德俄双边贸易总额超过 1000 亿美元；[③] 在俄的德国企业目前约为 6200 家；德国国内约有 35 万个就业机会直接与德俄贸易有关；德国对俄直接投资额目前约为 200 亿欧元。[④] 毫无疑问，对俄制裁有悖德国全球商业利益。奥地

---

① 这一概念参见〔英〕托马斯·孟《英国得自对外贸易的财富》，袁南宇译，商务印书馆，2011。

② 〔德〕弗兰克 - 瓦尔特·施泰因迈尔：《德国外交政策的基因》，《国际金融报》2015 年 3 月 2 日，第 18 版。

③ 数据来源：联合国贸易和发展会议网站，https：//comtrade. un. org/labs/BIS-trade-in-goods/?reporter = 276&partner = 643&commodity = TOTAL&year = 2013&flow = 2。

④ 《德国工业界首次公开呼吁强化制裁俄罗斯》，德国之声中文网，2014 年 7 月 28 日，http：//www. dw. com/zh/德国工业界首次公开呼吁强化制裁俄罗斯/a - 17812921？&zhongwen = simp。

利经济研究所调查发现，在俄罗斯的反制裁作用下，德国的损失最为惨重，失去就业机会达 50 万个，相当于 270 亿欧元的产值。[①] 但权衡之下，德国成为欧盟对俄制裁政策的坚定支持者。克里米亚举行公投，完成程序加入俄罗斯之后，德国拒绝承认公投结果，认为这违背了乌克兰宪法和国际法。[②] 在德国的极力主张下，欧盟在马来西亚航空 MH17 航班客机在乌克兰东部空域失事及乌克兰东部地区出现不稳定后出台了对俄新的更严厉的制裁措施。这与德国在 2008 年俄罗斯与格鲁吉亚冲突时不愿对俄进行制裁的做法形成了鲜明的对比。

其次，从过去欧洲安全的“搭便车者”成为安全的提供者。由于两次世界大战的历史记忆，长期以来，德国的军事政策向来秉持“克制文化”。但是在 2014 年 1 月的慕尼黑安全会议上，时任德国总统高克、外交部部长施泰因迈尔、国防部部长冯德莱恩共同宣示德国要承担更多国际责任的“慕尼黑共识”后，[③] 德国更加积极地在安全领域有所作为，逐步重整军备，积极推动欧盟建立防务共同体，为欧盟安全提供“公共产品”。根据 2014 年威尔士北约峰会的决议，成员国要履行防务支出达到国内生产总值 2% 的承诺，德国对此积极回应，不仅制定了逐年提高军费的预算方案，还实施了“扩军”计划。在巴黎恐袭发生之后，德国更是迅速响应法国的号召，派出侦察机、一艘护卫舰和 1200 名官兵参与对叙利亚“伊斯兰国”的军事打击，并对法国的军事行动提供各项支持。在英国公投脱欧后，德法两国外交部部长共同倡议欧盟各成员国在对欧洲安全利益建立共识的基础上制定各自外交与安全政策上的优先方向，并且主张欧盟应建立常设的海上联合部队。德国在安全政策方面的雄心集中体现在 2016 年 7 月 13 日发布的《安全政策与联邦国防军未来

① 任彦、王远、韩秉宸：《制裁俄罗斯，欧盟还能撑多久》，《人民日报》2016 年 5 月 9 日，第 21 版。

② “Bundesregierung verurteilt Referendum”, 10. April 2017, https://www.bundesregierung.de/Content/DE/Artikel/2014/03/2014-03-17-krim-statement-sts.html%20nn=391850.

③ 郑春荣：《德国安全政策新动向分析》，《欧洲研究》2017 年第 1 期，第 126～136 页。

白皮书》中。[①] 在该文件中，德国表示要采取包括军事手段在内的必要措施，以为欧洲及世界的安全稳定做出更多贡献，而在此过程中，德国还要"承担领导角色"。[②]

最后，更加强势地捍卫西方价值观。近年来，由于世界经济低迷，阶层贫富差距拉大，民粹主义、怀疑主义盛行，特别是英国脱欧、特朗普当选美国总统把这种认识推向了高潮。人们担心世界不再是以前的那个世界，西方也不再是以前人们认识的那个西方：基于自由、民主、开放的价值观的同盟。在这一过程中，德国扛起了捍卫西方价值观的大旗。默克尔开放边界接纳难民的决定除了现实考量外，占据道义制高点也是其重要诉求。奥巴马在 2016 年的告别之旅中选择访问德国，颇有"肯定"德国西方价值观"最后的守卫者"的意味，并赞扬德国处理欧洲难民危机时站在了历史正确的一边。[③] 在面对美国总统特朗普时，德国同样展现出了当今其"自由世界的领导"的风采。特朗普当选后，默克尔向其发出了一封被称为"警告信"的贺信，贺信中写道："德国与美国的紧密联系是建立在两国共同价值观的基础之上的。无论一个人来自哪里，肤色、性别和性取向如何，我们都应给予他们同等的尊重。我期望我们可以在这些共识的基础上展开密切合作。"[④] 在西方国家民主体制频频受到形形色色的民粹主义的挑战这一背景下，德国经济在欧洲"一枝独秀"，并且社会主流民意与"政治正确"的西方价值观又能基本保持一致，德国自然地被推到了西方世界意识形态的旗手的道德高位上，可以预见，德国外交政策中的价值观因素会越来越浓厚。

---

① The Federal Government, *The White Paper on German Security Policy and the Future of the Bundeswehr*, Berlin, June 2016.

② Ibid., p. 22.

③ 吴汉钧：《奥巴马赞扬默克尔难民政策　德舆论称其虚伪》，联合早报网，2016 年 4 月 25 日，http://www.zaobao.com/realtime/world/story20160425-609477。

④ Anthony Faiola, "Angela Merkel Congratulates Donald Trump — Kind of", November 9, 2016, https://www.washingtonpost.com/news/worldviews/wp/2016/11/09/angela-merkel-congratulates-donald-trump-kind-of/?utm_term=.21aec1d5b54a.

二　对华政策：以“欧洲的名义”

以追求经济利益为主要目标的务实外交是德国长期以来奉行的对华政策的主轴。这一政策无疑取得了巨大的成功，经贸领域的务实合作构成了中德关系的主要方面。德国是中国在欧洲最重要的经贸伙伴，2016 年中德贸易额为 1512.9 亿美元，占中欧贸易额的 1/3，是中英、中法、中意贸易额的总和，中国对德投资存量达到 29.45 亿美元，德国累计对华投资达到 281.8 亿美元。[①] 而中国是德国在欧盟以外的第二大出口市场，并且很快将取代美国成为第一大出口市场。[②]

双方紧密的经贸关系也将中德两国的政治关系推到了历史上的最高水平。2010 年 7 月，中德两国政府发布了《中德关于全面推进战略伙伴关系的联合公报》，决定将两国关系提升为战略伙伴关系并建立中德政府磋商机制。[③] 2011 年 6 月，首轮中德政府磋商在德国首都柏林举行。2014 年 3 月，中德双方宣布建立中德全方位战略伙伴关系。中德政府磋商是中国与西方大国建立的第一个政府间机制，是中国和德国及西方国家关系中的一个创举，体现了中德关系的紧密及重要性。在政府磋商机制之外，中德两国领导人频繁互访也成为中德良好关系的重要体现，默克尔总理 9 次访华，德国总统近年来也两次访华，习近平主席在 2014 年访问德国，李克强总理也已经两访德国，中德之间的密切互动和高水准合作一度被称为“中德特殊关系”。[④]

对于中国而言，这种“特殊关系”确实降低了中国对欧外交的协调成本，

---

① 《2016 年中德经贸合作简况》，中华人民共和国商务部网站，2017 年 2 月 1 日，http://www.mofcom.gov.cn/article/tongjiziliao/fuwzn/feihuiyuan/201702/20170202517082.shtml。

② Hans Kundnani, “Leaving the West Behind: Germany Looks East”, *Foreign Affairs*, January-February 2015, vol. 94, iss. 1, pp. 108 – 117.

③ 《中德关于全面推进战略伙伴关系的联合公报》（全文），中华人民共和国中央人民政府网站，2010 年 7 月 16 日，http://www.gov.cn/jrzg/2010-07/16/content_1656459.htm。

④ “China and Germany: A New Special Relationship?”, 15th May, 2012, http://www.ecfr.eu/publications/summary/china_and_germany_a_new_special_relationship.

德国在欧盟内部的领导地位有力地影响着欧盟对华政策朝积极方面发展。德国的杠杆作用在2013年中欧光伏产品贸易纷争中表现得尤其明显，当时以法国、意大利为代表的欧盟国家极力主张对中国施压，以迫使中国进一步开放市场，德国在中国采取反制措施后不愿看到中欧之间爆发贸易战，进而影响中德贸易，对德国在华经济利益产生负面的政治影响，所以德国力推欧盟与中国达成和解，避免了双输的局面。① 德国在光伏案中的政策选择在欧盟内部也引起了批评，认为德国为维护自身在华经济利益而损坏欧盟对华政策的统一性。

由此，"中德特殊关系"不可避免地引起了其他欧洲国家的疑虑，担心德国利用与中国之间的双边关系实现其自身的经济利益，而非遵循欧洲的整体利益。欧洲对外关系委员会发布的研究报告认为，"中德特殊关系"影响了欧盟的整体利益，因此要确保一个欧盟层面真实的中欧战略伙伴关系，避免德国受到诱惑而单独行动。报告进一步认为欧盟统一的对华政策需要在成员国之间更好地协调，强化欧盟对外行动署的作用，发展一种新的自上而下(top-down)的对华交往路径。② 鉴于德国在欧盟内的经济地位及日益上升的政治地位，德国应承担协调欧洲外交政策及欧盟对华政策的责任。③ 有观察家甚至认为德国正在转向中国，而且担心在美国与中国发生冲突时，德国很可能会不履行跨大西洋义务，保持中立，并因此在欧洲内部及欧洲与美国之间制造裂痕。④ 所以，"中德特殊关系"在欧盟内部承受着越来越大的压力，主张欧盟在对华关系上要有更多的一致性（coherence）的呼声越来越高，⑤

① 陈新、熊厚：《中欧在光伏产品贸易争端中的角力》，《当代世界》2013年第7期，第27~30页。

② Hans Kundnani and Jonas Parello-Plesner, "China and Germany: Why the Emerging Special Relationship Matters for Europe?", http://www.ecfr.eu/page/-/ECFR55_ CHINA_ GERMANY_ BRIEF_ AW.pdf.

③ "Denken für Deutschland, Über außenpolitische Versäumnisse, zukünftige Konturen und blinde Flecken", *Internationale Politik*, Juli/August 2014, pp. 14 - 23.

④ Hans Kundnani, "Leaving the West Behind: Germany Looks East", *Foreign Affairs*, January-February 2015, vol. 94, iss. 1, pp. 108 - 117.

⑤ "More Coherence in Relations with China", https://www.swp-berlin.org/fileadmin/contents/products/research_ papers/2006_ RP10_ mrs_ prt_ ks.pdf#page=58.

要求德国在欧盟框架内发展对华关系。

在德国承担欧盟领导责任的新形势下，德国的对华政策也开始“欧盟化”转向。时任德国外交部部长施泰因迈尔强调德国不能接受在对外政策上享有特权的角色，他在“回顾2014——集思外交政策”项目的总结报告中写道：“我们必须抵挡住以德国当前的强大角色为基点制定外交政策的诱惑。如果美国、俄罗斯和中国以完全不同的方式但几乎一致提供给德国一个特殊的享有特权的角色，那么，我们……必须始终把它转向欧洲，德国在国际政治中良好而又具建设性的角色只有在欧洲及通过欧洲才能实现。”① 也就是说，德国的对华政策要更多地体现“欧洲的名义”，表达欧洲的利益诉求，而不仅仅是维护德国自身的利益。

2017 年 4 月，德国驻华大使柯慕贤在《金融时报》中文网上发表的文章集中体现了德国这种以“欧洲的名义”开展对华外交的新原则。根据中国商务部的统计，2016 年德国对华贸易有 208.7 亿美元的顺差②，而对外经济是欧盟的专属权能，但作为德国驻华大使的柯慕贤俨然以欧盟代表的口吻在文章中通篇谈论欧盟对华贸易逆差，不仅否认欧洲对华贸易逆差是欧洲限制对华高科技出口所致，反而批评中国的市场限制政策才是中欧之间存在严重的贸易失衡的原因，并且敦促中国放宽市场准入条件，早日与欧盟达成《中欧全面投资协定》。③

实际上，这不是德国第一次在对华政策上“代表欧洲”。2016 年 1 月亚洲基础设施投资银行正式开业，德国在董事会中获得一个席位。柯慕贤在接受媒体采访时特别强调，这名德国执行董事将代表欧元区国家。以“欧洲的名义”正在成为德国开展对华外交的一个新特征。欧盟贸易事务专员马姆斯特罗姆在 2017 年 2 月 6 日的演讲中表示，欧盟愿与中国一道在全世界

---

① Auswärtiges Amt, Projektteam “Review 2014——Außenpolitk Weiter Denken”, *Krise. Ordnung. Europa*, Berlin, 2015, pp. 11 – 12.

② 《2016 年中德经贸合作简况》，中华人民共和国商务部网站，2017 年 2 月 1 日，http://www.mofcom.gov.cn/article/tongjiziliao/fuwzn/feihuiyuan/201702/20170202517082.shtml。

③ 《何为中欧贸易失衡的真正原因?》，《金融时报》中文网，2017 年 4 月 6 日，http://www.ftchinese.com/story/001072076?full=y&ccode=2G172001。

同贸易保护主义做斗争，但也希望中国能够在贸易与投资方面体现平等原则。[①] 作为对欧盟立场的支持，德国对此迅速响应。2017 年 2 月 15 日，德国联合法国、意大利致信欧盟委员会，呼吁欧盟授予其在收购案件中更多否决权，以抵御外国对欧盟敏感高科技企业的"不平等"收购。信中表示，欧盟国家可以"国家安全"的名义阻止外资收购，然而欧盟国家也应以"经济原因"的名义阻止收购，即"基于经济标准的额外保护"。这一倡议显然剑指中国企业近年来在欧洲开展的收购行为。

三　中国的应对：放宽中德关系发展的边界

德国外交政策的"欧盟化"无疑会给中德关系带来一系列挑战，但同时也为双方真正"超越简单的买卖关系"开启了新的窗口期，为中国重塑欧盟对华关系提供了潜在的有力杠杆。相比其他欧洲国家，长期以来德国的对华政策向来以"务实"著称，注重实际的经济利益，对华政策目标以分享中国经济发展带来的"红利"为优先。这一方面保证了中德关系的稳步发展，双方关系很少出现大起大落的波动。双方高层也都往来密切，无论是默克尔，还是其前任施罗德，都属于同时期访华次数最多的西方领导人。但另一方面，德国在对华关系上这种以"经济利益"为中心、过于"物质化"的务实外交其实也限制了双方合作的议题领域，束缚了中德关系发展的空间。

近些年来国际格局发生了深刻的调整，中德两国的地位都发生了变化，欧盟在一系列危机的重压之下，其国际影响力相对减弱，但德国不仅在欧盟内部"重新崛起"为事实上的"盟主"，而且其全球影响力与日俱增，并表示要雄心勃勃地参与"塑造世界"。而中国则成为世界第二大经济体，综合国力大幅提升，正前所未有地接近世界舞台的中心，并且显示了为世界提供

① 《德法意致信欧盟　欲抵御中资收购欧洲高科技企业》，中国新闻网，2017 年 2 月 16 日，http：//www. chinanews. com/jingwei/02 – 16/29795. shtml。

公共产品的能力和意愿。国际形势与两国地位的变化决定了中德关系必然要超出双边范畴，在全球层面和欧盟层面开展战略性合作。然而德国似乎对此并不热心，在对华政策上仍旧停留在“简单的买卖关系”中，对于涉及中欧关系大局的关键议题，如“市场经济地位”、“中欧自贸区的可行性”及“一带一路框架下的中欧合作”等，德国典型的态度总是回避或者搁置，将其推到欧盟机构及其他核心成员国身上。按照德国的说法，是要拒绝“中德特殊关系”的“诱惑”，在欧盟框架内行事。但在中国看来，这是德国对双边关系内涵所具有的“战略性”的漠视。

但是，随着德国重新校正其外交政策的天秤，德国外交将不可避免地发生两个方面的变化，一是增加“欧洲维度”的权重，将更多的政治、经济资源投入欧洲一体化的建设中；二是增加“世界维度”的权重，更多地以“欧洲的名义”提高欧盟的全球地位和扩展欧盟的国际发展空间。中国应因时制宜地放宽中德关系的边界，主动对接德国外交“欧盟化”转向所带来的对外政策目标重构，抓住机遇，在世界经济、中欧关系、安全议题等三个领域加强务实合作，充实中德关系的战略性内涵。

第一，中德两国在维护世界经济的开放性方面拓展合作空间。中德两国都是世界贸易大国，也是全球重要的对外投资国，两国经济的发展都受益于开放的世界市场。同样，欧盟也是世界上最大的贸易集团，世界经济的开放性对欧盟经济至关重要。2017 年是 2008 年金融危机爆发后的第 10 个年头，然而全球经济增长依然脆弱、动力不足，甚至有学者认为全球经济已经进入“长期性停滞”的状态。增长与繁荣不仅会带来物质财富，更会在国际社会悄然创造出乐观、自信、开放及以友好合作为导向的国际关系氛围；相反，衰退与危机不仅会让经济萧条，更容易滋生出悲观、狭隘、封闭甚至以邻为壑的国际关系生态，近年来贸易保护主义的盛行就是这种国际氛围的典型体现，而特朗普所主张的“美国优先”更让本已岌岌可危的自由贸易秩序“雪上加霜”。在这种形势下，世界主要大国对自由贸易强有力的政治承诺和支持就显得尤为重要，这也为中德两国提供了全球性的合作空间。2017 年 1 月 25 日，在特朗普就任美国总统职位后不久，默克尔就与李克强总理通了电话，双方一致主张维护"自由贸易和稳定的世界贸易秩序"。2017 年 3 月 16 日，默克尔在访美前夕与中国国家主席习近平通话，双方再次确认对自由贸易的支持。在可以预见的未来，在二十国集团（G20）框架内，中德两国在全球经济治理领域将会开拓出更加广阔的合作空间。

第二，在中德双边对话与合作机制中增加"欧洲议题"的权重。作为经济全球化的传统支持者，德国是欧盟内部支持自由贸易的重要力量，在欧盟越来越表现出对华贸易保护主义倾向的背景下，中德就此积极展开对话尤为重要。欧盟不仅是世界贸易组织内对中国产品发起反倾销和反补贴贸易调查最多的成员之一，而且明确拒绝履行《中国加入世界贸易组织议定书》中的承诺。该议定书第 15 条允许世界贸易组织成员在对中国产品实施反倾销时使用"替代国"的做法，但明确要求这一做法应该在 2016 年 12 月 11 日停止，但欧盟直至今日仍然没有履行该义务。中德应该通过对话与合作积极推动欧盟层面的政策改变，中欧在"一带一路"框架中的合作也应该成为中德关系的重要领域。当前欧洲国家普遍视"一带一路"倡议为走出经济增长低谷的重大机遇，但不可否认的是，欧洲的政治精英中仍有一部分人怀疑中国"一带一路"倡议背后隐藏有"不可告人"的地缘政治用心，特别是德国对中国 - 中东欧"16 + 1"合作机制一直心存疑虑，这成为中欧"一带一路"合作的现实阻力。通过对话与合作，让德国了解中国的发展理念、大国国际责任的担当及引领全球经济治理的能力，使德国真正成为"一带一路"倡议的支持者，这将极大地拓展中欧关系的共赢空间。

第三，充分挖掘中德在安全领域的合作潜力。当前安全已经成为中德、中欧共同关注的问题。乌克兰危机及难民危机大大恶化了欧洲的地缘政治环境，在欧洲人看来，二战后所形成的欧洲和平秩序已经受到威胁；此外，亚太地区近年来出现的紧张氛围也使欧洲人担心地区稳定问题，因为与美国不同，欧洲缺乏在亚太地区的军事存在，担心万一发生军事冲突，其庞大的商业利益将无法得到有效保护。中国的安全视野也超出了政治疆界之外，因为现在的中国前所未有地接近世界舞台的中心，一方面不断扩展的海外利益需要保护，另一方面国际社会对中国在解决地区安全问题上发挥积极作用充满期待。所以，在习近平总书记提出的总体国家安全观中，“国际安全合作”是重要内容。在新形势下，安全成为中德双方利益的自然交汇点，2015年以来，双方先后建立了中德外交与安全战略对话，以及中德高级别安全对话机制。在当前传统安全与非传统安全纵横交错的新形势下，安全合作将为中德双方未来的合作增添新的动力。

四　结语

如果说2009年爆发的欧债危机让德国“非心所愿”、“半推半就”地开始承担起欧盟的领导角色，那么现在的德国则是以“当仁不让”的自信姿态主动坐在欧盟的“铁王座”上。仅仅在几年前，谈论“德国的欧洲”还是一个非常具有争议性的话题，而今天，这正在逐渐成为现实。特朗普曾猛烈抨击欧盟已经成为德国的工具，美国新的国家贸易委员会主任彼得·纳瓦罗（Peter Navarro）更是指责德国操纵欧元。这些言辞当然具有强烈的情绪和夸张的成分，但也从另外一个层面说明了德国今天在欧盟中前所未有的主导地位。英国《金融时报》首席经济评论员马丁·沃尔夫（Martin Wolf）对德国国际地位的描述可以说代表了当前西方社会主流精英的普遍看法：第二次世界大战以来，德国的国际地位从未达到像今天这样的高度。德国用和平的手段赢得了它过去曾用武力寻求的地位。无论我们喜欢与否，德国现在是欧洲的核心强国。

在英国脱欧、法国国力虚弱的背景下，欧盟内部原先的英国、法国、德国“三驾马车”的领导结构处于解体状态，德国再也不可能像之前那样，让英国、法国为欧盟的整体利益“冲锋在前”，而自己躲在背后“搭便车”，避免因与其他国家“硬碰硬”而有损本国的经济利益。在连“欧盟本身的存在都备受质疑”的严峻形势下，德国必须为欧盟“挺身而出”，将欧盟内部的团结置于对外政策的优先位置，甚至需要为此牺牲本国的对外经济利益，这是德国领导欧盟必须也是“愿意”付出的代价，因为相较于其他成员国，“欧盟解体”更是德国“生命中不能承受之重”，如果没有欧盟，德国今天在国际舞台所享有的一切政治荣耀和经济利益都会大打折扣。所以，德国的外交政策需要在经济全球化和欧洲一体化之间寻找新的均衡点，重建平衡。没有悬念的是，新的均衡点会更加靠近欧洲一体化，德国的外交政策会拒绝与欧盟之外的重要贸易伙伴建立"特殊关系"的诱惑，会变得更加"欧盟化"。这意味着地区安全、人权保护、公平贸易等欧盟层面的关切在德国对外政策中的权重将越来越大，德国长期以来以拓展经济利益为主轴的务实对华政策会逐渐改弦更张，这对中国而言是一个真实的挑战。但是，这也为中国突破和拓宽中德利益的固有边界，以德国为杠杆伙伴国，塑造一个符合中国利益的欧盟带来了机遇。

B.15

近年来德国在东南亚的政治经贸活动

陈　弢*

摘　要：　近年来德国对东南亚国家的投资和贸易额逐年上升，目前已经是东南亚各国在欧盟内的最大贸易伙伴。德国在东南亚各国的投资既包括传统领域，也在可再生能源和环保等德国具有技术优势的新兴领域展开。而反恐、难民和维持地区稳定需求的增加也促进了德国与东南亚各国的政治交流。德国发展与东南亚国家的经贸关系符合德国应对全球问题的需要，且有利于输出德国的意识形态和全球治理模式。

关键词：　德国　东南亚　政治经贸活动

近年来，国际资本开始大量涌入越南、印度尼西亚（以下简称“印尼”）等东南亚新兴国家。德国也不甘其后，其对东南亚的投资和贸易额逐年上升。与此同时，德国与东南亚地区各国的政治交往也越发密切。本文旨在阐述德国对东南亚政治经贸活动的基本政策，介绍德国目前在东南亚政治经贸活动的现状及特点，并在此基础上分析德国政府开展与东南亚国家政治经济合作背后的考虑。

一　德国与东南亚各国的交往与政治关系

德国与英国、法国等传统在东南亚地区拥有殖民历史的欧洲国家不同，

* 陈弢，历史学博士，同济大学德国问题研究所助理教授、同济大学德国研究中心研究人员。

它在该地区的政治影响尽管不可忽视，但并不突出，其所采取的方式也是兼用经济、文化和社会交往等手段增强自身在东南亚的政治影响。

（一）双方交往的历史和相互认知

德国与东南亚各国的经贸关系拥有久远的历史。早在16世纪，就有很多德国商人、医生、科学家和传教士在东南亚的印尼生活和居住。而西门子和克虏伯等著名德国企业在19世纪中期就在印尼设立了办事处。在联邦德国（本文中简称“德国”）成立后的东西方冷战期间，东南亚地区一度成为东西德较量和争夺的主要战场之一，并对联邦德国的外交政策变革产生了巨大的影响。例如，1969年，柬埔寨成为突破著名的“哈尔斯坦主义”① 的第一个国家。② 1990年两德统一后，德国政经两界继续与东南亚国家保持密切的政治和经济往来。

长期以来，德国精神和“德国制造”在东南亚国家普遍享有盛誉，也成了创新、质量和技术进步的象征。③ 德国企业职工的职业技能和德国人的性格特征也长期为东南亚各国所称赞。例如，马来西亚总理纳吉布曾邀请德国中小企业赴马投资，他认为“马来西亚中小企业可以从德国中小企业的企业家精神、竞争战略和追求发达技术创新的能力上学到很多东西”。④ 纳吉布在其2016年访德时，还在马来西亚驻德国使馆内举行的活动中公开赞扬了“德意志民族所具有的纪律性、不轻易放弃、专注及团队精神”等品性使“德国成为世界上最成功国家之一”，并希望在德学习的马来西亚学生

---

① 1955年，联邦德国为了围堵民主德国而提出的“哈尔斯坦主义”是其最著名的外交政策之一。该主义宣称，凡是与民主德国（东德）建立正式外交关系的行为都将被视作对联邦德国的“不友好”。这些国家往往会受到联邦德国的经济制裁或者断交的威胁。

② “哈尔斯坦主义”将苏联等社会主义国家排除在制裁范围之外，同时，1968年与民主德国建交的伊拉克由于事先没有与联邦德国建交，因此也不算正式突破该主义的国家。参见“Hallstein-Doktrin. Bißchen mitverwalten”，19.05.1969，*Der Spiegel* 21/1969，S.29。

③ “Deutsch-thailändische Wirtschaftsbeziehungen”，http://www.bangkok.diplo.de/Vertretung/bangkok/de/05/0-Wirtschaft.html.

④ “PM Najib's Visit to Germany a Major Boost with RM 1.5 Bln Potential Investment”，http://www.bernama.com/bernama/v8/newsindex.php?id=1286995.

将这些带回国，“德国人的这些品性应该被吸收到马来西亚的文化中。马来西亚通过学习德国能够成为一个更加强大的国家”。①

德国将东南亚视作极具政治和经济潜力的亚太地区的重要组成部分。德国认为，东南亚不仅是正在发生的世界政治权势转移中的一极，同时，它还是极具经济发展潜力的地区，并仍将是世界经济的火车头。② 而德国经济亚太委员会主席林哈德（Hubert Lienhard）指出，亚太委员会需要理解亚洲的发展趋势。“德国企业界必须适应亚洲政治和经济权力的转移”，“德国不能失去亚洲的商机。亚洲的经济增长潜力和大量年轻人口使这个地区拥有富足和可持续的未来”。因此，“德国企业需要关注亚太地区的紧张局势。东亚和东南亚地区是世界上最重要的市场之一，对世界经济有着巨大影响。所以亚洲特别需要稳定与和平”。同时，要使德国成为更具吸引力的投资对象国，“德国是亚洲投资者的安全港湾”。林哈德认为，2012 年亚洲国家在德投资额约为 260 亿欧元，而德国在亚洲投资额却约为 1000 亿欧元，双边的对等投资显然还很不平衡。③

（二）德国当前与东南亚各国的政治关系

1. 德国对东南亚外交政策的重要文件

德国外交部 2002 年 5 月制定了《21 世纪初德国外交在东南亚、澳大利亚、新西兰和太平洋诸岛的任务》文件。文件指出，捍卫民主、人权，建立法治国家、维持和平稳定和保障德国的经济利益，以及推动环境保护和发展合作等是德国外交在东南亚地区的重要任务。文件将德国发展援助的伙伴进行了分类。在那些尚不发达的国家（当时德国将越南、老挝和柬埔寨都归入此类），德国应该更加重视基础设施建设和消除贫困工作。而在那些经

---

① 目前有 634 名马来西亚学生在德国学校学习。纳吉布表示，将派遣更多的学生到德学习。参见“Najib：M'sia May Consider Sending More Students to Germany”，28. 9. 2016，http：//www. malaysiakini. com/news/357153。

② “APA zur Wirtschaftslage：Asien bleibt 2016 Lokomotive der Weltwirtschaft”，Pressemitteilung des APA，Berlin，28. 1. 2016.

③ “Start der 14. Asien-Pazifik-Konferenz der Deutschen Wirtschaft（APK） in Ho Chi Minh City”，Vietnam，Pressemitteilung des APA，Ho Chi Minh City/Berlin，20. 11. 2014.

济发展已有明显成效的国家，德国可以减少对其的经济援助，并将重心放在提供进一步发展建议和技术援助上。[①]

在具体论述中，经贸问题占了该文件的很多篇幅。文件认为，德国在东南亚经济利益的确保主要依赖于该地区的经济形势稳定。对于泰国、马来西亚、印尼和菲律宾等经济发展水平在该地区处于领先的国家，德国需要帮助其进一步进行经济结构调整（包括市场开放、投资促进、竞争法案的制定、银行监管、宏观经济管控等）。与此同时，为了进一步改善本国的投资和技术进步，东南亚工业快速发展的国家对于德国教育和培训体系的经验有着极其强烈的兴趣。

当时越南等东南亚社会主义国家的经济发展水平仍处于较低阶段，而国有经济却很发达。文件认为，应该向这些国家推荐和解释采取开放政策和引入市场经济手段的重要性，并向其提供具体的实施建议。德国国内就业市场也应该为来自东南亚国家的、愿意在德国获取工作经验的合格劳动力敞开大门。

文件指出，德国在东南亚的活动对德国经济也会有积极影响。因此，"为了保证我们在东南亚的经济利益（如参与基础设施建设和私有化过程时），需要高层的政治支持。而德国政府将在这个问题上继续提供支持"[②]。

该文件至今仍为德国对东南亚外交政策的重要指导性文件。而文件公布的这 15 年来，东南亚地区重新恢复了经济的高速增长。原先比较落后的越南等国已经一跃成为东南亚甚至全球经济的重要增长动力和未来市场。近几年，德国政府已公开的有关其东南亚政策的文件中，比较重要的是 2013 年的德国大联合政府《联合执政协议》中的有关内容。

协议认为，德国应"灵活运用外交手段构建信任，将签订条约和对外经济和发展政策作为工具，而人权原则等也可以帮助减少外交上的冲突"。而争取实现全球自由贸易、增强世界贸易组织（WTO）的地位、构建一套

① Auswärtiges Amt, *Aufgabe der deutschen Außenpolitik: Südostasien sowie Australien, Neuseeland und Pazifischer Inseln am Beginn des 21. Jahrhunderts*, Berlin, Mai 2002, pp. 7 – 14.

② Auswärtiges Amt, *Aufgabe der deutschen Außenpolitik: Südostasien sowie Australien, Neuseeland und Pazifischer Inseln am Beginn des 21. Jahrhunderts*, Berlin, Mai 2002, pp. 10 – 11.

对其所有成员国都一视同仁的贸易规则，并使发展中国家能够进一步融入全球贸易体系等也是这份《联合执政协议》的要点。①

对于德国在东南亚的经贸活动，协议并未专门提及，但我们还是可以从中看出有关的要点。协议将美国外交加强对亚太地区的重视视作机会，并将在东南亚地区倡导合作和利益共享、反对政治军事对抗作为德国在该地区外交的重点。②

2. 目前德国在东南亚进行的主要政治活动

首先，德国政府利用东南亚各国急于吸收德国投资和技术的机会，在该地区增强德国的政治外交影响力。为了维护自由贸易和德国在东南亚的经济利益，德国政府尽力维持该地区安全局势的稳定和航行自由。前联邦总统高克在2014年初的慕尼黑安全会议上指出，“德国和欧洲在该地区不仅有经济政治利益，而且有外交和安全政策利益，因而支持这个世界上最具经济活力地区的和平发展”。③ 他认为，更加积极地维护国际秩序符合德国自身的利益，“德国的全球化程度高于世界平均水平，它也从一个开放的世界秩序、一种允许德国将利益和基本价值相结合的世界秩序中获得了比世界平均水平更多的利益”。因此，“德国在21世纪最重要的外交利益就是维护这种秩序，并使其也适用于未来”。④

然而，近年来东南亚地区的安全局势却明显恶化。中国南海争端一度使周边各国濒临战火。德国政经两界担忧包括中国南海争端在内的中国和周边国家的争端会对该地区的经济增长产生消极影响。⑤ 正如加布里尔2014年

① Auswärtiges Amt, *Aufgabe der deutschen Außenpolitik: Südostasien sowie Australien, Neuseeland und Pazifischer Inseln am Beginn des 21. Jahrhunderts*, Berlin, Mai 2002, pp. 12－13.

② Ebd., p. 120.

③ 〔德〕米夏埃尔·施塔克：《欧债危机后德国的外交政策：更积极，更有为，更全球化?》，吴静娴译，伍慧萍校，《德国研究》2014年第3期，第28～29页。

④ Joachim Gauck, "Deutschlands Rolle in der Welt: Anmerkungen zu Verantwortung, Normen und Bündnissen", Rede des Bundespräsidenten anlässlich der Eroffnung der 50. Münchener Sicherheitskonferenz, 31. 1. 2014, http://www.bundespraesident.de/SharedDocs/Reden/De/Joachim-Gauck/Reden/2014/01/140131-Muenchner-Sicherheitskonferenz.html.

⑤ "Vietnam: Das Zentrum der Zukunft", 22. 11. 2014, http://www.wiwo.de/politik/ausland/vietnam-das-zentrum-der-zukunft/11018112.html.

访问越南时所指出的，“东海（中国南海，下同。——笔者注）局势使德国感到担忧，因为这是全球50%的海上商品运输经过的重要国际航线，该地区的稳定对德国乃至欧洲具有生死攸关的利益”。[①]

2014年9月，菲律宾总统阿基诺在访德期间与默克尔的对话中，将为菲律宾吸引德国投资和中国南海问题作为谈话重点。默克尔认为，国际海洋法法庭等争端仲裁机制是解决南海问题的重要手段。[②] 而2016年9月底马来西亚总理纳吉布访德时，其在与默克尔的谈话中也直接提及了与中国关系的问题。[③] 默克尔对中国南海问题的最新发展非常感兴趣。[④]

难民危机和恐怖主义是德国国内政治的热点和重点问题。而与东南亚各国合作打击国际恐怖主义、应对难民危机也是德国在东南亚各国寻求加强与德国经济关系时的重要政治考量。马来西亚和印尼都是伊斯兰合作组织（OIC）的成员国，同时也都非常希望发展与德国和欧盟的经贸关系，引进资本和技术。而在发展与这两国经济关系的背后，德国政府有着非常明显的合作反恐和解决难民问题的考虑。

印尼是拥有2.52亿人口的全球第四大人口大国，同时也是最大的伊斯兰国家，它在2008年世界经济危机中遭遇了较大的打击，之后很多国际投资者从该国撤资。印尼经济不仅对出口原材料有着很大的依赖，而且目前其国内大力兴建的交通基础设施也需要外资及技术的援助。对于印尼来说，如果能在其庞大的基建计划（2020年为止5000亿美元）中获得来自德国和欧

---

① 《政府总理阮晋勇会见德国副总理加布里尔》，《越南共产党电子报》2014年11月22日，http://www.cpv.org.vn/cpv/Modules/News_China/News_Detail_C.aspx?CN_ID=686945&CO_ID=7338716。

② “Presskonferenz von Bundeskanzlerin Merkel und dem philippinischen Staatspräsidenten Aquino im Bundesamt”, 19.9.2014, https://www.bundesregierung.de/Content/DE/Mitschrift/Pressekonferenzen/2014/09/2014-09-19-merkel-aquino.html.

③ “Presskonferenz von Bundeskanzlerin Merkel und dem Premierminister von Malaysia, Najib”, Berlin, 27.9.2016, https://www.bundesregierung.de/Content/DE/Mitschrift/Pressekonferenzen/2016/09/2016-09-27-pk-bkin-malaysia.html.

④ “Working Lunch Hosted by German Chancellor Dr. Angela Merkel”, 27.9.2016, https://www.najibrazak.com/bm/blog/working-lunch-hosted-by-german-chancellor-dr-angela-merkel/.

洲的帮助，那么就可以平衡对中国的依赖。

而对于德国来说，与印尼在打击极端恐怖主义问题上的合作具有特别重要的意义。默克尔指出，德国与印尼在对抗极端恐怖主义方面可以合作，并且有着共同的利益。“德国、印尼伙伴关系的潜力仍未充分挖掘。”① 同样，德国外交部认为，马来西亚是德国在伊斯兰世界的重要伙伴②，因此，其与马来西亚在有关问题上的协商显得非常重要。国际反恐、难民问题和中国南海问题是纳吉布该次和默克尔协商的政治事务重点。默克尔希望其能够帮助解决叙利亚难民问题。③ 纳吉布在谈话中也承诺，马来西亚将在伊斯兰合作组织有关难民问题的探讨中发挥更大的作用。④

二　德国在东南亚地区的经贸活动

（一）德国与主要东南亚国家的经贸关系

东南亚地区人口众多，且大都处在经济迅猛增长、社会中产阶层逐渐形成、城市化水平不断拓展的发展阶段。新加坡多年来一直是国际金融中心，越南和印尼等国也是国际资本争相前往的热门发展中国家。德国外交部认为，以往德国产品的价格大都较高，所以会有销量受阻的状况出现。而当这些拥有大量人口的国家随着经济腾飞，在国内产生了广大中产阶层后，德国产品的销路也会增加。⑤ 目前德国企业的经贸活动遍布东南亚各国，且大都

① “Partnerschaft mit Indonesien hat Potenzial”, 18. 4. 2016, http://www.dw.com/de/partnerschaft-mit-indonesien-hat-potenzial/a-19195230.

② “Außen-und EU-Politik, Deutschland und Malaysia”, http://www.kuala-lumpur.diplo.de/Vertretung/kualalumpur/de/03/Politik.html.

③ “Najib, Merkel Talks to Focus on Trade”, 26. 9. 2016, http://www.justreadonline.com/2016/09/26/najib-merkel-talks-focus-trade/.

④ “Najib Begins Three-day Visit to Germany”, 26. 9. 2016, http://www.thestar.com.my/news/nation/2016/09/26/najib-razak-touches-down-in-berlin-for-three-day-visit/.

⑤ “Wirtschaftsbeziehungen”, http://www.auswaertiges-amt.de/sid_FAF2BD6B875B9418FD3B23D4425B6EEF/DE/Aussenpolitik/Laender/Laenderinfos/Philippinen/Bilateral_node.html.

为东南亚各国在欧盟内的第一大贸易伙伴。

1. 德国与东南亚各国的经贸关系概述

新加坡是当前德国在东南亚最大的经贸合作伙伴。作为国际金融中心的新加坡是德国企业在亚太地区投资的重点国家，也是德国资本在东南亚最为看重的国家。① 对于德国企业来说，投资新加坡更重要的在于以此为基地在整个东南亚地区扩张。② 目前有 1500 多家德国企业在新加坡注册投资③，这一数量为东南亚各国最高。

马来西亚是德国在东南亚的第二大贸易伙伴。由于近年来马来西亚国内劳动力成本上涨较快，以及熟练技术工人缺乏，在东南亚地区经济处于领先地位的马来西亚也开始重视实现产业自动化，并追求更加节能。在这方面，马来西亚也表示了同德国合作，学习德国在自动化等方面的经验的意愿。④ 然而，德国在马来西亚的经贸投资与中国等相比明显较弱。隶属于德国经济和能源部的德国联邦外贸与投资署（GTAI）⑤ 不认为中国在马来西亚开展的大工程建设能赚到钱，因为马来西亚建筑市场的盈利空间很小。德国联邦外贸与投资署还认为，在中国大幅投资的背景下，德国只有在具体的专业领域才能获得机会。⑥

2016 年 9 月底，马来西亚总理纳吉布受默克尔之邀访德。马来西亚非常看重与德国的经贸合作，并希望通过本国强劲增长的经济吸引更多来自德

---

① “Visit by German Chancellor Angela Merkel”, http://www.singapur.diplo.de/Vertretung/singapur/en/03/4_ _ Germany_ _ Singapore/Bildergalerie_ _ Merkelbesuch_ _ 2011.html.

② “Merkel, lee und der Mantel der Geschichte”, 1.6.2011, http://www.focus.de/politik/ausland/tid-22536/kanzlerin-in-singapur-merkel-lee-und-der-mantel-der-geschichte_ aid_ 633248.html.

③ “Beziehungen zwischen Singapur und Deutschland”, http://www.auswaertiges-amt.de/DE/Aussenpolitik/Laender/Laenderinfos/Singapur/Bilateral_ node.html.

④ “SWOT-Analyse-Malaysia”, 9.12.2016, https://www.gtai.de/GTAI/Navigation/DE/Trade/Maerkte/suche, t = swotanalyse-malaysia, did = 1594466.html.

⑤ 该机构在 2009 年由德国联邦对外经济署（BfAI）等机构合并而成。

⑥ “Bei Projekten arbeitet Malaysia immer stärker mit der VR China zusammen”, 14.12.2016, http://www.gtai.de/GTAI/Navigation/DE/Trade/Maerkte/suche, t = bei-projekten-arbeitet-malaysia-immer-staerker-mit-der-vr-china-zusammen, did = 1596182.html.

国的投资。[①] 在此行中，纳吉布还与宝马、戴姆勒、大众、欧司朗、英飞凌（Infineon）等德国大企业高层进行了会面。德国企业对于修建马来西亚至新加坡的高速铁路非常感兴趣。[②]

柬埔寨、缅甸、老挝等国家的经济发展水平仍较为落后，但随着近年来中国劳动力成本的提升，这些国家也逐渐成为劳动力密集型的纺织工业企业等的集中地。它们与德国的贸易主要在纺织品领域。例如在德柬经济关系中，德国主要从柬埔寨进口衣服和鞋子。德国著名纺织品和鞋类零售商阿迪达斯、彪马、Deichmann，还有 C&A、Aldi、Lidl 和 Tchibo 等都从柬埔寨进口此类货物。2014 年德国此类商品的贸易额达 9.559 亿欧元，比上一年增长了 14.3%。德国也成为美国、中国、新加坡和英国之后柬埔寨产品的第五大销售市场。[③]

以下将重点分析的是近年来大幅跃进的德越经贸关系。在东南亚国家中，越南目前是德国投资和经济合作的重点国家，也是德国与东南亚贸易增长最快的国家。在 21 世纪前 10 年，越南在德国的东南亚贸易伙伴中仍只居于非常落后的位置。[④] 而计划在 2020 年建设成为工业国家的越南，在东南亚国家中较早就与欧盟签署了自由贸易协定（2015 年）。这之后，2016 年德越贸易比 2011 年增长了 78%，增速大大高于该地区其他国家。按照此种增速，越南不仅将在未来数年内超越新加坡成为德国在东南亚地区的最大贸易伙伴，也会成为德国对外贸易中增长最快的国家之一。据德国外交部的估算，2020 年德越贸易将超过 200 亿美元。[⑤]

---

① "Msia's Economy on Firm Footing, Najib Tells Germans", 27.9.2016, http://www.freemalaysiatoday.com/category/nation/2016/09/27/msias-economy-on-firm-footing-najib-tells-germans/.

② "Najib, Merkel Talks to Focus on Trade", 26.9.2016, http://www.justreadonline.com/2016/09/26/najib-merkel-talks-focus-trade/.

③ "Wirtschaftsbeziehungen zwischen Deutschland und Kambodscha", http://www.phnom-penh.diplo.de/Vertretung/phnompenh/de/05/Dt-khm_20Wirtschaftsbeziehungen/Wirtschaftsbeziehungen.html.

④ 邢来顺、韦红：《新世纪德国对东南亚政策解读》，《世界经济与政治论坛》，2005 年第 5 期，第 88～92 页。

⑤ "Beziehungen zwischen Vietnam und Deutschland", http://www.auswaertiges-amt.de/DE/Aussenpolitik/Laender/Laenderinfos/Vietnam/Bilateral_node.html.

德越贸易的飞速增长与国际政治经济局势的调整变化紧密相关。尽管中国目前仍是德国经济界在亚太地区投资和贸易的重点对象，但越来越多的声音开始指出，“越南和东盟地区应该受到更多的重视”，“在未来几年中国经济增长减缓之时，中国南部众多小一些的国家则即将迎来繁荣”。①

然而，相比于中国、日本、韩国等亚太国家，作为目前欧盟内部在东南亚展开经贸活动最为积极、贸易量也最大的德国在该地区的经贸存在仍相对弱小。例如，德国在越南的直接投资“没有进入过在越南外国直接投资排行榜的前十名”。② 因此，德国与越南等东南亚国家的经贸关系还有很大的发展空间。正如时任德国联邦经济部部长加布里尔（Sigmar Gabriel）所说，“作为经济普遍增长的地区，整个亚太地区对德国企业的意义越来越重要。在东亚的主要国家之外，东盟十国在政治上和经济上的重要意义与日俱增”，“尤其是越南，它是德国在亚太地区最重要的合作伙伴之一”。③

近年来，很多大型国际企业将生产地从中国迁往了越南。这给德国的零部件供应商提供了重要机会。例如，德国企业给设于越南南部的三星工厂提供了零部件和设备。德国联邦外贸与投资署认为，越南稳定的政治和经济局势、相较于中国更低的工资成本及国内基础设施投资的增加扩大了其对机械设备和装置的需求。尤其是越南为了提升其国内的纺织品生产能力，对纺纱机和织布机及生产纺织品所需要的其他机械装备的需求将大幅增长，这就为德国向越出口有关设备提供了极大的机遇。此外，越南的大规模城市化和包括机场、港口、道路和交通等在内的公共设施的修建也将在未来几年中为德

① “Vietnam：Das Zentrum der Zukunft”，22. 11. 2014，http：//www. wiwo. de/politik/ausland/vietnam-das-zentrum-der-zukunft/11018112. html.

② 在菲律宾、泰国和柬埔寨，德国投资也面临类似的状况。德国经济界有人认为，除了巨大的中国市场的诱惑之外，还在于东南亚地区市场的多样性吓退了德国企业，“我们需要搞清楚，在哪些国家生产哪些东西”。参见“Vietnam：Das Zentrum der Zukunft”，22. 11. 2014，http：//www. wiwo. de/politik/ausland/vietnam-das-zentrum-der-zukunft/11018112. html。

③ “Bundesminister Gabriel reist nach Vietnam zur Asien-Pazifik-Konferenz 2014”，Hanoi，18. 11. 2014，Pressemitteilung，Botschaft der Bundesrepublik Deutschland，in Uietnam.

国企业带来巨大的机会。①

据统计，2015 年德国出口到越南的纺织设备和附件价值达 3500 万欧元，比 2014 年增长了 13%。越南政府对于引进德国在纺织领域的先进技术非常积极，越南认为，“越南需要借助德国高质量和高产量的设备进一步投资纺织业，尤其是在面料和染整方面”。德国机械设备制造商协会（VDMA）纺织分会的瓦德曼（Thomas Waldmann）指出，“全球很多企业视越南为一块生产宝地”。为此，德国机械设备制造商协会在越南各地举办会议，传播和讲授德国纺织企业的最新技术，并探讨纺织业的“工业 4.0”等问题。②

德国在越投资的过程也伴随德国技术和生产组织方式向越南的转移。很多德国企业在越南投资建厂的过程中发现很难找到合适的越南技术工人，因此，以德国驻外商会（AHK）为代表的在越德国企业协会组织与德国联邦教育与研究部合作，开始在越南提供以德国为模板的双轨制职业培训。德国驻外商会认为，这可以“为德国企业节约生产成本”。③ 从 2012 年 4 月 1 日开始，凡是在越南接受这种双轨制职业培训的越南人，皆可以在通过鉴定后得到德国方面的承认，从而可以凭借在越南获得的职业培训证书到德国就业。④

在德越经贸合作迅速增长的背景下，德国还和越南合作在其他发展中国家进行投资。双方在乌兹别克斯坦合资设立的造纸企业计划年产 4 万吨书写纸和胶印纸，产值为 7000 万美元，产品的 30% 用于出口。该企业生产能力在乌兹别克斯坦和中亚地区都是最强的。这大大改善了乌兹别克斯坦纸制品生产不足的状况。⑤

就德越贸易的具体组成来看，德国对越出口产品以重工业产品为主。近年来，德国机器、化学产品、药品、汽车、光学测绘技术、纺织品和电子产

① “Deutsch-Vietnamesischer Außenhandel bleibt ausbaufähig”, 8.12.2016, http://www.gtai.de/GTAI/Navigation/DE/Trade/Maerkte/suche, t = deutschvietnamesischer-aussenhandel-bleibt-ausbaufaehig, did = 1593130.html.

② 梁昕诺：《德国技术生产商越南开讲》，《纺织机械》2016 年第 9 期，第 69 页。

③ “Duale Berufsausbildung&Prorecognition”, http://www.vietnam.ahk.de/berufsausbildung/.

④ “Beratung zur Annerkennung in Vietnam erworbener Berufsqualifikation”, http://www.vietnam.ahk.de/? id = 112687.

⑤ 成华：《德国和越南投资乌兹别克斯坦造纸业》，《造纸信息》2013 年第 12 期，第 48 页。

品等出口量都大幅增长，其中机械设备所占比重最大。而越南出口到德国的货物主要是消费品，除了传统的服装和食品等之外，智能手机近年来出口量猛增，一跃成为越南对德出口的最大宗商品，2015 年达到 24.58 亿欧元。2010～2015 年，越南对德出口额翻了近 3 倍。德国不仅是越南在欧盟内最大的贸易伙伴，也是越南产品的第六大出口国。①

从表 1 可以看出，2011 年后德国在东南亚地区的经贸活动呈现大幅增长的势头。其中，新加坡维持了作为德国在东南亚最大贸易伙伴的地位，而越南则是德国在该地区增速最快的贸易伙伴。

表 1　2011～2015 年德国与东南亚国家进出口总额的变化

单位：亿欧元

年份	2011	2012	2013	2014	2015
新加坡	112.67	116.21	111.31	112.94	124.85
马来西亚	104.15	103.76	104.58	109.35	118.25
越南	57.81	70.6	74.21	80.2	103.28
泰国	72.76	83.42	82.05	85.88	90.98
印尼	63.36	70.63	66.96	65.53	66.01
菲律宾	32.54	38.1	40.82	47.68	51.6
柬埔寨	5.48	7.1	8.92	10.3	13.55
缅甸	1.03	1.43	1.82	2.29	3.45
老挝	0.89	1.79	1.08	1.54	1.15

资料来源：笔者根据德国联邦统计局（Statistisches Bundesamt）每年的统计数据制作而成，该数据最新公布到 2015 年。

具体来看，除了与新加坡的贸易外，德国在东南亚地区的贸易普遍为进口多于出口。例如，德国 2015 年从越南进口了 80.28 亿欧元的物资，而仅出口了 22.99 亿欧元的物资。德国与越南的贸易存在着较大的逆差，而且这一数据比 2014 年还进一步扩大了。

① “Deutsch-Vietnamesischer Außenhandel bleibt ausbaufähig”, 8.12.2016, http://www.gtai.de/GTAI/Navigation/DE/Trade/Maerkte/suche, t = deutschvietnamesischer-aussenhandel-bleibtaus-baufa-ehig, did = 1593130.html.

2. 德国与东南亚国家经贸关系的主要问题

在与东南亚国家开展贸易的过程中，德国企业往往对当地的投资和经商状况感到不满，认为这大幅阻碍了德国与这些国家贸易的进一步提升。例如，近年来，印尼政府投入巨资在国内进行基础设施建设，有关投资从2011年的140亿美元增长到了2015年的244亿美元。德国企业界认为，拥有巨量人口的印尼经济的增长、城市化和民众消费方式的转变会给德国服务业、机械制造业、加工工业和双轨制职业培训体制等带来巨大的机会。从2010年到2015年，德国企业在印尼投资的项目增长了231.4%，其中89.7%的德国企业对印尼的经商现状感到满意。同时，由于印尼国内尚缺乏能与德国企业竞争的企业，因此很多德国跨国企业在印尼赚取的利润是其在全球范围内最多的。在某些领域，印度尼西亚90%的产品都是从国外进口的。① 德国联邦外贸与投资署在2017年1月底的一份报告中指出，中国和日本等亚洲投资者大力兴建交通工程以推动印尼基础设施的改善，这给德国供应商提供了难得的机遇，因为“德国制造”在印尼声望很高。铁路和交通技术领域的德国企业可以为这些工程供应其所需要的零部件。②

在这种背景下，德国也越发将印尼视作充满希望的市场。例如，近年来，除了基础设施建设等领域外，德国企业也投资了印度尼西亚的能源和炼油领域。2015年，德国富乐斯多（Ferrostaal）公司投资20亿美元在巴布亚省（Papua）修建了石化企业。③ 该公司与印尼政府方面签订了协议，合作投资发展棕油工业。④ 而2012年，该公司与印尼第三国营农园合作修建的

---

① “Indonesien: profitabler Markt mit großem Potenzial”, https://www.ahk.de/standorte/ahk-im-fokus/5-fragen-an-ahk-indonesien/.

② “Indonesiens Hauptstadtregion erhält modernes Straßen-und Schienennetz”, 31.1.2017, http://www.gtai.de/GTAI/Navigation/DE/Trade/Maerkte/suche, t = indonesiens-hauptstadtregion-erhaelt-modernes-strassen-und-schienennetz, did = 1634442.html.

③ “Indonesien treibt den Ausbau der Infrastruktur voran”, 20.1.2015, http://www.gtai.de/GTAI/Navigation/DE/Trade/Maerkte/suche, t = indonesien-treibt-den-ausbau-der-infrastruktur-voran, did = 1155844.html.

④ 《印尼德国协议合作发展棕油工业》，《世界热带农业信息》2010年第9期，第19页。

棕油加工厂每年能加工 140 万吨棕油。[①]

而印尼方面将德国视作“印尼经济在欧洲的一个窗口”。[②] 印尼政府期待通过德国打开通往欧洲经贸的大门。2016 年，印尼商务部部长林邦（Thomas Lembong）在雅加达出席第一届德国 - 印尼企业界大会时多次强调，尽快与欧盟签署自由贸易协定是其工作的重点。而德国企业在印尼现代化进程中，尤其在基础设施建设和机械制造领域拥有巨大的机会。[③]

然而，在印尼扩大基础设施建设并希望发展与德国经贸关系的背景下，德国企业仍然对加大对印尼投资显得非常谨慎。德国联邦外贸与投资署的分析报告认为，外资企业在印尼立足仍不容易。[④] 很长时间以来，德国一直认为印尼在道路等基础设施领域的投资太少，“印尼受困于老旧和低水平的基础设施”。[⑤] 由于交通等基础设施老旧，拥有丰富资源的印尼在出口物资时遇到了极大的阻碍。为此，德国物流运输巨头辛克物流（DB Schenker）在印尼设立了分部，通过现代数字技术帮助印尼的运输和物流体系更加完善，并优化当地农产品的生产。[⑥]

德国企业认为，由于印尼低效而腐败丛生的官僚主义和缓慢的征地程序，一个工程从计划到完工常常需要数十年时间，有时甚至要等到印尼总统

---

① 王忠田：《印尼第三国营农园与德国企业合作建棕油厂》，《世界热带农业信息》2012 年第 1 期，第 16 页。

② 《德国政府鼓励企业投资印尼》，《东南亚南亚信息》2001 年第 4 期，第 7 页。

③ “Handelsminister Thomas Lembong Ehrengast beim ersten deutschen Wirtschaftstag”, http://www.jakarta.diplo.de/Vertretung/jakarta/de/06_20Wirtschaft/seite-german-business-day-2016.html.

④ “Indonesien: profitabler Markt mit großem Potenzial”, https://www.ahk.de/standorte/ahk-im-fokus/5-fragen-an-ahk-indonesien/.

⑤ “Branche Kompakt-Bauwirtschaft (Tiefbau/Infrastrukturbau)-Indonesien 2014”, 12.12.2014, https://www.gtai.de/GTAI/Navigation/DE/Trade/Maerkte/Branchen/Branche-kompakt/branche-kompakt-bauwirtschaft, t = branche-kompakt-bauwirtschafttiefbauinfrastrukturbau-indonesien-2014, did = 1133872.html.

⑥ “Australisch-deutsches Symposium im Landwirtschafts-und Lebensmittelsektor”, http://www.jakarta.diplo.de/Vertretung/jakarta/de/06_20Wirtschaft/seite-aus-deu-symposium-2016.html.

亲自出马才能解决问题。这大大打击了外国私营企业对印尼投资的兴趣。[①]

因此，德国企业倾向于承担风险比较小的零部件供应项目。随着中国、日本等亚洲投资者加大在印尼投资的规模，德国的这种思想更为成熟。德国联邦外贸与投资署在2017年1月3日的一份分析报告中指出，印尼政府计划到2019年投入3000亿美元使其基础设施现代化，而政府只能承担其中的60%。剩余的投资都需要依赖私人资本。德国建筑企业尽管拥有先进的技术和能力，但是必须与印尼的国家部门密切合作，以避免出现上面所说的问题。与具有雄厚财力的中国、日本投资者相比，德国企业（多为私人企业）只能更多作为零部件供应商。尽管这些领域的商机相对比较少，但风险也相对小些。因为“在印尼作为主要工程负责者，会遇到相当多的矛盾。这会导致工程推迟数年之久”。而即使中国公司贷款、修建和运行一项工程，印尼方面也会坚持要求有德国企业作为合作伙伴参与该工程，并作为供货者，在交通和安全技术、计划和资格认证等方面提供帮助。印尼方面已经有很多人认为，中国的技术不是非常值得信赖。除此之外，德国企业的建筑技术还可以用在印尼的火车站和机场终端建设上。[②]

3. 德国在东南亚的经贸新领域和投资优惠

在传统领域以外，近年来在德国与东南亚国家的经贸合作中，环保和可持续发展技术与产品越发占据重要位置。德国在以创新技术降低能源消耗及可再生能源技术问题上是世界领先国家，德国政府在这方面的技术出口上的投入也越发加大。

德国在越南的可再生能源与创新技术领域进行了许多投资。越南市场对

---

① 例如，在印尼，一个工程往往同时由多个地方和中央部门负责，为了使工厂开工，企业往往需要完成多达200种不同的审批程序。而经常在拿到最后一个批准时，前面的审批已经过期了。参见“Kraftwerke zu bauen ist in Indonesien ein Kraftakt”，31. 1. 2017，http：//www. gtai. de/GTAI/Navigation/DE/Trade/Maerkte/suche，t = kraftwerke-zu-bauen-ist-in-indonesien-ein-kraftakt，did = 1634440. html。

② “Indonesien beschleunigt den Ausbau der Infrastruktur”，3. 1. 2017，http：//www. gtai. de/GTAI/Navigation/DE/Trade/Maerkte/suche，t = indonesien-beschleunigt-den-ausbau-der-infrastruktur，did = 1618564. html.

德国在该方面产品的出口具有战略意义。① 2016 年 9 月，由德国提供 3500 万欧元贷款所援建的风力发电站在越南南部正式入网。该发电站可以为 15 万越南人提供电力，从而为越南日益增长的用电需求提供可持续和无排放的能源。这也是越南第一座由国家运营的风力发电站。②

德国尽管对印尼丰富的自然和矿产资源有很多依赖，但德国政府强调要在减少对环境破坏的情况下构建起德国工业所需的原材料输送链条。为此，德国政府在印尼很多领域进行了具体的尝试。例如，在曾经由于开采锡矿而砍伐了树木的地区重新植被，从而为该地区的渔民提供新的经济机会。③ 目前，德国在印尼可再生能源和森林领域的投资额为 200 万欧元。④ 2012 年起，德国科学基金会（DFG）开始资助由德国哥廷根大学和印尼有关高校参加的、有关印尼热带雨林经济利用和生态保护的研究课题，以争取做到在保护环境的同时满足当地人民日益增长的有关消费需要。⑤

在菲律宾，德国与菲律宾农业部在 2016 年 4 月签订了可持续可可生产计划合作协议，通过德国的技术和管理方式帮助菲律宾推动可可的有机生产和销售。⑥

在泰国，德泰两国企业在可再生能源利用和能效节约等问题上存在紧密的合作。德国外交部认为，泰国拥有包括生物能、太阳能在内的丰富的自然

---

① "Exportinitiative Energieeffizient", http://www.vietnam.ahk.de/projekte/exportinitiative-energieeffizienz; "Exportinitiative Erneuerbare Energien", http://www.vietnam.ahk.de/projekte/exportinitiative-erneuerbare-energien/.

② "Vietnam: erster Windpark an das Stromnetz angeschlossen-mit deutscher Finanzierung", http://www.hanoi.diplo.de/Vertretung/hanoi/de/10__EZ/10-00_20EZ_20Artikel_20Aktuell/160916_20Windpark.html.

③ 锡是德国电子工业所需要的一种重要材料，而印尼是世界上最大的锡供应国之一。参见 "Bundesregierung fördert Nachhaltigkeit von Zinnabbau", http://www.jakarta.diplo.de/Vertretung/jakarta/de/06_20Wirtschaft/seite-zinnabbau-2016.html。

④ "Indonesische Regierung feiert die Ratifizierung des Paris Agreements", http://www.jakarta.diplo.de/Vertretung/jakarta/de/06_20Wirtschaft/Entwicklungszusammenarbeit/seite-paris-agreement.html.

⑤ "Deutsch-Indonesische Kooperation zu Forst-und Landwirtschaft in Jambi", http://www.jakarta.diplo.de/Vertretung/jakarta/de/06_20Wirtschaft/Wissenschaft/seite-forst-und-landwirtschaft-jambi-2017.html.

⑥ 《德国帮助菲律宾发展可可产业》，《世界热带农业信息》2016 年第 5 期，第 22 页。

资源。同时，泰国政府已经颁布的一些可再生能源计划为更好地利用这些能源提供了重要的条件。这使德国在这方面的技术有了充分的用武之地。① 德国驻泰使馆每年会召集德国企业和有关专家进行 2 ~3 次有关环境和可持续发展问题的探讨，其中的主题包括节能建筑、城市化政策、能源政策和可持续能源的使用等。②

在这类经济合作中，德国与东南亚各国的合作开始从双边走向多边。比较有代表性的工程范例是 2017 年 1 月由德国提供技术、马来西亚提供资金和印尼提供农业垃圾的生物能电站在苏门答腊岛北部开工。印尼政府计划实现全国 1/4 的电能来源于可再生能源。③

东南亚国家对德国企业的吸引力各不相同。总体来说，宽松的投资管控措施、刺激投资的优惠政策、良好的外语水平及相对较少的罢工现象是该地区国家对外资具有吸引力的重要原因。例如，宝马集团等德国企业在东南亚各国设立了子公司。这也使这些地方可以有机会引进更多的车型，并在当地建立起更好的销售和服务网络等。同时，在德国宝马集团在菲律宾成立的子公司宝马（菲律宾）汽车公司里，德方占有 70% 的股份，而菲方仅占有 30% 的股份。④ 而在马来西亚，德国企业在其所设立的合资公司中也可以获得超过 50% 以上的绝对控股权。⑤ 与此相比，德国企业在中国合资企业中则很难拿到绝对控股权。

此外，菲律宾等国也通过建设"工业园"和"经济专区"等简化外资建厂的程序，并为出口企业提供税收上的优惠等，吸引来自包括德国在内的外国资本。因此，德国企业认为，在菲律宾投资建厂可以提升其在全球的竞

---

① "Umwelt, Klima, Energie", http: //www. bangkok. diplo. de/Vertretung/bangkok/de/05/3-Themen-im-Fokus/320-Umwelt-Klima-Energie. html.

② "Arbeitsgruppe Umwelt-Umwelt AG", http: //www. bangkok. diplo. de/Vertretung/bangkok/de/05/1-Wirtschaftsabteilung/120-Regelmaessige-Veranstaltungen. html.

③ "Deutsch-malaysisch-indonesisches Biogasprojek auf Sumatra", http: //www. gtai. de/GTAI/Navigation/DE/Trade/Maerkte/suche, t = deutschmalaysischindonesisches-biogasprojekt-auf-sumatra, did = 1633704. html.

④ 《德国宝马汽车集团在菲律宾设子公司》,《东南亚南亚信息》2001 年第 4 期，第 7 页。

⑤ 谢立:《德国大陆公司在马来西亚建合资轮胎厂》,《橡胶科技》2003 年第 16 期，第 32 页。

争力。[①] 菲律宾为数众多而又年轻的人口、英语的广泛使用和较好的教育程度，加上较少的罢工和优良的基础设施及经济专区提供的各种优惠，使德国企业越发重视菲律宾。[②]

（二）德国经济亚太委员会的作用

在德国与东南亚地区的经贸活动中，除了作为政策制定和执行机构的德国联邦政府各部和各州有关部门外，德国经济亚太委员会（APA）等半官方机构也是非常值得注意的考察对象。

1993 年，德国经济亚太委员会成立。20 世纪 90 年代中后期，由于亚太地区对于德国经济的重要性日益增长，传统负责沟通德国与该地区国家经济联系的半官方机构德国经济东方委员会（OA）逐步将权利转移给了德国经济亚太委员会这一成立不久的机构。[③] 在这之后，东方委员会主要负责推动德国与东欧、高加索和中亚地区的经贸往来；而亚太委员会则负责中国及其他亚太国家的事务，具体包括推动欧亚经济增长、改善德国企业在亚太和亚太企业在德国的市场准入并推动商业投资，以及通过在德国和东南亚组织产品和技术博览会、提供两国最新的经贸信息和分析数据等发展德国在这些国家的贸易。而在亚太地区各国的政府领导人访德和德国领导人访问亚太时，亚太委员会也会派代表随行，并参与高层有关经济问题的谈判。[④]

亚太委员会在亚太地区最具代表性的活动是从 1986 年起每隔两年在亚太城市中选址举办的德国经济亚太会议（APK）。该会议的主要目的是推动德国企业在该地区的发展，以及在这些国家开展的职业培训活动。目前该会

---

① "German Stihl Group Opens New Zama Production Plant in the Philippines", 2. 2. 2016, http: //philippine-embassy. de/2016/02/02/stihl-group-opens-new-zama-production-plant-in-the-philippines-2/.

② "Seminar Spotlights Ph Bioenergy Opportunities for German Companies", 9. 2. 2017, http: //philippine-embassy. de/2016/02/09/seminar-spotlights-ph-bioenergy-opportunities-for-german-companies/.

③ Sven Jüngerkes, *Diplomaten der Wirtschaft*, *Die Geschichte des Ost-Ausschusses der Deutschen Wirtschaft*, Osnabrück: fibre Verlag, 2012, p. 176.

④ 相关信息来源于德国经济亚太委员会网站，https: //www. asien-pazifik-ausschuss. de/de。

议已经成为“德国在这个区域最大的政商交往活动，吸引了政治经济界的重要人物参加”，“成为德国与亚洲国家进行伙伴对话的催化剂和不可或缺的论坛”。[①]

三 德国在东南亚政治经济活动背后的全球治理考虑

近年来德国在东南亚的政治经贸活动增加，其背后有多重政治和外交考虑，符合德国全球治理的原则。

第一，通过发展与东南亚各国的政治经贸关系，推动东南亚地区自由贸易和多边主义的发展，并以此推动该地区的经济增长和世界和平。

东南亚地区是全球经济的重要增长极，而德国的发展依赖于全球自由贸易的推进。同时，德国政府历来对以东盟为代表的全球多边主义非常支持，“因为德国认为多边主义能够对和平和稳定做出贡献”。[②]

德国政府是全球自由贸易的坚定支持者和重要推动力量之一。默克尔曾多次公开表示要推动东南亚国家与欧盟签署自由贸易协定。默克尔这几年在访问东南亚国家时一直强调，“除了自由贸易外，工业国家和发展中国家找不到另一条没有歧视并从中获利的道路”。德国致力于运用二十国集团（G20）机制进一步消除贸易壁垒。[③] 在其2016年与印尼总统的会谈结束后，默克尔也公开表示，欧盟若想加强与印尼的贸易，那就需要与印尼方签订自由贸易协定。德国将推动欧盟尽快就此与印尼展开谈判。[④] 默克尔还曾建议菲律宾尽快与欧盟达成自由贸易协定，以推动双边贸易的增长。她还表示，

① 参见 http：//www. asiapacificconference. com/de/。

② “ASEAN, Germany to Further Enhance Relationship”, 31. 10. 2016, http：//asean. org/asean-germany-to-further-enhance-relationship/.

③ “Angela Merkel wirbt in Fernost für den Euro”, 2. 6. 2011, http：//www. handelsblatt. com/politik/international/singapur-visite-angela-merkel-wirbt-in-fernost-fuer-den-euro/4245758. html.

④ “Merkel wirbt für Freihandelsabkommen mit Indonesien”, 18. 4. 2016, http：//www. t-online. de/wirtschaft/id_77588130/wirtschaft-politik-merkel-wirbt-fuer-freihandelsabkommen-mitindonesien. html.

良好的法制环境及政府的透明对德国企业增加在菲投资非常重要。①

第二，通过大规模发展援助，减少东南亚的贫困。德国近年来在东南亚国家进行了大量的发展援助工程。这样的工程既推动了德国全球治理理念的实施，也有利于德国可持续发展技术和资本向东南亚出口。

欧盟历来强调规范传播的溢出作用，比较重视通过推行各种援助项目等推广附带理念的输出，以增强其影响力。② 多年来，东南亚国家普遍是德国发展援助政策的接收者和受惠者。在菲律宾，德国驻菲大使馆动用德国外交部提供的经费，为菲律宾的民用小型工程提供资助，以此帮助提升当地贫困家庭，尤其是农业地区的生活条件。③

在柬埔寨这个经济比较落后的发展中国家，德国政府所提供的发展援助也占有重要的地位。在过去的 25 年里，德国联邦经济合作与发展部（BMZ）总共为柬埔寨投入了 3.5877 亿欧元的政府发展援助，而德国复兴信贷银行（KfW）还为柬埔寨提供了 1.2 亿美元的发展贷款。④ 德国政府认为，基础设施的缺乏和由此而来的高昂运输和能源费用是作为农业国家的柬埔寨发展的巨大障碍。为此，德国联邦经济合作与发展部援助柬埔寨修建了 2100 千米的公路、72 座桥梁、10 个地方市场和 48 所学校。此外，德国还帮助柬埔寨政府实施了有利于贫困农民的农业改革，以使最贫困的家庭也能获得土地。⑤

在合作生产之外，德国还与东南亚国家努力达成共同的质量认证体系。通过认可和延长认可东南亚国家的产品质量认证体系，不仅使该地区国家的

① “Presskonferenz von Bundeskanzlerin Merkel und dem philippinischen Staatspräsidenten Aquino im Bundekanzlersamt”, 19. 9. 2014, https：//www. bundesregierung. de/Content/DE/Mitschrift/Pressekonferenzen/2014/09/2014-09-19-merkel-aquino. html.

② 任琳、程然然：《欧盟东南亚政策论析》，《欧洲研究》2015 年第 3 期，第 27 ~ 42 页。

③ 除了菲律宾，德驻菲大使馆还负责为在太平洋上的帕劳、马绍尔群岛和密克罗西亚等岛屿提供这样的资助。参见“Von der Botschaft durchgeführte Kleinstmaßnahmen”, http：//www. manila. diplo. de/Vertretung/manila/de/07/Seite_ _ Kleinstprojekte. html。

④ “Deutsche Entwicklungszusammenarbeit”, http：//www. phnom-penh. diplo. de/Vertretung/phnompenh/de/07/_ _ Entwicklungszusammenarbeit. html.

⑤ “Schwerpunkt：Ländliche Entwicklung-Wirtschaftliche Potentiale erschließen und inklusives und nachhaltiges Wachstum fördern”, http：//www. phnom-penh. diplo. de/Vertretung/phnompenh/de/07/Schwerpunkte/Schwerpunkt_ 20L_ C3_ A4ndliche_ 20Entwicklung. html.

产品得以进入和继续在德国销售，而且加强了德国与这些国家的经济联系。德国联邦经济合作与发展部、德国技术合作公司（GTZ）和各个专业协会在这个过程中起到了很大的作用。①

四　结语

在东南亚各国大力引进外资发展经济和进行现代化建设的背景下，自21世纪的第一个10年结束以来，德国在东南亚的经贸活动呈明显增长之势。同时，出于反恐、解决难民及维持亚太区域安全稳定的需要，德国政府在这些领域中与东南亚各国开展了紧密的对话及合作。

由于德国在东南亚地区并无传统的政治影响，因此在德国政府制定的有关对东南亚的政策中，发展经贸并以此推动政治合作就成为其中的重点。政府也会对进行对外贸易或投资的企业提供帮助。② 而东南亚各国也为吸收德国投资做出了很多改革，并提供了各种优惠措施。这和德国制造和德国文化在东南亚地区所享有的崇高声誉一起，共同促进了德国与该地区经贸合作的迅速增长及政治合作的加强。

目前德国是大多数东南亚国家在欧盟的第一大贸易国。从国别来看，越南是德国在东南亚成长最快的经贸伙伴，并将在今后1～2年内超越新加坡，成为德国在该地区最大的贸易对象国。从投资的领域来看，德国企业既投资传统的基础设施建设、机械设备和炼油等行业，也大力在东南亚落实可持续发展理念，将德国先进的可再生能源和节能环保等技术通过各种方式输出到东南亚国家。

与中国和日本等地区强国在东南亚地区的经贸活动相比，德国还存在不小的差距。在这种情况下，德国政府和德国企业应充分因势利导，避免一切

① 《德国汉堡延长马来西亚国家木材认证体系认可期》，《中国绿色时报》2007年12月23日，第A03版。

② "Deutschlands Zukunft gestalten: Koalitionsvertrag zwischen CDU, CSU und SPD", Berlin, 16.12.2013, pp. 12 – 13.

不必要的风险。在有关的经贸活动中，德国企业尽量赚取切实可得的好处和利益，而不进行很宏大或耗资巨大的工程。为此，德国企业在东南亚多国都提出要与包括中国等在内的国外投资商进行合作，以规避各种风险。目前来看，德国与东南亚的贸易仍有很大的发展空间。

正如加布里尔及林哈德等德国政治经济要员所指出的，随着亚太地区国家政治和经济实力的增长，以及在国际格局中发挥越来越重要的作用，德国通过发展与亚太地区国家的经济合作，可以找到办法掌控该地区即将出现的挑战，并推动市场的自由化。与亚太地区国家的合作也可以保障欧洲经济的增长和工作机会。德国和欧盟对亚太地区贸易政策的主要目标是在该地区获取更大的市场，并制定双边贸易规则。① 这突出体现在德国在该地区推动自由贸易和多边主义的发展、减少贫困及促进德国可持续发展技术和资本向东南亚出口等方面。总的来说，发展与东南亚的政治和经贸关系符合德国应对全球问题的需要，有利于输出德国的意识形态和全球治理模式。

① Germany Trade and Invest (GTAI), *15th Asia-Pacific Conference of German Business*, Köln, September 2016, S. 4–5.

资 料 篇

Data and Statistics

B.16
统计资料

朱宇方*

表 1　德国国内生产总值(2010～2016 年季度数据)

项目	单位	2010 年				2011 年				2012 年				2013 年				2014 年				2015 年				2016 年			
		第一季度	第二季度	第三季度	第四季度	第一季度	第二季度	第三季度	第四季度	第一季度	第二季度	第三季度	第四季度	第一季度	第二季度	第三季度	第四季度	第一季度	第二季度	第三季度	第四季度	第一季度	第二季度	第三季度	第四季度	第一季度	第二季度	第三季度	第四季度
未调整原始值																													
国内生产总值	10 亿欧元	689.12	685.18	682.73	678.15	701.3	696.08	685.46	698.33	723.16	719.29	716.38	718.53	744.38	744.64	739.41	745.99	771.66	775.76	763.18	780.76	793.61	795.12	689.12	685.18	682.73	678.15	701.3	696.08

* 朱宇方，博士，同济大学德国问题研究所/欧盟研究所讲师、德国研究中心研究人员。

续表

项目	单位	2010年				2011年				2012年				2013年				2014年				2015年				2016年			
		第一季度	第二季度	第三季度	第四季度	第一季度	第二季度	第三季度	第四季度	第一季度	第二季度	第三季度	第四季度	第一季度	第二季度	第三季度	第四季度	第一季度	第二季度	第三季度	第四季度	第一季度	第二季度	第三季度	第四季度	第一季度	第二季度	第三季度	第四季度
同比变动	%	4.3	3	3	1.8	1.8	1.6	0.4	3	3.1	3.3	4.5	2.9	2.9	3.5	3.2	3.8	3.7	4.2	3.2	4.7	2.8	2.5	4.3	3	3	1.8	1.8	1.6
人均国内生产总值	欧元	8583	8528	8498	8437	8717	8643	8510	8667	8964	8903	8863	8882	9187	9172	9086	9152	9441	9446	9274	9458	9577	9554	8583	8528	8498	8437	8717	8643
剔除季节因素后调整值(以 BV4.1 进行调整)																													
国内生产总值	10亿欧元	677.4	681.76	685.687	687.508	691.412	694.301	696.499	705.145	711.433	716.947	724.548	727.772	733.844	741.66	747.553	754.435	761.898	767.973	774.11	781.393	784.016	789.775	677.4	681.76	685.687	687.508	691.412	694.301
环比变动	%	0.7	0.6	0.6	0.3	0.6	0.4	0.3	1.2	0.9	0.8	1.1	0.4	0.8	1.1	0.8	0.9	1	0.8	0.8	0.9	0.3	0.7	0.7	0.6	0.6	0.3	0.6	0.4
人均国内生产总值	欧元	8438	8489	8533	8551	8594	8625	8646	8748	8818	8878	8965	8993	9056	9137	9189	9253	9320	9352	9411	9462	9460	9491	8438	8489	8533	8551	8594	8625
剔除季节和价格因素后的环比指数(2010 = 100)																													
国内生产总值	—	103.79	103.77	104.17	104.26	104.47	103.97	103.79	104.74	105.21	105.6	106.23	106.12	106.42	107.26	107.44	108	108.26	108.65	109.43	109.94	110.09	110.56	103.79	103.77	104.17	104.26	104.47	103.97
环比变动	%	0.5	0	0.4	0.1	0.2	-0.5	-0.2	0.9	0.4	0.4	0.6	-0.1	0.3	0.8	0.2	0.5	0.2	0.4	0.7	0.5	0.1	0.4	0.5	0	0.4	0.1	0.2	-0.5
人均国内生产总值	—	103.79	103.75	104.08	104.1	104.26	103.7	103.43	104.32	104.71	104.99	105.5	105.28	105.45	106.12	105.98	106.33	106.34	106.28	106.75	106.87	106.67	106.72	103.79	103.75	104.08	104.1	104.26	103.7

数据来源：德国联邦统计局网站，http：//www.destatis.de/jetspeed/portal/cms/。

表 2　德国消费价格指数
（2010～2016 年月度数据）

时间		消费价格指数	同比变动	环比变动
		2010 = 100	单位:%	单位:%
2010 年	1 月	99	0.7	-0.6
	2 月	99.4	0.5	0.4
	3 月	99.9	1.2	0.5
	4 月	100	1.2	0.1
	5 月	99.9	1.2	-0.1
	6 月	99.9	0.9	—
	7 月	100.1	1.1	0.2
	8 月	100.2	1	0.1
	9 月	100.1	1.2	-0.1
	10 月	100.2	1.3	0.1
	11 月	100.3	1.5	0.1
	12 月	100.9	1.3	0.6
2011 年	1 月	100.7	1.7	-0.2
	2 月	101.3	1.9	0.6
	3 月	101.9	2	0.6
	4 月	101.9	1.9	—
	5 月	101.9	2	—
	6 月	102	2.1	0.1
	7 月	102.2	2.1	0.2
	8 月	102.3	2.1	0.1
	9 月	102.5	2.4	0.2
	10 月	102.5	2.3	—
	11 月	102.7	2.4	0.2
	12 月	102.9	2	0.2
2012 年	1 月	102.8	2.1	-0.1
	2 月	103.5	2.2	0.7
	3 月	104.1	2.2	0.6
	4 月	103.9	2	-0.2
	5 月	103.9	2	—
	6 月	103.7	1.7	-0.2
	7 月	104.1	1.9	0.4
	8 月	104.5	2.2	0.4
	9 月	104.6	2	0.1
	10 月	104.6	2	—
	11 月	104.7	1.9	0.1
	12 月	105	2	0.3

续表

时间		消费价格指数	同比变动	环比变动
		2010 = 100	单位:%	单位:%
2013 年	1 月	104.5	1.7	-0.5
	2 月	105.1	1.5	0.6
	3 月	105.6	1.4	0.5
	4 月	105.1	1.2	-0.5
	5 月	105.5	1.5	0.4
	6 月	105.6	1.8	0.1
	7 月	106.1	1.9	0.5
	8 月	106.1	1.5	—
	9 月	106.1	1.4	—
	10 月	105.9	1.2	-0.2
	11 月	106.1	1.3	0.2
	12 月	106.5	1.4	0.4
2014 年	1 月	105.9	1.3	-0.6
	2 月	106.4	1.2	0.5
	3 月	106.7	1	0.3
	4 月	106.5	1.3	-0.2
	5 月	106.4	0.9	-0.1
	6 月	106.7	1	0.3
	7 月	107	0.8	0.3
	8 月	107	0.8	—
	9 月	107	0.8	—
	10 月	106.7	0.8	-0.3
	11 月	106.7	0.6	—
	12 月	106.7	0.2	-
2015 年	1 月	105.6	-0.3	-1
	2 月	106.5	0.1	0.9
	3 月	107	0.3	0.5
	4 月	107	0.5	—
	5 月	107.1	0.7	0.1
	6 月	107	0.3	-0.1
	7 月	107.2	0.2	0.2
	8 月	107.2	0.2	—
	9 月	107	—	-0.2
	10 月	107	0.3	—
	11 月	107.1	0.4	0.1
	12 月	107	0.3	-0.1

续表

时间		消费价格指数	同比变动	环比变动
		2010 = 100	单位:%	单位:%
2016 年	1 月	106.1	0.5	-0.8
	2 月	106.5	—	0.4
	3 月	107.3	0.3	0.8
	4 月	106.9	-0.1	-0.4
	5 月	107.2	0.1	0.3
	6 月	107.3	0.3	0.1
	7 月	107.6	0.4	0.3
	8 月	107.6	0.4	—
	9 月	107.7	0.7	0.1
	10 月	107.9	0.8	0.2
	11 月	108	0.8	0.1
	12 月	108.8	1.7	0.7

数据来源：德国联邦统计局网站，http：//www.destatis.de/jetspeed/portal/cms/。

表 3 德国进出口贸易整体数据（2014～2016 年年度数据）

年份	出口额	出口额（按当月汇率换算）	进口额	进口额（按当月汇率换算）
	单位:千欧元	单位:千美元	单位:千欧元	单位:千美元
2014	1123745925	1492539432	910144767	1209306482
2015	1193555087	1323691298	949244874	1052925480
2016	1206889442	1335898483	954676471	1056336051

数据来源：德国联邦统计局网站，http：//www.destatis.de/jetspeed/portal/cms/。

表 4 德国劳动生产率、雇员报酬及单位劳动成本（2010～2016 年不含建筑业的生产性行业及所有行业整体年度数据）

项目	单位	2010 年	2011 年	2012 年	2013 年	2014 年	2015 年	2016 年
不含建筑业的生产性行业								
每位就业者创造国内生产总值(当时价格)	欧元	77928	80938	81325	81549	84921	87481	89545
每位就业者每工时创造国内生产总值(当时价格)	欧元	54.04	55.27	56.48	56.5	58.33	59.85	61.45
每位就业者的劳动生产率	2010 = 100	100	103.42	101.35	100.61	105.07	106.47	108.25

续表

项目	单位	2010 年	2011 年	2012 年	2013 年	2014 年	2015 年	2016 年
每位就业者的单位工时劳动生产率	2010 = 100	100	101.85	101.5	100.52	104.07	105.05	107.11
雇员人均报酬	欧元	47044	48434	49188	50742	52001	53214	54172
雇员每工时人均报酬	欧元	33.3	33.69	34.81	35.76	36.29	36.98	37.75
雇员人均毛工资	欧元	38040	39680	40635	41798	42933	44044	44841
雇员每工时人均毛工资	欧元	26.93	27.6	28.75	29.46	29.96	30.61	31.25
人均单位劳动成本	2010 = 100	100	99.56	103.17	107.21	105.21	106.25	106.37
每工时人均单位劳动成本	2010 = 100	100	99.32	102.98	106.83	104.72	105.71	105.83
所有行业整体数据								
每位就业者创造国内生产总值(当时价格)	欧元	62898	65015	65578	66770	68537	70437	72057
每位就业者每工时创造国内生产总值(当时价格)	欧元	45.25	46.68	47.69	49.02	50.12	51.5	52.85
每位就业者的劳动生产率	2010 = 100	100	102.27	101.59	101.44	102.26	103.06	103.97
每位就业者的单位工时劳动生产率	2010 = 100	100	102.06	102.69	103.51	103.93	104.72	105.97
雇员人均报酬	欧元	35091	36129	37035	37696	38757	39693	40599
雇员每工时人均报酬	欧元	26.79	27.48	28.47	29.2	29.81	30.5	31.29
雇员人均毛工资	欧元	28388	29343	30146	30761	31631	32477	33259
雇员每工时人均毛工资	欧元	21.68	22.32	23.18	23.83	24.33	24.95	25.64
人均单位劳动成本	2010 = 100	100	100.66	103.89	105.9	108.01	109.75	111.27
每工时人均单位劳动成本	2010 = 100	100	100.49	103.49	105.27	107.06	108.69	110.2

数据来源：德国联邦统计局网站，http：//www.destatis.de/jetspeed/portal/cms/。

表 5　德国失业人口、失业率及短时工作者数据（2010 ~ 2016 年全国及新老联邦州年度数据）

年份	失业人数			劳动人口失业率(%)			短时工作人数		
	全德	老联邦州	新联邦州	全德	老联邦州	新联邦州	全德	老联邦州	新联邦州
2010	3238965	2227473	1011492	7.7	6.6	12	502694	412692	90003
2011	2976488	2026545	949943	7.1	6	11.3	147607	110645	36962
2012	2897126	1999918	897209	6.8	5.9	10.7	111509	83116	28393
2013	2950338	2080342	869995	6.9	6	10.3	123978	93264	30713
2014	2898388	2074553	823835	6.7	5.9	9.8	94160	74037	20124
2015	2794664	2020503	774162	6.4	5.7	9.2	88383	69675	18709
2016	2690975	1978672	712303	6.1	5.6	8.5	—	—	—

数据来源：德国联邦统计局网站，http：//www.destatis.de/jetspeed/portal/cms/。

表 6　德国人口（2009～2015 年数据）

采样日	性别		
	男	女	总数
2009 年 12 月 31 日	40103606	41698651	81802257
2010 年 12 月 31 日	40112425	41639177	81751602
2011 年 12 月 31 日	39229947	41097953	80327900
2012 年 12 月 31 日	39380976	41142770	80523746
2013 年 12 月 31 日	39556923	41210540	80767463
2014 年 12 月 31 日	39835457	41362080	81197537
2015 年 12 月 31 日	40514123	41661561	82175684

数据来源：德国联邦统计局网站，http：//www. destatis. de/jetspeed/portal/cms/。

表 7　德国可持续发展指标
（2010～2015 年年度数据）

可持续发展指标	2010 年	2011 年	2012 年	2013 年	2014 年	2015 年
代际公平						
节约资源						
能源生产率(1990 = 100)	135. 86	147. 23	149. 5	145. 88	155. 69	156. 22
初级能源消费(1990 = 100)	95. 38	91. 24	90. 22	92. 73	88. 28	89. 47
原料生产率(1994 = 100)	148. 21	144. 25	149. 5	148. 34	148. 77	—
气候保护						
以 CO_2 当量计算的温室气体排放(基准年* = 100)	75. 41	73. 87	74. 24	75. 75	72. 28	72. 79
可再生能源						
可再生能源在终端能源消费中的比重(%)	10. 9	11. 8	12. 8	13. 1	13. 7	—
可再生能源发电在电力消费中的比重(%)	17	20. 4	23. 7	25. 2	27. 4	32. 6
土地使用						
居住及交通用地增加(公顷/天)	87	81	74	73	69	—
物种多样性						
物种多样性及景观质量(2015 = 100)	67. 64	63. 43	—	—	—	—
国家负债						
国家赤字(占国内生产总值,%)	4. 22	0. 96	0. 1	0. 14	-0. 29	-0. 7

续表

可持续发展指标	2010 年	2011 年	2012 年	2013 年	2014 年	2015 年
结构性赤字(占国内生产总值,%)	2.13	1.64	0.41	-0.29	-0.82	-0.85
累计债务(占国内生产总值,%)	81	78.31	79.61	77.21	74.69	71.15
未来经济发展储备						
毛固定资产投资占国内生产总值比重(%)	19.44	20.27	20.18	19.76	20.07	19.93
创新						
私有及公共部门的研发开支(占国内生产总值,%)	2.8	2.89	2.98	—	—	—
教育						
18~24 岁无学历者(占该年龄段人群,%)	11.86	11.56	10.37	—	—	—
18~24 岁无学历男性(占该年龄段人群,%)	12.68	12.47	10.97	—	—	—
18~24 岁无学历女性(占该年龄段人群,%)	11.02	10.62	9.73	—	—	—
30~34 岁有高等教育学历者(占该年龄段人群,%)	41.31	42.22	43.43	—	—	—
30~34 岁有高等教育学历男性(占该年龄段人群,%)	39.97	40.07	40.88	—	—	—
30~34 岁有高等教育学历女性(占该年龄段人群,%)	42.68	44.42	46.04	—	—	—
大学入学率(%)	42.49	46.28	53.17	—	—	—
大学入学率,男性(%)	41.7	45.92	54.67	—	—	—
大学入学率,女性(%)	43.35	46.69	51.61	—	—	—
生活质量						
经济绩效						
居民人均国内生产总值(以 2005 年价格计,千欧元)	32.14	33.32	33.39	33.4	33.79	34.12
交通						
货物运输强度(1999 = 100)	112.18	110.92	108.8	—	—	—
客运强度(1999 = 100)	93.88	91.7	91.66	—	—	—

续表

可持续发展指标	2010 年	2011 年	2012 年	2013 年	2014 年	2015 年
铁路运输在货运中所占比重(%)	17.85	18.46	18.21	—	—	—
内陆航运在货运中所占比重(%)	10.36	8.97	9.68	—	—	—
耕地经营						
氮盈余(公斤/公顷农业用地)	94.83	99.9	100.6	—	—	—
生态耕作土地在农业用地中所占比重(%)	5.64	—	5.76	6	6.2	—
空气质量						
空气污染(1990 = 100)	43	43.27	41.98	42.49	—	—
健康与营养						
65 以下男性死亡人数(每10 万人)	230.3	229.2	222.6	—	—	—
65 以下女性死亡人数(每10 万人)	135	136.9	131.7	—	—	—
成人吸烟率(15 岁以上)(占受访者%)	—	—	—	24.5	—	—
成年男性吸烟率(15 岁以上)(占受访者%)	—	—	—	29	—	—
成年女性吸烟率(15 岁以上)(占受访者%)	—	—	—	20.3	—	—
青少年吸烟率(12 ~17 岁)(占受访者%)	12.9	11.7	12	—	9.7	—
肥胖者(占成年人%)	—	—	—	15.7	—	—
肥胖男性(占成年男性%)	—	—	—	17.1	—	—
肥胖女性(占成年女性%)	—	—	—	14.3	—	—
犯罪率						
刑事案件(案件数/10 万居民)	7253.2	7327.9	7327.4	7403.6	7530.3	—
社会凝聚力						
就业						
15 ~64 岁就业率(%)	71.1	72.7	73	73.5	73.8	—
15 ~64 岁男性就业率(%)	76	77.6	77.9	78	78.1	—
15 ~64 岁女性就业率(%)	66.1	67.8	68.1	69	69.5	—

续表

可持续发展指标	2010 年	2011 年	2012 年	2013 年	2014 年	2015 年
55～64 岁就业率(%)	57.7	60	61.6	63.6	65.6	—
55～64 岁男性就业率(%)	65	67.1	68.6	69.9	71.4	—
55～64 岁女性就业率(%)	50.5	53.2	54.9	57.6	60	—
家庭未来						
0～2 岁婴幼儿全日托管服务(%)	10.2	11.3	12.7	13.7	15.3	—
3～5 岁婴幼儿全日托管服务(%)	32.1	34.7	36.9	39.1	41.4	—
男女平等						
女性与男性收入差距(%)	22	22	22	22	22	—
融入						
中等学校毕业的外国人(%)	87.19	88.22	88.61	—	—	—
国际责任						
发展合作						
公共发展开支占国民收入比重(%)	0.39	0.39	0.37	—	—	—
市场开放						
德国从发展中国家进口(10 亿欧元)	167.83	187.13	185.31	179.47	—	—

注：* 依照《京都议定书》，CO_2、CH_4、N_2O 的基准年为 1990 年，HFC、PFC 和 SF_6 的基准年为 1995 年。

数据来源：德国联邦统计局网站，http：//www.destatis.de/jetspeed/portal/cms/。

B.17

德国大事记

武亚平*

2016年

4月

1日　德国著名政治家、前外长汉斯－迪特里希·根舍病逝，享年89岁。

4日　欧盟与土耳其开始交换难民。每遣返一名非法入境的叙利亚难民至土耳其，欧盟就将从土耳其接收一名已在该国境内的叙利亚难民。

5日　德国联邦政府宣布启动能源转型“哥白尼项目”，计划未来10年投资约4亿欧元，为能源系统转型寻找解决方案。

7日　德国总理默克尔和法国总统奥朗德在法国东部城市梅斯共同主持第18次法德联合内阁会议。会议决定，在应对欧洲难民危机、帮助外来移民融入社会、保护申根区等领域加强双边合作。

14日　德国执政联盟领导层经过长时间磋商，就在德国引入首部联邦《融入法》及法案的核心内容达成一致。

20日　德国联邦教育与研究部宣布，德国研究人员已开发出“互联手术室”，医生在手术中可实时、综合掌握患者的状况信息，从而提升治疗质量。

21日　德国联邦环境部推出“德国2016用电水平表”，鼓励民众了解自家用电情况，及时采取有效的节电措施。

● 在美国联邦贸易委员会的参与下，德国大众汽车集团已与美国司法

* 武亚平，同济大学德国问题研究所/欧盟研究所编辑。

部、美国环境保护署、美国加利福尼亚州空气资源委员会就解决柴油车尾气“排放门”事件达成原则性协议。

22日 受尾气“排放门”事件影响，2015年德国大众汽车集团税后净亏损13.6亿欧元，与2014年税后净盈利110.7亿欧元反差明显。

• 德国运输部部长亚历山大·多布林特宣布，为了改进尾气排放控制软件，大众、奥迪、梅赛德斯－奔驰、保时捷、欧宝这5个德国品牌的汽车制造企业自愿在欧洲范围内召回约63万辆汽车。

24日 2016年汉诺威工业博览会拉开帷幕。今年展会的主题为“融合的工业——发现解决方案”，重点聚焦工厂与能源系统数字化解决方案，将展示百余项“工业4.0”的实际应用。

27日 德国联邦政府宣布，将推出电动汽车购车补贴，同时扩建充电基础设施，以促进电动汽车发展。

30日 德国南部城市斯图加特发生示威游行，抗议德国右翼政党德国另类选择党决定在党章中加入“伊斯兰不属于德国”等排外内容。

5月

2日 比利时与德国已正式启动交换犯罪嫌疑人DNA数据，旨在共同打击跨境犯罪和国际恐怖主义网络。

4日 德国联邦政府宣布，将向威胁健康的“合法毒品”宣战，严厉打击新型合成毒品。

10日 德国外长施泰因迈尔在柏林与到访的古巴外长罗德里格斯举行会谈，双方表示愿推动两国经贸等领域合作进一步向前发展。

• 德国国防部部长冯德莱恩说，德国准备扩大联邦国防军。国防部提出在2023年以前增加约1.43万个军队职位。这是德国统一以来联邦国防军首次扩军。

11日 德国联邦政府同意修改相关法律，不再要求网络提供者为网络使用者的违法行为承担责任。

• 德国联邦政府发布的《2016联邦研究与创新报告》显示，德国研发投入近年来持续增长，研发领域从业人员数量也创下历史新高。

12日 德国内政部部长德迈齐埃宣布，德国将其与奥地利接壤的边境临时管控期限延长6个月。

16日 德国柏林世界经济研究所最新报告显示，由于就业结构发生变化，德国中产阶级在过去二十多年里明显萎缩，从1991年到2013年间从60%降到54%。

18日 德国联邦政府通过了新的电动汽车补贴计划，以扩大电动汽车销售量。

20日 德国新版《烟草制品法》生效，要求香烟外包装必须标印健康警示。

21日 七国集团（G7）财长和央行行长会议结束。德国财长朔伊布勒总结称，希望通过长效的结构改革推动世界经济增长，而不是通过大规模的国家支出刺激增长。

23日 德国蒂宾根大学医学院宣布，该校研究人员发现，通过破坏某种蛋白质复合体稳定的方法可以有效杀死肝癌细胞。

29日 德国总理默克尔和法国总统奥朗德在法国东部城市凡尔登参加活动，共同纪念第一次世界大战转折点——凡尔登战役100周年。

30日 德国农业部部长施密特宣布，德国政府将为本国奶农提供至少1亿欧元的紧急援助，以应对牛奶价格急剧下跌。

6月

1日 德国研究人员在英国《自然》杂志网络版上发表报告称，他们研发的一种纳米粒子核糖核酸（RNA）癌症疫苗在小白鼠实验和小规模人体试验中都取得了不错的效果，有潜力成为癌症免疫治疗的通用疫苗。

2日 德国联邦议院以压倒性多数通过象征性决议案，把1915年鄂图曼帝国（即土耳其）军队屠杀亚美尼亚人事件定调为“种族灭绝”。同日，土耳其召回其驻德大使。德、土两国关系骤然跌入冰点。

1~4日 柏林国际航空展上，来自美国、法国等37个国家的上千家展商展示了战斗机、无人机和大型运输机等机型及先进的技术和设备。

6日 德国总统高克正式宣布，在2017年任期届满后，不再谋求连任。

8日 德国联邦政府通过《可再生能源法》改革草案，强调在继续发展生态能源的同时限制陆上风电的扩建速度，以适应电网扩建滞后的现状，对能源转型节奏进行适当调整。该草案明确了德国能源转型目标，即到2025年生态电力占总电力的40%～45%。

9日 德国经济部部长加布里尔表示，不会因为中国企业有意增持德国库卡公司股份而修法阻挡外国投资。但他呼吁在全球市场上实施公平竞争规则，并警告国家不应插手干预商业竞争。

11日 数千名反战人士在美军驻德国拉姆施泰因空军基地外围成人墙，抗议美军无人机在海外空袭行动导致大量平民死伤。

12～14日 德国总理默克尔应李克强总理邀请第9次访问中国。

13日 英国智库简氏防务咨询机构（IHS Jane's）发布一份最新报告称，除美国和俄罗斯以外，德国是2015年全球第三大武器出口国，与上一年相比上升了两名，德国企业2015年出口国外的武器军备设施约42亿欧元，这项统计并未包括小型武器和弹药。

14日 由于投资者对全球经济前景和英国退欧公投结果的担忧加剧，市场避险情绪持续升温，德国10年期国债收益率在盘中一度触及－0.001%的水平，为历史上首次跌破零。

18日 德国外长施泰因迈尔认为，北约近日决定在波罗的海三国和波兰部署多国部队的做法是本应避免的“错误”，渲染俄罗斯威胁及夸大敌对氛围无助于提升地区安全。

20日 德国不伦瑞克市检察院公布消息称，该院已对大众汽车公司前首席执行官文德恩在汽车尾气“排放门”丑闻中涉嫌操纵市场启动调查程序。

21日 德国联邦宪法法院就欧洲中央银行的直接货币交易（OMT）购债计划的合法性做出裁决，认为该计划没有违法。

22日 默克尔当天在同波兰总理希德沃共同举行的新闻发布会上表示，

德国支持北约加强在波罗的海三国和波兰的军事存在。德国长期参与同俄罗斯的对话。默克尔同时认为威慑和对话是北约当前政策的组成部分。

• 2016年“欧洲国际太阳能展”在德国慕尼黑国际博览中心开幕，来自46个国家和地区的超过1000家厂商参展。大量中国厂商参加了此次展会。

24日 德国国防部国务秘书布劳克希派率领的德国代表团被土耳其军事基地因斯里克列为不受欢迎的访客。土耳其同时取消了德国议员7月中旬探访该空军基地的计划。

26日 法国总统奥朗德与德国总理默克尔举行电话会谈，一致认为应为英国脱欧公投后的欧盟发展提出倡议，有必要就一些具体的优先事项尽快开展行动。

27日 德国总理默克尔与法国总统奥朗德、意大利总理伦齐和欧洲理事会主席图斯克会谈，就如何应对英国脱欧举行会谈。

30日 国际货币基金组织（IMF）发布的《金融系统稳定性评估》报告中表示，在全球系统重要性银行中，德意志银行“似乎是系统性风险的最大净贡献者”，其次是汇丰和瑞士信贷。德国银行系统对外部构成的外溢风险高于对国内构成的风险。

7月

2日 德国国内情报局主管汉斯－格奥尔格·马森说，极端组织发动的袭击将是德国面临的最大安全隐患。

3日 德国2015年批准出口的武器装备总额为78.6亿欧元，比2014年的39.7亿欧元增长了近1倍。

6日 德国联邦政府通过了2017年财政预算草案和到2020年中期财政预算计划，政府表示继续坚持平衡预算，努力控制财政赤字。这项财政预算草案规定，2017年支出为3287亿欧元，到2020年增加到3493亿欧元。

7日 德国总理默克尔表示，欧洲的安全形势已发生明显变化，北约需以武力威慑和对话沟通两种方式予以应对，欧洲的持久安全只有通过与俄罗斯合作而非对抗才能实现。

● 德国联邦议院通过的新法规定，不顾对方“明确的意愿”而发生的性行为即构成犯罪，最高可判5年监禁。过去，德国性暴力刑法规定，只有妇女奋力反抗才构成强奸，才是犯罪行为。

9日 德国总理默克尔首度公开回应了德国部分学校此前禁止供应猪肉餐食所引发的广泛争议。她对这一做法表示否定，并称尊重一些人的饮食习惯不等于可以以此为由限制另一些人。

11日 德国权威经济研究机构慕尼黑经济研究所（IFO）7月公布了其提交给欧盟立法机构欧洲议会的一份报告。报告指出，尽管“承认”中国“市场经济地位”意味着降低反倾销税率，但这么做本身并不会降低欧盟对倾销行为的防御能力。

13日 德国中央银行德意志联邦银行首次以负利率发售基准10年期国债。这款国债利率为-0.05%，发行规模超过40亿欧元。

● 德国联邦政府发布新版国防白皮书，指出德国的安全政策环境已经发生深刻变化，未来的国防与安全政策也将做出相应调整。

14日 德国总理默克尔在亚欧峰会间隙就尼斯恐袭事件表示，德国在打击恐怖主义方面将与法国并肩作战，即使过程充满困难，但坚信最终仍将赢得这项斗争。

20日 德国总理默克尔在柏林会见了到访的英国新任首相特雷莎·梅，双方就英国脱欧及其他共同面临的国际问题和今后两国关系的走向交换了意见。

22日 慕尼黑北部的奥林匹亚购物中心发生恐怖袭击，造成10人死亡。慕尼黑枪击案18岁凶手代维·阿里·桑波用一年的时间策划实施此案。警方最新调查显示，凶手并非“激情杀人”，也无与“伊斯兰国”之类恐怖组织的联系。

28日 德国总理默克尔在柏林出席新闻发布会。默克尔谴责了最近发生在德国的几起恐怖袭击事件，并宣布了旨在打击恐怖主义、加强德国安全的“安保九条”。内容主要包括：降低遣返避难申请者的门槛；建立发现难民极端化倾向的“预警系统”；组织德国警察和军队联合演练反恐措施；在欧盟层面上尽快实现反恐情报数据的联网等。

31 日 德国最大的两家商业银行在欧洲银行监管局的压力测试中排名严重靠后：德意志银行排第 43 位，商业银行排第 45 位，而这次一共只有 51 家银行接受测试。

● 在土耳其军事政变遇挫、总统埃尔多安在国内展开大规模清洗运动之际，数千名埃尔多安的支持者于当地时间在德国科隆举行示威。“埃尔多安科隆示威集会”之前，集会策划者准备在示威中与土耳其总统进行视频连线，这一要求遭到了德国北威州科隆行政法院和明斯特高级行政法院的拒绝，状告联邦宪法法院后同样被驳回，此举引发了土耳其方面的强烈不满。

8月

2 日 德国联邦刑事犯罪调查局公布的数据显示，截至 8 月 1 日，德国 2016 年已发生 665 起针对难民营的犯罪事件。

● 德国巴伐利亚州官员表示，尾气“排放门”丑闻导致大众集团股价缩水，令巴伐利亚州养老基金遭受损失，为此巴伐利亚州政府将对大众提起诉讼。这是尾气“排放门”后大众集团首度面临德国地方政府起诉。

3 日 德国联邦政府批准了新的交通修建计划，预计到 2030 年联邦政府将向公路、铁路和水路投资 2696 亿欧元。

9 日 英格兰银行降息为德国股市带来了乐观情绪。达克斯指数上涨了 2.5%，达到今年的最高值 10692.90 点。

15 日 俄罗斯外长拉夫罗夫和德国外长施泰因迈尔在俄罗斯叶卡捷琳堡会晤，双方对两国关系升温持乐观态度。

17 日 德国联邦政府表示，中国美的集团收购德国工业机器人制造商库卡公司不会威胁德国安全，德方决定不对此项收购设置阻碍。

19 日 德国内政部部长德迈齐埃及来自各州的联盟党籍内政部部长在禁止穆斯林全罩袍和双重国籍问题上达成共识。根据这一共识，德国将在某些公共场合禁止当事人穿穆斯林全罩袍。

22 日 意大利总理伦齐、德国总理默克尔和法国总统奥朗德在意大利举行会谈，讨论英国脱欧后欧盟经济发展及难民危机等共同关心的问题。

24 日 德国联邦政府采纳了一份长达 69 页的“民防方案”，方案提醒民众要在家囤积 10 天的粮食和 5 天的饮用水，以防可能发生袭击或灾难。这是德国政府有意推出的冷战后首个民防计划。

25 日 公布的 8 月德国 IFO 商业景气指数从上月的 108.3 跌至 106.2，创下今年 2 月以来新低。其中，德国企业对当前经济形势的评估和对未来半年的展望均较上月显著走弱。

9月

1 日 德国联邦国防军正式启动试点项目，向叙利亚难民传授重建家园所需要的技术。这个项目准备招募 120 名学员，但最终只招到符合条件的 45 人。他们将得到卫生、工程学和建筑学方面的技术培训。

2 日 全球消费电子和家用电器领军展会柏林国际消费电子展开展，众多展商不约而同地聚焦“智能家庭”解决方案。

3 日 德国总理默克尔表示，在经济增长、国际经贸关系等以往历次峰会议题之外，中国首次主办的二十国集团（G20）峰会还将高度重视结构性改革和创新驱动型增长两大主题。她认为，前者无疑将有利于激活民间投资，后者则与经济数字化息息相关。

4 日 德国梅前州议会选举落幕。社民党胜出，基民盟得票率仅 19.1%，首次负于德国另类选择党（21.4% 的得票率）。

5 日 北威州的一项估算显示，全德目前有约 20 亿欧元无人认领的账户。

6 日 德国基社盟主席泽霍费尔说，基民盟在梅前州议会选举中惨败，主要是总理默克尔“打开大门”接纳难民的政策所致。他呼吁默克尔改变立场，收紧难民政策，否则执政联盟将面临更多选举挫折。

7 日 德国总理默克尔为她的开放性移民政策辩护，称反移民的政策是对德国价值观的威胁。

10日 德国内政部部长托马斯·德迈齐埃说，德国境内潜在的极端主义人员呈增多趋势，数量创历年新高。这些“危险分子”可能随时参与谋划恐怖袭击或发动“独狼式”袭击。

13日 德国外长施泰因迈尔在拉脱维亚首都里加与拉脱维亚、立陶宛和爱沙尼亚三国外长举行会晤，并表示北约需要与俄罗斯进行对话。

14日 德国化工业巨头拜耳公司与美国孟山都公司签署了收购协议，每股收购价格为128美元，总金额达到660亿美元（约合590亿欧元）。该交易创下了德国企业史上规模最大的海外并购纪录。

- 德国联邦政府决定，将派遣650名德国士兵参加由北约主导的在地中海区域进行的“海洋卫士”海上安全行动。

- 德国外长施泰因迈尔和法国外长艾罗访问乌克兰，敦促乌克兰冲突双方巩固9月初开始取得的顿巴斯地区（泛指乌克兰东部顿涅茨克州和卢甘斯克州）停火成果。

18日 德国柏林市议会大选上德国执政党基民盟和社民党双双遭受重挫。两党得票率分别较上次选举下降了5.8个百分点和6.7个百分点。德国另类选择党则以14.1%的得票率首度进入柏林市议会。

21日 对外公布的德国联邦政府关于两德统一事业进展的年度报告显示，鉴于仇外事件频发，东德地区的社会和平与稳定受到了严重威胁。

26日 由于面临美国司法当局开出的巨额罚单，投资者信心持续受挫，德国最大的商业银行德意志银行股价重挫逾7.5%，收盘报每股10.55欧元，创该股票登陆德国证券交易所电子平台交易以来最低。

28日 今年上半年在德国境内过夜的外国游客达到3500万人次，增幅达3.3%。德国总理默克尔出席德国旅游经济行业年会。她发表演讲时说，德国是一个安全的国家，联邦政府会努力让旅游者们在德国感受到安全的环境。

30日 德国联邦刑事犯罪调查局（BKA）计划投入最高5000万欧元预算用于研发一款“特洛伊木马程序”，该程序将具备绕开智能手机、平板电脑等移动终端内加密程序的能力，从而对民众的日常通信直接进行全面监控。

10月

3日 德国总理默克尔在德国统一26周年庆祝活动的致辞中表示，要不遗余力地促进各界展开对话，通过“互相尊重，接纳不同意见”解决德国社会当前面临的问题。

• 慕尼黑啤酒节闭幕。由于随机攻击事件频传，今年的德国慕尼黑啤酒节入场人数仅560万人次，创下了2001年美国“9·11”恐怖攻击事件以来入场人数最低的纪录。

6日 德意志银行宣布在德国进一步裁员1000人，本土裁员人数因此上升至4000人，全球裁员规模达9000人，约占员工总数的9%。面对这家陷入危机的德国老牌银行，德国政府却排除了施以援手的可能性。德国总理默克尔上周表示，即便德意志银行发行新股，德国政府也无意入股。

8日 德国联邦统计局的数据显示，2015年出生的每5个孩子里就有1个孩子的母亲是持有他国护照的居民。此次的比例增长主要是因为难民和东欧移民人数的增多。

9日 德国联邦参议院日前通过一项决议，从2030年起禁止以汽油和柴油为动力的新汽车在欧盟范围内上路，以减少二氧化碳排放量。

12日 德国联邦政府批准了一项新的福利法案，限制欧盟移民在德国领取社会福利救济金。最新法律规定，欧盟移民在德国居住不满5年，不能申请“哈茨IV”救济金，欧盟移民的福利应该由其原住国承担。

13日 德国联邦宪法法院裁定，德国联邦政府暂时可以签订欧盟与加拿大全面经济贸易协定（CETA），但是法官增加了附加条件。

16日 德国总理默克尔在帕德博恩举行的一个基民盟青年论坛上表示，根据德国与北约国家在2014年达成的协议，德国的国防预算将增加到GDP的2%，而德国目前的国防开支约占GDP的1.2%。为完成这一目标，德国的国防开支将增加到600亿欧元。根据目前的国防预算，德国在2020年的军事支出约为392亿欧元。

17日 德意志银行已经同意支付3800万美元的罚金，以与美国监管机构就其和其他银行非法密谋操纵银价的指控达成和解。

17 日 路德维希港的化工企业巴斯夫发生严重爆炸事故。爆炸造成 3 人死亡，30 多人受伤。

18 日 美因河畔法兰克福书展隆重开幕。本届书展的主宾国由荷兰与比利时北部的荷语区佛兰德地区共同担任，主题为“这是我们共享的”。荷兰和比利时两国国王共同出席了当晚的开幕式。

19 日 德国总理默克尔在总理府与法国总统奥朗德、乌克兰总统波罗申科和俄罗斯总统普京举行了“诺曼底模式”会谈，讨论继续推动落实新明斯克协议、促进乌克兰问题尽早和平解决等问题。四方会谈后，默克尔和奥朗德还分别同普京就叙利亚局势进行了会谈。

21 日 德国联邦议院通过一项法案，对德国联邦情报局（BND）进行全面改革。法案加强了政府对情报活动的监管，同时明确允许联邦情报局实施一定形式的监控活动。

25 日 德国大众汽车集团尾气“排放门”事件在美国的和解协议获得最终批准，大众将花费 147 亿美元了结因其部分柴油车在尾气排放检测中作弊而引起的集体诉讼，成为史上数额最大的汽车厂商赔偿和解案。

26 日 德国联邦政府颁布规定，自 2017 年 1 月 1 日起，将每小时最低工资标准从 8.5 欧元提高到 8.84 欧元。

27～30 日 第 68 届德国纽伦堡国际发明展举行，共有来自 28 个国家和地区的企业及个人携约 700 项发明参展，参赛作品涵盖电子、医药、交通、环保、机械制造等领域。展会专业评审团颁出 65 项金奖、86 项银奖、55 项铜奖和若干特设的青少年发明奖。

11月

1 日 德国的 YouTube 用户终于能重新看网上热播的 MV 了。2009 年，德国版权管理机构 GEMA 和 YouTube 就著作权回报问题引发纠纷，导致 61.5% 的热门 MV 在 YouTube 上被禁。

5 日 德国军事反间谍局证实，在联邦国防军中发现 20 名极端分子，并正在调查另外60名身份可疑的士兵。为防止更多极端分子混入军营“偷师”，德国计划对所有应征入伍的人士进行安全审查。

10日 德国驻阿富汗北部巴尔赫省首府马扎里沙里夫的领事馆遭到武装分子袭击。

15日 德国警方在10个州进行联合行动，搜查了大约190处与“真正宗教”组织有关联的清真寺、办公室和公寓。“真正宗教”涉嫌传播极端思想，蛊惑青少年加入极端组织。

20日 德国总理默克尔在基民盟主席团会议上宣布，她将于2017年秋季参加下届总理选举。同时，她也将做好准备，两周后竞选其所在党派基民盟的下任主席。她在会上说，自己“考虑了很久才做出这个迟来的决定”，并表示“会为德国效力”。

21日 德国另类选择党已在萨克森州拥有1/4的支持率，比上年同期翻了一番，在该州已成为继基民盟之后的第二大党。此外，在图林根州和萨安州，德国另类选择党的支持率也在20%以上。

23~24日 第七届“汉堡峰会：中国与欧洲相遇”召开，会议内容涉及中欧经济往来中双方面临的最新挑战。中欧政治、经济领域的代表人士进行了会面。峰会的讨论环节和主旨演讲除聚焦中国与欧洲最近的政治经济发展外，还包括中国“一带一路”倡议、中欧双边投资及中欧数字化经济等领域。

23日 现任欧洲议会议长舒尔茨在布鲁塞尔宣布，他将离开欧洲议会，回归德国国内政坛。舒尔茨在布鲁塞尔表示，回归德国政坛的决定是不容易的，“能成为欧洲议会的议长是一种荣誉，对此我深表感谢”。舒尔茨表态将在国家层面继续为了欧盟的价值观而奋斗，要用“明确的立场”挽回各界丧失的信心。

28日 在纪念德国联邦情报局成立60周年的庆祝活动上，总理默克尔称赞了联邦情报局的工作，肯定了其在国家安全的不可或缺性。鉴于大量国际危机的发生，默克尔主张深化联邦情报局与国外情报机关之间的恰当合作。

12月

1日 德国从今日起至2018年11月30日正式从中国手中接任二十国集团（G20）新一届主席国。德国所选定的口号是“塑造一个相互连通的世界”。德国将这一年间G20的主要议题确定为三大支柱：确保经济稳定性、改善可持续性、负责任地发展。

5日 德国总理默克尔表示，她对于意大利总理伦齐在此次修宪公投中遭遇失败感到难过。默克尔对媒体表示，尽管她支持伦齐推进的宪法改革，但这一公投涉及意大利内政，她尊重这一结果。

6日 德国总理默克尔在西部城市埃森召开的党代会上以89.5%的得票率再次当选基民盟主席，将正式作为该党总理候选人参加2017年德国大选。

• 德国一家法院裁决，数家核电企业可以就德国退出核电向政府索赔。5年前日本福岛核事故发生后不久，德国总理默克尔领导的执政联盟做出了退出核电的决定。

7日 德国著名智库德国经济研究所发布的报告显示，自1990年德国实现统一以来，社会贫富差距加剧造成了约400亿欧元的经济损失。

8日 德国联邦宪法法院判决，极度保守的穆斯林女孩必须参与学校的男女混合游泳课程，驳回一名11岁小学生的主张，该学生主张即使穿着布基尼或全身泳衣也违反伊斯兰教的服装规定。

19日 一辆黑色大卡车突然冲进西柏林市中心纪念教堂附近的圣诞市场。现场有12人死亡，约50人受伤。犯罪嫌疑人阿姆里在逃亡多日后，23日凌晨在意大利米兰塞斯托圣乔凡尼警方例行盘查时被认出，阿姆里当场遭到警方击毙。

21日 德国中央银行行长魏德曼表示，接近一半的黄金储备已经回到德国本土。对于总量3381吨的黄金储备而言，这意味着约1690吨已在德国境内。而2015年初，德国国内的黄金储备只有366.3吨。

26日 据德国媒体援引的行业协会统计数据，今年11月至12月的圣诞消费季德国零售业销售额有望超过900亿欧元，同比增长3.9%。其中，

12月销售额预计将超过500亿欧元，创历史新高。

30日 德国总理默克尔在对全国发表的新年谈话中指出，恐怖主义是德国面临的最大考验。而柏林于圣诞前夕遭到攻击，默克尔也宣称通过推动立法来加强安全。

2017年

1月

3日 德国内政部部长德迈齐埃表示，计划全面改革德国安保机制，希望把诸多权限从各州收归联邦政府手中。

4日 德国北部城市不伦瑞克日前成立特别委员会，调查300多起寻求避难者多次利用假身份骗取救济金的案件，涉案金额恐超过300万欧元。

10日 德国内政部部长和司法部部长举行会谈，达成了对加强内政安全的一揽子方案，其中包括被安全当局认定的危险分子须佩戴电子脚镣和让拘留并遣返危险分子变得更容易等。

• 曾在1994年到1999年间担任德国联邦总统的罗曼·赫尔佐克在柏林逝世，享年82岁。现任总统高克称赞他是为国家做出贡献的“杰出人物”。

11日 德国政府批准了一项新法案，要求企业向员工支付薪酬时做到更为透明，希望以此缩小男女薪酬差距。

12日 德国总理默克尔开始访问比利时，比利时鲁汶大学和根特大学当天授予她荣誉博士称号，以表彰她“在增强欧洲的政治影响力及捍卫欧洲大陆多元统一的价值观等方面所做的外交和政治努力”。

16日 德国总理默克尔在柏林会见到访的新西兰总理比尔·英格利希时表示，欧洲人的命运“掌握在我们自己手中”，以此回应美国候任总统特朗普日前对欧盟前景等问题的批评意见。

17日 美国司法部宣布，德国最大的商业银行德意志银行已同意支付

72 亿美元，与美国司法部就该银行 2006 年至 2007 年不当出售住宅抵押贷款支持证券达成最终和解协议。

18 日 德国联邦政府宣布，定于今年 9 月 24 日举行联邦议院选举。最新民调显示，谋求连任的德国总理默克尔领导的联盟党的支持率略涨，而打着反移民旗号的右翼民粹政党德国另类选择党的支持率则微跌。

19 日 德国联邦议院通过了将大麻列入药品的法案。这对于德国一些慢性病患者来说无疑是大好消息。新法于今年 3 月正式生效。新法规定，大麻在治疗特需情况下可以作为止痛类处方药。

21 日 欧洲各国的极右翼政党领袖齐聚德国科布伦茨，参加极右翼欧洲议会党团“民族和自由欧洲”（ENF）召开的大会。

25 日 德国联邦政府批准了一项法律草案，向使用德国高速公路的德国和外国车收费。

27 日 卸任外长弗兰克 – 瓦尔特 · 施泰因迈尔将外长一职移交给继任者西格马尔 · 加布里尔。

29 日 社民党正式提名马丁 · 舒尔茨为社民党总理候选人。在获得提名后，舒尔茨在一个小时的演讲中提出了未来对他、对社民党，以及在联邦议院选举中具有重要意义的主题。

30 日 围绕英国脱欧后金融机构如何调整战略布局，德国联邦金融监管局（BaFin）邀请约 50 名外国银行代表到法兰克福举行会谈。联邦金融监管局银行业监管部门执行副总监彼得 · 卢茨表示，对于考虑从英国搬迁到德国的外国银行，德国金融监管部门将为其提供必要的监管透明度，同时避免给德国金融系统造成风险。

- 因对涉嫌洗钱的交易监管不力，导致大约 100 亿美元流出俄罗斯，德国最大的商业银行德意志银行受到美国和英国金融监管机构罚款，金额共计约 6.3 亿美元。

2月

5 日 德国财长朔伊布勒表示，相对于德国的竞争力而言，目前欧元汇率的确太低，欧洲中央银行的扩张性货币政策推高了德国贸易顺差。

7日 波兰总理希德沃在首都华沙与到访的德国总理默克尔举行会谈，双方同意在欧盟东部地区防务和处理难民危机等领域加强合作。

• 德国政府、行业团体和工会发表联合声明，称寻求贸易保护主义政策不是解决全球所面临挑战的答案。

9日 德国总理默克尔在柏林率领内阁部长与德国各州州长举行了关于难民问题的会谈。默克尔在会谈后表示，联邦与各州已达成一致，当前应以出台法案的形式加快遣返德国境内避难申请被驳回的人士。

• 德国总统高克在拉脱维亚首都里加表示，欧盟正面临团结问题，应保持“强大和团结的欧盟”。

12日 德国联邦大会举行总统选举，前外长弗兰克－瓦尔特·施泰因迈尔当选第12任德国总统。施泰因迈尔将于3月19日正式履职。

13日 出访德国的法国总理卡泽纳夫在柏林强调推动欧盟前进的“法德轴心”的重要性。面对欧盟整合危机及“反欧盟”情绪高涨，卡泽纳夫表示，法德加强团结“从未像现在这样必要”。德国总理默克尔则表示，德法两国都希望成为推动欧盟前进的火车头。

14日 德国总理默克尔在柏林与来访的突尼斯总理沙赫德进行会谈。这次会谈的中心议题是难民政策问题。柏林希望可以通过财政及政策支持，让突尼斯难民自愿返乡。

15日 德国最大的商业银行德意志银行公布的股东投票权变更通知显示，中国海航集团已成为德意志银行新的大股东之一。

16日 G20非正式外长会议在德国波恩召开，与会代表将围绕落实2030年可持续发展议程、维护和平、加强与非洲伙伴关系三个议题展开讨论，为今年7月二十国集团汉堡峰会做准备。

• 德国外长加布里尔在波恩G20外长会议期间会见了中国外长王毅，加布里尔外长在会谈后发表声明，称德中两国之间有着非常紧密而友好的关系，不仅在经济和政治层面，更在两国人民之间；中德一致认为，恰恰是在当今世界政治风云急剧变幻的时代，双方更要进一步加强两国的全方位战略伙伴关系。

17 日　第 53 届慕尼黑安全会议在德国南部城市慕尼黑开幕。跨大西洋关系、北约作用及对俄罗斯关系是今年各方关注的主要议题。德国总理默克尔发表演讲，呼吁各方协作共同应对挑战，强调保护主义和民粹主义不是解决方案。

21 日　继 2016 年 5 月宣布冷战结束以来首个联邦国防军扩军计划之后，德国国防部部长冯德莱恩再度发表声明，称将加大扩军规模，使德军总兵力在 2024 年前达到近 20 万人。

22 日　德国联邦政府决议通过了有关加速遣返的一揽子方案。这部《更好履行离境义务法》规定：可以对“对第三方的人身或国内安全的重要合法权益造成重大威胁”的外国人进行刑拘，如宗教激进分子。所谓的离境羁押期从 4 天延长为 10 天。

23 日　土耳其未遂政变之后，越来越多的土耳其外交人员在德国申请避难。

● 德国联邦宪法保卫局（BfV）在欧洲警察会议上称，德国境内的宗教恐怖势力增长迅猛，在短时间内人数增长显著。当局目前已经将 1600 名危险人士划分到“有可能发动恐怖袭击”的名单中。但是截止到 2016 年底时，该人数还只为 1200 人。

24 日　德国联邦统计局公布的数据显示，中国 2016 年超越美国成为德国最大贸易伙伴。

27 日　土耳其伊斯坦布尔法院批准逮捕德国《世界报》驻土记者德尼兹·于杰尔，这名拥有土耳其和德国双重国籍的记者被控与库尔德工人党和“居伦组织”有牵连。次日，德国外交部部长加布里尔照会土耳其驻德大使以示抗议，并表示德土关系正面临近年来的最大挑战。

● 菲律宾总统罗德里戈·杜特尔特向德国方面致歉，原因是菲方未能成功营救一名德国人质。这名德国人被菲律宾“阿布沙耶夫”反政府武装绑架数月后于 2 月 26 日遭斩首。

3月

1日 德国总理默克尔在柏林会见来访的克罗地亚总理奥雷斯科维奇。默克尔与奥雷斯科维奇会谈的主要话题是如何寻求欧洲共同的解决难民危机的方案。

• 从今年3月1日起，德国将发行新版护照。据德国内政部介绍，这种新版护照的防伪安全性可达99%。

2日 埃及总统塞西与到访的德国总理默克尔举行会谈，双方表示将在打击恐怖主义及遏制非法移民等方面加强合作。

3日 德国总理默克尔在访问突尼斯期间表示，她已与该国领导人达成一致，以加快遣返被拒难民的进程。德国还将加大对选择自愿重返家园的突尼斯籍申请避难者的补助力度。

5日 德国德意志银行发布公报表示，计划发行新股增资80亿欧元，并对业务实施战略重组。

6日 德国联邦最高法院发布了一个明确的决议，即如果想正式收养伴侣的孩子使其成为两人共同的子女，则必须首先与伴侣结婚。联邦最高法院认为，这一决议并不违反基本人权。

7日 德国联邦国防军和警察首次共同为反恐行动进行训练。

8日 德国联邦政府通过了《关于预防和打击暴力侵害妇女及家庭暴力的协定》(又称“伊斯坦布尔协定”)。

9日 土耳其总统埃尔多安在一次集会上将德国同昔日的纳粹联系起来，并表示德国禁止土耳其部长登台发表演讲的做法“同纳粹的做法无异”。默克尔在政府讲话中对此进行了严厉谴责，指出此种言论是可悲的、令人沮丧的，对于打算通过选举引入总统制的土耳其而言更是错误的。土方应终止此种类比。

• 新任德国外长加布里尔访问俄罗斯。他表示支持俄罗斯及北约裁军，并支持在波兰及波罗的海东岸三国部署北约部队，以应对俄罗斯在该地区的军事优势。

13 日 德国联邦参议院驳回了由德国联邦政府提出的“加快遣返马格里布国家非法移民”的草案。这一草案试图阻止移民因经济原因迁往德国，防止他们滥用难民庇护法。

• 为应对目前严峻的安全形势，德国联邦议院同意扩大视频监控范围，允许警察使用“随身摄像机”（Bodycam）。

14 日 欧洲法院做出裁决，认定雇主可以禁止伊斯兰雇员在上班期间佩戴头巾。法院认为，如果雇主有正当理由，如雇员因工作原因需要经常面见客户，佩戴头巾会让大多数客户感到不适，即可制定上班规范，让雇员不得佩戴明显带有政治或宗教性质的配饰。

14 日 德国联邦司法部公布了一份法律草案，要求社交媒体网站及时删除平台上的仇恨言论及破坏他人名誉的虚假新闻等非法内容，否则将被处以最高可达 5000 万欧元的罚款。

17 日 美国总统特朗普与到访的德国总理默克尔举行会晤，双方讨论了贸易、北约防务、移民、反恐、乌克兰危机等话题。由于特朗普高举“美国优先”政策大旗，而默克尔主张应以开放思维面对全球化，因此两人的会晤并不算愉快，特朗普甚至还在合影时拒绝与默克尔握手。

19 日 2017 年德国汉诺威消费电子、信息及通信博览会开幕。博览会以“数字经济，永无止境”为主题，展示和探索了经济社会数字化转型中的趋势和商机。

20 日 由德国能源署（dena）主办的首届国际“能源转型创客科技节”在柏林举行。当日，除了主题演讲和讨论会等活动环节外，该科技节还为最具成功潜质的初创企业举办了“能源转型创客奖”颁奖仪式。

• 德国联邦议院副议长辛汉默最近宣布，将延长限制难民家庭团聚政策的期限至 2018 年 3 月。

• 根据第 5 份《国际幸福报告》，德国保持了 2016 年的成绩，依旧排名第 16。德国经济研究所（DIW）民调机构 SOEP 的最新报告显示，如今德国人对本国生活的满意度达到了自 1990 年东西德统一以来的最高值，而且德国东西部两地满意度的差距正在日益缩小。

17～20 日 2017 年二十国集团财长和央行行长会议落下帷幕。本届 G20 财长会议主要聚焦三大重点议题：通过结构性改革促进全球经济可持续发展、增强各经济体应对冲击的韧性，以及改善非洲国家的投资条件并借此促进非洲大陆国家的稳定。由于美国的反对，参加此次会议的各国财长、央行行长未能在本次为期两天的会议上就自由贸易、反对保护主义等议题达成基本共识。本次会议打破了 10 年来支持自由贸易的惯例，在会议闭幕报告中删除了自由贸易承诺，仅象征性提及贸易问题，这对于主办国德国来说是一场彻底的失败。尽管针对美国意图淡化以往承诺的态度德国一直表示反对，但美国最终还是放弃了备受关注的维持全球贸易自由与开放的承诺。

22 日 在德国首都柏林，施泰因迈尔宣誓就任德国第 12 任总统。德国前总统高克、总理默克尔和外长加布里尔出席宣誓仪式。

26 日 在德国大选的开年之战中，基民盟党以 40.7% 的选票赢得了萨尔州选举，得票举比 5 年前整整高出了 5.5 个百分点。

30 日 针对 2016 年 10 月在德国南部城市弗莱堡发生的奸杀女大学生一案，德国检察院宣布依据青年法在州法院对嫌疑人侯赛因 · K. 以谋杀罪提起公诉。

B.18
后　记

2016 年 6 月 17 日，由同济大学德国研究中心组织编写的“德国蓝皮书”《德国发展报告（2016）》在中德大楼德文图书馆报告厅举行发布会。同济大学副校长江波及社会科学文献出版社总编辑杨群出席会议并致辞。作为主编，本人向参会的专家学者及媒体人士介绍了《德国研究》杂志创刊 30 周年来的成果并介绍了《德国发展报告（2016）》的主要内容。前中国驻德国大使梅兆荣做主旨演讲，主题为“对当前德国内外形势和中德关系走向的思考”。借《德国发展报告（2016）》发布之际，德国研究中心还举行了以“德国内政外交与中德关系新动向”为题的学术研讨会。国内 50 多位德国研究领域的专家学者与会，他们分别来自中国社会科学院欧洲研究所、中国人民大学、北京外国语大学、对外经济贸易大学、现代国际问题研究院、中共中央党校、复旦大学、上海国际问题研究院、上海社会科学院、上海外国语大学、上海欧洲学会等。与会代表就 2015 年以来德国国内政治、经济、社会及外交方面的发展状况做了分析和展望，并围绕德国难民危机背景下的内政外交等多方面议题展开了热烈讨论。

会后，《德国发展报告》主编与各位作者就 2017 年报告的选题进行了多次交流和讨论。2017 年的《德国发展报告》保持了前 5 年的结构框架，有总报告、政治篇、经济篇、社会文化篇和外交篇（包含中德关系）、资料篇等几个部分。鉴于 2016 年特朗普当选美国总统和英国公投脱欧对世界、欧洲及德国都产生了深刻影响，因此本报告中会有专文述及这些主题。另外，考虑到德国 2017 年 9 月 24 日将迎来联邦议院选举，而德国各大政党正逐步进入竞选模式，德国的政治生态及政府各领域的政策走向是本报告关注的一个焦点，为此，我们将《德国发展报告（2017）》的主题确定为“大选背景下的德国”。

在蓝皮书撰写过程中，本人作为皮书编写单位代表，在第十七次全国皮书年会上做了“面向全过程质量控制——《德国蓝皮书》研创的若干体会”的主题发言。本人的感想是，皮书研创需要进行全过程质量控制（Total Quality Management），并提出了皮书研创的4T关键要素，即Target（目标）、Theme（选题）、Team（团队）和Timing（时间）。为了扩大《德国发展报告》的国际影响力，2017年的报告和2016年版一样，我们继续邀请3位国外学者参与撰文，除了德国研究中心的外籍研究员，还有德国杜赛尔多夫大学德国与国际政党法与政治研究所、美国霍普金斯大学当代德国问题研究所的学者。

此外，同济大学德国研究中心也举办了一系列的学术研讨活动，为《德国发展报告（2017）》的编写提供了一个思想交流的平台。其中，特别要提到的是2016年11月12日至13日，以“中德双边关系的全球维度”为主题的第四届“中德论坛”。此次国际研讨会由同济大学德国研究中心和德国波恩大学全球研究中心等联合举办。该会议的中心议题是中德两国作为各自区域内的中心力量，如何通过更紧密的双边合作应对全球挑战，提升中德关系的全球意涵。与会代表围绕着本届论坛主题，以报告、评论和自由讨论环节等形式，就中德两国政治、经济和社会关系的现状，在国际危机与冲突应对中的合作，在全球经济治理中的合作，以及中德关系全球性的文化和社会视角等议题展开了热烈讨论。2016年9月23日至24日，同济大学德国研究中心联合德国卡尔斯鲁厄理工大学（KIT）科技未来研究所在同济大学举办了主题为“社会科学视角下的数字化进程（中国制造2025/德国工业4.0）”的国际学术会议。会上，各位专家学者就相关题目做了报告并展开了热烈讨论。相关研讨主题包括：语言学与媒体学视角下的德国“工业4.0”；德国“工业4.0”对就业、教育与社会的影响；“中国制造2025”与德国“工业4.0”的异同；“中国制造2025”对中国就业、教育和社会的影响。

在此，本人还想与各位读者分享的信息是，在中德两国推进建立高级别人文交流机制的背景下，同济大学于2017年3月设立了“中德人文交流研究中心”。研究中心以加强中德人文交流研究、推进中德人文交流为宗旨，以讲述好中国故事、传播好中国声音为目标，充分利用同济大学全方位的对德研究与交流的传统优势，为中德高级别人文交流机制提供智力支持和人才保障，为中德全方位战略伙伴关系健康、稳定、持续向前发展贡献智慧和力量。本人作为中德人文交流中心的一员及中德人文交流的积极参与者，希望大家给予这个平台关注和支持。

转眼间，《德国发展报告》已经进入第六个年头。我们深知，我们所迈出的每一步均来之不易，不仅有各位作者的积极参与和精心供稿，也离不开社会科学文献出版社当代世界出版分社社长、马克思主义编辑部主任祝得彬和编辑王晓卿等的大力支持与帮助。最后，还要感谢同济大学德国研究中心各位工作人员的辛勤努力。和往年一样，本报告交稿之际，新的一年的《德国发展报告》已经处在构思、酝酿中，我们期待着各位专家、学者贡献智慧和创意。可以预告的是，2018 年的《德国发展报告》将主要分析和研判德国大选后组成的新一届政府的政策走向。

《德国发展报告（2017）》虽然已经付梓，然而我们的心情依然非常忐忑。书中难免有疏漏和偏颇之处，还请各位专家、读者指正。

郑春荣，于上海

2017 年 4 月 21 日

Abstract

The world was in 2016 affected by two Black Swan events, the referendum on Brexit and the election of Donald Trump as U. S. President; both have also profoundly challenged German domestic policy and diplomacy. In September 2017, Germany will hold federal elections, adding uncertainty on how the government will deal with the crisis faced by Germany and the European Union. This book focuses on the impact that this uncertainty has on political, economic and social development in Germany, and on other aspects.

In 2016, the debate about refugees still dominated German politics although, compared to the previous year, the number of people who sought sanctuary in Germany declined quite substantially (from 890,000 in 2015 to 280,000 in 2016). The refugee problem has evolved from a social to a political issue and has become further politicized. 2017 is an election year, and the government faces a number of challenges: Can it restore the German people's erstwhile consensus on welcoming refugees? How can it solve the problem of terrorist attacks by religious extremists? How can it ensure domestic security? It needs to confront populism and the rise of a far-right party. Lastly, it also has to ensure the stability and prosperity of German society. When the SPD proposed Martin Schulz as challenger to Federal Chancellor Merkel, who seeks her re-election, he became immensely popular overnight ("Schulz effect"). This increases the uncertainty in the 2017 German political landscape, and the results of the election will be less predictable, just as the formation of the cabinet. The results of the 2017 federal election will crucially depend on the performance of the Alternative for Germany (AfD) and the Social Democratic Party (SPD). A three-party coalition may become necessary because the SPD does not seem keen to enter into a third Grand Coalition with Angela Merkel. The chapter on Politics reviews the policies and politics of the third year of the Grand Coalition, analyzes the impact of the refugee crisis on German society, especially on German political ecology, and focuses on the possible results of the 2017 Bundestag election and the possible composition of the cabinet.

Germany's economy performed well in 2016, with GDP growing at a rate of 1.9% and the unemployment rate falling to 6.1%. On the supply side, however, the resurgence of the manufacturing sector was weak, with a growth rate of only 1%. On the demand side, private consumption grew by 1.1%, less than the average growth in domestic demand. A three-year-long surplus in public finances continued in 2016, enabling the government to plan for proactive fiscal policies in the future. In coping with domestic and international challenges, the German government has launched a series of policies geared towards inclusive growth, social participation and quality of life, aiming at the stimulation of economic growth, the promotion of social justice, a continued consolidation of the European Union as well as a stabilization of the international order. The outlook for Germany's economic performance in 2017 is mainly determined by demand side factors, with GDP growth anticipated at between 1.7% and 1.8%. The chapter on Economy also deals with the system of and policy on innovation. Since 2016 the federal government has implemented new measures to increase the efficiency of the innovation system, including digitization in several fields, reform of the career model of young scientists in universities, and new industrial projects. These measures reflect the adaptation of relevant policies to international industrial trends in order to stay ahead of the global competition. Germany regards energy efficiency as the most important means to achieve the goals of energy transition and climate protection, but success has in part eluded it. If the government does not take stricter and more specific measures to improve implementation, Germany might not achieve all its goals. As a result, Germany's image as an international pioneer in energy transition and climate protection could be challenged and its status as an international role model might also be weakened further. Digitization in Germany still faces several challenges. In 2016 the Federal Ministry for Economic Affairs and Energy launched the "Digital Strategy 2025" and the specific "Digital Action Plan" that clarify the ideas of the German government in promoting economic and social digitization. But the future of digital transformation in Germany also depends on the skill and determination of the new government that is to take office after the

September 2017 elections.

The chapter on Society and Culture starts with a focus on the current developments in higher education in Germany. On June 16th, 2016, the German federal government and the governments of the federal states jointly adopted the "Excellence Strategy", which is the follow-up program of the Excellence Initiative. Its aim is to further strengthen Germany as a science nation, enhance its international competitiveness and increase the international visibility of German universities and scientific research through two funding lines: "Clusters of Excellence" and "Universities of Excellence" . Both are to support the long-term funding of German universities or university consortia in order to develop their leading international role. The other article in this chapter analyzes the "Gesellschaftsroman" (social novel) *Unterleuten* in which the female writer Julie Zeh has drawn up a panorama of German society in recent years. Its upshot: Perhaps the absurdity of reality has been replaced by post-truth; the self-centered German society is hovering between self-diaspora and a strong desire to integrate-which, however, is destined to fail.

The Foreign Policy chapter commences with a look at new developments in German security policy. The debate that started at the Munich Security Conference in 2014 on whether Germany should assume more political and military responsibility was brought to a new climax in 2016 by the German White Paper on Security Policy—the first one in ten years, and the Global Strategy of the EU-the first such document in 13 years. The federal government is well aware that it has to assume leadership in Europe and do more for Germany's military capabilities, but it continues to struggle. The second article deals with the results of Brexit. Its economic impact on the EU, Germany and the UK depends largely on the final result of the upcoming negotiations, in particular on the future relationship between the UK and the European Union. Because of this uncertainty, a specific and accurate estimate of the economic impact of Brexit is currently not possible. Yet it is obvious that the greatest concern of a EU that is facing several crises and rising euro-skepticismis is that other states might emulate Brexit. Should Brexit however prompt the (smaller) EU to substantially improve it could even have positive consequences. The third article in this chapter analyzes the relationship between Germany, the EU and the U. S. after the election of Trump. German-American relations have enjoyed shared interests and objectives for the past seventy years. The German-American partnership has been a cornerstone of the larger framework of transatlantic relations. However, it now faces an uncertain future with the Trump administration's critical rhetoric towards Europe and its transactional approach to foreign policy, as well as the populist movement sweeping across Europe. In a rapidly changing world, both Germany and the United States face multiple challenges. Although it is tempting to pursue narrow national interests, they have to continue their cooperation to tackle theses challenges. The fourth article discusses the impact of the Europeanization of Germany's foreign policy on its relationship to China: Germany will be reluctant to establish special relationships with important trading partners outside the EU; its foreign policy will emphasize European concerns including regional security, protection of human rights and fair trade. Given these new circumstances, Germany's traditional pragmatic China policy that is mostly based on its economic interests is changing. That is a real challenge for China. Finally, in order to give a full account of Germany's Asia policy, an article is devoted to the political and economic activities that Germany has undertaken in Southeast Asian countries in recent years and that reflect Germany's growing interest in the region.

Keywords: Germany; Domestic Policy; Diplomacy

Contents

I General Report

Abstract: 2017 will be another year of uncertainty for the world and Europe, including for Germany. Germany will not only hold federal elections on September 24th; the country itself, the European Union and the international community continue to face many serious challenges at home, at the EU and the international level. At home, the integration of refugees into German society is the greatest challenge for the future, Germany's anti-terrorism situation is still grim, and against this background the rise of right-wing populist forces has added a new variable to the German political environment. At the EU level, it is uncertain whether the Netherlands and France will cease to be "Black Swans". Although in the elections in the Netherlands the mainstream parties have, after going through a difficult moment, eventually prevailed, the right-wing populist forces have not disappeared. At the commencement of the Brexit process, the EU needs to determine the future direction of its development. Although the concept of a "multi-speed Europe" seems to be gaining acceptance with a majority of member states, its implementation poses many problems and challenges. At the international level, with Donald Trump assuming the United States presidency and initiating a policy of isolationism, the foundation of the transatlantic relationship-its values-is threatened. Germany needs to look for new partners in the process of globalization, and in order to assume responsibility for the security of Europe and the whole world, it must improve its own military strength and invigorate the EU Common Foreign and Security Policy.

Keywords: Germany; Internal Affairs; Diplomacy

Ⅱ Politics

B. 2 The German Party Landscape in 2016

Lucy Kinski, *Thomas Poguntke* / 017

Abstract: In 2016 the debate about refugees still dominated German politics although, compared to the previous year, the number of people who sought sanctuary in Germany declined quite substantially (from 890, 000 in 2015 to 280, 000 in 2016). The elections in the federal states (*Länder*) Baden-Württemberg, Rhineland-Palatinate, Saxony-Anhalt, Mecklenburg-West Pomerania and Berlin were marked by a comparatively high voter turnout and the success of the right-wing populist party AfD. There were quite substantial voter movements, but they did not lead to any change in the parties heading the governments. The results of the 2017 federal election will crucially depend on the performance of the AfD and the SPD. A three-party coalition may become necessary because the SPD does not seem keen to enter into a third Grand Coalition with Angela Merkel. At present, the German party system only insufficiently manages to translate voters' choices into viable coalition alternatives.

Keywords: Party System; German Politics; New Parties; Populist Parties; Refugee Crisis

B. 3 The Third Year of the Grand Coalition in Germany

Wang Guangcheng / 042

Abstract: Also in its third year, the black-red Grand Coalition continues to face the contradictions caused by the refugee crisis in 2015. Due to the differences in the parties' positions these contradictions cannot be resolved, and the relationship between the CDU and the CSU is at its lowest in 40 years. The AfD exploits public dissatisfaction with Merkel's refugee policy to achieve its ascent and has won elections in five federal states (*Länder*). In the face of the defeat suffered by the CDU, Merkel began to fine-tune the self-evaluation of her refugee policy. The Grand Coalition that was neither particularly friendly nor openly hostile has still introduced some reforms. When the SPD proposed Martin Schulz as challenger to Federal Chancellor Merkel, who seeks her re-election, he became immensely popular overnight ("Schulz effect"). This increases the uncertainty in the 2017 German political landscape, and the results of the election will be less predictable, just as the formation of the cabinet.

Keywords: Grand Coalition; Conflict in the *Unionsparteien*; Merkel; Schulz; Federal Election 2017

B. 4 German Society and its Change in the Context of the Refugee Crisis

Song Quancheng / 067

Abstract: Since the outbreak of the refugee crisis, millions of refugees, have poured into Germany, making a profound impact on German society also in 2016. Firstly, the original consensus of the German people to welcome refugees has increasingly been replaced by a division into two camps: one welcoming refugees, the other one opposing the influx. Secondly, the tide of refugees has led to an increase in terrorist attacks in Germany, challenging domestic security.

Thirdly, the labeling of terrorism as "Islamic" has resulted in rising hostility against Muslim immigrants and arise of anti-Islamic social movements in Europe. Fourthly, the problem of refugees has boosted populism and led to the success of the far-right party AfD and the internal strife within the ruling Grand Coalition. The refugee problem has evolved from a social to a political issue and has become further politicized. 2017 is an election year, and the government faces a number of challenges: Can it restore the German people's erstwhile consensus on welcoming refugees? How can it prevent terrorist attacks by religious extremists? How can it ensure domestic security? It needs to confront populism and the rise of a far-right party. Lastly, it also has to ensure the stability and prosperity of German society.

Keywords: European Refugee Crisis; Muslim Refugees; German Society; Pegida; Terrorism; Far-right Party

Ⅲ Economy

Abstract: Germany's economy performed well in 2016, with GDP growing at a rate of 1.9% and unemployment falling to 6.1%. On the supply side, however, added value in manufacturing only grew at the sluggish rate of 1.0%. On the demandside, the 1.1% growth of private consumption was lower than that of average domestic demand. A three-year-long surplus in public finances continued in 2016, enabling the government to plan for proactive fiscal policies in the future. In coping with domestic and international challenges, the German government launched a series of policies geared towards inclusive growth, social participation and quality of life, aiming at the stimulation of economic growth, the promotion of social justice, a continued consolidation of the European Union as well as a stabilization of the international order. The outlook for Germany's economic performance in 2017 is mainly determined by demand side factors, with

GDP growth anticipated at between 1. 7% and 1. 8%.

Keywords: German Economy; Public Finances; Fiscal Policy

Abstract: Innovation plays an overarching role for Germany's economy. Using the OECD's model for an innovation system, this paper introduces the functions of the government and the business sector, of public research institutes and education institutions as well as of intermediary organizations in the innovation system of Germany. Since 2016 the federal government has implemented new measures to increase the efficiency of the innovation system, including digitization in several fields, a reform of the career model of young scientists in universities, and new industrial projects. These steps reflect the adaptation of relevant policies to international industrial trends in order to stay ahead of the global competition. Along with the development of science and technology in China and the change of the international economic environment, there will be more and more opportunities for China and Germany to cooperate in the field of innovation.

Keywords: Innovation System; Innovation Policy; Innovation Cooperation; Germany; China

Abstract: After COP21 in Paris the German government launched a number of new initiatives in the fields of energy transition and climate protection. Renewable energy was developed rapidly and it can be expected that the relevant goals will be achieved without difficulty. With respect to reducing emissions, however, Germany is relatively far away from its goals, especially in the construction and transportation sectors. Germany regards energy efficiency as the most important means to achieve the goals of energy transition and climate protection, but success has in part eluded it. If the government does not take stricter and more specific measures to improve implementation, Germany might not achieve all its goals. As a result, Germany's image as an international pioneer in energy transition and climate protection could be challenged and its status as an international role model might also be weakened further.

Keywords: Germany; Energy Transition; Climate Protection; Renewable Energy; Paris Agreement

B. 8 The "Digital Agenda" and Digital Transformation in Germany

Abstract: In 2014 the German government launched the "Digital Agenda 2014 –2017", proposing three core strategic objectives and seven core areas of action in order to promote a political, economic and social digital transformation. In the past two years, the "Digital Agenda" has made some progress in the regulatory environment, infrastructure, digital economy, digital government and social culture. But still today, the German digital process faces some challenges: The government has not yet rid itself of traditional ideas, its responsibilities are fractured, and legislation on and implementation of the process cannot keep up with the rapid development in society and business; enterprises are on the one hand limited by external factors and on the other hand by their lack of awareness of the need for innovation; the content and model of education needs to be updated; and the information literacy and openness of society should be improved. In 2016 the Federal Ministry for Economic Affairs and Energy launched the "Digital Strategy 2025" and the specific "Digital Action Plan" that clarify the ideas of the German government in promoting economic and social digitization. But the future of digital transformation in Germany also depends on the skill and determination of the new government that will be in charge after the September 2017 elections.

Keywords: Germany; Digital Transformation; Digital Agenda; Digital Strategy

Ⅳ Society and Culture

Abstract: The Excellence Initiative launched by the German federal government and the governments of the federal states (*Länder*) has since 2005 been implemented in two stages. It promoted the differentiation of higher education in Germany, optimized the structure of university governance, enhanced its effectiveness and promoted the education of young academic researchers as well as increased the international visibility of German universities and scientific research. On June 16th, 2016, the German federal government and the state governments jointly adopted the "Excellence Strategy", which is the follow-up program of the Excellence Initiative. Its aim is to further strengthen Germany as a science nation, enhance its international competitiveness and increase the international visibility of German universities and scientific research through two funding lines. They are to support German universities as individual institutions or university consortia: "Clusters of Excellence" for project-based funding in internationally competitive research and "Universities of Excellence" for the strengthening of universities in the long-term and in order to further develop their leading international role.

Keywords: Excellence Initiative; Excellence Strategy; Clusters of Excellence; Universities of Excellence; German Higher Education

B. 10 The German Kaleidoscope, Viewed through Literature —The Social Novel *Unterleuten* and a Narrative Centering on Self-diaspora, Integration and Its Impossibility

Hu Chunchun / 204

Abstract: As the whole country, confused by the refugees and the social-cultural problems they brought along, was worried about seeking cultural explanation in 2016 in Germany, the female writer Juli Zeh managed to pull the perspective from concrete and specific cultural phenomena back to the panorama of German society in recent years through a well-structured "Gesellschaftsroman" (social novel) *Unterleuten*. In a virtual village named Unterleuten in Brandenburg, the representative micro-world consists of highly stratified aborigines with former East Germany experience and urban immigrants from the west, to whom a former founding member of the Green Party and abird protector of today, a capitalist and some individuals of the Generation Millennium belong. In a regional development project of new energy, politically correctly driven by the government, all kinds of problems and contradictions among the villagers which have been suppressed or accumulated since a long period of time, i. e. the post-war interregnum, the German Democratic Republic and the reunified Germany, gradually emerge and eventually lead to the disintegration of the fragile temporary community. Perhaps the absurdity of reality has been replaced by post-truth, the self-centered German society is nowadays hovering between self-diaspora and the strong desire to integrate which is destined to fall.

Keywords: Juli Zeh; Gesellschaftsroman (Social Novel); Self-diaspora; Integration

V Foreign Policy

Abstract: The debate that started at the Munich Security Conference in 2014 on whether Germany should assume more political and military responsibility was brought to a new climax in 2016 by the German White Paper on Security Policy-the first one in ten years, and the Global Strategy of the EU-the first such document in 13 years. Both documents could, however, not take into account the decision on Brexit in June or the election of Donald Trump as U. S. President. His questioning of NATO's security guarantee came as a clarion call to foreign ministries across Europe. The federal government is well aware that it has to assume leadership in Europe and do more for Germany's military capabilities, but it continues to struggle. Yet if Europe is not capable of taking its security into its own hands under the auspices of a Trump presidency-when will it?

Keywords: Security Policy; White Paper; Global Strategy; EU; NATO; German

Abstract: The economic impact of Brexit on the EU, Germany and the UK depends largely on the final result of the upcoming negotiations, in particular on the future relationship between the UK and the European Union. Because of this uncertainty, a specific and accurate estimate of the economic impact of Brexit is currently not possible. This article will therefore examine the UK's economic and trade relations with the EU and Germany, make a preliminary qualitative analysis of the impact of Brexit on these relations and analyze the results of some of the latest forecasts of major European economic research institutions, think tanks and government departments.

Keywords: Brexit; EU; Germany; Economic Impact

Abstract: German-American relations have enjoyed shared interests and objectives for the past seventy years. The German-American partnership has been a cornerstone of the larger framework of transatlantic relations. However, it now faces an uncertain future with the Trump administration's critical rhetoric towards Europe and its transactional approach to foreign policy, as well as the populist movement sweeping across Europe. In a rapidly changing world, both Germany and the United States face multiple challenges. Although it is tempting to pursue narrow national interests, both countries have a shared stake in sustaining a stable European market and global free trade, fighting terrorism, crafting cyber security parameters, encouraging innovation in energy sources, confronting the impact of climate change and the spread of pandemics, and dealing with the challenge of global migration trends. Above all, they share a vision in shaping the future agenda of rule-based international governance and promoting liberal democracy around the world. Both countries have tools to pool and share in all these instances and they have done so repeatedly. There can be no doubt that every one of those areas of mutual concern is going to continue and multiply in urgency and relevance on both sides of the Atlantic.

Keywords: German-American Relations; Transatlantic Relations; NATO; EU; U. S. Presidential Election

B. 14 A Delicate Balance: Opportunities and Challenges of Sino-German Relations in the Post-West Era

Zhao Ke, Li Gang / 283

Abstract: German foreign policy is determined by two forces: economic globalization and European integration. On the one hand, the arrival of the post-West era accelerates a power shift inside the EU, and a German Europe becomes more and more a reality; on the other hand, because of its leading role, it is difficult for Germany to keep a balance between maintaining its global economic competitiveness and promoting European integration as before. Germany must find a new equilibrium between its own economic interests in the global market and the unity and credibility of the EU. This will lead to a Europeanization of Germany's foreign policy, and as a consequence, it will be reluctant to establish special relationships with important trading partners outside the EU. German foreign policy will focus more on European concerns including regional security, protection of human rights and fair trade. Given these new circumstances, Germany's traditional pragmatic China policy that is mostly based on its economic interests is changing. That is a real challenge for China.

Keywords: Sino-German Relations; Post-West Era; German Diplomacy; Europeanization

B. 15 A Study of German Political and Economic Activities in Southeast Asia in Recent Years

Chen Tao / 296

Abstract: Germany's trade with Southeast Asian countries has in recent years grown rapidly and continuously. Germany has become the largest trading partner of Southeast Asian countries in the EU. It invests not only in traditional industries, but also in renewable energy and environmental protection, where it has technical advantages. Apart from this, cooperation on anti-terrorism, refugee issues and the maintenance of the status quo in the region help to promote political relations between Germany and Southeast Asian countries. Adequately coping with the challenges of the world, Germany's development of its economic and political relations with Southeast Asian countries is favorable for the exportation of German ideology and ways of global governance.

Keywords: Germany; Southeast Asia; Economic and Political Relations

Ⅵ Data and Statistics

General Report

Internal and External Challenges Faced by Germany in Uncertain Years*

Zheng Chunrong**

Abstract: 2017 will be another year of uncertainty for the world and Europe, including for Germany. Germany will not only hold federal elections on September 24; the country itself, the European Union and the international community continue to face many serious challenges at the domestic, the EU and the international level. At home, the integration of refugees into German society poses the greatest challenge for the future, combating terrorism is of utmost importance, and against this background the rise of right-wing populist forces has added a new variable to the German political landscape. At the EU level,

* This paper is a result of the National Social Science Foundation project "Study on New Trends of German Foreign Policy and China's Coping Strategy" (Project serial No. 14BGJ009).

** Zheng Chunrong, Professor, Ph. D., Director of German Studies Center, Director of Institute for German and EU Studies, Tongji University.

whether the Netherlands and France will cease to be "Black Swans" was once an uncerntainty. Although in the elections in the Netherlands the mainstream parties have, after going through a difficult moment, eventually prevailed, and the independent centrist Emmanuel Macron has won in a sweeping victory over populist candidate Marine Le Pen in French presidential election, the right-wing populist forces have not disappeared. At the commencement of the Brexit process, the EU needs to determine the future direction of its development. Although the concept of a "multi-speed Europe" seems to be gaining acceptance with a majority of member states, its implementation poses many problems and challenges. At the international level, with Donald Trump assuming the United States presidency and initiating a policy of isolationism, the foundation of the transatlantic relationship—its values—is threatened. Germany needs to look for new partners in shaping globalization, and in order to assume responsibility for the security of Europe and the whole world, it must improve its own military strength and invigorate the EU Common Security and Defence Policy.

Keywords: Germany; Internal affairs; Diplomacy; Challenges

In her 2017 New Year's address, German Chancellor Angela Merkel described 2016 as a year of "difficult trials", the most difficult of which was terrorism, especially the terrorist attacks in Würzburg, Ansbach and at a Christmas market in Berlin. Merkel said that it was "particularly bitter and sickening" when terrorist attacks were committed by people who came to Germany claiming to seek protection. She described the association of the year 2016 by many people with a feeling that the entire world had fallen to pieces and that things that were long considered to be finished achievements had now been called into question as a distorted picture. This was i. a. true for the European Union that had to weather the blow of the departure of one of its member states. Furthermore, the Chancellor explicitly stressed that the Germans should never let themselves be led to believe that a national solo effort could ever bring them a happy future, but that where Europe was challenged as a whole as it was in global competition, in the protection of its external borders or regarding migration they had every interest in playing a leading role. ①

Well into 2017, the challenges that Chancellor Merkel mentioned still persist with no sign of relief. While the commencement of the Brexit process was formally announced on March 29th, 2017, the results of the two-year-long "divorce" negotiations are still as unforeseeable as the impact they will have on the remaining 27 members of the EU, especially for Germany—for which the UK is the third largest export market and the second largest destination of foreign investment.

On the European Union, U. S. President Donald Trump in a recent interview changed to a softer position. He said the EU has "done a very good job in bringing it back together". However, people will not forget that in an interview just before his presidential inauguration the same Trump praised Brexit as a "great thing" and predicted that "other countries will follow the UK's lead". Against this background, the uncertainty resulting from Trump's caprice will doubtlessly persist for quite some time.

In 2017 Germany will hold federal elections. To be more precise, the election campaign already started when the Social Democratic Party nominated the former president of the European Parliament Martin Schulz as candidate for the Chancellery. While there is no need to worry that the right-wing populist party Alternative for Germany (AfD) could take power, it is possible that it enters the Bundestag and renders the formation of the government more complicated. The AfD's success is predicated on uncertainty and insecurity in German society, and the party could in turn itself become a factor of social uncertainty and insecurity.

This article will analyze the internal and external challenges that Germany is facing

① New Year's address by Federal Chancellor Angela Merkel, Saturday, 31 December 2016, https://www.bundesregierung.de/Content/EN/Pressemitteilungen/BPA/2016/2016-12-31-neujahrsansprache-podcast_en.html.

during the uncertain years of 2016 and 2017 in three sections: The first section focuses on internal challenges, in particular immigration, terrorism and right-wing populism; the second section deals with challenges at the level of the European Union, it will discuss its prospects and outlook against the background of Brexit; the third section will cover international challenges, particularly new challenges to the transatlantic relationship after U. S. President Trump assumed office.

I Challenges at the domestic level: integration of refugees, combating terrorism and the rise of right-wing populism

The year 2016 witnessed significant growth of the German economy. As the Federal Government's *2017 Annual Economic Report* recorded, GDP expanded by 1.9%, faster than in any year since 2011; for 2017 the Federal Government expects an increase of 1.4%. Meanwhile, the unemployment rate dropped to its lowest point since the reunification of East and West Germany. In 2016, 43.5 million people were in gainful employment, and this figure is set to increase further in 2017 by 320,000. In addition, continuously increased real wages led to a significant increase of people's income.① According to the Federal Statistical Office, Germany achieved records in both imports and exports in 2016. German companies in 2016 exported goods and services worth 1.2075 trillion, and imports reached a value of 954.6 billion.

In this year of federal elections, the Germans are generally satisfied with the Merkel government except for one item—its refugee policy. German "welcome culture" is now less "welcoming" than it was two years ago. According to a survey on welcome culture released by the Bertelsmann Foundation in April 2017, more than half of the respondents (54%) think the country has reached its limit

① Federal Ministry for Economic Affairs and Energy, *2017 Annual Economic Report*, *For inclusive growth in Germany and Europe*, https://www.bmwi.de/Redaktion/EN/Publikationen/annual-economic-report-2017-summary.pdf?__blob=publicationFile&v=9.

on receiving refugees, whereas two years ago only 40% held this view; 37% of the respondents think Germany should out of humanitarian considerations receive more refugees, two years ago 51% thought so. ① This change of opinion is not only due to the influx of refugees, but also attributable to security worries about them. Right-wing populist forces take advantage of such concerns and anxieties and spread them further with a view to achieving their own political objectives.

1. Integration of the refugees is the greatest challenge

In 2016 there was a substantial decrease of refugees entering Germany. In 2015, there had been 890,000 refugees seeking asylum in Germany. In contrast, in 2016 the number dropped to 280,000. Applications for asylum by refugees, however, in 2016 numbered 745,000 (of which 722,000 were first-time applications), 269,000 more than in 2015. This does not mean there were more refugees in 2016 than in 2015. The majority of the refugees entered Germany in 2015, but filed their asylum applications in the following year, 2016. The reason for these disparities is that the Federal Office for Migration and Refugees was so overwhelmed with the number of refugees that the processing of applications was unavoidably prolonged. Thus, at the time when refugees could file their applications, they had already been in Germany for quite some time. Among the refugees, Syrians represent the largest number, with a percentage of 36%; other refugees are mostly from Afghanistan (17%) and Iraq (13%).

According to the Federal Office for Migration and Refugees, the decrease of refugees entering Germany is a result of measures taken by the federal government and the EU and can in particular be attributed to the EU-Turkey Agreement and the closure of the Balkan route. In the Reports on Migration and Integration Policy, the Federal Ministry of the Interior pointed out that Germany had managed to improve control and provision for the refugees through a series of modifications of laws, initiatives at the EU and the international level, changes of organizational structures and procedures, and an increase of personnel etc.. The federal

① "Flüchtlingspolitik. Willkommenskultur mit Rissen", http://www.tagesschau.de/inland/fluechtlinge-willkommenskultur-103.html.

government took substantive measures to ensure the orderly registration of refugees, so as to expedite the asylum procedure and also improve the opportunities for repatriation. The Data Exchange Improvement Act introduced a system that centralizes the recording of all data that had previously been recorded separately. The Federal Office for Migration and Refugees received 4,000 additional positions in 2016 and, compared to 2015, doubled the number of decisions on asylum procedures. Germany has made considerable progress in the repatriation of immigrants and also in its relationship with the refugees' countries of origin. In comparison to a few years ago, more refugees are repatriated and more are willing to return to their native countries voluntarily;① in 2016, 62% of the asylum applications were approved while less than 40% were rejected; in the past year, there were about 80,000 refugees that went back home, 55,000 of them returning voluntarily. In future, the government plans to repatriate refugees whose asylum applications have been rejected more quickly and with greater determination.

In view of its sound economic conditions, the greatest challenge to Germany's economy is not the influx of refugees, but their integration. The Experts Committee of German Economy concluded in its Annual Assessment Report 2016-2017 that the short-term extra expenses for refugees can be publicly funded. It also estimated that direct expenditures in 2016 and 2017 resulting from the increase of refugees amounted to 13 billion and 10 billion respectively (0.4% and 0.3% of GDP). However, whether those who have been granted asylum will in the long run contribute to economic growth and public finances depends on whether they can integrate into the labor market. Their relatively poor professional and language skills are the greatest challenges in this process, as are cultural barriers.② In reality, based

① "Integration. Viel erreicht—Weitere Herausforderungen in 2017", https://www.bundesregierung.de/Content/DE/Infodienst/2017/01/2017-01-12-integrationspolitische-jahresbilanz/00-migrations-und-integrationspolitische-jahresbilanz.html.

② Sachverständigenrat zur Begutachtung der gesamtwirtschaftlichen Entwicklung, *Zeit für Reformen. Jahresgutachten* 2016/2017, Kapitel 8: Flüchtlingsmigration: Integration als zentrale Herausforderung, Berlin, 2017, pp. 343-369.

on the Act on the Acceleration of Asylum Procedures and the Integration Act, Germany has made progress in three aspects related to refugees, namely language training, integration into the labor market and social integration. While the integration of refugees is no easy task, its success is closely related to progress in Germany's initiatives to combat terrorism. ①

2. Combating terrorism is becoming more difficult

According to the 2016 *White Paper on German Security Policy and the Future of the Bundeswehr* issued on July 13rd, 2016 by the federal government, besides the traditional security challenges there are new threats and hazards that have additionally emerged, making the security environment more complex. ②Of the new threats, transnational terrorism is the most significant. The *White Paper* also points to the challenges caused by uncontrolled and irregular migration.

Thus a question arises—will the refugees increase the risk of terrorism? The federal government has stated repeatedly that refugees are not necessarily more inclined to terrorism than other groups of the population. It opposes any generalizations describing refugees as terrorism suspects, as it is well aware that such generalizations might impact negatively upon the domestic situation and help the right-wing populist party AfD garner support. Nevertheless the Federal Criminal Police Office (BKA) holds a different view: "It is reasonable to assume that among the refugees there are former members, supporters or sympathizers of terrorist organizations or war criminals with Islamist motivations". The Paris terrorist attack clearly showed that the "Islamic State" (IS) deliberately hid its assassins among refugees. ③ Germany also suffered from several terrorist attacks committed by refugees. ④ Interior Minister Thomas de Maizière emphasized

① See Zheng Chunrong and Ni Xiaoshan, *Challenges of Refugee Integration in Germany under the Background of Refugee Crisis and Possible Solutions.* Foreign Social Science: 2016 (11): 75-83.

② The Federal Government, *2016 White Paper on German Security Policy and the Future of the Bundeswehr*, Berlin, June 2016.

③ "Regierung zu Bedrohungslage. Erhöhte Terrorgefahr durch Flüchtlinge?" 25.07.2016, http://www.tagesschau.de/inland/fluechtlinge-terrorgefahr-101.html.

④ "Ansbach Explosion identified as Terrorist Attack, IS Claims responsibility", Pengpai International, July 26, 2016, http://news.qq.com/a/20160726/037144.htm.

repeatedly that the terrorist threat faced by Germany is highly alarming. The Federal Office for the Protection of the Constitution stated that the challenge by terrorism is serious and that the number of potentially violent Islamists is on the rise. At the end of 2016 the number of terrorists hiding in Germany was estimated to stand at around 1600. ①

According to a survey conducted by the German pollster organization "Infratest dimap" in January 2017, Germans in general still feel safe in public areas; but one third of the respondents (32%), especially women, said they feel less safe than they did two years ago. ②

After the terrorist attack at a Christmas market in Berlin, Germany strengthened the surveillance of endangerers ("Gefährder") —those who are highly likely to conduct a terrorist attack—and increased its efforts to deport them. The attacker of the Berlin Christmas market, Anis Amri, killed 12 persons and injured 50, some of whom critically. The German authorities were well aware that Amri was dangerous and should be deported, but were prevented from doing so because his native Tunisia had delayed issuing the required documents. Now that the pertinent laws have been amended, the Federal Criminal Police Office is under certain conditions entitled to force endangerers to wear electronic shackles. In early 2017 the Federal Criminal Police Office had a list of 570 endangerers. While since 2001, when "9. 11" occurred, Germany had legalized deporting endangerers even before they had committed a crime, the conditions were so demanding that this provision was never applied in practice. But now there is a precedent. ③

3. The rise of right-wing populism

The party Alternative for Germany (AfD) is known for its positions against the euro, against foreigners and against Islam. In its latest election manifesto, the party

---

① "Gefährdungslage 'Islamistischer Terrorismus? in Deutschland", https: //www. verfassungsschutz. de/de/aktuelles/zur-sache/zs-2017-002-o-ton-maassen-islamischer-terrorismus.

② Infratest dimap, "Sicherheitsgefühl der Deutschen", Januar 2017, http: //www. infratest-dimap. de/umfragen-analysen/bundesweit/umfragen/aktuell/sicherheitsgefuehl-der-deutschen/.

③ "Wegen Terrorismusverdachts. Erstmals Gefährder abgeschoben", http: //www. tagesschau. de/inland/goettingen-gefaehrder-105. html.

clearly follows a populist and nationalist program: Germans should follow the example of the UK and decide in a referendum whether Germany should stay in the euro zone or even the EU. As regards immigration, the AfD demands that German borders be closed immediately in order to end what is described as chaotic massive immigration. The party suggests that in the coming 20 years Germany should reduce the number of foreigners by 200, 000 per year. Most noteworthy among the AfD's proposals is the request that immigrants who commit crimes be deprived of their German citizenship even if that renders them stateless. In addition, the AfD proposes to amend the Nationality Act with a view to return to granting citizenship following the principle of blood lineage and reversing openings towards a birthplace principle.

On the basis of this program, the AfD has succeeded to enter the parliaments of a number of federal states ("Länder") and continued this success into 2017. In the parliamentary election in the Saarland on March 26th, 2017, the party received 6.17% of the votes and thus successfully entered the 11th state parliament. According to opinion polls, it is likely to enter also the parliaments of Schleswig-Holstein and North Rhine-Westphalia in elections on May 7th and 14th respectively. In addition, it is almost certain that the AfD will enter the Bundestag (federal parliament) after the election on September 24th, as at one time 15% of the respondents declared their support. However, the latest polls show that the rate of support for the AfD has started to dwindle. According to various opinion polls, by April 2017 its support stood at around 10%.

On the one hand, the decrease of the AfD's rate of support can largely be attributed to sustained infighting within the party, which is sure to impair its image in the eyes of the German public. The chairman of the party's regional association of Thuringia, Björn Höcke, recently triggered a fresh round of disputes. He called the Berlin Memorial to the Murdered Jews of Europe a "monument of shame" and requested that Germany's "commemorative culture go into a 180-degree reverse". For these remarks, the AfD federal committee decided to expel Höcke from the party. Even so, infighting still continues about him. Meanwhile, fierce struggles within the party continue on whether to nominate a single candidate or a team of candidates for the federal elections, pitting the realist politicians led by party chairwoman Frauke Petry and the right-wing radicals led by vice-chairman Alexander Gauland, co-chairman Jörg Meuthen and Höcke against each other.

The dwindling support for the AfD is, on the other hand, due to the "Schulz effect": After the Social Democratic Party (SPD) nominated Martin Schulz as leading candidate for the election, its support soared to nearly the same level as that of the sister parties Christian Democratic Union (CDU) and Christian Social Union (CSU), rendering the outcome of the election so much more unpredictable. Disputes between the CDU/CSU and the SPD intensified, as these mainstream parties rushed to take up positions that would distinguish them from their opponents. In consequence, the AfD that identifies with the protest against the "institutional parties" was weakened. Many AfD supporters, in particular those that had in previous elections abstained, moved closer to the Social Democrats. And when the AfD noticed that Schulz won support by calling for social justice, it also started including this tenet into its program. Now the AfD demands to extend the time during which the unemployed can draw "unemployment benefits I" and even requests to increase "unemployment benefits II". Clearly the AfD felt the heat from the SPD.①

The mainstream parties do, however, not have an optimal strategy against the right-wing populists. The CSU takes a tough stand on immigration that is not dissimilar to that of the AfD. Though Angela Merkel is the candidate for Federal Chancellor of both the CDU and the CSU, quarrels between the two parties have never gone away. CSU chairman Horst Seehofer threatened that should the CDU fail to agree after the federal election to an upper limit for immigrants, his party would rather be a rival to it; he also plans to adopt a "Bavarian plan" for the federal election. The CSU supports Merkel in her bid for the Chancellery while publicly criticizing her sweeping immigrant policy. The jury is still out on whether the CSU will gain votes from both sides of the political spectrum or whether, to

① Severin Weiland, "Wahlprogramm: AfD will mit nationalistischer und sozialer Politik punkten", http://www.spiegel.de/politik/deutschland/wahlprogramm-afd-will-kriminellen-migranten-staatsbuergerschaft-entziehen-a-1138035.html.

the contrary, it will reduce the voters' trust in the coalition. The AfD's proposals and its remarkable ascent caused conflicts among the mainstream parties, undoubtedly benefiting the AfD.

II Challenges at the EU level: which way should the EU take?

Within the EU, changes could be induced by two developments. Firstly, the elections in the Netherlands and in France may end up with right-wing populist parties assuming power and then emulating Brexit; secondly, it is still open how the 27 remaining EU member countries can remain united after Brexit and promote the unification of Europe.

1. Will the general elections in the Netherlands and France play out as expected?

This year will see general elections in three EU founding member states. The elections in the Netherlands and in France were and are expected with suspense: Observers are concerned that populist parties may seize power and hold referendums to decide whether the two countries will stay in the EU. In the Netherlands election on March 15th, the People's Party for Freedom and Democracy (VVD) led by incumbent Prime Minister Mark Rutte gained 33 of the 150 seats in the House of Representatives, while the Party for Freedom (PVV) led by Geert Wilders only took 20 seats, fewer than was considered probable before the election. Rutte claimed that the result of the general election signaled that "the Dutch have stopped the wrong kind of populism". While it is true that the Party for Freedom cannot form a cabinet, it should however be noted that it gained five seats more in this election than in the previous one and became the biggest opposition party. It will continue its anti-Muslim, anti-immigration and anti-EU policy and continue to give the government headaches. As there were many parties each attracting a relatively small number of votes, Rutte has to team up with other parties to form a coalition government; his ruling coalition will inevitably lack stability. In the final days before the election, Rutte took a hard line in the diplomatic conflict with Turkey; this won him some support with conservative voters and helped him seize a number of seats from the Party for Freedom. But it is open to question whether mainstream parties can always take votes from right-wing populist parties by adopting conservative positions. It may well be that voters prefer the "original" to the "copy" and thus further the rise of right-wing populism.

The mainstream parties narrowly won the general election in the Netherlands, but the French presidential election was once full of suspense. If presidential candidate Marine Le Pen of the extreme right-wing National Front (FN) wins, the euro will collapse. Le Pen can also be expected to keep her promise to call for a referendum on whether France should leave the EU, which, if successful, could possibly cause its unraveling. Observers generally think Le Pen may win in the first round of the election but will not prevail the second. Considering the distance French society takes towards the extreme right, on May 7, Le Pen will in the second round of voting be defeated by the concerted efforts of other parties: no matter who she is competing with, she will be beaten. The final result has also proved this: the centrist independent candidate Emmanuel Macron beat Le Pen in the second round of voting, rising to the French president, but what Le Pen has achieved in the second round (35% of the votes) was far better than her father (Jean – Marie Le Pen) 's performance in 2002 (18%); In the second round of parliamentary elections on June 18, Macron's La République En Marche (Republic on the Move) movement secured the majority of the seats, however, it deserves to notice that, in spite of the disappointing result of Le Pen's National Front, there was still an increase in the seats it has won compared to before. Therefore, although this wave of French right-wing populism has passed, if Macron conducted a weak reform or his polices failed to yield desirable results, the right-wing populists would accumulate more forces and stage a comeback in the next elections.

2. Germany hopes to maintain close relations to the UK also after Brexit

As early as in September 2016, the President of the European Commission Jean-Claude Juncker asserted in his State of the Union speech that "our European Union is, at least in part, in an existential crisis" . But actually, the European Union is constantly in a state of emergency—from the debt crisis and the Ukraine crisis to the immigration crisis and the terrorist crisis, and then on to the Brexit crisis. Among all the crises, the most consequential for European unification is the Brexit crisis.

After initially taking a more conciliatory approach, British Prime Minister Theresa May finally opted for a "hard Brexit" . In her address on January 17th, 2017, she even threatened if the EU prevents Britain from leaving and becoming a "truly global Britain", Britain will turn against EU. As European leaders had reiterated many times that participation in the EU Single Market would mean complying with free migration of citizens of EU member states, May thought it preferable to leave the EU Single Market completely. After a period of reflection, the UK formally activated Article 50 of the Lisbon Treaty on March 29th, 2017, adding clarity on how the UK envisages its separation from the Union. May even called for elections for the House of Commons ahead of time so as to further stabilize her government and to improve the position of the UK in its negations with the EU. Now the UK has entered campaign mode; this will make it even more difficult to finish the Brexit negotiations within the prescribed two years.

Though Germany is well prepared for tough negotiations, it still hopes to maintain a close partnership with the UK even after the UK—Germany's third largest export market—exits the EU. The Cologne Institute for Economic Research recently predicted that, with all other things being equal, Brexit would result in a trade-induced change in 2017 German economic output of -0.25% of GDP (-0.14% of GDP if a soft Brexit was expected and-0.5% of GDP if a hard Brexit was expected) .① Germany's intention to continue a good relationship with the UK is also contingent upon the UK's military power: Germany wants to maintain close cooperation with the UK in security and defense matters.

The 27 remaining EU member states will discuss their common negotiation

① Galina Kolev, Jürgen Matthes and Berthold Busch, "Brexit impacts on Germany?" *IW-Kurzberichte* 72. 2016.

guidelines and decide on them in a special meeting of the European Council on April 29th. In an address, German Chancellor Angela Merkel stressed the following points as important: first, defend and uphold the interests of Germans and citizens of other EU member states living in the UK; second, disentangle the relations between the UK and other EU members in an orderly way and subsequently discuss building future relations; third, ensure that the UK and the EU remain close partners because the UK is and will remain a part of Europe and shares common values with it; fourth, since the EU is a success story that is unprecedented in history and will remain so after Brexit, it is committed to meet new important challenges in parallel to the Brexit negotiations. ①

3. A "Multi-speed Europe" will be imperative

After the referendum on Brexit, the remaining 27 EU members began reflecting on the further development of a EU with 27 members. At an informal summit in Bratislava in September 2016 these nations agreed to develop a roadmap for EU development. The *Bratislava Roadmap* includes a limited reform agenda including progress in different Single Market strategies, ensuring internal and external security, fighting youth unemployment, and some other measures.

In early March 2017 President Jean-Claude Juncker of the European Commission presented a *White Paper on the Future of Europe*,② in which he did not set a specific course for the Union's development but rather pointed to five possible scenarios for further discussion. He said frankly, however, that a Europe where willing member states can do more together in specific areas seems to be the most feasible option. March 25th is the 60th anniversary of *Treaty of Rome.* In view of the approaching Brexit process that would start on March 29th, the leaders of the remaining 27 reiterated their commitment to the EU and signed the *Rome Declaration.* The *Declaration* draws on lessons learnt from internal differences in interests and positions of the member states; they vow to act together at different

① Rede von Bundeskanzlerin Merkel beim CDU/CSU-Kongress "Mut zur Zukunft: Innovationsstandort Deutschland" am 29. März 2017 in Berlin.

② European Commission, *White Paper on the Future of Europe. Reflections and scenarios for the EU27 by* 2025, COM (2017) 2025 of 1 March 2017.

paces and intensity where necessary in a "multi-speed Europe" e. g. in defense and asylum policy. In this regard, German Chancellor Merkel stated that "A Europe of different speeds is necessary" . While a "multi-speed Europe" appears to be regarded as a panacea against the stagnation of the European Union, not all member states support it enthusiastically. The *Declaration* was at times stuck halfway because East European states, e. g. Poland, were afraid that in a multi-speed framework they would become second-class members.

A "multi-speed Europe" is clearly a compromise. But given the differences of opinion between EU member states, accepting them and permitting further differentiation appears to be the only feasible solution if a further division among members resulting from the desire of some of them to deepen integration is to be avoided. Here a critical problem appears—how to find an equilibrium between this flexibility and internal unity of the EU?

III Challenges at the international level: uncertainties caused by U. S. President Donald Trump

U. S. President Donald Trump originally offered a grim outlook for the EU and appeared eager to destroy the bond of common values between the U. S. and the EU, thus putting German-U. S. and European-U. S. relations in jeopardy. Trump's initial turn around made Germany realize how important it is for the EU to consolidate its strength and look for partners besides the U. S. .

1. The common ground of EU and U. S. values is undermined

As mentioned before, President Donald Trump described Brexit in an interview after his election as a "great thing" . He also said that the EU is "basically a vehicle for Germany" and that was why the UK was so smart in getting out. He stated his belief that other EU member states would also leave the EU and that it would be anything but simple to maintain its unity. He furthermore characterized Chancellor Merkel's policy of accepting "all of these illegal" immigrants in Germany as a "catastrophic mistake" . These remarks have added to the centrifugal forces at work within the EU. In a recent interview, however, Trump changed his attitude, stating that the EU was wonderful and that he was totally in favor of it. In any event, Trump greatly impressed the EU member states with his capricious and negative view of the EU. That the UK risked to challenge the EU with a hard Brexit can in part be attributed to Trump's promise to visiting Prime Minister Theresa May that the U. S. would "soon" conclude a free trade agreement with the UK, thus backing the Brexit decision.

Trump's repeated assertions to put "America First" indicate limited U. S. interest in international organizations and institutions. German Chancellor Merkel has enjoined the Trump Administration to make an explicit commitment to western values. Immediately after the election of Trump as U. S. president, Chancellor Merkel congratulated him and offered her close cooperation, but did so explicitly "on the basis of" the values shared by both nations. This statement in fact makes future German-U. S. cooperation contingent upon the preservation of these values.

Germany and its partners have become painfully aware that, under the leadership of President Trump, the U. S. might be ready to sacrifice these common values for its own interests and may therefore no longer be a reliable ally. Germany and the EU realize ever more clearly that only a strong EU can be a partner at eye level to the U. S. .

2. Germany needs new partners in shaping globalization

President Trump has clearly shown his opposition to multilateral trade agreements. He not only withdrew from the Trans-Pacific Partnership (TPP), but also froze the Transatlantic Trade and Investment Partnership (TTIP). Trump also announced that the U. S. would impose punitive tariffs on major trade partners, which would not only imperil an already fragile world trade, but also negatively affect export-oriented countries like Germany. Trump's intention is to impact trade relations in favor of the U. S. and thereby create jobs at home.

To counter Trump's threats and "blackmail", German Chancellor Merkel made a phone call to Chinese President Xi Jinping immediately before her visit to the U. S. on March 17th, 2017—an extraordinary step. She stressed Germany's and China's common determination to fight trade protectionism, thereby sending a strong signal to Trump. In the meeting between Merkel and Trump, their greatest differences indeed turned out to be their distinctly diverging positions on free trade and open markets.

Also German Foreign Minister Gabriel commented pointedly on Trump's trade protectionism, "When one window closes, another one opens". China and Germany are joining hands in promoting global cooperation to further advance globalization. In December 2016 Germany took over the chairmanship of the G20, where it promised to address the most urgent challenges of the globalized world through international cooperation, not through increased isolation or a return to nationalism: only in this way could the G20 shape a globalized world for the benefit of all. ① This position is close to the "inclusive globalization" promoted by President Xi Jinping at the World Economic Forum in Davos, Switzerland on January 17th, 2017. In fact, China and Germany have in joint communiqués frequently reiterated that they will coordinate their G20 agendas and cooperate pragmatically within the G20 to fight trade protectionism and promote globalization.

3. The retreat of the U. S. forces Germany and the EU to consolidate their strength

For NATO, the new U. S. government adduces many uncertainties. President Trump initially described NATO as obsolete, greatly unsettling his European partners. Now he has retracted his remarks and stated his commitment to NATO, but insists that all member states contribute their fair share to the alliance's defense spending. In 2014, under the influence of the Ukraine crisis, NATO members pledged that by 2024 they would increase their defense expenditures to as much as 2% of GDP. According to NATO presently there are only five member states that meet this requirement. Germany is among those that do not reach that threshold; in 2016, it only spent 1.2% of its GDP on defense.

Germany has repeatedly emphasized that the 2% spending goal should not only

① Regierungspressekonferenz vom 30. November, https://www.bundesregierung.de/Content/DE/Mitschrift/Pressekonferenzen/2016/11/2016-11-30-regpk.html.

include military expenses, but also expenditure e. g. for development aid. But faced with President Trump's insistence and the prospect that the U. S. might moderate its NATO commitment Chancellor Merkel, in order to uphold the transatlantic partnership, pledged that Germany would stand by the agreement and work towards meeting the threshold. In 2016 German defense spending has actually already risen by 8% .

Looking beyond Trump's rhetoric, Germany has declared its readiness to take on additional responsibilities in pursuing aproactive and dedicated foreign and security policy. This aim is clearly apparent in Germany's recently issued *White Paper on German Security Policy and the Future of the Bundeswehr.* ① Given the emergence of new threats and the addition of new tasks to the mission of the Bundeswehr, Germany's army is undergoing a continuous expansion. ② As late as in January 2017 it was decided to once more expand its size. Originally, the number of personnel was to increase from 166,500 to 192,500; the new objective is to add 5,500 more personnel to reach a total of 198,000. Furthermore, as is stated in the *White Paper*, Germany will refrain from setting a rigid personnel ceiling and provide the Bundeswehr with the personnel it needs to perform the necessary defense and crisis management missions. ③Meanwhile, to strengthen the EU's responsiveness and readiness in the civilian and military sectors, Germany aims at establishing a permanent joint civil-military operational headquarters. In view of different opinions among EU members in this respect, Germany is in this field clearly engaged in the promotion of a "multi-speed Europe".

U. S. President Trump initially appeared to draw closer to Russia, temporarily causing considerable nervousness among his European allies. German Defense Minister von der Leyen cautioned against "negotiating over partners' heads" to

---

① Zheng Chunrong, "Analysis of Germany's New Trend in Security Policy", *Chinese Journal of European Studies*, 2017 (1): 126-136.

② Zheng Chunrong, "Why Does the Expansion of the German Bundeswehr Draw So Much Attention?", *Xinmin Evening News*. March 13, 2017, http://xmwb.xinmin.cn/xmwb/html/2017-03/13/content_30_1.htm.

③ "Aufrüstung: Tausende zusätzliche Soldaten für die Bundeswehr", http://www.spiegel.de/politik/deutschland/bundeswehr-soll-auf-knapp-200-000-soldaten-wachsen-a-1135646.html.

establish a deal with Russia.① Faced with "Russia gate", Trump now keeps a careful distance from Moscow. In relations to Russia, Germany consistently pursues a combination of "sanctions, deterrence and dialogue". On the one hand, Germany insists on continuing economic sanctions against Russia and participates in NATO's missions in Eastern Europe by leading, as a framework nation, a multinational brigade stationed in Lithuania. Germany is committed to the basic agreements on cooperation reached between NATO and Russia according to which NATO should for its defense not rely on additional permanent stationing of substantial combat forces in Eastern Europe. On the other hand, Germany stresses the importance of keeping channels of dialogue with Russia open. For Germany, the overall security of Europe can only be achieved through cooperation with Russia; this is the basic tenet of Germany's Russia policy.

Ⅳ Conclusion: certainty in uncertain years

2017 is a year of many uncertainties, for the world, for Europe and for Germany. Germany will hold its federal election on September 24th; until then it will be confronted with stark challenges at the domestic, the EU and the international level. At home, the integration of refugees into German society will be the greatest challenge for the future; combating terrorism will require many resources; and the rise of right-wing populist forces has added a new variable to the German political landscape. At the EU level, it is uncertain whether the Netherlands and France will cease to be "Black Swans". Although in the elections in the Netherlands, the mainstream parties have narrowly prevailed, the right-wing populists will continue to compete for power. At the commencement of the Brexit process, the EU needs to determine the future direction of its development. Although the concept of a "multi-speed Europe" seems to be gaining acceptance by a majority of

① "Münchner Sicherheitskonferenz Von der Leyen ermahnt Trump-Regierung", http://www.spiegel.de/politik/ausland/muenchner-sicherheitskonferenz-ursula-von-der-leyen-ermahnt-trump-regierung-a-1135215.html.

member states, its implementation poses many problems and challenges. At the international level, the Trump administration's isolationist policies threaten the foundation of the transatlantic partnership—its common values. Germany has realized that it has to look for new partners to shape the process of globalization, and that in order to be able to assume responsibility for the security of Europe and the whole world, it must improve its military strength and invigorate the EU Common Security and Defence Policy.

Irrespective of the composition of the cabinet that will be formed after the German general election on September 24th, the new government cannot avoid the above challenges. Judging from the policies proposed by the Christian Democratic Union and the Social Democratic Party, the two parties' political views do not differ fundamentally. It is therefore safe to predict that the new federal government will in principle continue to follow current policies, thus adding a modicum of stability to a year of an otherwise uncertain future.

皮书起源

“皮书”起源于十七、十八世纪的英国，主要指官方或社会组织正式发表的重要文件或报告，多以“白皮书”命名。在中国，“皮书”这一概念被社会广泛接受，并被成功运作、发展成为一种全新的出版形态，则源于中国社会科学院社会科学文献出版社。

皮书定义

皮书是对中国与世界发展状况和热点问题进行年度监测，以专业的角度、专家的视野和实证研究方法，针对某一领域或区域现状与发展态势展开分析和预测，具备原创性、实证性、专业性、连续性、前沿性、时效性等特点的公开出版物，由一系列权威研究报告组成。

皮书作者

皮书系列的作者以中国社会科学院、著名高校、地方社会科学院的研究人员为主，多为国内一流研究机构的权威专家学者，他们的看法和观点代表了学界对中国与世界的现实和未来最高水平的解读与分析。

皮书荣誉

皮书系列已成为社会科学文献出版社的著名图书品牌和中国社会科学院的知名学术品牌。2016 年，皮书系列正式列入“十三五”国家重点出版规划项目；2012~2016 年，重点皮书列入中国社会科学院承担的国家哲学社会科学创新工程项目；2017 年，55 种院外皮书使用“中国社会科学院创新工程学术出版项目”标识。

权威报告·热点资讯·特色资源

皮书数据库

ANNUAL REPORT(YEARBOOK) DATABASE

当代中国与世界发展高端智库平台

所获荣誉

- 2016年，入选“国家‘十三五’电子出版物出版规划骨干工程”
- 2015年，荣获“搜索中国正能量 点赞2015”“创新中国科技创新奖”
- 2013年，荣获“中国出版政府奖·网络出版物奖”提名奖
- 连续多年荣获中国数字出版博览会“数字出版·优秀品牌”奖

WWW.PISHU.COM.CN

成为会员

通过网址www.pishu.com.cn或使用手机扫描二维码进入皮书数据库网站，进行手机号码验证或邮箱验证即可成为皮书数据库会员（建议通过手机号码快速验证注册）。

会员福利

- 使用手机号码首次注册会员可直接获得100元体验金，不需充值即可购买和查看数据库内容（仅限使用手机号码快速注册）。
- 已注册用户购书后可免费获赠100元皮书数据库充值卡。刮开充值卡涂层获取充值密码，登录并进入“会员中心”—“在线充值”—“充值卡充值”，充值成功后即可购买和查看数据库内容。

社会科学文献出版社 SOCIAL SCIENCES ACADEMIC PRESS (CHINA) 皮书系列

卡号：455523382711

密码：

数据库服务热线：400-008-6695
数据库服务QQ：2475522410
数据库服务邮箱：database@ssap.cn
图书销售热线：010-59367070/7028
图书服务QQ：1265056568
图书服务邮箱：duzhe@ssap.cn